# Die Verantwortung des Marketing für Bezugsgruppen

D1574330

# Strategisches Marketingmanagement

Herausgegeben von Roland Mattmüller

Band 9

## PETER LANG

Frankfurt am Main · Berlin · Bern · Bruxelles · New York · Oxford · Wien

Nadja Maisenbacher

# Die Verantwortung des Marketing für Bezugsgruppen

## Zum Stand der Integrationsorientierung in Unternehmen

PETER LANG
Internationaler Verlag der Wissenschaften

**Bibliografische Information der Deutschen Nationalbibliothek**
Die Deutsche Nationalbibliothek verzeichnet diese Publikation
in der Deutschen Nationalbibliografie; detaillierte bibliografische
Daten sind im Internet über <http://www.d-nb.de> abrufbar.

Gedruckt auf alterungsbeständigem,
säurefreiem Papier.

ISSN 1860-062X
ISBN 978-3-631-56311-3

© Peter Lang GmbH
Internationaler Verlag der Wissenschaften
Frankfurt am Main 2008
Alle Rechte vorbehalten.

Printed in Germany 1 2 3 4 5  7

www.peterlang.de

# Vorwort der Herausgeberreihe

Der dem Angelsächsischen entlehnte Begriff des Marketing steht in Theorie und Praxis synonym für die systematische und zielgerichtete Gestaltung von Transaktionsprozessen. Aus diesem Grund ist letzterer als zentraler Untersuchungsgegenstand der Marketingwissenschaft und Ziel ihrer praktischen Ausgestaltung zu bezeichnen. Die Transaktion bzw. die Transaktionsprozesse können von verschiedenen Blickrichtungen und theoretischen Bezugsrahmen ausgehend analysiert werden. Einen Ansatzpunkt hierfür bietet die Neue Institutionenökonomik, die das Denken der Wirtschaftswissenschaftler in letzter Zeit auf vielen Feldern geprägt und verändert hat. So eignen sich beispielsweise das Verständnis von Verfügungsrechten (Property Rights) als eigentliche Tauschobjekte, die Annahme unvollkommener Information oder opportunistischen Handelns dazu, Anbieter-/Nachfragerbeziehungen auf der Grundlage eines theoretischen Fundaments praxisnah abzubilden. Maßgeblich begründet jedoch die Transaktionskostentheorie mit ihrer Zerlegung einer Transaktion in ihre einzelnen Phasen und mit der Zuordnung entsprechender Kosten und Erträge die konstitutiven Phasen eines Tauschprozesses. Darüber hinaus ergeben sich hier weitere Möglichkeiten zur Einbindung verschiedener theoretischer Ansätze, wie etwa der Verhaltenswissenschaften, Economic Behavior und anderer. Unter Berücksichtigung weiterer Bezugsgruppen einer Einzelwirtschaft (wie etwa der Wettbewerber, Mitarbeiter, Anteilseigner, etc.) ist damit ein wesentliches Fundament des Marketingverständnisses am Lehrstuhl für Strategisches Marketing an der EUROPEAN BUSINESS SCHOOL, International University Schloß Reichartshausen in Oestrich-Winkel gelegt – der Integrativ-Prozessuale Marketingansatz (IPM).

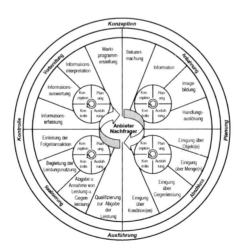

**Der Integrativ-Prozessuale Marketingansatz (IPM)**

Darüber hinaus forciert der Prozessgedanke die konsequente Ausrichtung der betroffenen unternehmerischen Aktivitäten an einem durchgängigen Marketingprozess, um somit Schnittstellen, wie sie in der Praxis beispielsweise oftmals zwischen Marketing und Vertrieb bestehen, weitgehend zu vermeiden. In der Umsetzung führt dies auch zu einer Entscheidungsorientierung, die sich in einer Zerlegung der Marketingaufgaben in Konzeption, Planung, Ausführung und Kontrolle niederschlägt.

Aufgrund der weitreichenden und langfristigen Implikationen stellt insbesondere die Formulierung von Marketingstrategien eine wichtige und überaus anspruchsvolle Aufgabe für Entscheidungsträger in Unternehmen, also für das Management von Marketingprozessen, dar. Die vorliegende Herausgeberreihe „Strategisches Marketingmanagement" trägt daher praxisorientierte Arbeiten zusammen, die sich dieser Herausforderung stellen und somit einen wissenschaftlichen Beitrag zu einer entscheidungs- und marktorientierten Unternehmensführung leisten wollen. So sind als Zielgruppe dieser Herausgeberreihe gleichermaßen Wissenschaftler als auch Entscheidungsträger verschiedenster Marketingsysteme zu bezeichnen. Letztere erstrecken sich dabei von tradierten Systemen wie dem Hersteller-, dem Handels- oder dem Dienstleistungsmarketing bis hin zu neu aufstrebenden Marketingdisziplinen wie beispielsweise dem Marketing von Politikern und Parteien.

Mein Dank geht an dieser Stelle vor allem auch an den Peter Lang Verlag GmbH, Internationaler Verlag der Wissenschaften, insbesondere an Herrn Ühlein und Frau Melanie Sauer für die Betreuung dieser Herausgeberreihe.

Univ.-Prof. Dr. Roland Mattmüller

# Geleitwort des Herausgebers

Die Aufgabenstellung und Bedeutung des Marketing in Unternehmen zu analysieren bzw. normative Handlungsempfehlungen für diese abzuleiten sind traditionell wichtige Teilaufgaben der Marketingforschung. Dies spiegelt sich insbesondere in solchen Ansätzen der Marketingwissenschaft wider, die von einem reinen instrumentellen Charakter des Marketing abstrahieren und auf die Querschnittsfunktion bzw. auf die strategische Verantwortung abstellen, wie dies der Integrativ-Prozessuale Marketingansatz (IPM) zum Kern hat.

Das integrative Verständnis dieses Ansatzes bezieht sich dabei zum einen auf die unterschiedliche Integration des Nachfragers in den Tauschprozess (als Stichwort sei etwa Customer Relationship Management genannt). Zum anderen – und dies ist die hier relevante Dimension – fordert der Ansatz eine Berücksichtigung der unterschiedlichen Stakeholder eines Unternehmens und deren Interessen bzw. Ansprüche innerhalb eines marketingstrategischen Gesamtkonzepts. Mit der Zunahme beispielsweise von ökologisch, sozial, ethisch oder politisch motivierten Anforderungen an die Unternehmen erhält diese strategisch zu verstehende Integrationsaufgabe eine entsprechend wachsende Bedeutung: „ein dauerhafter Markterfolg ist nur gewährleistet bei dauerhaftem und ausgewogenem Abgleich von Interessen und Erfüllung von Bedürfnissen aller relevanten Zielgruppen auf Absatz- und Beschaffungsmärkten, innerhalb der Einzelwirtschaft und in der Gesellschaft" (Meyer/Mattmüller, 1993). Als aktuelles Stichwort zeigt sich in diesem Zusammenhang etwa die zunehmende Bedeutung einer Corporate Social Responsibility (CSR) für die Gesamtreputation von Unternehmen.

Vor diesem Hintergrund beschäftigt sich Nadja Maisenbacher in ihrer vorliegenden Arbeit mit der Ergänzung der „traditionellen" Zielgruppe des Marketing – den Kunden – um weitere relevante Stakeholder. Im Gegensatz aber zu hierzu bereits vorhandenen Arbeiten, die in der Regel ausschließlich deskriptiv die Bedeutung der einzelnen Bezugsgruppen betonen, erarbeitet Maisenbacher konkrete Handlungsempfehlungen für eine abgestimmte Bearbeitung dieser Gruppen auf der Grundlage des prozessualen Marketingverständnisses. Maisenbacher analysiert hierzu die konkreten Möglichkeiten (und Grenzen) der Integration von Stakeholdern aus der Perspektive des Marketing, wobei sie nach den vier Teilfunktionen bzw. Phasen des prozessorientierten Marketingansatzes vorgeht und jeweils nach Aktionen und Zielen in den einzelnen Phasen differenziert. So stehen etwa in der „Vorbereitungsphase" als Aktionen die Identifikation der Stakeholder, die Präzisierung und Positionierung ihrer Beiträge sowie als Ziel die entsprechende Ableitung von strategischen Stoßrichtungen seitens des Unternehmens im Mittelpunkt.

Bei der „Anbahnung" (Stakeholder-Kommunikation) geht es auf der Aktionsebene maßgeblich um Dialog und Informationsaustausch mit dem Ziel der Entwicklung von Soll-Fremdbilder. Hier steht auch das schon seit längerem in der entsprechenden Literatur relevante Konzept der „Integrierten Kommunikation" im Zentrum der Ausführungen. Dieses Konzept hat die Diskussion um eine abgestimmte Vorgehensweise des Marketing stark vorangetrieben – darf aber nicht mit dem integrativen Marketingverständnis an sich verwechselt werden. Gleichwohl bietet es eine sehr geeignete operative Vorgehensweise zur Einbeziehung der Stakeholder. Auf diesen Grundlagen zeigt Nadja Maisenbacher beispielsweise konkrete Kanäle und Maßnahmen zur Gestaltung der Unternehmenskommunikation mit bzw. gegenüber den einzelnen Stakeholdern auf, die von der klassischen Kommunikation bei Kunden, über Issue Management in der Öffentlichkeit bis zu Ansätzen des Corporate Citizenship und des Lobbyismus zur Beeinflussung staatlicher Organe reicht.

Im Kern der Prozessphase „Abschluss" steht als Ziel die Vereinbarung von expliziten und impliziten, stakeholderbezogenen Verträgen mit den Aktionen der Überwindung vertragstheoretischer Defizite und der individuellen Vertragsgestaltung. Hier erarbeitet Maisenbacher die vertraglichen Gestaltungsmöglichkeiten eines Unternehmens mit den einzelnen Stakeholdern jeweils nach den Unterpunkten „Vertragsinhalt", „Sanktionsmechanismen", „Reputation als Geisel" (zur Durchsetzung von Verträgen) und „Abschlussform".

Die „Realisierung" als vierte Teilphase eines Marketingprozesses lässt sich nur eingeschränkt auf die hier angelegte Untersuchung übertragen. Insofern beschränkt sich die Arbeit hier auf die Kontrolle der Stakeholder-Zufriedenheit als ausgewähltem und gleichzeitig zentralem Aspekt. Als Aktionen geht es um die Qualifizierung durch Glaubwürdigkeit, die Einhaltung der Vereinbarungen und die Messung der Stakeholder-Zufriedenheit mit der Zielsetzung der Kontrolle möglicher Lücken im Beziehungs-ablauf.

Maisenbacher bezieht in ihre konzeptionelle Arbeit auch empirische Ergebnisse zum Stand der Integrationsorientierung bzw. zum Verantwortungsbereich und Stellenwert des Marketing insgesamt in deutschen Unternehmen mit ein. Auf der Basis einer Befragung von Führungskräften aus dem Marketingbereich zeigen sich im Ergebnis etwa vorherrschende Differenzen zwischen dem Entwicklungsstand einer integrations- und stakeholderorientierten Marketingtheorie einerseits und dem immer noch stark operativ und auf Abteilungsdenken zugeschnittenen instrumentellen Marketingverständnis in der Praxis andererseits. Gleichwohl geben aber die Antworten auch zu erkennen, dass die hier untersuchte Thematik und die stärkere Querschnittsverantwortung des Marketing – gerade auch mit Blick auf die Stakeholder-Orientierung – in ihrer Notwendigkeit erkannt wird und die Führungskräfte nach konkreten Lösungsansätzen suchen. Dabei zeigen sich aber auch interessante branchenspezifische Unterschiede.

Die von Nadja Maisenbacher vorgelegte Arbeit führt im Ergebnis zu einer Erweiterung des Integrativ-Prozessualen Marketingansatzes, in welchem der prozessuale Ablauf um die Bearbeitungsperspektive der Stakeholder modifiziert wird und bietet somit zum einen eine theoretisch-konzeptionelle Weiterentwicklung. Zum anderen zeigt sie grundlegende Erkenntnisse und Implikationen zum Verantwortungsbereich und zum Stellenwert eines integrativen Marketingverständnisses in der unternehmerischen Praxis auf.

Univ.-Prof. Dr. Roland Mattmüller

# Danksagung

Mit der vorliegenden Arbeit gehen ein langer Forschungsprozess und gleichzeitig ein wichtiger Lebensabschnitt für mich zu Ende. Während dieser Zeit als externer Doktorand am Lehrstuhl für Strategisches Marketing an der European Business School begleiteten mich viele liebe Menschen auf dem Weg zu Vollendung meiner Dissertation. An dieser Stelle möchte ich nur einige von ihnen namentlich erwähnen um ihnen für ihre Unterstützung zu danken.

An erster Stelle steht mein Doktorvater Herr Prof. Dr. Roland Mattmüller, der mir die Möglichkeit zur Promotion gegeben hat. Trotz meines Status als externer Doktorand wurde ich stets in das Geschehen eingebunden und habe mich immer sehr willkommen gefühlt. Für die intensiven Gespräche möchte ich mich an dieser Stelle ganz herzlich bedanken. Ebenfalls danke ich Herrn Prof. Dr. Richter, der sich kurzfristig bereit erklärt hatte, das Zweitgutachten meiner Arbeit zu übernehmen. Leider geschah dies durch sehr traurige Umstände, da Herr Prof. Dr. Caspers, während meiner Bearbeitungszeit verstarb.

Dem Lehrstuhl-Team gebührt darüber hinaus besonderer Dank, da ich ohne ihren Anschluss an das universitäre Geschehen nicht in dieser Form hätte arbeiten können. Ich konnte mich stets in allen Belangen an sie wenden und sie waren mir immer eine große Hilfe – euch danke ich von ganzem Herzen: Dr. Ralph Tunder, Dr. Tim Bendig, Dr. Thomas Feinen und Beate Wenzl. Allen voran danke ich Tobias Irion, der mich stets emotional und natürlich auch fachlich motivierte. Die manchmal sicher nicht ganz fachdienlichen Gespräche haben viel Spaß gemacht!

Ohne die Unterstützung meines privaten Umfeldes jedoch wäre die Erstellung meiner Dissertation nicht möglich gewesen. Der Dank hierbei gebührt insbesondere meiner Freundin Carolin Brenner, die sich immer wieder um mein emotionales Wohl gesorgt hat. Ebenso danke ich Laura Eichholz, Julia Künkele und Nadine Schrötter, die mich – und somit sicherlich einige meiner Hochs und Tiefs – direkt mitbekommen haben. Für eure vielen Ablenkungs- und Motivationshilfen danke ich euch ganz herzlich! Auch danke ich meinem Freund Thomas Böschen, der mich stets in das reale Leben wieder zurückgeholt hat.

Zuletzt danke ich meinen Eltern Doris und Ingo, ohne deren Liebe und großzügige Unterstützung dieses Projekt nicht realisierbar gewesen wäre. Ihnen widme ich meine Arbeit und hoffe damit wenigstens einen Teil meiner Dankbarkeit ausdrücken zu können!

# Inhaltsübersicht

# Inhaltsverzeichnis

# Abbildungsverzeichnis

# Tabellenverzeichnis

# Abkürzungsverzeichnis

| | |
|---|---|
| AG | Aktiengesellschaft |
| AGB | Allgemeine Geschäftsbedingungen |
| akt. | aktualisiert |
| AktG | Aktiengesetz |
| Aufl. | Auflage |
| bearb. | bearbeitet |
| Bd. | Band |
| BetrVG | Betriebsverfassungsgesetz |
| BGB | Bürgerliches Gesetzbuch |
| BUND | Bund für Umwelt und Naturschutz Deutschland |
| B2B | Business to Business |
| bzgl. | bezüglich |
| bzw. | beziehungsweise |
| ca. | circa |
| CEO | Chief Executive Officer |
| CF | Cashflow |
| CFO | Chief Financial Officer |
| CRM | Customer Relationship Management |
| DAX | Deutscher Aktienindex |
| d.h. | das heißt |
| DIN | Deutsches Institut für Normung |
| DPRG | Deutsche Public Relations Gesellschaft |
| durchges. | durchgesehen |
| ECR | Efficient Consumer Response |
| EDI | Electronic Data Interchange |
| e.g. | eben genannte(s) |
| EG | Europäische Gemeinschaft |
| EMNID | Erforschung der öffentlichen Meinung, Marktforschung, Nachrichten, Informationen und Dienstleistungen |
| EntgFG | Entgeltfortzahlungsgesetz |
| erg. | ergänzt(e) |
| erw. | erweitert(e) |
| et al. | et alii |
| etc. | et cetera |
| EU | Europäische Union |
| e.V. | eingetragener Verein |
| FCKW | Fluorchlorkohlenwasserstoffe |
| F&E | Forschung & Entwicklung |
| f. | folgende |
| ff. | fortfolgende |
| GfK | Gesellschaft für Konsum-, Markt- und Absatzforschung |
| ggf. | gegebenenfalls |
| GmbH | Gesellschaft mit beschränkter Haftung |
| GmbHG | Gesetz betreffend die Gesellschaften mit beschränkter Haftung |
| Hrsg. | Herausgeber |
| HO-Schema | Hempel-Oppenheim-Schema |

| | |
|---|---|
| IABC | International Association of Business Communicators |
| i.d.R. | in der Regel |
| i.e.S. | im engeren Sinne |
| IR | Investor Relations |
| ISO | International Organization for Standardization |
| i.w.S. | im weiteren Sinne |
| Jg. | Jahrgang |
| KschG | Kündigungsschutzgesetz |
| NaStraG | Namensaktiengesetz |
| Neuaufl. | Neuauflage |
| No. | Number |
| Nr. | Nummer |
| o.a. | oben angegeben |
| o.Ä. | oder Ähnliche(s) |
| o.g. | oben genannte |
| o.V. | ohne Verfasser |
| PKW | Personenkraftwagen |
| PR | Public Relations |
| revid. | revidiert |
| ROR | Return on Relationships |
| s. | siehe |
| S. | Seite |
| SA 8000 | Social Accountability 8000 |
| SUP | Strategische Umweltprüfung |
| u.a. | unter andere(s), unter anderem |
| überarb. | überarbeitet |
| unwes. | unwesentlich |
| USA | United States of America |
| u.U. | unter Umständen |
| u.v.m. | und viele(s) mehr |
| veränd. | verändert |
| verb. | verbessert |
| verm. | vermehrt(e) |
| vgl. | vergleiche |
| vollst. | vollständig |
| Vol. | Volume |
| wesentl. | wesentlich |
| WS | Wintersemester |
| z.B. | zum Beispiel |
| z.T. | zum Teil |

# 1 Einleitung

## 1.1 Problemstellung

Im zentralen Betrachtungsfeld der Marketingwissenschaft stand bisher die intensive Auseinandersetzung der Austauschprozesse zwischen Unternehmung und Kunden. Mit der dynamischen Entwicklung des Umfeldes von Unternehmen steigt nun der Bedarf, den Fokus des e.g. eindimensionalen Austauschprozesses zu erweitern. Damit öffnet sich das Forschungsfeld für komplexe Umfeldbetrachtungen einer Unternehmung, die so systematisch erfasst und analysiert werden können.

In der Marketingwissenschaft etablierte sich der Begriff der Marktorientierung, der sich mit jenen relevanten Problemfeldern einer Unternehmung auseinander setzen soll. Parallel dazu entsteht der Begriff einer marktorientierten Unternehmensführung. Mit der Implementierung der Marktorientierung bekommt das Marketing einen neuen, erweiterten Verantwortungsbereich innerhalb der Unternehmung zugeschrieben. Es ist verantwortlich für eine vollständige Durchdringung der Philosophie einer marktorientierten Unternehmensführung in der gesamten Unternehmung. Der Begriff der Querschnittsfunktion des Marketing hat sich mit dieser Entwicklung hin zu neuen Verantwortlichkeiten in der Betriebswirtschaftslehre etabliert.[1] Als Konsequenz dieser Entwicklung bedeutet dies für das Marketing einen zunehmenden Einbezug aller relevanten Stakeholder, die Einfluss auf das Unternehmensgeschehen haben könnten. Potenzielle Stakeholder einer Unternehmung decken z.B. soziale, politische oder ökologische Kontexte ab. Mit einer präzisen Analyse dieser Kontexte können so rechtzeitig Chancen und Risiken für die Unternehmung erkannt werden. Gerade die Einflussnahme öffentlicher Gruppen und staatlicher Stellen wurde in diesem Zusammenhang bisher erheblich unterschätzt. Die Notwendigkeit der Einbeziehung solcher Gruppen resultiert aus einer weiter zu fassenden Veränderung im Unternehmensumfeld.

Bereits zu Beginn der 70er Jahre entstand die Idee einer gesellschaftlich verantwortungsbewussten Unternehmensführung.[2] So entsteht zwischen dem Streben nach wirtschaftlichem Erfolg auf der einen Seite und nach sozialer Verantwortung auf der anderen Seite innerhalb der Unternehmung ein Spannungsfeld. Mit wachsendem Wohlstand der Gesellschaft kamen Forderungen nach moralischer und ethischer Verantwortung auf. Diese wurden von Individuen, Gruppen oder der Gesellschaft als Ganzes, aber auch von Regierungen vorgebracht. Diese Ansprüche sind nicht nur an die Bürger gestellt worden, sondern nun auch an die Unternehmen. So kann festgehalten werden, dass nicht nur Konsumenten bei einem gleichzeitig erhöhten Angebot zunehmend anspruchsvoller, sondern auch weitere Stakeholder-Gruppen immer relevanter für eine Organisation geworden sind. Durch die neu gewonnene Macht diverser Gruppierungen ergibt sich die Forderung eines Mitspracherechtes der Bezugsgruppen, um auf Entscheidungen in der Unternehmung besser einwirken zu können. Die Art des Einflusses ist dabei sehr unterschiedlich, kann jedoch erhebliche Folgen je nach Stärke des Einflussnehmenden haben. Die Macht ihrer Einflussnahme erhalten sie u.a. durch das Internet, das somit zu einer weltweiten Informationsbörse avanciert ist. Mit Hilfe dieses Mediums kann der Informationstransfer, bei einer gleichzeitig zunehmenden Anzahl der zu erreichenden Personen, um ein Vielfaches beschleunigt werden. Somit muss zwangsläufig ein Umdenken in der Art der Unternehmensführung stattfinden, um diesen

---

[1] Vgl. Mattmüller, 2004, S. 25.
[2] Vgl. Böhm, 1979, S. 10f.

2

neuen Bedingungen gerecht zu werden. Die Mitsprache der Stakeholder begründet sich in zahlreichen Fällen zudem auf rechtlich anerkannte Ansprüche. An dieser Stelle seien hier in Deutschland insbesondere z.b. Gewerkschaften genannt, die viele Jahre hierzu keine Berechtigung besaßen. Aber auch andere Gruppierungen entstanden, die zwar kein Anrecht auf Mitsprache im rechtlichen Sinne haben, jedoch sich selbst darin bekräftigen und von der Gesellschaft eine „moralische Berechtigung" erhalten. Beispielhaft seien hierfür Umweltgruppen und -projekte genannt wie z.b. Greenpeace. Aufgrund ihrer starken Einflussnahme auf potenzielle und bestehende Kunden und Teile der Öffentlichkeit sehen sich die Unternehmen häufig gezwungen, ihren Aufforderungen nachbzw. zumindest entgegenzukommen. Von dieser Entwicklung profitieren letzten Endes auch die Kunden, da eine stärkere Transparenz der Unternehmensprozesse erreicht werden kann. So sind u.a. im Bereich Umwelt dadurch nicht unerhebliche Fortschritte in der Technik zu vermelden; auch Öko-Bilanzen und Zertifizierungen (z.b. ISO 14001) werden aufgestellt, um eine gewisse Offenheit der Unternehmung zu demonstrieren.

Für die Unternehmung bedeutet diese Entwicklung auf der einen Seite zusätzliche, neue Investitionen, auf der anderen Seite können beim rechtzeitigen Einbezug und einer entscheidenden Aufmerksamkeit für diese Gruppen erhebliche Imageschäden in der Zukunft vermieden werden. Hier zeigen sich nun deutliche Lücken in den bestehenden Konzepten, Ansätzen und Instrumenten der Marketingwissenschaft, die versuchen, bestimmte Stakeholder-Gruppen zu identifizieren oder zu integrieren. Sie bieten meist nur kurzfristige, oft reaktive Einzellösungen, jedoch kein umfassendes, in sich konsistentes System an.[3] Genau an dieser Forschungslücke soll die vorliegende Arbeit ansetzen. Der Begriff der Marktorientierung findet in Theorie und Praxis zunächst breite Anwendung, doch eine integrierte und vor allem vollständige Betrachtung *aller* relevanten Umfelder blieb bisher weitestgehend offen. Das Marketing kann bei dieser umfassenden Einbeziehung eine gewachsene Verantwortung übernehmen.

Um nun die Einflussnahme dieser Gruppierungen auf die Unternehmung und ihre Beziehungen zu klären und zu begründen, bedarf es eines Bezugsrahmens, der aus der Stakeholder-Theorie[4] hergeleitet wird. Die Stakeholder-Theorie leistet zusehends einen wertvollen Beitrag für die Unternehmensführung, da sie die Bedeutung der Stakeholder aufzeigt und versucht mittels Ansätzen und Modellen einen effizienteren Umgang mit ihnen darzustellen. Die Theorie stößt jedoch an ihre Grenzen, wenn es um die Umsetzung der Einbindung von Bezugsgruppen in die relevanten Unternehmensprozesse geht. An dieser Stelle soll das Integrative Marketing im Sinne einer Führungsphilosophie ansetzen. Es übernimmt strategische Funktionen und übt, zumindest im Rahmen seines erweiterten Aufgabengebietes, einen enormen Einfluss auf Managemententscheidungen aus.

In dieser Arbeit gilt es aufzuzeigen, wie eine Integration der Stakeholder im Rahmen des Integrativen Marketing vollzogen wird. Damit erfolgt zugleich die Darstellung eines

---

[3] So ist Customer Relationship Management ein äußerst erfolgreiches Konzept, betrifft aber ausschließlich die Gruppe der Kunden. Integrierte Kommunikation ist ebenfalls ein wichtiger Bestandteil des Marketing, wird jedoch meist nicht vollständig in einen Gesamtzusammenhang gesetzt. Die Messung der Mitarbeiterzufriedenheit als einzelnes Instrument betrachtet kann so ebenfalls allein keine Lösungsmöglichkeit für die Gesamtproblematik bieten.
[4] Die wichtigsten Vorreiter der Stakeholder-Theorie waren in den 60er Jahren das Stanford Research Institute und General Electric. Die Veröffentlichung „Strategic Approach" aus dem Jahr 1984 von Freeman trug schließlich wesentlich zur Bekanntheit der Theorie bei.

3

erweiterten Verständnisses des Integrativen Marketing, da bestehende Ansätze meist nur eine oder wenige Bezugsgruppen einbeziehen.[5] Eine Übertragung auf andere Gruppen oder gar eine parallele Betrachtungsweise mehrerer Gruppen gleichzeitig fand bisher nicht statt. Dementsprechend wird in der vorliegenden Arbeit auf bestehende Instrumente und Abläufe, die auf den Betrachtungsfokus der Kunden zielen, zurückgegriffen. Eine Analyse und systematische Übertragung auf weitere Stakeholder-Gruppen, soll hier erfolgen und diese in ihrem Beziehungsgeflecht zur Unternehmung betrachten.

Zusammenfassend zeichnen sich folgende Problemfelder ab:

- Der Stellenwert und das Tätigkeitsumfeld des Marketing in der Unternehmung sind unklar. Viele Instrumente und Ansätze in der Marketingwissenschaft haben sich in den letzten 20 Jahren gebildet,[6] die auf eine Entwicklung und Erweiterung der Stellung des Marketing in der Unternehmung hindeuten. Dabei fehlt meist eine Einordnung in den Gesamtkontext der Unternehmung; gleichzeitig geht damit eine große Uneinigkeit über den genauen Umfang des Marketingbereichs einher.
- Das erweiterte Unternehmensumfeld erfordert neue, andere Perspektiven. Die bisherige Umsetzung der Marktorientierung genügt damit nicht mehr und die eigentliche Zielgruppe der Kunden muss erweitert werden, da neben ihnen auch andere Stakeholder kritisch für den Unternehmenserfolg geworden sind. Darüber hinaus ist es mit einer bloßen Identifikation jener nicht getan – eine Einbindung in die betreffenden Unternehmensprozesse soll angestrebt werden.
- Die Stakeholder-Theorie bietet zunächst einen schlüssigen Rahmen für diese Arbeit. Jedoch existieren keinerlei Lösungen für die Gestaltung einer umfassenden Beziehung (von der Identifikation bis hin zur Einbindung) zwischen den Stakeholdern und der Unternehmung.

Mit der veränderten Problemstellung der Unternehmen, hervorgerufen durch gesamtgesellschaftliche Herausforderungen, gilt es ein Marketingverständnis zu erarbeiten, das dem Marketing mit seinem erweiterten Tätigkeitsfeld eine umfassendere Stellung in der Unternehmung einräumt.

## 1.2 Zielsetzung und Erkenntnisziele

Die oben aufgezeigten Herausforderungen, mit denen sich eine Unternehmung konfrontiert sieht, können zunächst durch folgende Fragen zusammengeführt werden. Mit ihrer Beantwortung lassen sich die Erkenntnisziele generieren:

1. *Welchen Verantwortungsbereich und welchen Stellenwert innerhalb einer Unternehmung nimmt das Marketing heute ein?*

Mit der Entwicklung des Marketing können wesentliche Schritte der Ausweitung in seinem Aufgabenfeld in der Unternehmung festgestellt werden. Diese sollen zunächst an-

---

[5] Clark et al. beziehen bei ihrer Betrachtung hauptsächlich die Kunden und die Mitarbeiter ein. Vgl. Clark et al., 2003, S. 29-44. Rapp fokussiert lediglich auf die Kunden im Gesamtkontext. Vgl. Rapp, 2003, S. 59-72.
[6] Beispielhaft kann hierfür das Social Marketing oder das Relationship Marketing genannt werden. Kapitel 2.1.2 beschreibt Marketing-Ansätze im Entwicklungsverlauf.

hand von Entwicklungsstufen angeführt werden. Dabei lässt sich zeigen, wie die Einflussnahme des Marketing innerhalb der strategischen Führungsebene in der Unternehmung zugenommen hat. Ziel soll hier sein darzustellen, wie die originäre Zielgruppe des Marketing, die Kunden, um weitere Stakeholder ergänzt werden kann.

2. *Welche Relevanz haben Stakeholder überhaupt für die Unternehmung und damit für den Aufgabenbereich des Marketing?*

Hier soll diskutiert werden, auf welche Grundlage eine Legitimation der Stakeholder zurückzuführen ist. Mit der verstärkten Einflussnahme der Stakeholder sehen Unternehmen sich veranlasst zu handeln und diese zielgerichteter einzubinden. Durch den gleichzeitig gewachsenen – bereits in Punkt 1 angedeuteten – Verantwortungsbereich des Marketing, kann es die Einbindung der Stakeholder vornehmen. Somit soll dargestellt werden, wie das Marketing zum Erfolg dieser Integration beitragen kann.

3. *Wie kann eine vollständige Integration der Stakeholder durch das Marketing aussehen?*

Der Fokus dieser Arbeit bezieht sich auf den Aufbau und Erhalt der Beziehungen zwischen Stakeholdern und Unternehmung. Unter Heranziehen eines bestehenden Bezugsrahmens kann eine umfassende Stakeholder-Integration in einer prozessualen Vorgehensweise dargestellt werden.

4. *Wie sieht diese Beziehung zwischen Unternehmung und Stakeholdern in der Praxis aus?*

Nach der theoretischen Betrachtung soll eine Einschätzung der Praxis darüber wiedergegeben werden, welches Marketingverständnis in der Praxis vorherrscht. Der Stand zur Stakeholder-Integration wird hier ebenfalls analysiert.

Zusammenfassend kann festgehalten werden, dass im Rahmen dieser Arbeit eine Antwort darauf gegeben werden soll, welchen Stellenwert das Marketing in der Unternehmung heute einnimmt. Die zunehmend strategischen Aspekte und Aufgabenfelder lassen den steigenden Führungsanspruch des Marketing rechtfertigen. Der Bereich des Marketing umfasst ein verstärktes Schnittstellen-Management, das ihm die Kontakte sowohl innerhalb als auch außerhalb der Unternehmung ermöglicht. Dabei können aus der Marketingwissenschaft wesentliche Ergebnisse aus dem Bereich der Marktforschung und auch im Umgang mit Bezugsgruppen, im Sinne eines Relationship Marketing, hier angewandt werden. Der ursprüngliche Fokus des Marketing wurde in den letzten Jahren auf die Zielgruppe der Kunden erweitert, wie z.B. um die Betrachtung der Lieferanten und Mitarbeiter. Durch seine vielen Kontaktstellen mit diversen Stakeholdern kann nun endgültig eine Erweiterung des Bearbeitungsfeldes des Marketing stattfinden. Aus diesen Gedanken heraus wird das Integrationsvorhaben aller wesentlichen Stakeholder als Aufgabe für das Marketing relevant.

Als Konsequenz dieser Entwicklung gilt es, eine umfassende Vorgehensweise zu finden, die solch eine Integration beschreiben kann. Auf der Grundlage eines bestehenden Modells wird diese Problematik im Hauptteil der Arbeit erörtert.

5

## 1.3   Methodologie und Gliederung der Arbeit

Aus der aufgezeigten Problemstellung leitet sich ein komplexes Theoriegeflecht ab. So wurden bereits zur Stakeholder-Theorie etliche Arbeiten verfasst, die hier inhaltliche Anwendung erfahren können.[7] Ein ebenso breites Feld an Literatur existiert zur Marketingwissenschaft – insbesondere zum erweiterten Aufgabenbereich des Marketing. Diese Grundlagen müssen zunächst resümiert, beurteilt und anschließend verknüpft werden. Damit sind die Bausteine zur Erstellung eines Modells gelegt.

So werden zunächst wichtige *Ergebnisse der Grundlagenforschung* von Stakeholder-Theorie und Marketingwissenschaft (insbesondere des Integrativen Marketing) aus einem betriebswirtschaftlichen Kontext betrachtet und beurteilt. „Die ‚reine' *Grundlagenforschung* [...] fragt nicht nach [...] Anwendungsmöglichkeiten ihrer Ergebnisse."[8] Diese Darstellung von Aspekten der Stakeholder-Theorie und der Marketingwissenschaft, dem theoretischen Grundlagencharakter der Arbeit gerecht werdend, endet in der Formulierung eines Modells, das sich als Resultat aus dieser theoretischen Betrachtung ergibt. Der Inhalt dieser Arbeit geht also über die Grundlagenforschung hinaus, denn gerade vor dem Hintergrund des Fokus auf die Integra-tionsorientierung sollte eine Anwendungsmöglichkeit dargestellt werden. Grundlagencharakter besteht insofern, da eine Erschließung der Stakeholder – also über den Kunden hinaus – aus Sicht des Marketing vollzogen wird. Ulrich bestätigt diese beidseitige Vorgehensweise: Im Rahmen der Betriebswirtschaftslehre im Sinne einer angewandten Wissenschaft spricht er von der Verfolgung von sowohl theoretischen als auch pragmatischen Zielen.[9] Die beiden Vorgehensweisen sind somit weniger als Gegensätze zu bezeichnen; vielmehr ergänzen sich in der Betriebswirtschaftslehre theoretische Grundlagenarbeit und anwendungsorientierte Wissenschaft. Nur so besteht die Möglichkeit einer logischen und vollständigen Untersuchung der Stakeholder-Integration in dieser Arbeit.

Im Zuge der Grundlagenforschung ist es zunächst wichtig, einen thematischen Rahmen vorzugeben, gleichzeitig aber die gewünschten Ergebnisse nicht zu eng zu fassen, um einen gewissen Spielraum für neue Erkenntnisse offen zu lassen.[10] Folgende wissenschaftsadäquate *Merkmale* der hier vorliegenden Herangehensweise sollen beachtet werden:[11]

Das zu Erklärende (Explanandum) muss eine *logische* Konsequenz des erklärten Sachverhaltes (Explanans) sein und wird durch deduktives Argumentieren gewonnen.

- Allgemein gültige *Theorien* müssen herangezogen werden, um das zu Erklärende abzuleiten.

- Das Explanans muss *empirischen Gehalt* aufweisen, d.h., es muss zumindest in Grundzügen empirisches Experimentieren aufweisen.

---

[7] Vgl. Savage et al., 1991; Polonsky, 1997; Kaler, 2003.
[8] Bortz/Döring, 2003, S. 103. Der Inhalt dieser Arbeit jedoch geht mit der Untersuchung und Darstellung eines Ansatzes zur Stakeholder-Integration darüber hinaus.
[9] Vgl. Ulrich, 1982, S. 1-4. Zur Diskussion der angewandten Wissenschaft vgl. Schanz, 1990, S. 151f.
[10] Vgl. Bortz/Döring, 2003, S. 103.
[11] Vgl. Hempel/Oppenheim, 1948, S. 137; Raffée, 1974, S. 31f.; Schanz, 1990, S. 155.

6

Die vorliegenden Arbeit entspricht der deduktiven Vorgehensweise insofern, dass hier aus allgemein anerkannten betriebswirtschaftlichen und managementorientierten Theorien[12] spezielle Fälle hinsichtlich des Aufgabenfeldes des Marketing – und darin wiederum eines jeden einzelnen Stakeholders – abgeleitet werden.[13] Der Begriff „nomothetisch"[14] steht dabei wiederum für eine Generalisierung des hier darzustellenden Modells der Stakeholder-Unternehmens-Beziehungen.[15] Eine empirische Betrachtung ergibt sich hier am Schluss dieser Arbeit aufgrund der Untersuchung von Marketingexperten zum Stand des Marketing in deren Unternehmen. Insgesamt lässt sich die Orientierung dieser Arbeit der *deduktiv-nomologischen*[16] *Forschungsmethode*[17] zuordnen.

Aus den Überlegungen zu den Erkenntniszielen und der sich daraus ergebenden methodologischen Vorgehensweise ergibt sich die Darstellung des **Aufbaus der Arbeit**. Im Anschluss an dieses einleitende Kapitel folgen eine ausführliche Betrachtung und eine Bestandsaufnahme der Literatur zu den genannten Fragestellungen. Erst nach einer genauen Analyse der Entwicklung der Marketingwissenschaft führen die Ergebnisse hieraus zu einer umfassenden Betrachtung der Stakeholder. Die Annahme der Notwendigkeit einer Integration der Stakeholder in Unternehmensprozesse bildet schließlich das eigentliche Modell im Hauptteil (Kapitel 4). Die Ausführungen in Kapitel 2 und 3 beinhalten sowohl eine Beschreibung des Forschungsstandes der Literatur als auch eine relevante Abgrenzung im Rahmen dieser Arbeit. Um diese umfassende, neu gewonnene Verantwortung des Marketing begründen zu können, erscheint es notwendig zunächst die Entwicklungsschritte in diese Richtung darzustellen.

Zunächst werden zentrale Entwicklungslinien, insbesondere der Marketingwissenschaft (*Kapitel 2.1.1*) als auch der Marketing-Ansätze (*Kapitel 2.1.2*), betrachtet. Eine Einordnung der verschiedenen Paradigmen (*Kapitel 2.2.1*), die in diesen Phasen durchlaufen wurden, findet ebenfalls Beachtung. Daraus lässt sich eine paradigmatische Einordnung der Grundlagen des Hauptteils – Relationship Marketing (*Kapitel 2.2.2*) und Integratives Marketing (*Kapitel 2.2.3*) – vornehmen. Aus dieser Sicht entsteht auch ein erster Versuch, den Verantwortungsbereich des gesamten Marketingumfeldes zu erfassen. Ein erstes Zwischenergebnis (*Kapitel 2.3*) unterstützt die Feststellung, dass erst eine Integration aller Stakeholder – über den Kunden hinaus – den Verantwortungsbereich erweitern und stärken kann. Dementsprechend folgt eine Darstellung der Grundlagen zur Stakeholder-Theorie, die mehrere Stakeholder in den Betrachtungsfokus nimmt.

---

[12] Ein Vorliegen mehrerer Theorien rechtfertigt Schanz insofern, dass eine einzige Theorie kaum ein Explanandum allein erklären kann. Vgl. Schanz, 1990, S. 156.
[13] Vgl. Lamnek, 2005, S. 250f.
[14] Nomologisch wird synonym mit dem Begriff nomothetisch benutzt und geht auf Windelband, 1915, zurück und stellt das Gegenteil einer so genannten idiographischen bzw. individualisierenden Vorgehensweise dar. Vgl. Windelband, 1915, S. 145ff.
[15] Eine Gültigkeit setzt voraus, dass situative Umweltfaktoren – z.B. branchenspezifische Unterschiede – erkannt werden.
[16] Aus allgemeinen Erkenntnissen wird versucht, einen zu beobachtenden Sachverhalt oder eine Vorhersage zu erklären. Vgl. Lamnek, 2005, S. 246f. Die deduktiv-nomologische Vorgehensweise ist auch nach seinen beiden Namensgebern unter dem Begriff Hempel-Oppenheim-Schema (oder HO-Schema) bekannt. Vgl. Hempel/Oppenheim, 1948, S. 135-175.
[17] In der betriebswirtschaftlichen Forschung identifiziert Schweitzer folgende Methoden: die Klassifizierung, die Typisierung, die Induktion, die Hermeneutik, die Modellierung, die Algorithmik und die vorliegende Deduktion. Vgl. Schweitzer, 2004, S. 70.

Die Einführung in die Stakeholder-Thematik (*Kapitel 3*) besteht im ersten Teil aus einer historischen Literaturbetrachtung (*Kapitel 3.1.1*). Darin werden die Ursprünge und Entstehungsgründe der Stakeholder-Theorie dargestellt. Darüber hinaus wird im nächsten Kapitel (*Kapitel 3.1.2*) die theoretische Entwicklungsgeschichte der Stakeholder-Theorie erörtert. Im Mittelpunkt von Kapitel 3 stehen die daraus abgeleiteten Annahmen und Definitionen, die für eine umfassende und strategische Vorgehensweise (*Kapitel 3.2*) im noch zu erarbeitenden Modell in Kapitel 4 relevant sein werden. Ob eine Erweiterung der Stakeholder auch eine organisatorische Veränderung erfordert, wird in einem Exkurs (*Kapitel 3.3*) diskutiert. So ergibt sich daraus ein Einblick in die entstehenden Folgen hinsichtlich der organisatorischen Umgestaltung (*Kapitel 3.3*). Im Anschluss daran findet eine kritische Betrachtung zum bisherigen Stand der Literatur zur Stakeholder-Theorie statt (*Kapitel 3.4*). Das 3. Kapitel schließt mit einer zusammenfassenden Betrachtung des Stellenwertes des Marketing unter Berücksichtigung des Integrationsbedarfs der Stakeholder in Unternehmensprozesse (*Kapitel 3.5*).

Auf diesen Grundlagen, einem komplexen Geflecht aus verschiedenen Forschungseinflüssen, ergibt sich das am Ende resultierende Modell (*Kapitel 4*). Die Phasen des Integrativ-Prozessualen Marketingansatz nach Mattmüller/Tunder gelten dafür als Struktur für den Ablauf der Integration. Dieser Ansatz, der bisher weitgehend für die Kunden-Unternehmens-Beziehung Gültigkeit hat, soll nun auch für die wichtigsten Stakeholder Anwendung finden. Dementsprechend seht im Mittelpunkt der Arbeit die Darstellung des Integrationsprozesses der unterschiedlichen Stakeholder einer Unternehmung in den Ablauf der Aufgaben des Marketing. Dabei muss zunächst eine ausführliche und exakte Identifikation und Positionierung der Stakeholder erfolgen (*Kapitel 4.1*), um eine weitere Vorgehensweise bestimmen zu können. Anschließend kann ein Informationsaustausch in Form von Dialogen mit den Stakeholdern erfolgen und so ein bestimmtes Image bei ihnen erzeugt werden (*Kapitel 4.2*). Erst dann können spezifischere Vereinbarungen in Form von expliziten und insbesondere impliziten Verträgen getroffen werden (*Kapitel 4.3*). Die letzte Phase des Modells bildet die Kontrollphase, in der die zuvor getroffenen Vereinbarungen umgesetzt werden und eine Messung der Zufriedenheit und somit des Zielerreichungsgrads bestimmt wird (*Kapitel 4.4*). Im Anschluss erfolgt eine Zusammenfassung des gesamten Ablaufs des erweiterten Integrativ-Prozessualen Marketingansatzes.

Nach der Darstellung eines komplexen Modells, das weitestgehend auf theoretischen Erkenntnissen beruht, wird in *Kapitel 5* eine praxisorientierte Analyse vorgenommen. Dabei soll mittels einer explorativen Expertenbefragung eine mögliche Abweichung zwischen theoretischem und praktischem Kenntnisstand hinsichtlich der dargelegten Problemfelder überprüft werden. Damit einhergehend wird die Einbindung der Stakeholder untersucht.

Im letzten Teil der Arbeit (*Kapitel 6*) wird eine abschließende Zusammenfassung der erzielten Erkenntnisse dieser Arbeit vorgenommen. Zuletzt werden eine weiterführende Betrachtung von angrenzenden Themengebieten und ein Ausblick auf zukünftige Forschungsfelder dargelegt.

In nachstehender Abbildung wird die Gliederung mit den wichtigsten Aspekten dieser Arbeit graphisch dargestellt.

1 Einleitung

2 Die Entwicklung zur Integrationsorientierung des Marketing

Theoretischer Bezugsrahmen:
- Literaturüberblick
- Forschungslücken/Ansatzpunkte für die Arbeit

3 Grundlagen zur Stakeholder-Theorie

4 Der erweiterte Integrativ-Prozessuale Marketingansatz

**4.1 Vorbereitungsphase**
- Implementierung eines strategischen Stakeholder- Frühwarnsystems

**4.2 Anbahnungsphase**
- Dialog mit Stakeholdern und Aufbau der Reputation

**4.4 Kontrollphase**
- Umsetzung der Vereinbarungen
- Kontrolle/Messung der Zufriedenheit

**4.3 Abschlussphase**
- Implizite und explizite Vereinbarungen zwischen Unternehmung und Stakeholdern

5 Expertenbefragung

6 Schluss

**Abbildung 1: Aufbau der Arbeit**

# 2 Die Entwicklung zur Integrationsorientierung des Marketing

## 2.1 Historische Betrachtung

### 2.1.1 Entwicklungsphasen der Marketingwissenschaft

Die Wurzeln des Marketing liegen in den 20er Jahren des vergangenen Jahrhunderts. In Amerika wurde dort die „absatzbezogene Betrachtung" binnen kürzester Zeit zu einer Marketing-Theorie ausgebaut.[18] Dieser Sachverhalt ist deshalb so bedeutsam, weil er an die Thematik des Integrativen Marketing heranführt und wesentliche Elemente vergangener Ansätze einbezieht.

Bei der Betrachtung der Entwicklungsschritte nach einer chronologischen Jahresfolge kommt der Marktorientierung dabei vor dem Hintergrund der Problemstellung eine ausführliche Darstellung zu:

**Produktionsorientierung (bis Ende der 50er Jahre):**
Zu Beginn bis Mitte des 20. Jahrhunderts war das Marketing weitestgehend von einer Produktionsorientierung geprägt.[19] Bedingt durch eine schwache Wettbewerbssituation (Nachfrage stärker als Angebot) waren die wenigen Produzenten in der Minderheit, d.h., die Unternehmen konnten der Nachfrage bis dato nicht gerecht werden. Durch die überragende Nachfrage bedurfte es in jener Zeit noch keiner Verkaufsmaßnahmen, da sich das Produkt quasi von selbst verkaufte. Mit der Zeit traten aber immer mehr Hersteller auf den Markt und somit verstärkte sich auch die Konkurrenzsituation. Ein Wettbewerbsvorteil allein durch die Produktion, also das Auftreten am Markt, reichte nun nicht mehr aus.

**Verkaufsorientierung (60er Jahre):**
Mit einer zunehmenden Sättigung des Marktes mussten sich Anbieter intensiver mit der Art und Weise des Verkaufs auseinander setzen. So widmete man sich den absatzpolitischen Instrumenten, um sich vom Rest der Marktteilnehmer abzuheben. Zu dieser Zeit fand auch die Entwicklung vom Verkäufer- zum Käufermarkt statt, wobei es galt, sich intensiver mit dem Käufer auseinander zu setzen. Die Unternehmer mussten also Instrumente finden, um sich aus Sicht des Käufers attraktiver zu positionieren. Insbesondere Kommunikation und dabei die Form der Werbung wurden intensiv genutzt, um den Käufer anzusprechen und zu beeinflussen.[20] Die Verkaufsorientierung zeichnet sich somit durch verstärkte Aktivitäten auf der Unternehmensseite aus.[21]

Die Dauer dieser ersten beiden Phasen war in Deutschland und in den USA sehr unterschiedlich. So reichte diese Phase in Deutschland bis in die 60er Jahre hinein; in den USA lässt sie sich vielmehr den 20er Jahren zuordnen.[22]

---

[18] Vgl. Mattmüller, 2004, S. 21.
[19] Vgl. Koch, 1999, S. 16.
[20] Vgl. Mattmüller, 2004, S. 22.
[21] Vgl. Busch/Dögl/Unger, 2001, S. 3.
[22] Vgl. Mattmüller, 2004, S. 22f.

**Produktorientierung (70er Jahre):**
Mit dem Auftreten immer weiterer Hersteller genügte der Fokus auf die Produktion als Wettbewerbsvorteil allein nicht mehr. Es galt insbesondere Qualität und weitere Eigenschaften des Produktes in den Vordergrund zu stellen; darum wird der Phase auch der Begriff der *Qualitätsorientierung* zugeordnet.[23] Der Aufgabenbereich des Marketing beschäftigt sich somit zunehmend mit einzelnen Komponenten wie Design oder Verpackung des Produktes. Mit dem verstärkten Fokus auf das angebotene Produkt versuchte das Marketing darüber hinaus Anregungen im Bereich Innovation und Differenzierung hinsichtlich der Produkte zu leisten. Diese Inhalte zeigten zu diesem Zeitpunkt erste Ansätze des heutigen Produktmanagements auf.[24]

**Marktorientierung (Ende 70er Jahre):**
Nachdem auch intensives Auseinandersetzen mit den zuvor beschriebenen Verkaufsbemühungen keine weiteren Fortschritte erbrachte, wurde der Gedanke aufgegriffen, bereits *vor* dem Herstellungs- bzw. Anbietungsprozess genaue Analysen hinsichtlich der Marktbedürfnisse herauszufinden. Die Idee der Marktorientierung ist also insbesondere geprägt durch eine Marktforschung, die es erlaubt, Ansprüche der Abnehmer genau zu erfassen und sein Angebot danach auszurichten. Dazu gehört auch das Feststellen eines Preises, zu dem der Abnehmer bereit ist, das Produkt zu erwerben.[25] Mit der Antizipation der Erwartungen der Abnehmer entwickelte sich das Marketing zu einer essentiell wichtigen Funktion in der Unternehmung. Darüber hinaus bedarf eine so genannte marktorientierte Unternehmensführung einer vollständigen Verinnerlichung dieser Leitgedanken des Marketing, das damit eine Querschnittsfunktion in der Unternehmung innehat.[26] Ein marktorientiertes Unternehmen kennt die Ansprüche und Bedürfnisse des Marktes und kann diese somit antizipieren.

Wie an der Entwicklung des Marketing zu erkennen ist, nimmt es unweigerlich einen immer größeren und gewichtigeren Stellenwert in der Unternehmung ein. Von seinen einstmals funktionsbereichsspezifischen Eigenschaften hat es sich zu einer führenden Position in der Unternehmung entwickelt.[27] Eine strittige Diskussion mit den Vertretern der Unternehmensführung um die wichtigen Funktionen ist damit vorprogrammiert. Der Vergleich der Entwicklung der Unternehmensführung mit der des Marketing zeigt, wie stark die Überschneidungen hinsichtlich der strategischen Komponenten heute geworden sind.[28] Im Folgenden wird kurz die wissenschaftliche Entwicklung der Unternehmensführungslehre dargestellt, um die sich annähernden Entwicklungslinien zu verdeutlichen.

Ursprünglich begann die Unternehmensplanung in der Budgetierung und Investitionsplanung. Dabei mussten unter Vorgabe von Soll-Werten die Ziele einer Periode erreicht werden. Eine Kontrolle fand lediglich ex post statt – was unter den gegebenen stabilen Umständen durchaus realistisch war.

---

[23] Vgl. Busch/Dögl/Unger, 2001, S. 3.
[24] Vgl. Mattmüller, 2004, S. 23f.
[25] Vgl. Busch/Dögl/Unger, 2001, S. 5.
[26] Vgl. Witt et al., 1983, S. 14f. ; Meyer, 1994, S. 104.
[27] Vgl. Nieschlag, 2002, S. 7.
[28] Vgl. Schneider, 1983, S. 197-223; Day/ Wensley, 1983, S. 79-89. In Kapitel 5 wird mit Frage 2c (s. Abbildung 37) aufgezeigt, wie sehr operative und strategische Aufgaben im Bereich Marketing ausgeglichen sind.

Diese sicheren Umfeldbedingungen hielten nicht lange an, so dass eine Abwendung von einer rein vergangenheitsorientierten Planung stattfand. Die Langfristplanung bediente sich der Extrapolation vergangener Daten in die Zukunft. Doch sobald sich Unregelmäßigkeiten am Markt zeigten, war diese Vorgehensweise nicht mehr effizient. So hielt die strategische Perspektive Einzug. In der Strategischen Planung versuchte man nun sowohl interne als auch externe Umwelten einzubeziehen, um mittels genauerer Analysen den Risiken der Zukunft besser begegnen zu können. Dabei stand jedoch die reine Planungsfunktion im Vordergrund.[29]

Schließlich erfolgte in den 80er Jahren der Übergang hin zur Strategischen Unternehmensführung. Die Grundgedanken der Strategischen Planung blieben soweit erhalten. Jedoch wurden sie um eine erweiterte Betrachtung von System und Umwelt ergänzt.[30] Die Implementierung einer vielmehr aktiven als re-aktiven Steuerung wurde im Rahmen der Strategischen Unternehmensführung vorangetrieben.[31]

Unter Einbezug der fortschreitenden Globalisierung im begrifflichen Sinne benennt sich das Strategische Management nun auch oft „Global Strategic Management".[32]

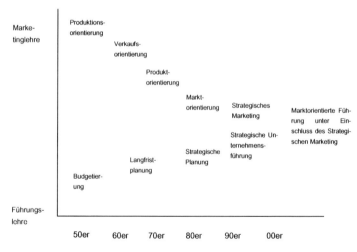

**Abbildung 2: Entwicklung von Marketing- und Führungslehre[33]**

---

[29] Vgl. Becker/Fallgatter, 2002, S. 32.
[30] Begriffe wie „strategische Frühaufklärung", „Strategic Issue Management", „das Konzept der schwachen Signale" u.v.m. wurden hier geprägt.
[31] Vgl. Becker/Fallgatter, 2002, S. 33.
[32] Vgl. Nieschlag, 2002, S. 8.
[33] In Anlehnung an Rühli, 1986, S. 14 und Kreilkamp, 1987, S. 12-18. In Kapitel 5, das Resultate einer empirischen Studie wiedergibt, bestätigt sich diese Entwicklung ebenfalls (s. Abbildung 37). Auch eine enge Zusammenarbeit von Management und Marketing lässt sich dort erkennen (s. Abbildung 38).

12

Wie der Vergleich der Entwicklung zwischen dem Marketing und der Strategischen Unternehmensführung zeigt, nähern sich beide inhaltlich seit den 80er Jahren aneinander an.[34] Zwei wichtige Aspekte machen diese Konvergenz aus. Zum einen ist es der *strategische Gedanke*, der ab diesem Zeitpunkt bei beiden Ausrichtungen im Vordergrund steht. Zum anderen gewinnt *marktorientiertes Denken* auch verstärkt innerhalb der Unternehmensführung an Bedeutung. In den anschließenden Jahren führt die gemeinsame Fortentwicklung hin zu einer „marktorientierten Führung unter Einschluss des strategischen Marketing".[35] Zu diesem Zeitpunkt gewann die Einbindung von ökologischen und sozialen Leistungen der Unternehmung zunehmend an Bedeutung. Auch das Marketing als Teil der Unternehmung beschäftigte sich damit (s. Abbildung 2). Damit wurde eine Einbindung von weiteren Stakeholder-Gruppen, neben den bislang betrachteten Kunden, zwangsläufig notwendig. Gerade Umweltgruppen nahmen ganz besonders in den 80er und 90er Jahren Einfluss auf die Unternehmen und so widmete das Unternehmen auch ihnen immer mehr Aufmerksamkeit. Auch der Begriff des Marketing-Managements hat hierdurch seine inhaltliche Bestimmung bekommen und lässt die beiden Seiten weiter ineinander verschmelzen. Marketing versteht sich heutzutage als Unternehmensführung durch Marktgestaltung.[36] Diese Annäherung hat in der Wissenschaft jedoch eine kontroverse Diskussion entfacht, welchen Verantwortungsbereich nun das Marketing und welchen die Unternehmensführung übernimmt und damit auch gleichzeitig wichtige Entscheidungskompetenzen zugesprochen bekommt.[37]

Die entstandene Synthese aus Unternehmensführungslehre und Marketinglehre fasst Rühli sehr treffend zusammen: „Sie [die marktorientierte Unternehmensführung] beinhaltet eine Globalsteuerung des Unternehmens unter dem primären Orientierungspunkt der Marktbeziehungen."[38]

### 2.1.2 Entwicklungsphasen der Marketing-Ansätze

Mit der Veränderung der Sichtweise von der Produktionsorientierung hin zu einer Marktorientierung ergaben sich auch weitere Anwendungsgebiete des Marketing. Aus dem ursprünglich rein kommerziellen Bereich entwickelten sich in den letzten 50 Jahren innerhalb dieser Perspektiven neue Anwendungsgebiete, die in der folgenden Abbildung in zeitlicher Reihenfolge dargestellt sind:

| Consumer Marketing | Industrial Marketing | Non-profit und Social Marketing | Services Marketing | Relationship Marketing | Integriertes und Integratives Marketing |
|---|---|---|---|---|---|
| 1950 | 1960 | 1970 | 1980 | 1990 | 2000+ |

**Abbildung 3: Die Entwicklung der Anwendungsgebiete des Marketing[39]**

---

[34] Vgl. Weis, 2004, S. 25.
[35] Rühli, 1986, S. 14.
[36] Vgl. Pepels, 2004, S. 20.
[37] Vgl. Pepels, 2004, S. 6; Busch/Dögl/Unger, 2001, S. 26ff.
[38] Rühli, 1986, S. 12f.
[39] In Anlehnung an Christopher/Payne/Ballantyne, 1991, S. 9.

**Industrial Marketing:**
In den 60er Jahren erschloss das Marketing neue Perspektiven durch den Bereich des Industriegütermarketing. Dabei handelt es sich um industriell verwendete Güter wie Roh-, Hilfs- und Betriebsstoffe und Investitionsgüter, die zur Weiterverarbeitung dienen. Dieser Markt ist, im Gegensatz zu dem des Konsumgütermarketing, durch eine stärkere Transparenz gekennzeichnet, weil es i.d.r. nur wenige Abnehmer gibt. Dies hat auf der einen Seite eine verstärkte persönliche Kommunikation und auf der anderen Seite eine geringere Bedeutung der Massenwerbung zur Folge.[40]

**Non-profit and Social Marketing:**
Mit dem verstärkten Einbezug der Gesellschaft entstand in der Marketingwissenschaft in den 70er Jahren das Non-Profit und das Societal Marketing. Das Non-profit Marketing zeichnet sich durch Institutionen und Organisationen aus, bei denen die Unterbreitung eines Angebotes im Vordergrund steht, dabei jedoch eine Gewinnerzielung im wirtschaftlichen Sinn in den Hintergrund tritt.[41] Der Begriff des Non-profit Marketing erstreckt sich z.b. auf Organisationen aus den Bereichen Politik, Kirche, Kultur etc.[42]

Im Sinne der Ausweitung („broadening") der Marketingkonzeptionen zählt hier ebenso das Social Marketing (bzw. Sozio-Marketing) dazu. Dieses lässt sich in zwei Ausprägungen aufspalten: Im engeren Sinne umfasst es „(...) alle Marketing-Aktivitäten jener nicht-kommerziellen Organisationen, die sich der Lösung sozialer Probleme widmen."[43] Im weiteren Sinne begreift seine Hauptfunktion die Aufklärung oder Information, also jegliche soziale Ideen, die von sämtlichen Institutionen oder Organisationen ausgeführt werden. Dies könnte z.B. auch Sponsoring-Aktivitäten von privaten Unternehmen umfassen.[44]

Darüber hinaus ist der Marketingansatz des so genannten „Societal Marketing" von den o.g. Ansätzen abzuleiten. Dieser umfasst die Erfüllung des „öffentlichen Auftrags" einer Unternehmung, ist also kommerziellen Bereichen zuzuordnen. Unternehmensziele sollten dabei auf die Anforderungen des gesellschaftlichen Umfeldes, wie z.B. Beschäftigungspolitik oder ökologische Richtlinien, abgestimmt werden.[45] Aus dieser grundlegenderen Perspektive heraus gehört es zu der Vertiefung („deepening") der Marketingkonzepte.[46] Kotlers und Armstrongs Ziel ist es, sich nicht nur ethische und ökologische Standards aufzuerlegen, sondern diese auch durch Aktionen in die Tat umzusetzen.[47]

**Services Marketing:**
In den 80er Jahren näherten sich viele Angebote aufgrund verstärkter Wettbewerbssituationen zunehmend aneinander an. So mussten Anbieter Differenzierungsmerkmale entwickeln, um ihre immer ähnlicheren Angebote mittels bestimmter Merkmale voneinander abzugrenzen. Denn mit einer verstärkten Ähnlichkeit der Angebote auf hohem Niveau wird der Abnehmer erst aufgrund *zusätzlicher* Eigenschaften wie dem Service eine Kaufentscheidung treffen. Dabei gewinnt die Schaffung von kaufbegleitenden Ser-

---

[40] Vgl. Busch/Dögl/Unger, 2001, S. 19.
[41] Vgl. Busch/Dögl/Unger, 2001, S. 21.
[42] Vgl. Nieschlag, 2002, S. 6.
[43] Vgl. Raffée, 1994, S. 37.
[44] Vgl. Raffée, 1994, S. 37.
[45] Vgl. Eiteneyer, 1977, S. 303.
[46] Vgl. Wehrli, 1986, S. 27.
[47] Vgl. Kotler/Armstrong, 1999, S. 24.

vices, sowohl im technischen als auch im kaufmännischen Sinn, zunehmend an Bedeu-tung.[48] So wird zur Unterstützung zahlreicher Produkte technische Unterstützung ange-boten, die sowohl einmalig als auch für die gesamte Lebensdauer des Produktes gelten kann.[49] Eine kaufmännische Unterstützung kann z.b. die Schulung des Personals hin-sichtlich des Weiterverkaufs des Produktes bedeuten.[50]

**Relationship Marketing:**[51]
Die vernetzten Umweltzustände veranlassen das Marketing mehrere Stakeholder, über die Gruppe der Kunden hinaus, in seine Prozesse zu integrieren. Ein Management die-ser Beziehungen nimmt dabei eine Schlüsselrolle ein, um den diversen Ansprüchen ge-recht zu werden. Dies führt dazu, dass eine individualisierte Betrachtungsweise (inner-halb) der Zielgruppen wichtiger wird. Mit dieser präzisen Auseinandersetzung mit jedem einzelnen Stakeholder kann so die Beziehung zur Unternehmung besser vorbereitet bzw. fortgeführt werden.

**Integriertes und Integratives Marketing:**[52]
Das Aufgabenfeld des Marketing wurde zunehmend strategischer – und operative Tä-tigkeiten treten in den Hintergrund. Damit einher geht der vermehrte Führungsanspruch und der zu leistende Beitrag des Marketing hierzu. Ein Abteilungsdenken im Marketing-bereich wird immer mehr verurteilt, und ein umfassender Anspruch wird propagiert.[53]

## 2.2   *Forschungsschwerpunkte des Marketing*

### 2.2.1 Paradigmatische Betrachtung der Marketingwissenschaft

In der Marketingliteratur existieren verschiedene, oben beschriebene Marketing-Ansätze. Diese lassen sich wiederum in unterschiedliche Paradigmen[54] – hier nach Meffert – einordnen.[55] So ist nach Meffert ein Paradigma „[…] von der Zweckmäßigkeit oder Ergiebigkeit des Ansatzes her zu beurteilen."[56]

---

[48] Vgl. Pepels, 2004, S. 14f.
[49] Dieser Sachverhalt ist klar von einer Garantie abzugrenzen. Technische Unterstützung kann z.B. die Schulung des Personals im Umgang mit Maschinen oder dem Produkt bedeuten.
[50] „Verkaufsargumentationen" sollen das Personal schulen, das Produkt richtig weiterverkaufen zu kön-nen.
[51] Der Begriff Relationship Marketing wird hier mit dem Begriff Beziehungsmarketing gleichgesetzt.
[52] Eine ausführliche Differenzierung der beiden Ansätze, die in der Literatur häufig nicht unterschieden werden, findet in Kapitel 2.3.2 statt.
[53] Vgl. Busch/Dögl/Unger, 2001, S. 25, 145; Mattmüller, 2004, S. 26, 64f.
[54] Nach Kuhn bildet sich ein Paradigma aus dem wissenschaftlichen Fortschritt. Durch eine Revolution in der Wissenschaft wird eine theoretische Struktur durch eine andere ersetzt, da sie nicht miteinander ver-einbar sind. Ein Paradigma bildet sich also aus der Wissenschaft heraus und muss zunächst nicht zwangsläufig einem strukturierten oder geordneten Rahmen folgen. Erst wenn es als solches anerkannt ist, kommt diese Einordnung zum Tragen. Bestandteile eines Paradigmas sind theoretische Annahmen und Gesetze innerhalb der Normalwissenschaft. Vgl. Kuhn, 1967, S. 23, 96ff.; Chalmers, 2001, S. 89f.
[55] Vgl. Meffert, 1999, S. 11-31. Es existieren jedoch auch weitere Kategorisierungsmöglichkeiten der Pa-radigmen in der Marketingwissenschaft. So unterscheidet Arndt u.a. in: mikroökonomisch-neoklassische Paradigmen, System-Paradigma oder Tausch-Paradigma. Vgl. Arndt, 1983, S. 45ff. Eine ausführliche Übersicht über weitere Autoren liefert Mattmüller. Vgl. Mattmüller, 2001, S. 13-26; Mattmüller/Tunder, 2005, S. 13-17.
[56] Meffert, 1999, S. 4.

- Der *entscheidungsorientierte* Ansatz bewertet alternative Vorgehensweisen unter Zuhilfenahme von statistischen Verfahren.[57]
- Daneben besteht der *verhaltenswissenschaftliche Ansatz,* bei dem es vornehmlich um die Analyse von Motiven und Verhaltensweisen in Bezug auf Konsumenten geht.[58] Psychologische und soziologische Theoriekonstrukte spielen hier eine wesentliche Rolle.[59]
- Der *systemorientierte Ansatz* nimmt gesellschaftliche und ökologische Belange in die Betrachtung eines Systems auf.[60] So erlaubt die systemische Erfassung eine ganzheitliche Betrachtungsweise, in der alle komplexen Zusammenhänge erfasst und zueinander in Relation gesetzt werden.[61]
- Schließlich existiert noch der *situative Ansatz.* Unter Rückgriff auf die Organisationstheorie ist es hierbei Ziel, situationsadäquate Entscheidungen zu treffen. So müssen insbesondere Situationsvariablen identifiziert werden, um individuell abgestimmte Marktstrategien zu erarbeiten.[62]

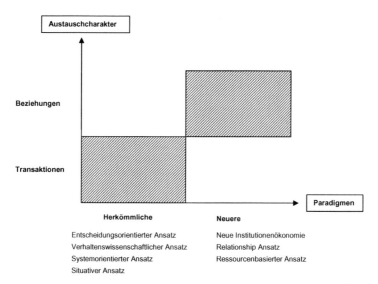

**Abbildung 4: Forschungsschwerpunkte des Marketing im Wandel[63]**

---

[57] Bereits in den 80er Jahren wurde diese Vorgehensweise als nicht mehr zeitgemäß kritisiert. Vgl. Day/Wensley, 1983, S. 81ff. Zu diesem Ansatz lässt sich auch der 4P-Ansatz zuordnen. Vgl. Nieschlag, 2002, S. 12.
[58] Vgl. Mattmüller, 2004, S. 42.
[59] Vgl. Nieschlag, 2002, S. 12.
[60] Vgl. Meffert, 1999, S. 13f.
[61] Vgl. Nieschlag, 2002, S. 12.
[62] Vgl. Meffert, 1999, S. 17f.
[63] In Anlehnung an Meffert, 1999, S. 20.

16

Neben diesen e.g. paradigmatischen Einordnungsmöglichkeiten der Marketingwissenschaft beschreibt Meffert eine neue Entwicklungstendenz, die weitere Ansätze mit sich bringt.[64] Die bis hierhin betrachteten Ansätze lassen sich einer transaktionsorientierten Perspektive zuordnen. Neuere Ansätze, wie in Abbildung 4 aufgezeigt, legen einen verstärkten Fokus auf den gesamten Beziehungsablauf, den eine Unternehmung durchlebt, anstatt nur eine einzige Transaktion zu analysieren.[65]

So hat sich aus dem ehemals transaktionsorientierten Forschungsschwerpunkt ein beziehungsorientiertes Marketing entwickelt. Fokus innerhalb dieses neuen Paradigmas befinden sich folgende Marketing-Ansätze:

- Der *Ansatz der Neuen Institutionenökonomie* greift die in der Neoklassik bisher ausgeklammerte Bedingung der Unsicherheit auf. Darüber wird versucht, realitätsnähere Erklärungsansätze für das Verhalten der Marktteilnehmer zu finden. Dabei fließen sowohl Aspekte des verhaltenswissenschaftlichen als auch des situativen Ansatzes ein.
- Der *ressourcenbasierte Ansatz* greift auf besondere Kernkompetenzen einer Unternehmung zurück. Dabei besteht die Anforderung an das Marketing, die vorliegenden Ressourcen so zu nutzen, dass sie die Ansprüche der Marktteilnehmer erfüllen. Mit dem gezielten Einsatz der Fähigkeiten einer Unternehmung können so Wettbewerbsvorteile erzeugt werden.[66]
- Der *Ansatz des Relationship Marketing* analysiert zunächst die Beziehung zwischen Kunde, bzw. Stakeholder und der Unternehmung. Ziel ist es dabei, diese Austauschbeziehung unter strategischen Gesichtspunkten effizient zu gestalten. Hierbei ist weniger von einer eigenständigen Leistung dieses Ansatzes als vielmehr von einer Verknüpfung diverser Forschungsrichtungen miteinander auszugehen.[67]

Somit nimmt bei der vorliegenden Arbeit das Relationship Marketing, insbesondere unter dem Fokus der Integration der Stakeholder, einen wesentlichen Stellenwert ein. Jedoch kann nicht alleine von dieser Einordnung ausgegangen werden, da von „[...] unterschiedlichen Paradigmen aus- und mit verschiedenartigen Ansätzen vorgegangen werden kann."[68]

---

[64] Vgl. Meffert, 1999, S. 20-31.
[65] Vgl. Gummesson, 2002, S. 17f. Allerdings tragen die eher transaktionsorientierten Ansätze nach wie vor an Bedeutung. So ist nicht in jedem Fall die Betrachtung einer tendenziell langfristigen Beziehung sinnvoll und in finanzieller Hinsicht gerechtfertigt. Vgl. Meffert, 1999, S. 31f.
[66] Vgl. Meffert, 1999, S. 26.
[67] Bei Meffert wird die Integration des Kunden in den Leistungsprozess der Unternehmung als Nebenprodukt dieses Ansatzes erwähnt. So lässt sich hier bereits erkennen, dass der Fokus zunächst vielmehr den Kunden und weniger anderen Bezugsgruppen galt. In einem Ausblick dehnt Meffert jene Problematik auf sämtliche Anspruchsgruppen der Unternehmung aus. Vgl. Meffert, 1999, S. 25f. In den letzten Jahren hat sich diese Ausweitung der Betrachtung immer mehr durchgesetzt, und so kann sie für die Problemstellung dieser Arbeit aufgegriffen werden. Eine genauere Darstellung des Relationship Marketing findet sich im nächsten Kapitel 2.2.2.
[68] Mattmüller/Tunder, 2005, S. 17.

## 2.2.2 Zum Verständnis des Relationship Marketing

In den 90er Jahren geprägt, spielt das Beziehungsmarketing heute eine immer tragendere Rolle innerhalb der Unternehmen. Die darin beschriebenen Vorgehensweisen bei den betreffenden Stakeholder-Unternehmens-Beziehungen sind dabei von großem Vorteil.[69] Darüber hinaus wird betont, auch nach dem Aufbau die Beziehung stets zu pflegen. Eine ausführliche Betrachtung des Relationship Marketing erscheint an dieser Stelle notwendig, da der Beziehungsaspekt sowohl in der Stakeholder-Theorie als auch bei der Stakeholder-Integration wesentlicher Bestandteil ist.

Zu Entstehungsbeginn des Relationship Marketing fand eine Anwendung zunächst nur auf den Bereich von B2B-Beziehungen statt. Mit der Zeit wurde das Konzept auch erfolgreich auf den Konsumgüterbereich angewandt.[70] Informationstechnologien leisten maßgebliche Unterstützung dabei und verhelfen zu einer Individualisierung von Beziehungen. Ein Beispiel hierfür ist der Internetanbieter Amazon, dem es gelungen ist, individuelle Beziehungen zu seinen Kunden aufzubauen. In erster Linie hat Amazon seinen Erfolg der ausgereiften Informationstechnologie-Struktur zu verdanken. Der Online-Anbieter kann so genau zurückverfolgen, was der Kunde zuletzt gekauft hat. So gelingt es ihm, eine persönliche Anrede zu schaffen und anhand der vorhandenen Daten[71] personalisierte Buchempfehlungen auszusprechen. Neben der Stakeholder-Gruppe „Kunden" sind aber auch andere Stakeholder wie z.b. Lieferanten, Banken oder Logistikunternehmen eingebunden. So arbeitet Amazon sehr eng mit dem Logistikunternehmen DHL der Deutschen Post zusammen. Ihr größtes gemeinsames Projekt war die Auslieferung von Zehntausenden von Exemplaren eines Buches zu einem bestimmten Datum bzw. teilweise sogar mit Versand zu einer bestimmten Uhrzeit.[72] Auch die Zusammenarbeit mit seinen Lieferanten, also insbesondere den Verlagen, kann damit zeitnah an einem Erscheinungsdatum erfolgen, da Amazon eine große Masse an ein Zentrallager bestellt.

Ein beliebtes Instrument im Relationship Marketing sind die Kunden- bzw. so genannten Mitgliedskarten, die in den 90er Jahren zum ersten Mal auf dem Markt erschienen sind.[73] Mittlerweile sind sie ein weit verbreitetes Mittel, um Kundeninformationen in Bezug zu seinen Einkäufen zu generieren. Der Anreiz, solch ein „Mitglied" zu werden, wird über die Form von privilegierten Behandlungen begründet.[74] Mit diesem Instrument und

---

[69] An dieser Stelle kann auf Frage 2b des Fragebogens ins Kapitel 5 (s. Abbildung 33) verwiesen werden. Dort wurde versucht, das Verständnis zum Begriff des Relationship Marketing in der Praxis zu erfassen. In erster Linie wurde dabei die Unternehmens-Kunden-Beziehung genannt; nur wenige Befragten stimmten der Betrachtung von Unternehmens-Stakeholder-Beziehungen zu.
[70] Vgl. Gummesson, 2002, S. 6.
[71] Mit den Daten sind sowohl bereits getätigte Käufe, aber auch vom Kunden lediglich angesehene Produkte gemeint. So kann Amazon erkennen, ob der Kunde sich z.B. insbesondere für Krimis interessiert und ihm beim nächsten Log-in einige Vorschläge hierfür unterbreiten.
[72] Am 14. Oktober 2000 wurde erstmals ein Harry Potter-Band und zuletzt am 1. Oktober 2005, ab Mitternacht ausgeliefert, um den Kunden sofort nach Veröffentlichung das Produkt zur Verfügung stellen zu können. Vgl. http://www.amazon.de/exec/obidos/tg/stores/static/-/general/postinfo/028-0998632-1492523.
[73] Vgl. Pepels, 2004, S. 16. Mittlerweile existieren so viele Kundenkarten auf dem Markt, dass zwischen der ursprünglichen Idee einer „echten" und einer „Pseudo"-Mitgliedschaft unterschieden werden muss. Letztere kann jede Person bekommen, ohne sich besonders dafür zu qualifizieren. Deshalb sind die meisten Kundenkarten derzeit rein kommerziell und gehören damit der Kategorie der Pseudo-Mitgliedschaften an. Vgl. Gummesson, 2002, S. 99.
[74] Dies kann z.B. in Form von Rabatten oder Naturalrabatten geschehen. Häufig bieten Unternehmen auch gänzlich neue Produkte an, die mit einer Zuzahlung vergünstigt eingekauft werden können. Das

18

seiner möglichen Einordnung in das Customer Relationship Management stellt sich die Frage nach der Abgrenzung zum Relationship Marketing. Das Customer Relationship Management und das One-to-One-Marketing entstanden mit der Entwicklung in den 90er Jahren um das Beziehungsmanagement. Diese beiden Konzepte verkörpern deshalb auch dieselbe Denkhaltung. Relationship Marketing ist allerdings ein weitreichenderes und übergreifenderes Konzept und dahingehend als Denkhaltung zu begreifen. Customer Relationship und One-to-One-Marketing beziehen sich nicht auf ganze Netzwerke, sondern fokussieren lediglich auf die Beziehung zwischen dem Unternehmen und dem Kunden. Damit fehlt der Weitblick auf die Gesamtheit aller (oder zumindest der wichtigsten) Stakeholder-Gruppen wie es das Relationship Marketing bieten kann. Mit der gleichgerichteten Denkhaltung der eben dargestellten Konzepte besteht die Ähnlichkeit in der individualisierten Ansprache, die sowohl dem Kunden als auch anderen Stakeholder zuteil wird. Auch die angewandten Instrumente sind sich dabei sehr ähnlich.[75]

Nach Diller ist das Beziehungsmarketing die „[...] aufeinander abgestimmte Gesamtheit der Grundsätze, Leitbilder und Einzelmaßnahmen zur langfristig zielgerichteten Selektion, Anbahnung, Steuerung und Kontrolle von Geschäftsbeziehungen."[76]Eine mögliche Darstellungsweise dieser Definition gibt das „House of Relation" (Abbildung 5) nach Harnischfeger wieder, worin er sehr deutlich die Mehrdimensionalität des Relationship Marketing hervorhebt. Es bestehen sowohl vertikale[77] und horizontale[78], aber auch interne[79] und externe[80] Beziehungsfelder. Innerhalb dieser Dimensionen spielt die Kommunikation als Verbindungsinstrument eine sehr bedeutsame Rolle.

Mit Abbildung 5 lässt sich die Entwicklung vom früheren Transaktionsmarketing hin zum Beziehungsmarketing erklären.[81] Beim Transaktionsmarketing geht es ausschließlich um die einmalige Transaktion; der Fokus ist zu kurzfristig und kann so nur schwer Einfluss auf den Wiederkauf eines Produktes nehmen. Der Kunde wurde dabei nicht als Individuum betrachtet, sondern anonym und standardisiert behandelt.

---

Payback-System von DM, real etc. bietet z.B. Hotelaufenthalte in Großstädten zu vergünstigten Tarifen an.
[75] Vgl. Gummesson, 2002, S. 3.
[76] Diller, 1997, S. 573. Die Wurzeln des Relationship Marketing liegen nach Gummesson in mehreren Marketing-Ansätzen. So nahm z.b. im Bereich des Service-Marketing und der B2B-Beziehungen erstmals der Begriff Beziehung eine wichtige Rolle im Marketing ein. Das Total Quality Management brachte das Konstrukt Qualität in die Beziehungen mit ein. Aber auch andere Bereiche wie aus dem Accounting nahmen Einfluss. So wirkte die Balanced Scorecard ebenso wie die Messung Intellektuellen Kapitals prägend. Beide Konzepte gaben erste Einblicke in die Messung von „Return on Relationships" (ROR). Vgl. Gummesson, 2002, S. 10ff.
[77] Die vertikalen Beziehungspartner bestehen aus Lieferanten bis hin zu den Handelspartnern. Dabei kommt es zum Einsatz von Supply Chain Management oder auch dem klassischen Kundenmarketing.
[78] Der horizontale Beziehungsstrang reicht von Investoren und Anteilseignern bis hin zu öffentlichen Gruppen wie diversen Institutionen und auch Wettbewerbern. Insbesondere Aktivitäten des Public Relations sind hier von Bedeutung.
[79] Im Sinne eines internen Marketing müssen hier Mitarbeiter zielgerichtet motiviert und gefördert werden. Erst ein reibungsloser Ablauf der internen Bereiche kann den Erfolg mit externen Beziehungen garantieren.
[80] Alle Beziehungen, die nicht in die bisher genannten Raster gepasst haben, fallen nun in diese Kategorie wie z.B. die zwischen öffentlichen Gruppen und der Unternehmung.
[81] Vgl. Christopher/Payne/Ballantyne, 1991, S. 8f.; Wehrli/Wirtz, 1996, S. 26.

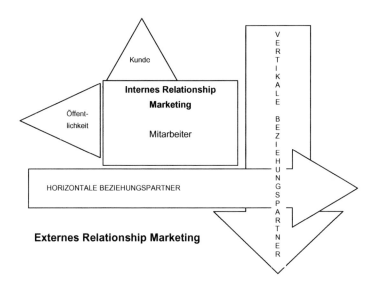

**Abbildung 5: House of Relation**[82]

Dem Transaktionsmarketing mangelt es also daran, den kompletten Ablauf einer *Beziehung* – in der sich die Transaktionen befinden – zu analysieren. Der Zielgröße Loyalität wird dabei wenig bis keine Beachtung geschenkt. Als Gegenpol hat sich dazu das Relationship Marketing etabliert. In diesem Ansatz wird die Zielgröße der Loyalität ganz besonders in den Vordergrund gestellt. Um diesen Faktor präziser zu erfassen wird eine Einordnung des Stakeholders in eine Loyalitäts-Leiter vorgenommen – hier beispielhaft am Kunden dargestellt, wie in Abbildung 6 auf der Folgeseite dargestellt.

Aufgrund dieses veränderten Verständnisses kann schließlich ein individualisiertes Leistungsangebot entstehen. Nur so kann es gelingen, eine langfristige Beziehung aufzubauen. Mit dieser Entwicklung hin zur verstärkten Betrachtung von Beziehungen findet eine wesentliche Veränderung in der Denkweise statt. Von einigen Autoren wird diese Veränderung in der Literatur sogar als Paradigmenwechsel betrachtet[83].

Eine Verbindung des Relationship Marketing zur Stakeholder-Theorie besteht insbesondere in der Betrachtung der Mehrdimensionalität von Beziehungen. Erst der erfolgreiche Aufbau und Erhalt von Beziehungen kann die *Beiträge* der Stakeholder dem Unternehmen gegenüber zum Vorschein bringen. Nach Murphy/Stevens/McLeod liegt also der Beitrag des Relationship Marketing in Bezug auf die Stakeholder-Theorie in der

---

[82] In Anlehnung an Harnischfeger, 1996, S. 18
[83] Vgl. Morgan/Hunt, 1994; S. 20; Diller, 2002, S. 6; Meffert, 1994, S. 473ff.; Oehme, 1994, S. 38-44.

20

Pflege und dem Erhalt von zwischenmenschlichen Beziehungen, innerhalb derer es gilt, einen langfristigen Wert zu erschaffen.[84]

Fürsprecher der Unternehmung

Anhänger, „Fan" der Unternehmung

Wiederkehrender Kunde

Käufer (erster Kauf)

Aussicht auf einen Kauf

**Abbildung 6: Loyalitäts-Leiter[85]**

Der Ansatz des Relationship Marketing trägt mit seinem Umfang wesentlich zur erweiterten Stellung des Marketing in der Unternehmung bei. Ein weiterer Entwicklungsschritt – hin zum Integrativen Marketing – verinnerlicht die Elemente des Relationship Marketing und versucht, innerhalb der Unternehmung einen Führungsanspruch weiter zu bekräftigen.

### 2.2.3 Zum Verständnis des Integrativen Marketing

#### 2.2.3.1 Eine Gegenüberstellung von Integriertem und Integrativem Marketing

Die Entwicklung hin zum Integrativen Marketing wurde bereits ausführlich beschrieben. Der Begriff der Integration spielt inhaltlich eine erhebliche Rolle und erfordert an dieser Stelle eine gesonderte Definition. Schließlich ist Integration nicht nur ein Erkenntnisgegenstand, der die Wissenschaft und Theorie beschäftigt, sondern findet auch vielfach in der Unternehmungspraxis Anwendung.[86] In der Literatur gibt es bisher keine eindeutige Abgrenzung zwischen dem Begriff des Integrierten und des Integrativen Marketing. Deshalb soll mit Hilfe einer Worterklärung eine Differenzierung zwischen den beiden Begriffen herausgestellt werden. Hinterfragt man also die dahinter liegende Bedeutung,

---

[84] Vgl. Murphy/Stevens/McLeod, 1997, S. 44f.
[85] In Anlehnung an Christopher/Payne/Ballantyne, 1991, S. 22.
[86] Vgl. Weinhold-Stünzi, 1997, S. 2.

so lassen sich Unterschiede feststellen, die einen erheblichen Einfluss für die Bedeutung der Marketingwissenschaft – aber auch in den Marketingbereichen in den Unternehmen – haben können. Somit findet hier eine klare Trennung der Begriffe statt:

Etymologisch betrachtet bedeutet der Begriff *integriert* „in ein Ganzes eingegliedert". Dies lässt zunächst auf eine eher passive Rolle schließen. *Integrativ* hingegen drückt „eine Integration darstellend" aus,[87] und kann so vielmehr selbst aktiv und mit Hilfe von Ansätzen und Konzepten etwas anderes – wie z.b. einen anderen Bereich oder eine Gruppe – integrieren.

Integriertes Marketing ist „lediglich" die Angliederung des Marketingbereichs an die Unternehmensführung. Es ist zwar in diverse Unternehmensprozesse integriert, hat aber nicht den gleichen Stellenwert wie ein Integratives Marketing. Der Begriff des Führungsanspruch wird meist in diesem Zusammenhang genannt, jedoch wirkt das Marketing hier vielmehr unterstützend als leitend. Weiter soll eine Abschaffung des Abteilungsdenkens zwar gefördert werden, jedoch weisen die Vorschläge zur Umsetzung meist nur *andere*, neue Strukturen auf.[88] Mit den genannten Punkten geht meist die Nennung des klassischen Marketingmixes (4P-Ansatz) einher.[89] Doch steht gerade der klassische 4P-Ansatz im Gegensatz zur Auflösung des Abteilungsdenkens[90] und kann so nur schwer zur Umsetzung dessen beitragen.[91]

Das Integrative Marketing hingegen wirkt integrierend auf andere Bereiche, Funktionen, Gruppen oder Individuen. Damit nimmt es eine wesentliche Bedeutung in der Unternehmung ein. Es *umfasst* nicht nur unternehmensinterne Bereiche, sondern es *durchdringt* sie mit seiner marktorientierten Philosophie. Erst mittels dieser Querschnittsfunktion kann es sowohl interne als auch externe Stakeholder in die Unternehmensabläufe integrieren. In der hier vorliegenden Umsetzung des Integrativen Marketing kommt es darüber hinaus zu einer Integration *sämtlicher* Stakeholder – und nicht nur der Kunden, wie es im Integrierten Marketing häufig der Fall ist.

Über diese begriffliche Abgrenzung hinaus, lassen sich im Rahmen einer Integration weitere Unterscheidungsmerkmale finden. Um die eigentliche Wirkung einer Integration begreifen zu können, sollte – laut Treibel – zwischen einer System- und einer Sozialintegration unterschieden werden. Bei einer Systemintegration steht die Verbindung der Systeme im Vordergrund. Die Sozialintegration jedoch spielt sich zwischen den einzelnen Mitgliedern ab. Dabei soll eine Integration insbesondere durch Normen und Werte

---

[87] Vgl. Das Fremdwörterbuch, 2001, S. 447f.
[88] Beispielhaft können hierfür divisionale Strukturen, Matrix-Struktur, etc. angeführt werden. Vgl. Busch/Dögl/Unger, 2001, S. 151-158.
[89] Vgl. Busch/Dögl/Unger, 2001, S. 29f. An dieser Stelle kann auf die Empirie in Kapitel 5 verwiesen werden. Dort wurde die Angabe des 4P-Ansatzes sehr oft in Verbindung mit dem Begriff des Integrativen Marketing gemacht (s. Abbildung 34).
[90] So fordert der 4P-Ansatz eine starre Einteilung von Aufgaben- bzw. Funktionsbereichen. Allein diese Tatsache der Einteilung in Funktionen spricht für ein Abteilungsdenken. Ferner besteht die Art der Aufgabenbereiche weitestgehend aus operativen Tätigkeiten und kann somit keinerlei Führungsanspruch für sich behaupten.
[91] Für die Betrachtung der Anwendung des Integrierten Marketing bzw. auch des Integrativen Marketing kann auf die Empirie in dieser Arbeit in Kapitel 5 hingewiesen werden. Dort wird u.a. das Verständnis der Marketingwissenschaft in den Unternehmen abgeprüft. So wird zwar eine Implementierung des Integrativen Marketing von 49% der Befragten angegeben, bei der Abfrage nach den Inhalten müssen jedoch erhebliche Abweichungen von den hier aufgestellten theoretischen Leitideen festgestellt werden.

22

erzielt werden.[92] Eine Sozialintegration kann nach Schnitzer weiter in eine ökonomische, politische, solidarische und kulturelle Integration unterschieden werden. Die ökonomische Integration ist aus betriebswirtschaftlicher Sichtweise hier ganz besonders hervorzuheben. Diese besteht aus der spontanen Ordnung des Marktes, bei der der gegenseitige Nutzen im Vordergrund steht. Der Nutzen wird dabei durch wechselseitige Tauschvorgänge erzeugt, welche wiederum durch Vertragsbeziehungen ausgestaltet sind.[93] Da sich das Marketing durch eben diese Tauschvorgänge in den Beziehungen auszeichnet, kann es sich das Wissen um die Vertragsgestaltung zu Nutzen machen und so „[…] gezielt zu einem Ausgleich der Interessen eingesetzt werden [...]"[94].

Der Ansatz des Integrativen Marketing vereint sowohl Perspektiven der zuvor dargestellten Sozial- als auch der Systemintegration. Somit ist das Integrative Marketing im Sinne einer Unternehmensphilosophie, die das gesamte Unternehmen durchzieht, eine Sozialintegration. Aufgrund einer gemeinsamen Wertegrundlage besteht eine Verbindung zwischen den Individuen. Gleichzeitig kann das Integrative Marketing, wenn es im System verankert und institutionalisiert ist, einen wesentlichen Beitrag zur Integration der Systeme untereinander leisten.[95]

### 2.2.3.2 Der Integrativ-Prozessuale Marketingansatz[96]

Eine Grundlage für die Darstellung einer Stakeholder-Integration bietet der Integrativ-Prozessuale Marketingansatz nach Mattmüller/Tunder, der hier kurz vorgestellt wird. Bislang wurde der Integrativ-Prozessuale Marketingansatz in seinen Teilfunktionen auf die Kunden-Unternehmens-Beziehung angewandt – in seinen grundlegenden Säulen ist eine Integration aller Stakeholder bereits vorgesehen.

Die Tauschbeziehung zu der Stakeholder-Gruppe der Kunden wird hier anhand eines Tranksaktionskreislaufs sehr ausführlich beschrieben. Mattmüller/Tunder benutzen drei grundlegende Säulen, um diesen Ansatz aufzubauen. Die erste Säule besteht aus den Grundsätzen und Annahmen der Transaktionskostentheorie, im weiteren Sinne also der Neuen Institutionenökonomie. Auf Grundlage der Integrierten Marketingfunktionen von Meyer[97] bauen Mattmüller/Tunder die zweite Säule ihres Modells auf. Diese nach Meyer benannten Integrierten Marketingfunktionen beinhalten folgende vier Phasen, die für diese Arbeit als Bezugsrahmen dienen werden, da sie eine vollständige Betrachtung einer Tauschbeziehung ermöglichen: die Vorbereitungs-, die Anbahnungs-, die Abschluss- und die Realisierungsphase. Diese prozessuale Denkhaltung bei der Phaseneinteilung gibt dabei eine wichtige Beschreibung der einzelnen Funktionen vor. Damit diese Funktionen jedoch nicht einseitig – nur aus Unternehmensperspektive – vollzogen werden, bildet der Integrationsgedanke die dritte Säule. Damit können sowohl Nachfrager, im traditionellen Sinn die Kunden, als auch andere Bezugsgruppen effizienter in den Ablauf integriert werden. Die Integrationsorientierung gibt dabei eine entscheidende Einstellung der Unternehmung wieder. Es gilt damit, alle relevanten Bezugsgruppen

---

[92] Vgl. Treibel, 2004, S. 172ff. Betont werden sollte allerdings, dass diese Perspektiven der soziologischen Theorie entstammen und somit keinen Anspruch auf Vollständigkeit in der Betriebswirtschaftslehre erheben.
[93] Vgl. Schnitzer, 2000, S. 40f.
[94] Vgl. Schnitzer, 2000, S. 64.
[95] Damit sind insbesondere Systemverbände wie z.B. das Absatzsystem einer Unternehmung gemeint.
[96] Vgl. Mattmüller/Tunder, 2005, S. 52-58.
[97] Meyer, 1996, S. 23-26.

frühzeitig in Unternehmensprozesse einzubinden. Sie werden so aktiv und damit auch präventiv einbezogen.

In der Zusammenführung dieser Säulen stellen Mattmüller/Tunder folgenden Kreislauf und darauf aufbauend den Integrativ-Prozessualen Marketingansatz vor:

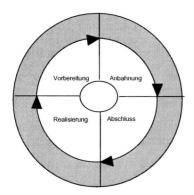

**Abbildung 7: Phasen des Transaktionskreislaufes**[98]

**Abbildung 8: Der Integrativ-Prozessuale Marketingansatz**[99]

Erst durch eine detaillierte Ausgestaltung des Transaktionskreislaufes (Abbildung 7) entsteht der vollständige Ansatz (Abbildung 8). Dabei beziehen sich Mattmüller/Tunder auf den ersten Blick lediglich auf die Kunden als Stakeholder-Gruppe. Sie betonen zwar die Übertragung der integrativen Denkhaltung auf mehrere Beziehungen, in der prozessualen Darstellung der Teilfunktionen sind jedoch nur die Kunden als Nachfrager in Relation zur Unternehmung analysiert worden. Mattmüller betont dabei, dass eine Integration aller Bezugsgruppen sowohl rein gedanklich als auch real existieren kann.[100] Eine weitere bzw. exaktere Ausführung hinsichtlich diverser potenzieller und bestehender Stakeholder einer Unternehmung bleibt allerdings offen. So stellt sich im Rahmen einer wissenschaftlichen Fortführung die Frage, welche Ausgestaltungsmöglichkeiten der Beziehungen bestehen, um auch andere Stakeholder zu integrieren. Gemäß dem Erkenntnisziel dieser Arbeit gilt es, darauf eine mögliche Antwort zu finden, wofür der Integrativ-Prozessuale Marketingansatz als Grundlage herangezogen wird. Die Stakeholder-Theorie gibt den Ansatz insofern Unterstützung, indem sie bereits bewährte Analyseverfahren zur Verfügung stellt. Gleichzeitig greift der prozessuale Aspekt des Transaktionskreislaufes nach Mattmüller/Tunder dabei den Dynamikgedanken der Stakeholder-Theorie auf. Ebenso können Abläufe und Verhaltensmuster sämtlicher Beziehungen im Sinne des Relationship Marketing hierin abgebildet werden. Für ein präziseres Verständnis dieser relevanten Grundlage folgt eine Beschreibung der vier Phasen des Transaktionskreislaufes. Im Fortgang dieser Arbeit dient er der Integration von Stakeholdern im Rahmen des Marketing.

---

[98] Mattmüller/Tunder, 2005, S. 52.
[99] Mattmüller/Tunder, 2005, S. 58.
[100] Vgl. Mattmüller, 2004, S. 55.

24

Die *Vorbereitungsphase* beschreibt die Erhebung von (Nachfrager-)Daten im Sinne der Marktforschung, die anschließend ausgewertet und interpretiert werden müssen. Zunächst findet also eine Phase der Informationsbereitstellung und -auswertung statt um daraus dann die eigentliche Marktprogrammerstellung zu erschließen. Letztere versteht sich als Ableitung strategischer Vorgehensweisen aus den Ergebnissen der Marktforschung.

Ziel der *Anbahnungsphase* ist es, eine Kontaktaufnahme zum Kunden zu starten. Dies kann mit der Unterstützung verschiedener Kommunikationsformen, u.a. mit Werbung, geschehen. Das Image der Unternehmung nimmt dabei erheblichen Einfluss auf die Reaktion der Person. Aufgrund eines bestimmten Images wird sich der Nachfrager für den Kauf entscheiden oder zunächst weitere Informationen hinsichtlich der Unternehmung suchen. Wichtig ist dabei der Versuch in einen Dialog miteinander zu treten, um damit auch eine Reaktion beim Tauschpartner zu erzeugen.

Die sich anschließende *Abschlussphase* konkretisiert die Ansprüche belder Parteien. So werden detailspezifische Vertragsausgestaltungen erarbeitet.

Im Zentrum der *Realisierungsphase* steht die beiderseitige Einlösung zuvor getroffener Vereinbarungen. Auch die Pflege der Beziehung nach Abschluss der Transaktion ist ein entscheidender Bestandteil dieser Phase.[101] Im Sinne eines Kreislaufs wird hier nun wieder in der ersten Phase angeknüpft. Bei erfolgreicher Erhaltung der Beziehung wird dann wieder ein erneutes Verfahren zur Befriedigung des Stakeholders eingeleitet.

### 2.2.3.3 Begründung für den erweiterten Verantwortungsbereich des Integrativen Marketing

Der Verantwortungsbereich des Marketing hat sich bisher in den meisten Fällen auf die Zielgruppe Kunden erstreckt.[102] So bedarf es neben der bisherigen Betrachtung der Wandels in der Entwicklung einer weiterführenden Darstellung des Verantwortungsbereichs. Dazu werden hier zweierlei Aspekte angeführt, die sowohl im Marketingverständnis als auch im Hinblick auf die Stakeholder-Theorie tragende Rollen innehaben. Die ethische Verantwortung des Marketing besteht darin, seinen Stakeholdern gerecht zu werden und sie zunächst zu akzeptieren. Gleichzeitig müssen ethische Berücksichtigungen unter einem wirtschaftlich sinnvollen strategischen Gesichtspunkt betrachtet werden, ohne die eine Unternehmung nicht überlebensfähig bleiben kann. So ergeben sich nach Sichtung der Literatur zwei Aspekte, die den neuen erweiterten Verantwortungsbereich des Marketing beschreiben können.

**Eine unternehmensethische Begründung für die Erweiterung**
Marketingmanager sehen sich in der Praxis oft mit Fragen nach moralischen Handlungsweisen konfrontiert. So haben sie zu entscheiden, ob ein neuerdings regional verbotenes Produkt (z.B. aufgrund von gesundheitsschädigenden Wirkungen) noch ins Ausland zu verkaufen ist. Für das Unternehmen könnten damit Verluste begrenzt werden. Aber wenn aufgrund von offiziellen Gesetzen oder Auflagen dieses Produkt hier nicht mehr zugelassen werden kann, ist es fragwürdig, ob dies moralisch vertretbar ist,

---

[101] Aus diesem Grund ist die Veränderung vom Transaktions- hin zum Beziehungsmarketing vollbracht. Auch *nach* Vertragserfüllung wird insbesondere von Seiten der Unternehmung versucht, den Kontakt aufrechtzuerhalten, um denjenigen weiterhin in einer „Beziehung" zur Unternehmung zu bewahren.
[102] In wenigen Fällen werden auch Lieferanten und Mitarbeiter in das Verantwortungsfeld miteinbezogen.

wenn trotz des Wissens über die Schädlichkeit des Produktes für den Endverbraucher dieses dennoch weiterhin verkauft wird.[103] An diesem Beispiel lässt sich deutlich zeigen, in welchem Rahmen Führungskräfte des Marketing Entscheidungen zu treffen haben. Es zeigt sich, dass sie über die traditionelle Zielgruppenverantwortung hinaus weitere Themenstellungen einbeziehen müssen.[104] Entscheidungen werden damit immer weitreichender und ziehen oft essentielle Konsequenzen für das Unternehmen nach sich. Damit verbunden ist die Kontaktaufnahme zu Interessengruppen, wie z.b. Greenpeace, die sich mit themenrelevanten Aspekten beschäftigen. Mit dieser Entwicklung lässt sich ein Bedarf an neuen Konzepten und Methoden feststellen, um dem Marketing eine einfachere Stakeholder-Integration zu ermöglichen. Im Rahmen der Stakeholder-Integration aus Marketingsicht gilt es nun u.a. Ethikkonzepte zu übertragen, um dem Marketing einen ethischen Entscheidungsrahmen bieten zu können. In den letzten zwei Jahrzehnten hat sich innerhalb der Marketing-Theorie eine Spezialisierung, die so genannte Marketingethik, entwickelt. Diese Entstehung kann im Wesentlichen durch ein Verantwortlichkeitsdefizit im Marketing-Management erklärt werden.[105] Nach Hansen gilt es die Ursachen hierfür in verschiedener Hinsicht zu unterscheiden:

*Wahrnehmungsbedingt*: Die Wahrnehmung von Marketingexperten ist insbesondere durch eine sehr instrumentalistische Denkweise geprägt. Mit einer bestimmten Aktion x kann eine bestimmte Reaktion y beim Kunden erzeugt werden.[106] Durch solch eine Wahrnehmung, die den Konsumenten zum Objekt degradiert, wird somit das Verantwortungsbewusstsein des Marketingexperten negativ beeinflusst.

*Urteilsbedingt*: Für Manager allgemein gilt, dass sie sich in moralischer Hinsicht in zwei Welten befinden. Die Entscheidungen, die im Rahmen der Unternehmung getroffen werden müssen, unterliegen einer gewissen ökonomischen Rationalität. Aus individueller Sicht des jeweiligen Managers können in Entscheidungen auch gewisse moralische Aspekte mit einfließen.

*Entscheidungsbedingt*: Gerade in Großunternehmen wird die persönliche Entscheidungsfreiheit als sehr gering eingeschätzt. Darüber hinaus hängt die Karriere eines jeden Einzelnen mit dem ökonomischen Erfolg der Unternehmung zusammen. Weitläufig wird jedoch davon ausgegangen, dass mit moralisch wertvollen Verhaltensweisen sich kein unternehmerischer Erfolg einstellen kann.

*Entscheidungsverarbeitungsbedingt*: Insbesondere wenn es um die Argumentation oder Rechtfertigung einer Handlungsweise geht, erleichtern Rationalisierungsmechanismen die Entscheidung. So werden ökonomische Argumente wie z.B. Wettbewerbsfähigkeit herangezogen, um eine Aktivität zu begründen. Diese wahrnehmungs- und bewertungspsychologischen Defizite gilt es nun zu vermeiden und somit den Marketingexperten eine entsprechende Hilfestellung zur deren Überwindung zu geben. Eine ethische

---

[103] Vgl. Hansen, 1991, S. 244ff.
[104] Mit dem Begriff der Zielgruppe sind in diesem speziellen Fall nur die Kunden gemeint.
[105] Es wird an dieser Stelle jedoch zu bedenken gegeben, dass diese Defizite, wie sie im Folgenden aufgezählt werden, aus den Anfängen der 90er Jahre kommen. So kann heute behauptet werden, dass sich das Bewusstsein der Marketingexperten dahingehend weitestgehend positiv entwickelt hat.
[106] Grundlage dieser Aussage ist das „Stimulus-Object-Response"-Schema. Beispielhaft sei hier der Kunde als Objekt herangezogen, der wiederum durch einen Stimulus zu einer Reaktion bewegt wird. Vgl. Kroeber-Riel/Weinberg, 2003, S. 30.

26

Vorgehensweise und Begleitung der Prozesse des Marketing kann sich für Unternehmen sowohl aus moralischer als auch aus wirtschaftlicher Sicht als sinnvoll erweisen. Die Anwendung und Implementierung von ethischen Konzepten oder Leitlinien ist jedoch nur dann sinnvoll, wenn dies nicht nur als „aufgelegte" Strategie nach außen hin zu sehen ist. Dies könnte vom Unternehmensumfeld schnell durchschaut werden und würde nur zu einem Glaubwürdigkeitsverlust der Unternehmung führen. Eine ehrlich gelebte Strategie, somit auch eine intrinsische Motivation, ein Unternehmen ethisch sinnvoll zu positionieren, wird auf lange Sicht von den Stakeholdern – und damit vom Markt – belohnt.

Über diese grundlegenden Verankerungen in der Unternehmensphilosophie hinaus ist eine betriebswirtschaftliche Perspektive des Marketing essentiell, die sich nachfolgend in einer unternehmensstrategischen Begründung findet.

**Eine unternehmensstrategische Begründung für die Erweiterung**
Wichtige Voraussetzung, um das erweiterte Verantwortungsfeld des Marketing darzustellen, ist zunächst die Akzeptanz der strategischen Komponente des Marketing. Von einer rein operativen Sichtweise des Marketing ist hier deshalb Abstand zu nehmen. Bereits 1987 schrieb Rühli über den strategischen Aspekt des Marketing und betonte die Relevanz der institutionellen und prozessualen Akzeptanz des Marketing in den strategischen Planungsablauf einer Unternehmung.[107] Morgan/McGuinness/Thorpe unterstreichen diese Entwicklung in einer empirischen Studie von 2000. Sie untersuchten insbesondere den Beitrag des Marketing auf die Erstellung von Strategien. Eines der Ergebnisse dieser Analyse stellte heraus, dass Unternehmen ein signifikant besseres finanzielles Ergebnis erzielen konnten, wenn der Marketingbereich in der Strategieentwicklung mitgearbeitet hat.[108] So bestätigt dieses Ergebnis die bereits länger bestehende Hypothese der erfolgreichen „gemeinsamen Planung".[109] Damit kann auch gleichzeitig den Gegnern des Strategischen Marketing entgegengetreten werden. Denn oft beläuft sich ihre einzige Argumentation darauf, dass Marketing nicht sämtliche Führungsfunktionen übernehmen kann. Von Vertretern des Strategischen Marketing wie Morgan/McGuinness/Thorpe wird jedoch ganz klar die Mitarbeit und unterstützende Funktion des Marketing gefördert. So behauptet Marketing nicht etwa einen alleinigen Führungsanspruch, sondern betont lediglich seinen positiven Einfluss – insbesondere durch seine Funktion als „Boundary Spanner"[110] und Informationsträger.[111] Darüber hinaus fördert es die Strategieentwicklung durch:[112]

    (1) eine realistische Wahrnehmung des Marktes bzw. der Unternehmensumwelt durch seine Nähe zum Stakeholder
    (2) die Stimulation und Integration verschiedener funktionaler Abteilungen

---

[107] Vgl. Rühli, 1986, S. 19.
[108] Vgl. Morgan/McGuinness/Thorpe, 2000, S. 353.
[109] Vgl. Franwick/Ward/Hutt/Reingen, 1994, S. 97. Franwick et al. vertreten die Ansicht, dass eine strategische Entscheidung am besten in einem gemeinsamen (mehrere Abteilungen betreffenden) Entscheidungsfindungsprozess getroffen wird.
[110] Die Funktion des „Boundary Spanner" – in der deutschen Literatur auch Grenzstelleninhaber genannt (vgl. Endres/ Wehner, 2003, S. 232) – sind Personen, Gruppen oder Abteilungen, die an den Grenzen ihrer Organisation als Schnittstelle zu einer anderen fungieren. Williams, 2002, S. 110; Singh/Rhoads, 1991, S. 329.
[111] Vgl. Morgan/McGuinness/Thorpe, 2000, S. 353.
[112] Vgl. Morgan/McGuinness/Thorpe, 2000, S. 353.

(3) eine bessere Qualität der Kommunikation mittels interner Marketing-strategien

Ähnlich wie Morgan/McGuinness/Thorpe stellt Biggadike bereits 1981 die Einflüsse des Marketing auf das Strategische Management im Allgemeinen dar. Biggadike verweist dabei auf das Marketingkonzept an sich – seiner Ansicht nach bestehend u.a. aus der Segmentierung, der Positionierung, der Definition von Geschäftseinheiten und den Produktlebenszyklen.[113]

Neben der Strategieentwicklung kann das Marketing mit einem strategischen Früh-warnsystem einen erheblichen Beitrag zum Unternehmenserfolg leisten. Mit der Integra-tion von Stakeholdern lässt sich als eine Aufgabe des Marketing die Einrichtung eines strategischen Frühwarnsystems erkennen. Durch die Nähe zum Markt und somit zu seinen Teilnehmern ist es dem Marketing möglich, Probleme und Unzufriedenheit dort direkt zu erfassen und somit sehr schnell reagieren zu können. Somit kann das Marke-ting über seinen strategischen Aspekt hinaus als integrierter Bestandteil der gesamten Unternehmung angesehen werden.[114]

Abschließend kann festgehalten werden, dass Marketing eine unternehmensstrategi-sche Rolle einnimmt.[115] Mit dem Fokus auf die Entwicklung einer Strategie und dem damit verbundenen Ausbau der Zielgruppen des Marketing kann von einer Erweiterung seines Verantwortungsbereichs gesprochen werden. So darf dabei der Profitabilitätsge-danke und damit die Existenzsicherung der Unternehmung nicht vernachlässigt wer-den.[116]

## 2.3 Zusammenfassende Betrachtung

Das Kapitel 2 hatte zum Ziel, die Entwicklung der Marketingwissenschaft und die ent-sprechend relevanten Ansätze in der Unternehmensrealität darzustellen. Damit konnte gezeigt werden, wie sich ein Fortschritt von einem weitestgehend Kunden-fokussierten Marketingansatz hin zu einem umfassenden Integrativen Marketing vollzogen hat. Um einen vollständigen Überblick der Forschungsschwerpunkte darzustellen, wurden zu-nächst die verschiedenen Paradigmen der Marketing-Theorie betrachtet. Dies gibt schließlich eine bessere Verständnisgrundlage für die Ansätze des Relationship Marke-ting und des Integrativen Marketing. Diese beiden aktuelleren Ansätze wurden ausge-wählt, da sie im Hauptteil der Arbeit wesentliche inhaltliche Beiträge leisten werden. Das bestehende Modell zur Umsetzung des Integrativen Marketing von Mattmül-ler/Tunder – der Integrativ-Prozessuale Marketingansatz – das bislang in einer sehr de-taillierten Form die Ausgestaltung der Kunden-Unternehmens-Beziehung darstellt, bildet eine maßgebliche Grundlage für das Modell in Kapitel 4.

---

[113] Vgl. Biggadike, 1981, S. 628-631. Biggadike beschrieb bereits vor über 25 Jahren diese zusammen-hänge, die im Jahr 2000 von Morgan/McGuiness/Thorpe wieder aufgegriffen worden sind und damit im-mer noch Gültigkeit aufweisen. Vgl. Morgan/McGuinness/Thorpe, 2000, S. 353.
[114] Vgl. Wehrli, 1986, S. 30.
[115] Vgl. Bruhn, 1997, S. 16.
[116] Vgl. Bruhn/Murmann, 1998, S. 2.

28

Im weiteren Verlauf wurde insbesondere der Aspekt der Integrationsorientierung hervorgehoben. Jedoch ist auch beim Integrativen Marketing kritisierend anzumerken, das bei den Konzepten und Modellen in der Literatur bislang hauptsächlich von der Bezugsgruppe der Kunden die Rede ist.[117] Wurde dennoch versucht, einen weiteren Bogen zu erfassen, so beschränkte sich dies meist auf eine bloße „Umweltanalyse", die lediglich eine grobe Abschätzung von Trends umfasste.[118] Allen weiteren Stakeholdern, die ebenso Einfluss nehmen könnten, wird meist wenig oder gar keine Beachtung geschenkt. Bestätigend hierfür stellen Meyer/Mattmüller fest, dass alle relevanten Zielgruppen im Unternehmensumfeld und somit auch in der Gesellschaft eingebunden werden müssen.[119] Mit diesem neuen Umfang der Zielgruppe für das Marketing erweitert sich gleichzeitig dessen derzeitiger Verantwortungsbereich. Mit dieser neuen Verantwortung verändert sich auch die Stellung des Marketing innerhalb der Unternehmung. Damit einher geht die Auflösung der Grenzen des traditionellen Abteilungsdenkens des Marketingbereichs. Mit Abnahme dieser traditionellen Funktion und somit der Stellung des Marketing als Abteilung kann es nun vielmehr eine übergreifende Funktion einnehmen.[120] Zum Abschluss dieses Kapitels kann festgehalten werden:

„Ökonomie/Ökologie/Sozialpolitik/Ethik und Moral bilden ein Netz, in dem eine Marketing-Konzeption eingebettet sein muß [!], um erfolgreich zu sein. Damit verläßt [!] Marketing endgültig den engen Rahmen eines absatzpolitischen Instrumentes und wird zur umfassenden, ganzheitlichen Konzeption."[121]
Die Grenze seiner Verantwortung liegt jedoch darin, „[...] daß [!] die Wahrnehmung ökologischer und sozialer Verantwortung nicht die wirtschaftliche Existenz des Unternehmens gefährden darf, andererseits, daß [!] seine Bemühungen um einen hohen Gewinn im Rahmen der sozialen und ökologischen Verträglichkeit bleiben."[122]

Diese beiden Zitate spiegeln insbesondere das Spannungsfeld des Verantwortungsbereichs des Integrativen Marketing zwischen ethischer und strategischer, im weiteren Sinn ökonomischer Betrachtungsweise wider, das in diesem Kapitel aufgezeigt wurde. Gleichzeitig wird damit dargelegt, wie sehr sich der Bereich des Marketing von seinem traditionellen, eindimensionalen Aufgabenfeld gelöst hat. Es gilt nun vielmehr *dive* ̄ ̄ ̄ Umfelder, wie z.B. Sozialpolitik, in die Betrachtungsweise des Marketing aufzunehme

---

[117] In einigen Fällen umfasst die Einbindung neben den Kunden auch die Gruppen der Lieferanten und/oder der Mitarbeiter. Vgl. Belz, 2002, S. 43.
[118] Vgl. Scharf, 2001, S. 23; Preissner, 1995, S. 226ff. Ferrell/Hartline/Lucas kreieren im Rahmen einer Umweltanalyse einen Fragebogen zur Rahmenbeschreibung von interner und externer Umwelt. Ferrell/Hartline/Lucas, 2002, S. 29-41.
[119] Vgl. Meyer/Mattmüller, 1999, S. 812.
[120] Vgl. Mattmüller, 2004, S. 64ff.
[121] Lettau, 1991, S. 169.
[122] Leisinger, 1997, S. 113.

# 3 Die Bedeutung der Stakeholder für Unternehmen

## 3.1 Historische Betrachtung

### 3.1.1 Der Ursprung

Der erste ausführliche Beitrag zum Begriff Stakeholder geht auf Freeman, 1984, zurück.[123] Es gab bereits zuvor einige wichtige Quellen, die immer wieder im Zusammenhang mit der Stakeholder-Theorie genannt werden. Diese entstammen im Wesentlichen dem Stanford Research Institute und General Electric aus den 60er Jahren.[124]

Aus der Kritik an einer zu starken Ausrichtung an den Werten und Wünschen der Eigentümer und Investoren bzw. „Shareholder" oder „Stockholder"[125], ergab sich aus der daraus folgenden Neuorientierung ein erster Ansatz dieser Theorie. Wie der Begriff schon beinhaltet, besitzen Shareholder Anteile („shares") am Unternehmen. Stakeholder hingegen haben lediglich einen Anspruch bzw. ein Interesse. Wörtlich übersetzt bedeutet das Wort „stake" Pfahl oder Pflock, womit gemeint ist, „einen Anspruch geltend zu machen".[126] Beim Shareholder-Modell werden die Interessen anderer Gruppen bewusst vernachlässigt, da angenommen wird, dass das Machtpotenzial der Shareholder durch ihre Anteile an der Unternehmung am größten ist. Mit der Weiterentwicklung der Shareholder-Orientierung wurde in Analogie zu dem Begriff des „Shareholder" dann der Begriff der „Stakeholder" geprägt. Diese Entwicklung erfolgte aufgrund mehrerer Faktoren im Unternehmensumfeld, die sich in gesellschaftliche und wirtschaftliche Faktoren unterteilen lassen.

**Gesellschaftliche Faktoren:**
Eine wichtige Entwicklung der letzten 30 Jahre fand im Bereich *Umwelt* statt.[127] Menschen wurden sich ihrer ökologischen Verantwortung bewusst.[128] Dies ließ auch gleichzeitig die Ansprüche von Unternehmungen an den Umweltschutz innerhalb der Unternehmensprozesse ansteigen.[129]

Eine breitere *Wissensbasis* trägt zur Verbreitung von neuen Denkweisen, aber auch von wichtigen Informationen bei. Durch eine weltweite Vernetzung – insbesondere durch das Internet – können binnen kürzester Zeit Millionen von Menschen gleichzeitig erreicht werden. Somit hat sich nicht nur die Reichweite, sondern auch die Geschwindigkeit bei der Verbreitung von Wissen und Informationen erheblich verändert.[130] Damit

---

[123] Prägenden Einfluss in den Anfängen der 80er Jahre nahmen ebenso Ackoff, 1981, und Mitroff, 1983. Freeman wird jedoch in vielen Quellen als *der* entscheidende Autor benannt. So z.B. in Berman/Shawn/Wicks/Kotha/Jones, 1999; Luoma/Goodstein, 1999, Wood/Jones, 1995.
[124] Stanford Research Institute Memorandum zitiert in Freeman, 1984, S. 31.
[125] Der Begriff des „Stockholder" ist mit dem des „Shareholder" gleichzusetzen. Die Unterschiede beziehen sich lediglich auf den amerikanischen (Stockholder) bzw. britischen (Shareholder) Sprachgebrauch. Vgl. Kaler, 2003, S. 71.
[126] Vgl. Eberhardt, 1998, S. 146.
[127] Vgl. Baumgartner, 2005, S. 18f.
[128] Vgl. Breidenbach, 2002, S. 23f.
[129] Eine erste Hürde ist neue Informationspflicht und die damit geforderte Transparenz hinsichtlich umweltbewusster Vorgehensweisen in den Unternehmen. Vgl. Reihlen, 2003, S. 103-115.
[130] Vgl. Calantone/Schatzel, 2000, S. 17 und Behrens, 2001, S. 21. Dies hat gleichzeitig zur Folge, dass mehr potenzielle Stakeholder sich als solche begreifen und somit eine erhöhte Anzahl an Gruppen entsteht, die sich zur Mitsprache an der Unternehmung berufen fühlen. Von Seiten der Unternehmen be-

können verschiedene Stakeholder – im Gegensatz zu früher – ohne großen Aufwand leicht an Informationen kommen und sie zu ihren Gunsten nutzen.

Nicht zuletzt hat die Veränderung im Denken der Menschen zur Entwicklung der Stakeholder-Theorie beigetragen. Mit dem vermehrten Anspruch nach *sozialer Verantwortung* wurde ein neuer Trend ausgelöst. Ein „Ethik-Boom" ist sowohl in der Umgangssprache als auch in der Fachliteratur deutlich erkennbar.[131]

**Wirtschaftliche Faktoren:**
Durch eine *verstärkte Wettbewerbssituation* auf regionalen Märkten begründet durch geringere *rechtliche* (z.b. Öffnung der Grenzen innerhalb der EU) und *funktionale* (geringere Transportkosten bei einer gleichzeitig ausgereifteren Technologie) Barrieren sind die Märkte für ein Unternehmen nahezu grenzenlos geworden. Die Konsequenz dieser Entwicklung lässt sich mit dem Begriff der *Globalisierung* beschreiben. Mit der dadurch noch stärkeren Konkurrenzsituation zwischen den Unternehmen hat der Nachfrager zusehends an Macht gewonnen.[132]

Mit dieser Entwicklung haben sich innerhalb der Unternehmen – insbesondere die Organisation und Struktur betreffend – viele Forschritte vollzogen. So sind *neue Organisationsformen* entstanden, die letzten Endes verschiedene Bezugsgruppen einbeziehen müssen, um erfolgreich implementiert zu werden. Diese Organisationsformen sind gänzlich verschieden und integrieren ebenso unterschiedliche Stakeholder. Jedoch kennzeichnet alle, dass sie zunehmend verschwimmende Unternehmensgrenzen und allesamt Tendenzen zur Netzwerkorientierung aufweisen.[133]

Mit dieser Entwicklung sowohl von gesellschaftlichen als auch von wirtschaftlichen Anforderungen hat sich eine Ausprägung der Stakeholder-Theorie insbesondere auf die soziale Verantwortung der Unternehmen ausgedehnt, wobei die Erzeugung eines Gewinns immer noch im Vordergrund stehen sollte.[134] Dennoch hat sich ein Teil der Stakeholder-Theorie stark der Ethik und Moral der Unternehmung zugewandt – allerdings unter Einbezug betriebswirtschaftlicher Ziele.[135] Diese Prägung der Stakeholder-Theorie ist besonders wichtig, da einige Autoren das Oberziel der Wirtschaftlichkeit[136] in diesem Rahmen häufig vernachlässigen. Übergeordnet betrachtet hat sich u.a. aus der Ethik-Perspektive eine Grundlage für die Legitimation der Stakeholder ergeben. Natürlich gibt es daneben auch rechtliche Ansprüche, die durch Eigentum oder Beitragsleistungen erhoben werden können.[137] Mit dieser Entwicklung hat der Begriff der „quasi-öffentlichen"

---

trachtet können sie sich die entsprechenden Medien zu Nutzen machen und damit ihre Stakeholder prägen und beeinflussen.
[131] Vgl. Deshpandé, 1999, S. 164ff.; Leisinger, 1997; S. 96f.; Ulrich, 2001b, S. 456-462. Unter diesen Begriff können auch sämtliche Zertifizierungsprozesse (z.B SA 8000, ISO 14001 etc.) fallen, denen sich immer mehr Unternehmen unterwerfen.
[132] Vgl. Day/Montgomery, 1999, S. 6, 9.
[133] Vgl. Bruhn, 2003b, S. 47. Eine kurze Ausführung zu Netzwerkstrukturen findet sich in Kapitel 3.3.2 im Rahmen der Beschreibung der unterschiedlichen Organisationsstrukturen.
[134] Vgl. Friedman, 1970, S. 32f. Friedman stellt damit eine Shareholder-Orientierung dennoch über alle Ziele der anderen Stakeholder – allerdings unter Einbezug einer sozialen Verantwortung der Unternehmung.
[135] Vgl. Leisinger, 1997; Harrison/Freeman, 1999; Henriques/Sadorsky, 1999.
[136] Vgl. Thommen/Achleitner, 2004, S. 104. Wirtschaftlichkeit ist neben der Produktivität und der Rentabilität eines der drei Erfolgsziele einer Unternehmung.
[137] Vgl. Schuppisser, 2002, S. 18.

Unternehmung"[138] große Popularität gewonnen. Bereits 1970 beschreibt eine Führungskraft von Ciba-Geigy die Situation wie folgt: „Unser Handeln ist keine private Veranstaltung mehr. Unser Unternehmen ist eine *öffentliche Institution* [Hervorhebung im Original nicht vorhanden] und deshalb hat die Öffentlichkeit Anspruch auf Transparenz und Dialogbereitschaft."[139]

Zur Umsetzung dieser Leitideen für eine Stakeholder-Theorie setzten sich Autoren zunächst mit einer grundlegenden Erfassung und Identifikation von Stakeholdern auseinander (s. Abbildung 9). Dabei entstanden immer mehr Konzepte, wie zunächst eine strategische und anschließend auch eine organisatorische Integration in der Praxis aussehen könnte. Die Kritik an den bisherigen Konzepten im Rahmen der Stakeholder-Theorie liegt in der fehlenden, aber dringend notwendigen umfassenden Integrationsorientierung. So stellt sich den Unternehmen das Problem, kein vollständiges Integrationsmodell vorliegen zu haben, auf das sie sich stützen können.

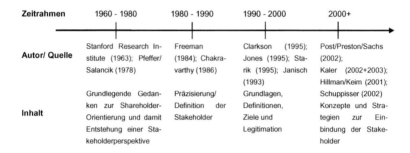

| Zeitrahmen | 1960 - 1980 | 1980 - 1990 | 1990 - 2000 | 2000+ |
|---|---|---|---|---|
| Autor/ Quelle | Stanford Research Institute (1963); Pfeffer/ Salancik (1978) | Freeman (1984); Chakravarthy (1986) | Clarkson (1995); Jones (1995); Starik (1995); Janisch (1993) | Post/Preston/Sachs (2002); Kaler (2002+2003); Hillman/Keim (2001); Schuppisser (2002) |
| Inhalt | Grundlegende Gedanken zur Shareholder-Orientierung und damit Entstehung einer Stakeholderperspektive | Präzisierung/ Definition der Stakeholder | Grundlagen, Definitionen, Ziele und Legitimation | Konzepte und Strategien zur Einbindung der Stakeholder |

**Abbildung 9: Prägende Phasen der Stakeholder-Theorie[140]**

### 3.1.2 Theoretischer Hintergrund

Für ein tiefgehendes Verständnis wird die Stakeholder-Theorie[141] im Folgenden in einem wissenschaftstheoretischen Zusammenhang erläutert. Erst mit der Betrachtung ih-

---

[138] Vgl. Ulrich, 2001b, S. 438.
[139] Dyllick, 1992, S. 478.
[140] Gegen Ende der 90er Jahre wurden zunehmend immer spezifischere Übertragungen der Stakeholder-Theorie auf einzelne Branchen vorgenommen. So z.B. bei Mason/Gray, die den Markt des Flugverkehrs für Geschäftskunden analysierten. Vgl. Mason/Gray, 1998, S. 844-858. Auch Miller/Wilson legten ihrer Betrachtung im Bereich Krankenhausmanagement die Stakeholder-Theorie zu Grunde. Vgl. Miller/Wilson, 1998, S. 51-58.
[141] In der Literatur wird jedoch häufig keine genaue Differenzierung bei den Begriffen der Stakeholder-Theorie, des Stakeholder-Ansatzes oder des Stakeholder-Konzeptes vorgenommen. Da ursprünglich das Gedankengut aus den USA entstammt, wird in den englischsprachigen Texten immer nur von „Stakeholder Theory" gesprochen. Erstaunlicherweise bleibt es in der deutschen Literatur bei diesem einen Begriff. Dabei werden die eben genannten drei Begriffe häufig beliebig miteinander ausgetauscht. Im Rahmen dieser Arbeit gilt: Der Überbegriff ist zunächst „die Stakeholder-Theorie". Diese wird hier – in Kapitel 3 – in ihren Grundzügen beschrieben. Bei näherer Eingrenzung ergeben sich dann die diversen „Stakeholder-Ansätze" und „Stakeholder-Konzepte" – in der Literatur synonym verwendet. Diese sind von

32

rer theoretischen Wurzeln (s. Abbildung 10) wird verständlich, welche Relevanz die Theorie und somit die eigentlichen Stakeholder in einer Unternehmung einnehmen.

Die Stakeholder-Theorie wurde vom betriebswirtschaftlichen Systemansatz, der Koalitionstheorie und der Anreiz-Beitrags-Theorie wesentlich beeinflusst.

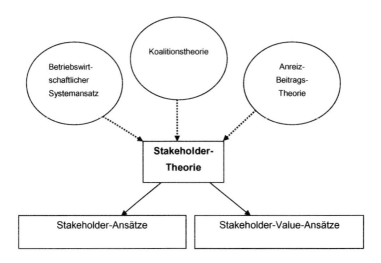

**Abbildung 10: Theoretische Einordnung**[142]

Der *betriebswirtschaftliche Systemansatz* hat sich in den 60er Jahren als Zweig der Systemtheorie entwickelt. Sämtliche Umfelder der Unternehmung, also innerhalb betriebswirtschaftlicher Problemstellungen, werden als Elemente bezeichnet. Eine Unternehmung stellt sich dabei als geordnete Einheit verschiedener Elemente dar, die in einem interdependenten Verhältnis zueinander und auch zu ihrer Umwelt stehen. Damit lässt sich ein Beziehungsgefüge feststellen.[143] Die Unternehmung ist ein offenes System, das in vernetzten und schnelllebigen Zeiten den Einflüssen der Umfelder ausgesetzt ist und diese in ihrem System verinnerlichen sollte. Nur durch ihre Dynamik kann eine Unternehmung steuernd und regelnd eingreifen.[144]

Auch die *Koalitionstheorie* beeinflusste den Inhalt der Stakeholder-Theorie. Hier sieht sich die Unternehmung als Form einer Koalition, die aus mehreren Teilnehmern wie z.B. Management, Lieferanten oder Kunden besteht. Eine Koalition kann jedoch nur dann erfolgreich sein, wenn alle Teilnehmer ihren Leistungsbeitrag erfüllen. Jeder einzelne der Koalitionspartner der Unternehmung muss Leistung erbringen, um so einen maximalen Gesamtertrag zu erwirtschaften. Im Gegenzug erheben die Koalitionspartner

---

besonderer Relevanz, da sie im Hauptteil helfen, die Stakeholder zu identifizieren. Für Kapitel 4 gilt damit der Begriff des Stakeholder-Ansatzes.
[142] In Anlehnung an Eberhardt, 1998, S. 152-155.
[143] Vgl. Siegwart, 1987, S. 97.
[144] Vgl. Eberhardt, 1998, S. 155.

Ansprüche, die von der Unternehmung erfüllt werden sollten, um ihre volle Leistungsbereitschaft zu gewinnen.[145] Erst das Zusammenwirken der beidseitigen Leistungen lässt eine Koalition erfolgreich werden. Mitarbeiter erbringen beispielsweise ihre Arbeitskraft; dafür erwartet der Mitarbeiter neben seinem Lohn auch die Erfüllung anderer Vereinbarungen wie z.B. Sicherheit und eine angenehmen Arbeitsatmosphäre.

Die *Anreiz-Beitrags-Theorie*, die ebenfalls auf die Stakeholder-Theorie eingewirkt hat, versucht eine Antwort darauf zu geben, wie das Unternehmen einen Ausgleich zwischen Anreizen und den zu erhaltenden Beiträgen schaffen kann. Ziel ist dabei das organisationale Gleichgewicht zu finden, das darin besteht, den Koalitionspartnern gerade noch so viele Anreize zu bieten, so dass sie eine optimale Leistung erzielen. Dies bietet die entsprechende Voraussetzung für eine langfristige wirtschaftliche Leistungsfähigkeit der Unternehmung.[146]

Im Rahmen der Stakeholder-Theorie haben sich wiederum Ansätze entwickelt, die die zu Grunde liegenden Perspektiven des Einbezugs der Stakeholder darstellen. Wichtig ist dabei insbesondere die Unterscheidung zwischen dem Stakeholder-Ansatz und dem Stakeholder-Value-Ansatz. Beide werden häufig nicht differenziert genug betrachtet. Beim Stakeholder-Value-Ansatz steht die Steigerung des Unternehmenswertes mittels einer Nutzenmaximierung aller Stakeholder im Vordergrund.[147] Hingegen handelt es sich beim Stakeholder-Ansatz um die generelle Auseinandersetzung der Stakeholder untereinander und mit der Unternehmung innerhalb einer komplexen Umwelt.[148]

Im noch zu entwickelnden Modell dieser Arbeit wird der Erfolg der Unternehmung und damit einhergehend der monetäre Nutzen eines Stakeholders unterstellt. Das Oberziel einer Unternehmung – der wirtschaftliche Erfolg – wird hier für die Betrachtung vorausgesetzt. Der Einbezug des Stakeholder-*Value*-Ansatzes wird ausgeklammert, da sie eine intensive Auseinandersetzung mit den genauen Wertbeiträgen hinsichtlich der Zielforderungen benötigen. In diesem Rahmen geht es vielmehr um die Darstellung *wie* eine Zusammenarbeit zwischen den Unternehmen und ihren Stakeholdern aus Sicht des Marketing erfolgen kann. Somit wird hier kein spezifischer Ansatz herangezogen, sondern die Stakeholder-Theorie gibt hier einen Bezugsrahmen vor, innerhalb dessen die darzustellende Integration schließlich stattfinden kann.

Aus der bisherigen Analyse der Quellen soll folgende Definition der Stakeholder-Theorie im Rahmen dieser Arbeit gelten:

Die **Stakeholder-Theorie** betrachtet die Erfassung und Einbindung der einzelnen relevanten Stakeholder einer Unternehmung. Sie untersucht die verschiedenen Aspekte der Ansprüche an und der Beiträge für die Unternehmung.

Im englischen Sprachgebrauch wird „der Stakeholder" nach Freeman wie folgt definiert:

---

[145] Vgl. Cyert/March, 1999, S. 31.
[146] Vgl. March/Simon, 1994, S. 69ff.
[147] Analog dazu existiert der so genannte Shareholder-Value-Ansatz. Dabei wird eine Betrachtung allein aus Sicht der Shareholder vorgenommen und damit auch nur deren Zielsetzung – eine Steigerung des Unternehmenswertes – in den Vordergrund gestellt. Dies legt eine recht eindimensional-monistische Sichtweise zu Grunde. Vgl. Eberhardt, 1998, S. 160.
[148] Eine Unterscheidung wird hierbei häufig aufgrund der vorliegenden Zielsetzungen vorgenommen: normative, instrumentell und deskriptive Stakeholder-Ansätze (Kapitel 3.2).

34

„(...) as any group or individual who can affect or is affected by the achievement of the organization´s objectives (...)."[149]

Damit sind theoretisch alle Gruppen, die für ein Unternehmen von Belang sind, gemeint.[150] Dies ist jedoch für den Rahmen dieser Arbeit zu ungenau und so bedarf es einer Differenzierung des Begriffs Stakeholder in der deutschen Übersetzung. Zu unterscheiden sind dabei:[151]

**Bezugsgruppen**: Der Begriff Bezugsgruppe umfasst sämtliche Individuen oder Institutionen, die direkt oder indirekt in Verbindung mit der Unternehmung stehen. Mit dieser Auslegung ist auch die bereits genannte definitorische Abgrenzung von Freeman abgedeckt.

**Interessengruppen**: Bestandteil der Interessengruppen sind jene Bezugsgruppen, die direkt mit der Unternehmung eine Beziehung und somit auch direkten Kontakt haben. Sie zeichnet also eine hohe Intensität, aber gleichzeitig auch ein geringes Machtpotenzial aus, so dass ihre Bedürfnisse nur selten vom Management umgesetzt werden.

**Anspruchsgruppen**: Anspruchsgruppen zeichnen sich durch ihr hohes Sanktionspotenzial aus. Ohne sie kann eine Unternehmung nicht existieren. Ihre Ansprüche beruhen meist auf ökonomischen und/oder gesetzlichen Grundlagen, was ihnen die stärkste Machtbasis verleiht. Mit solch einem expliziten Anspruch, wie ihn z.B. Anteilseigner haben, kann eine Durchsetzung jener Ansprüche per Gesetz erfolgen.

**Abbildung 11: Spezifizierung des Begriffs Stakeholder**

Allerdings sollte nicht nur Anspruchsgruppen aufgrund ihres oftmals rechtlichen Anspruchs Beachtung finden; gerade auch Interessengruppen können z.B. mit Hilfe der Medien einen erheblichen Druck auf die Unternehmung erwirken. In dieser Arbeit sollen im Sinne eines strategischen Frühwarnsystems alle drei genannten Kategorien betrachtet werden, um mögliche Risikofaktoren in Form der Stakeholder nicht zu früh zu eliminieren. Da im Hauptteil der Arbeit eine Anwendung an konkreten Stakeholdern[152] statt-

---

[149] Freeman, 1984, S. 46.
[150] Hierbei gibt es unterschiedliche Ansichten in der Theorie, ob nun *alle* möglichen Gruppen eine Berechtigung zum Stakeholder haben (so z.B. in Liebl, 1997, S. 16; Wood/Jones, 1995) oder ob es *einige bestimmte* Gruppen gibt, die hierzu befugt sind (so z.B. in Harrison/St. John, 1996; Duncan/Moriarty, 1997). Im Rahmen dieser Arbeit sollen diese Gruppen aber differenzierter betrachtet werden.
[151] Vgl. Madrian, 1998, S. 48f.
[152] Im Hauptteil werden folgende Stakeholder-Gruppen genauer in Bezug auf die Unternehmung analysiert: Kunden, Mitarbeiter, Anteilseigner, Lieferanten, Öffentlichkeit und Staat.

findet, wird der allgemeine deutsche Begriff der *Bezugsgruppe* – synonym zum amerikanischen Begriff der *Stakeholder* – zu Grunde gelegt.

## 3.2 Strategischer Einbezug der Stakeholder

Aus der Zielsetzung der Stakeholder-Theorie lässt sich erkennen, dass es nicht nur gilt, ein Bewusstsein für die Stakeholder zu schaffen, sondern darüber hinaus dem Unternehmen Instrumente zur Verfügung zu stellen, die eine Identifikation und eine Integration zulassen. In den letzten 15 Jahren sind auf den Grundlagen der Stakeholder-Theorie einige Modelle entwickelt worden, die diese Problematik versuchen aufzugreifen. Keines dieser Modelle zeigt einen Ansatz auf, wie Stakeholder in einen gesamtunternehmerischen Zusammenhang zu setzen sind. Im Rahmen dieser Arbeit soll eine Integration in die Unternehmensprozesse unter Zuhilfenahme eines bestehenden Stakeholder-Modells, erreicht werden. Dies wird im Hauptteil in Kapitel 4.1 dargestellt. Es folgt zunächst eine Übersicht, die die in der Literatur zur Stakeholder-Theorie anerkannten Modelle zur Stakeholder-Identifikation und Integration zeigt. Diese Übersicht enthält nicht nur die Ziele dieser Modelle, sondern auch die an ihnen auszusetzende Kritik, insbesondere hinsichtlich einer möglichen Anwendung im Rahmen dieser Arbeit.

| | Ziel | Dynami-sches/statisches Modell | Kritik |
|---|---|---|---|
| Savage et al., 1990 und 1991 | Verhaltensanalysen und strategische Folgerungen | Dynamisch (lediglich in Hinsicht auf die Stellung zur Unternehmung) | Kritisch ist anzumerken, dass eine Beeinflussung der Stakeholder untereinander hier nicht aufgenommen wird, obwohl das Modell diese Möglichkeit bieten kann.[153] |
| Dyllick, 1992 | Betrachtung des Lebenszyklus der Anliegen der Stakeholder an die Unternehmung | Statisch (dynamisch nur hinsichtlich des Anliegens) | Eine Betrachtung allein der Anliegen ist nicht ausreichend. Die dahinter liegenden Ziele der Stakeholder, die bestimmte Verhaltenweisen auslösen, werden nicht transparent dargestellt. |
| Janisch, 1993 | Beschreibung der Stakeholder und ihrer Ziele | Dynamisch | Der Fokus liegt auf einer deskriptiven Darstellung der Stakeholder-Ziele. Zusammenhänge hinsichtlich der Unternehmung fehlen. |

---

[153] Genau diese Schwachstelle wird von Polonsky aufgegriffen und das Modell erfährt so eine sinnvolle konzeptionelle Erweiterung. Vgl. Polonsky, 1997, S. 380.

| Harrison/St. John, 1996 | Strategien/Taktiken zum Umgang mit Stakeholdern | Statisch | Eine Positionierung der Stakeholder erfolgt erst gar nicht. Die Beschreibung der Taktiken resultiert aus der Bedingung, dass eine Zusammenarbeit mit allen Stakeholdern stattfinden müsste, womit sie gleichgestellt werden. |
|---|---|---|---|
| Mitchell/ Agle/Wood, 1997; Agle/ Mitchell/ Sonnenfeld, 1999 | Verhaltensanalysen | Dynamisch | Die drei herangezogenen Kriterien – „power", „legitimacy" und „urgency" – erscheinen zunächst sinnvoll. Mit der starken Untergliederung in acht weitere Kategorien ist eine doppelte Zuordnung eines Stakeholders in diesem Modell nicht möglich.[154] Ferner erfolgt keine Ableitung von strategischen Implikationen. |
| Behnam, 1998 | Strategieableitungen; Berechnung von Einrittswahrscheinlichkeit | Dynamisch | Die Berechnung der Eintrittswahrscheinlichkeiten gestaltet sich u.U. sehr zeit- und kostenintensiv. Darüber hinaus findet eine Strategieableitung nach der Berechnung nicht statt. |
| Henriques/ Sadorsky, 1999 | Ökologisch-fokussierte Stakeholder-Identifikation | Statisch | Ihre Aufteilung in vier Gruppen deckt zwar sehr viele potenzielle Stakeholder ab, jedoch können Übertragungen, aufgrund des einseitigen Hintergrunds der Umweltbetrachtung, nur eingeschränkt vorgenommen werden. |
| Fried-man/Miles, 2002 | Kompatibilitätsprüfung der Beziehung zwischen Unternehmen und Stakeholder | Dynamisch | Das Kriterium der Inkompatibilität, das Friedman/Miles anführen, kann nur kurzfristig für richtig anerkannt werden. Langfristig sind die Ziele von Stakeholdern und Unternehmung gleichgerichtet. |

**Tabelle 1: Strategische Vorgehensweisen zur Stakeholder-Identifikation – eine Übersicht zum Stand der Literatur**

Im Rahmen dieser Arbeit wird das, in der Literatur häufig herangezogene,[155] Modell von Savage et al. zu Grunde gelegt. Es ist vor dem Hintergrund der hier vorliegenden Problemstellung am besten geeignet, da es sowohl eine Einordnung im Sinne der Identifikation bietet als auch gleichzeitig strategische Vorgehensweisen ableitet, die es dem Unternehmen ermöglichen, Handlungen auszulösen. Dabei unterscheiden Savage et al. zwei wichtige Indikatoren, die eine rechtzeitige Erkennung und Einordnung der Stake-

---

[154] Ein Stakeholder, der hier als „abhängig" von der Unternehmung eingestuft wird, kann in diesem Modell nicht gleichzeitig z.B. in die Kategorie „gefährlich" oder „schlafend" eingeordnet werden.
[155] Vgl. Donaldson/Preston, 1995, S. 77; Oertel, 2000, S. 49f. oder Schuppisser, 2002, S. 49.

holder erst ermöglichen: Zum einen ist es das *Bedrohungspotenzial*, das von einem Stakeholder ausgehen kann. Eine ausgehende Bedrohung von einem Stakeholder stellt eine Schlüsselvariable in der Betrachtung von Beziehungen dar. So können Worst-Case-Szenarien erstellt werden. In dieser Variablen selbst sind weitere Indikatoren implizit enthalten, wie z.b. Macht oder Abhängigkeit. Ist ein Unternehmen abhängig von einem Stakeholder, so geht von diesem nicht nur ein gewisses Macht-, sondern auch Bedrohungspotenzial aus.[156] Zum anderen existiert hier ein Maß für das *Kooperationspotenzial* der Stakeholder. Häufig wird der Fokus zu sehr auf die ausgehenden Bedrohung gerichtet – hier werden beide Variablen jedoch gleichberechtigt behandelt. Das Kooperationspotenzial eines Stakeholders bietet der Unternehmung mehr als nur defensive Verhaltensweisen an. Mit gemeinsamen Aktivitäten können wichtige Synergieeffekte erzielt werden.[157] Diese beiden Variablen stellen im Modell zwei Dimensionen dar, innerhalb derer sich die Stakeholder einordnen lassen. Innerhalb einer Dimension unterscheiden Savage et al. zwischen hohen und niedrigen Ausprägungen der Variablen. Damit spannen sich vier Quadranten in den beiden Dimensionen auf. So lassen sich dann die Stakeholder-Gruppen einer der vier Kategorien zuordnen.

Besonders wichtig ist dabei die dynamische Betrachtung, ohne die eine Stakeholder-Analyse gar nicht erst erfolgen könnte. Denn Stakeholder unterliegen stets Einflüssen, von denen sie und ihre Ziele erheblich geprägt werden. So bemerken Savage et al., dass innerhalb der vier Felder eine Veränderung möglich ist, und weisen sogar ausdrücklich darauf hin. Jedoch haben sie nicht bedacht, dass sich auch Stakeholder *gegenseitig* beeinflussen können. Diesen Kritikpunkt hat Polonsky aufgegriffen und das Modell dementsprechend erweitert.[158] Denn gerade diese Beeinträchtigung kann erhebliche, wenn auch zunächst indirekte Auswirkungen auf das Unternehmen haben. Allerdings setzt Polonsky dieses *Beeinflussungspotenzial* als dritte Dimension an. Dies wird hier etwas verändert, da das Beeinflussungspotenzial keine echte neue Dimension darstellt. Denn dann müsste auch eine Beurteilung in hoher und niedriger Ausprägung des Potenzials erfolgen, was aber nicht der Fall ist. So wird das Beeinflussungspotenzial hier in Form eines Kreises dargestellt, der alle vier Felder überlappt. Polonsky nennt diese Bezugsgruppen, die solch einen erheblichen indirekten Einfluss auf die Unternehmensaktivitäten haben, „Bridging Stakeholder" bzw. „Influencer".[159] So befürwortet er größtenteils das Modell von Savage et al., erweitert dieses aber um die Komponente jenes „Vermittlers" bzw. „Beeinflussers".[160]

Aus den hier identifizierten vier Feldern entstehen nun vier Stakeholder-Typen, denen Savage et al. Namen, ihren Eigenschaften folgend, geben. Daraus leiten sie dann die Strategien ab, die dem Unternehmen als Vorlage dienen können, den jeweils zugeordneten Stakeholdern entsprechend zu begegnen. Diese strategischen Stoßrichtungen werden in Kapitel 4, in der Vorbereitungsphase, ausführlich anhand konkreter Stakeholder beschrieben, da das Modell dort zum Einsatz kommt.

---

[156] Vgl. Savage et al., 1990, S. 149f.
[157] Vgl. Savage et al., 1991, S. 63.
[158] Vgl. Polonsky, 1997, S. 380.
[159] Vgl. Polonsky, 1995, S. 156f.
[160] Vgl. Polonsky, 1995, S. 155ff.

38

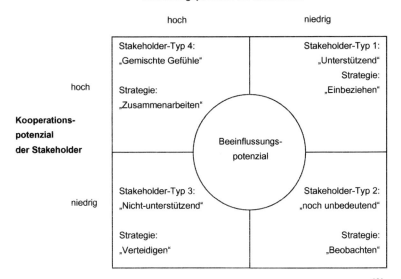

Abbildung 12: Erweiterte zweidimensionale Stakeholder-Matrix[161]

Der Beitrag dieses modifizierten Modells liegt hier insbesondere in der detaillierten Ausgestaltung der Stakeholder-Analyse in Bezug auf die Unternehmung. Stakeholder werden somit nicht einheitlich als eine Gruppe betrachtet, sondern zu jedem Stakeholder
kann so eine individuelle Beziehung aufgezeigt werden. Ebenso ist hier positiv anzumerken, dass dieses Modell den Veränderungen der Stakeholder-Ziele und damit deren
Dynamik gerecht wird. Somit kann es als strategisches Stakeholder-Frühwarnsystem
dienen.

## 3.3 Organisatorischer Einbezug der Stakeholder

In der bisherigen Darstellung des eben aufgezeigten Modells nach Savage et al. wurde
beschrieben, wie eine Unternehmung strategisch mit ihren Stakeholdern umgehen
kann. Was nicht beantwortet wurde, ist die Frage nach der Unternehmungsstruktur,
wenn diese Strategien konsistent in die Unternehmensziele integriert werden sollen.
Heutzutage ist eine strukturelle Einbindung, z.B. von Kunden in F&E-Prozesse, für eine
Unternehmung unabdingbar geworden. Für Liebl ist die Unternehmung – im gesamtgesellschaftlichen Umfeld betrachtet – die Schnittstelle, die zur Aufgabe hat, die Interessen der verschiedenen Stakeholder zu koordinieren.[162] So bedarf es im Rahmen einer
Analyse der Stakeholder-Integration auch einer Betrachtung der Organisationsstruktur.

---

[161] In Anlehnung an Polonsky, 1997, S. 380.
[162] Vgl. Liebl, 1997, S. 16.

### 3.3.1 Organisatorische Dimensionen

Die Anforderungen an die organisatorische Dimensionen im Rahmen einer Stakeholder-Integration bedingt einerseits eine stabile Organisationsstruktur, eine so genannte permanente Struktur, andererseits muss diese gleichzeitig zulassen können, flexibel auf eventuell aufkommende Krisensituationen reagieren zu können – so genannte temporäre Strukturen. So besteht ein Unternehmensmodell aus mehreren organisatorischen Dimensionen.[163]

Die *permanente Struktur*, auch Primärstruktur genannt, legt den grundsätzlichen Aufbau der Unternehmung fest. Bestandteile dieser Grundstruktur sind die zentrale Unternehmensleitung, die zentralen Dienststellen und die operativen Einheiten. Sich stets wiederholende Aufgaben werden diesen Bereichen dann zugeordnet. Damit ein Unternehmen stets flexibel auf neue Situationen reagieren kann, bedarf es jener *temporärer Strukturen*, die sich aus der Sekundärstruktur, der Tertiären Struktur und der Quartären Struktur zusammensetzen. Diese gewährleisten bei auftretenden Problemen eine adäquate und möglichst schnelle Bewältigung.

Die *Sekundärstruktur* befasst sich mit periodisch wiederkehrenden Aufgaben, für die die Primärstruktur nicht geeignet ist.[164]

Die *Tertiäre Struktur* bietet bei innovativen Aufgabenstellungen und bei besonders dringenden Problemen Unterstützung.

Die *Quartäre Struktur* schließlich beschreibt die Gesamtführungsorganisation. So werden hier die Regeln für das Zusammenwirken aller organisatorischen Dimensionen festgelegt. Die Abbildung auf der folgenden Seite gibt diese Zusammenhänge wieder:

Da in dieser Arbeit die Integration der Stakeholder aus strategischer und nicht aus struktureller Perspektive im Vordergrund steht, wird hier nachstehend aufgezeigt, in welchem Rahmen sich solch eine Organisationsstruktur bewegen kann. Diese strukturelle Ausgestaltung prägt letzten Endes die hier zu beschreibende Beziehung zischen Stakeholdern und Unternehmung erheblich mit. So ist es unerlässlich an dieser Stelle einen Einblick in eine mögliche Organisationsstruktur zu gewinnen. Allerdings findet hier keine umfassende Betrachtung des Organisationskonzeptes statt, sondern lediglich die Temporäre und dabei wiederum nur die Tertiäre Struktur werden genauer hinsichtlich der Ausgestaltung mit den Stakeholdern analysiert. Diese Einschränkung wird hier vollzogen, da eine Darstellung der Permanenten Struktur zu viele weitere Prämissen für den Fortgang der Arbeit nach sich ziehen würde. Darüber hinaus sollte diese Bestandteil einer bereits vor der Stakeholder-Integration liegenden Betrachtung sein.

Im Folgenden sollen auf Grundlage der bisher benannten strategischen Stoßrichtungen der Stakeholder-Matrix in Kapitel 3.4 verschiedene mögliche Organisationsstrukturen abgeleitet werden. Aufgrund der Darstellungsart der Analyse aus Abbildung 13 ergibt sich der Blick auf temporäre Strukturen, da hier einer umgehenden und sofortigen Reaktion der Unternehmung bedarf. Genauer betrachtet können die nachfolgenden Erkenntnisse der Tertiären Struktur zugeordnet werden, da hier lediglich kurzfristige, flexible Lösungen dargestellt werden, die zwar die gesamte Unternehmung betreffen, jedoch keinen oder nur geringen Einfluss auf die Permanente Struktur haben und diese somit nicht verändern.

---

[163] Vgl. Ulrich, 2001a, S. 420f.
[164] Zur Sekundärstruktur gehören die Marktbereiche ebenso wie die Produktbereiche der Unternehmung sowie die Funktionsbereiche (Produktion, Finanzen, Absatz etc.). Vgl. Ulrich, 2001a, S. 40.

40

| Organisatorische Dimensionen | | Inhalte |
|---|---|---|
| **Permanente Struktur** | Primärstruktur | Grundstruktur:<br>- Zentrale Unternehmensleitung<br>- Zentrale Dienststellen<br>- Operative Einheiten |
| **Temporäre Struktur** | Sekundärstruktur | Periodisch wiederkehrende Aufgaben, für die die Primärstruktur nicht geeignet ist.<br><br>- Marktbereiche<br>- Produktbereiche<br>- Funktionsbereiche |
| | Tertiäre Struktur | Projekte, für welche die Primär- und die Sekundärstruktur nicht geeignet sind, so z.B.:<br><br>- Krisenmanagement<br>- Übernahme anderer Firmen |
| | Quartäre Struktur (Gesamtführungsorganisation) | Festlegen der Regeln, nach denen das Zusammenwirken aller organisatorischen Bereiche erfolgen soll. |

**Abbildung 13: Das mehrdimensionale Organisationskonzept[165]**

Im Folgenden wird die bisher benannte Stakeholder-Typologie 1 bis 4 aus Abbildung 13 herangezogen.[166] Aus den Grundhaltungen dieser Stakeholder und den daraus abgeleiteten Strategien soll nun eine Darstellung möglicher Tertiärer Strukturen erfolgen.


### 3.3.2 Temporäre Strukturen zur Einbindung der Stakeholder

*Stakeholder-Typ 1* zufolge bestimmen Savage et al. das „Einziehen" als sinnvolle Stoßrichtung, um den Stakeholder für sich zu gewinnen. Prinzipiell eröffnen sich in diesem Fall viele Varianten einer Zusammenarbeit, da der betreffende Stakeholder keine Bedrohung darstellt und grundsätzlich zu Kooperationen bereit ist. Eine mögliche Form der Zusammenarbeit stellt das Outsourcing dar. Dabei werden Prozesse der Wertschöpfungskette, die bisher intern geleistet wurden und nicht mehr zu den Kernkompetenzen der Unternehmung gehören, abgegeben.[167] Voraussetzung ist, dass der Stakeholder in diesem speziellen Gebiet gewisse Sachkenntnis und Erfahrung hat, so dass er diese Prozesse Erfolg versprechend einbringen kann. Eine sehr wichtige

---

[165] In Anlehnung an Ulrich, 2001a, S. 420.
[166] Der „Bridging Stakeholder" wird an dieser Stelle nicht berücksichtigt, da die strategische Vorgehensweise mit ihm (s. Kapitel 3.4) jeweils einer der vier Typologien entspricht. So ergibt sich aus seiner Bedeutung, dass je nach Zuordnung zu einer der vier Kategorien, sich daraus auch die hier vorgestellte entsprechende Struktur zuordnen lässt.
[167] Vgl. Schneider, 2002, S. 214.

Basis für die Abgabe von Tätigkeiten der Unternehmung ist sein Vertrauen in sein Gegenüber. Nur bei diesem Stakeholder-Typ sollte das Outsourcing überhaupt zur Diskussion gestellt werden.

Eine weitere Alternative besteht in der Formierung eines Netzwerkes. Der Begriff eines
Netzwerkes ist vielfach belegbar, so dass sich damit eine ganze Bandbreite neuer Organisationsformen erschließen lässt. Eine einfache Klassifizierung kann zunächst in in-
ter- und intraorganisationale Netzwerke getroffen werden. Hier wird es hauptsächlich
um interorganisationale Strukturen gehen, um insbesondere externe Stakeholder einzubinden.[168] Im Allgemeinen zielt eine Netzwerkstruktur auf das Gewinnen von Wettbewerbsvorteilen ab. Diese können dadurch erlangt werden, dass sich alle Beteiligten
auf ihre Kernkompetenzen konzentrieren und damit Synergieeffekte erzielen können.
Eine Netzwerkstruktur gilt als kooperative Vereinbarung, die das Unternehmen nach wie
vor rechtlich und wirtschaftlich selbständig bleiben lässt.[169] So existiert also hierbei eine
Vielzahl an Möglichkeiten diverse Stakeholder in das Unternehmensgeschehen einzubinden. Ein Beispiel für die hier genannten Ausgestaltungsvarianten kann der Lieferant
einer Unternehmung darstellen. Werden beispielsweise Produktbestandteile bislang
vom Unternehmen selbst hergestellt, kann aus Gründen der Profitabilität z.b. dieser
Prozess ausgelagert werden. Das Outsourcing des bislang intern erfolgten „Vorproduk-
tes" wird nun in die Hände Dritter gegeben. Eine sehr enge Zusammenarbeit ist dabei
erwünscht.[170] Eine ähnlich enge Zusammenarbeit findet z.b. mit Lieferanten innerhalb
eines interorganisationalen Netzwerkes statt. Dabei steht häufig die Entwicklung eines
Wissens-Netzwerkes im Vordergrund, das zu entscheidenden Wettbewerbsvorteilen
verhelfen soll. So wird versucht eine Infrastruktur aufzubauen, die zu einem leichteren
und schnelleren Transfer von Wissen und Erfahrungswerten verhelfen soll.[171]

*Stakeholder-Typ 2* hat sich bisher in Bezug auf die Unternehmung noch unauffällig verhalten und eine weitere Beobachtung kann u.U. eine spezifischere Einordnung (in Typ
1, 3 oder 4) ergeben. So kann in diesem Fall zu einem frühen Zeitpunkt noch erheblich
Einfluss auf ihn ausgeübt werden. Nachfolgend werden die drei möglich auftretenden
Situationen geschildert, die sich für eine Beurteilung der strukturellen Darstellung ergeben können:

a) Ist eine Tendenz hin zum Typ 1 in Abbildung 14 erkennbar, so sind kooperative Züge
und auch ein sehr gering ausgeprägtes Bedrohungspotenzial feststellbar. Die Stakeholder-Gruppe der Anteilseigner lässt sich hier beispielsweise zuordnen. Eine weitere Förderung der Kooperation wird sich hier als sehr sinnvoll erweisen. Aus der Zusammensetzung der Anteilseigner-Gruppe ergibt sich bereits automatisch, je nach Unterneh-

---

[168] Eine weitere Einschränkung ist z.b. nach Fulda in dynamische, strategische oder regionale Netzwerke
möglich. Vgl. Fulda, 2001, S. 95ff.
[169] Vgl. Wojda/Waldner, 2000, S. 34ff.
[170] Ein neuer Trend, der sich im Outsourcing abzeichnet, ist das so genannte „transformational outsourcing". Dabei werden ganze Geschäftsprozesse in andere Länder verlagert, die nicht nur billige Arbeitskräfte im Bereich der Produktion, sondern darüber hinaus auch sehr qualifizierte Arbeitskräfte in Bereichen wie Human Resource Management oder IT-Systeme anbieten können. Vgl. Engardio/Arndt/Foust,
2006, S. 50-53.
[171] Vgl. Dyer/Hatch, 2004, S. 58f. Dyer und Hatch führen am Beispiel von Toyota den Aufbau und die
Entstehung solch eines Netzwerkes vor, das aus der Vereinigung der Lieferanten, einer Gruppe von Be-
ratern und einem Lernteam besteht.

42

mensform, eine organisatorische Integration bei wichtigen Entscheidungen, die sich z.b. in Form von Aufsichtsratssitzungen oder Hauptversammlungen darstellt.

b) Weist der Stakeholder Tendenzen des Typs 4 auf, ist also ein mögliches Bedrohungspotenzial und gleichzeitig ein hohes Kooperationspotenzial absehbar, so ist die Beziehung zunächst zu einer Kooperation hinzuführen. Es ist hier besonders wichtig, das Ausweiten des Bedrohungspotenzials rechtzeitig zu umgehen und eine aktive Einbindung zu forcieren. Dies kann in Form von Projektarbeit versucht werden. Auch andere Formen wie teambasierte Strukturen können hier einen wertvollen Beitrag leisten. Diese können insbesondere durch ihre heterogene Zusammensetzung[172] die Flexibilität fördern. Daraus ergeben sich weitere Vorteile im Bereich der Innovation und der Lösungsfähigkeit. Ferner wird durch diese Struktur eine breitere Informationsbasis geschaffen,[173] die u.U. hilft, Risiken, aber auch Chancen früher erkennen zu können. So ist hier insbesondere der Stakeholder Kunde zu nennen, mit dessen Hilfe wichtige Meilensteine z.b. in der Produkt- oder Serviceentwicklung erreicht werden können. Ein Stakeholder kann in ein Projekt der Unternehmung eingebunden werden, so dass er emotionaler Teilhaber an der Unternehmung wird und sich so im Optimalfall im positiven Sinn verantwortlich fühlt.

c) Im Falle einer negativen Tendenz der Unternehmung gegenüber, wie sie bei Typ 3 vorherrscht, kann dieser präventiv entgegengewirkt werden. Eine mögliche organisatorische Form ist damit eine rechtzeitige Einbindung der Gruppe bzw. Person in das jeweilige Projekt oder jenen Unternehmensprozess. Dies kann mittels einer Projektarbeit im interorganisatorischen Sinn geschehen. So ist an dieser Stelle z.b. die Stakeholder-Gruppe der Umweltaktivisten zu nennen, die möglicherweise ein Interesse an der Unternehmung bzw. an einzelnen Prozessen hat. Erfüllen diese Prozesse nicht die Kriterien der Umweltschützer, so birgt die daraus resultierende Unzufriedenheit ein gewisses Risiko für die Unternehmung. Um dem entgegenzutreten kann mittels einer rechtzeitigen Einbindung diesem Stakeholder mehr Transparenz gewährt werden. Ferner wird er sich so mehr beachtet fühlen und kann gleichzeitig seine Meinung stets direkt äußern. Ein Konzept bietet hierfür die so genannte Strategische Umweltprüfung (SUP). Prozesselemente sind dabei u.a. die gemeinsame Definition von Zielen der Politik, des Plans oder des Programms und die Bewertung von Handlungsalternativen.[174] Teile des Teams sind dann sowohl Unternehmensvertreter als auch externe Experten und o.g. Umweltschutz-Gruppen.[175] Die Unternehmung hat nun den Vorteil, einen unzufriedenen Stakeholder schneller zu erkennen und dann gemeinsam mit ihm eine Lösung zu erarbeiten, womit das Bedrohungspotenzial weitestgehend entschärft wird.

d) Im Gegensatz dazu besteht noch ein möglicher vierter Ausgang. Kann der Stakeholder in absehbarere Zeit in keine der drei Kategorien eingeordnet werden und ist aus Sicht der Unternehmung eine Einmischung seitens des Stakeholders – ob positiv oder negativ – auch gar nicht gewünscht, so sollte er auch nicht aus seiner Passivität herausgeholt werden. In dieser Situation ist generell von einer Einbindung in die Abläufe der Unternehmung, z.b. mittels eines Projektes wie hier beschrieben, Abstand zu nehmen.

---

[172] Vgl. Gladstein/Caldwell, 1997, S. 433.
[173] Vgl. Krystek/Redel/Reppegather, 1997, S. 57-63.
[174] Vgl. Arbter, 2002, S. 96.
[175] Vgl. Arbter, 2002, S. 100.

Bei *Stakeholder-Typ 3* sollte wie im vorherigen Fall eine Differenzierung vorgenommen werden. Zu unterscheiden ist dabei zwischen einer wirklichen Verteidigung, also einer „Kriegserklärung", und dem Versuch, eine einvernehmliche Lösung trotz Differenzen zu finden, so dass sich beide Parteien zu einem Kompromiss einigen können.

a) Der erste mögliche Ausgang einer strategischen Verteidigung, der zu einer organisationsstrukturellen Veränderung führt, ist im äußersten Fall ein „hostile takeover". Dieser kann sowohl in vertikaler – z.b. den Lieferanten betreffend – als auch in horizontaler – z.b. direkten Wettbewerber betreffend – Sicht erfolgen. Mit der feindlichen Übernahme einer anderen Unternehmung ändert sich dann auch die Organisation der betreffenden Unternehmen. An der Entscheidung selbst ist neben dem Management auch die Stakeholder-Gruppe der Anteilseigner wesentlich beteiligt. Letzten Endes wird die Umsetzung bei einigen Stakeholder-Gruppen auf ein großes Unverständnis stoßen.[176] Dazu zählen z.b. die Mitarbeiter des ehemaligen Unternehmens, die eventuell vor Entlassungen oder Kürzungen stehen, oder lokale Politiker, die ebenfalls um Arbeitsplatzverluste in ihrer Region befürchten.

b) Im anderen Fall einer möglichen Kompromissbereitschaft der betroffenen Parteien bedarf es zunächst einer Vermittlung, also eines Dialogs, zwischen der Unternehmung und der betroffenen Stakeholder-Gruppe. So wird zwar weniger an dem Organisationsgerüst der Unternehmung selbst verändert, aber ein entscheidender Ablauf hinzugefügt.[177] Ein erster Versuch im Sinne einer Verhandlung kann mittels einer dritten neutralen Instanz bzw. Institution erfolgen. Gerade bei der Forderung der Stakeholder-Gruppe Staat, im Sinne einer Aufsichtsbehörde, nach einer Überprüfung von Unternehmensprozessen oder strikteren Auflagen, kann das Unternehmen z.b. ein neutrales staatlich anerkanntes Institut vorschlagen, das jene Vorwürfe überprüft. Auf lange Sicht hin – um Anklagen seitens jener Stakeholder gänzlich zu vermeiden – kann solch ein Institut zum festen Bestandteil in dieser Beziehung werden. Eine Art „Audit" kann dauerhaft in die Unternehmensprozesse integriert werden.[178]

*Stakeholder* des *Typs 4* haben sich bisher der Unternehmung gegenüber eher unauffällig verhalten und waren damit nicht eindeutig einem bestimmten Typ zuzuordnen. So gilt es hier, ähnlich wie bei Typ 2 aufgrund mangelnder Ausprägung, ihn zunächst so gut wie möglich zu beobachten. Tendenziell besteht hier ein höheres Bedrohungspotenzial; die strategische Stoßrichtung, die Savage et al. hierbei vorgeben, lautet „zusammenzuarbeiten". Daraus ergibt sich das Ziel, diesen Stakeholder in einer kooperationsähnlichen Zusammenarbeit zur Unternehmung so hinzuführen, dass das von ihm ausgehende Risiko minimiert wird. Um den strategischen Anforderungen von Savage et al. gerecht zu werden, bieten sich hier im Sinne einer Zusammenarbeit vielfältige Organisationsformen an. Eine strategische Allianz ermöglicht z.b. das problemlösungsorientierte Zusammenarbeiten beider Parteien mit dem allgemeinen Ziel, Wettbewerbsvorteile zu schaffen.[179] Zustande kommt sie z.b. durch informelle Absprachen, Vereinbarungen hinsichtlich bestimmter Funktionsbereiche oder aber durch Kreierung eines

---

[176] So lehnt insbesondere die Stakeholder-Gruppe der Mitarbeiter feindliche Übernahmen aus Angst vor Verlust des Arbeitsplatzes, verschlechterten Arbeitsplatzbedingungen oder geringen Löhnen ab. Vgl. Schneper/Guillén, 2004, S. 274f.
[177] Eine Darstellung der Integration eines Audit-Systems in die Unternehmensprozesse findet sich bei Karapetrovic/Willborn, 2001, S. 16.
[178] Vgl. Shepard/Betz/O´Connell, 1997, S. 1007f.
[179] Vgl. Lutz, 1993, S. 24f.; Heck, 1999, S. 4.

44

gemeinsamen neuen Unternehmens. So kann eine strategische Allianz jegliche Stakeholder-Gruppe betreffen. Dies kann dann auch weiterführend in Form von Joint Ventures stattfinden.[180] Eine weitere Alternative besteht in dem Zusammenschluss zu einem regionalen Cluster.[181] Die Standortgebundenheit der verschiedenen Unternehmen bzw. Stakeholder ist die gemeinsame Basis. Darauf aufbauend kann ein erheblich stärkerer Auftritt im nationalen bzw. internationalen Wettbewerb erfolgen. So können beispielsweise lokale Politiker oder Lieferanten erfolgreich eingebunden werden. Politiker profitieren dann sowohl von dem gestiegenen Image, das sich u.U. bei der nächsten Wahl vorteilhaft für sie selbst auswirken kann, als auch von einem Standortvorteil für das lokale Gebiet. Der Zusammenschluss mit Lieferanten und anderen Unternehmen, die ergänzende Produkte oder Dienstleistungen anbieten, verhilft ebenfalls zu einem Standortvorteil, aber auch zu einer Aussicht auf eine Maximierung des Umsatzes.[182]

Die geschilderten Möglichkeiten zeigen temporär strukturelle Veränderungen in der Unternehmensorganisation auf, die eine Einbindung der Stakeholder unterstützen sollen. Die nachstehende Abbildung fasst die wesentlichen Punkte dieses Kapitels zusammen.

**Bedrohungspotenzial der Stakeholder**

|  | hoch | niedrig |
|---|---|---|
| **hoch**<br><br>**Kooperations-**<br>**potenzial**<br>**der Stakeholder** | **Stakeholder-Typ 4:**<br>Kooperationsähnliche Zusammenarbeit:<br>- Strategische Allianzen<br>- Mergers & Acquisitions<br>- Joint Ventures<br>- Regionale Cluster | **Stakeholder-Typ 1:**<br>Integrierte Strukturen :<br>- Outsourcing<br>- Netzwerk-Formierungen |
| **niedrig** | **Stakeholder-Typ 3:**<br>Defensive/offensive Strukturen:<br>a) „Krieg":<br>- hostile takeover<br>b) „Vermittlungsversuch":<br>- neutrale, dritte Instanzen<br>- Audits | **Stakeholder-Typ 2:**<br>Beobachtende Stellung:<br>a) Tendenz Typ 1<br>b) Tendenz Typ 3<br>c) Tendenz Typ 4<br>d) weiterhin beobachten/<br>keine Änderung |

**Abbildung 14: Tertiäre, temporäre Organisationsstruktur unter Berücksichtigung der Stakeholder[183]**

---

[180] Vgl. Lorange, 1993, S. 3f.
[181] Bekanntestes Beispiel für solch einen industriellen Distrikt ist wohl das Silicon Valley. Aus wirtschaftlicher Sicht profitieren die betroffenen Unternehmen in erster Linie von Economies of Scale oder Economies of Scope. Vgl. Inkpen/Tsang, 2005, S. 149.
[182] Vgl. Sternberg/Litzenberger, 2004, S. 769.
[183] In Anlehnung an Polonsky, 1997, S. 380.

## 3.4  Zusammenfassende Beurteilung

### 3.4.1 Nutzen der Stakeholder-Theorie

Die Stakeholder-Theorie unterstützt Unternehmen mit Instrumenten und Konzepten, Stakeholder besser und schneller erkennen zu können. Es geht dabei zunächst um das grundsätzliche Wissen über die Existenz der Stakeholder, die das Unternehmen so wesentlich beeinflussen können. Allein das Wissen über die Abhängigkeit des Erfolgs der Unternehmung von der Akzeptanz der Stakeholder ist bereits sehr wertvoll. Es weckt das langfristige Interesse einer Unternehmung, seine Verantwortungen in einem breiteren, gesamtgesellschaftlichen Kontext zu sehen. Wenn Unternehmen in Zukunft nicht selbst werterhaltend in einem moralischen Sinne handeln werden, so werden Stakeholder mit ihren Reaktionen darauf zunehmend Druck ausüben. Im schlechtesten Fall werden schließlich per Gesetz Regeln erlassen, die den Stakeholdern Recht geben, wenn Unternehmen sich nicht freiwillig einsichtig zeigen.[184] Damit Unternehmen nicht erst unter Druck reagieren müssen, bietet die Stakeholder-Theorie elementare Handlungsweisen, die reaktive Verhaltensweisen vermeiden. Die Stakeholder-Theorie kann so präventiv unterstützen und sich in das Gesamtsystem der Unternehmung integrieren, um eine zu späte Krisenreflexion zu vermeiden.

Voraussetzung für eine erfolgreiche Umsetzung der wichtigsten Aspekte der Stakeholder-Theorie ist zunächst eine gewisse Stabilität in personeller und finanzieller Hinsicht auf der Unternehmensseite. So lange dies nicht gewährleistet ist, erweist sich eine ausführliche Stakeholder-Betrachtung und Stakeholder-Einbindung als gefährlich und kostspielig. Der Unternehmung obliegt es damit selbst zu entscheiden, wann und ob es für sie sinnvoll sein kann.

So liegt der Nutzen der Stakeholder-Theorie darin, zunächst Unternehmen auf die Existenz und die Wichtigkeit der Stakeholder hinweisen. In verschiedenen Ansätzen gibt die Stakeholder-Theorie mögliche Lösungsvorschläge.

### 3.4.2 Kritik an der Stakeholder-Theorie

Im Rahmen der Einordnung von Stakeholdern in das Unternehmensgeschehen gibt es einige Einschränkungen vorzunehmen. Eine erste Frage stellt sich im Zusammenhang mit der Aufteilung von Verantwortlichkeiten in der Unternehmung in Bezug auf die vorgenommene Einordnung. Ein gewisser Grad an *Subjektivität* ist dabei nicht zu leugnen. So obliegt es doch der verantwortlichen Person bzw. einer Gruppe, in welche Kategorie ein Stakeholder eingestuft und mit welcher Priorität sein Anliegen behandelt wird.

Ein weiterer Kritikpunkt betrifft die *Stakeholder-Überschneidung*, bei der ein bestimmter Stakeholder, der bisher einer spezifischen Gruppe zugeordnet worden ist, auch gleichzeitig einer anderen zugehören kann. So können z.B. Mitarbeiter gleichzeitig Anteile an der Unternehmung besitzen, politisch engagiert oder einfach ein angrenzender Nachbar der Produktionsstätte sein.[185] So sind in diesen Fällen weitere Vorgehensweisen ganz besonders sorgfältig zu bestimmen. Auch in der darauf folgenden Phase bedarf es ins-

---

[184] Vgl. Buono/Nichols, 1990, S. 174f.
[185] Vgl. Duncan/Moriarty, 1997, S. 60f.

besondere bei der Kommunikation einer Beachtung dieser Zusammenhänge bzw. Überschneidungen.

Bei der *Stakeholder-Verschiebung* hingegen lösen sich Stakeholder komplett aus ihrer bisherigen „Gruppe" heraus und fügen sich in eine neue ein. So kann z.b. aus einem ehemaligen Mitarbeiter ein (Lokal-)Politiker werden. Somit ändert sich aber auch gleichzeitig seine Zuordnung im Sinne der Stakeholder-Matrix. Dies bedeutet jedoch nicht zwangsläufig, dass weitere strategische Vorgehensweisen sich ebenso ändern müssen. Höchstwahrscheinlich bleibt die subjektive Grundeinstellung des Individuums die gleiche, auch wenn die Kategorisierung dieser Matrix eine neue Zuordnung vorsieht.

Eine weitere Einschränkung gilt allgemein der *Dynamik* in diversen Modellen. Positionen der Stakeholder verändern sich aufgrund unterschiedlichster Ursachen. Der Begriff der Dynamik ist somit allerdings sehr weit gefasst, und einige Differenzierungen sind zunächst vorzunehmen:

Eine mögliche Form der Dynamik zeigt sich in der *gegenseitigen Beeinflussung*. So nehmen insbesondere die Medien einen erheblichen Einfluss – sowohl direkt als auch indirekt[186] – auf andere Stakeholder. Sie prägen nicht nur die öffentliche Meinung, sondern auch andere wichtige Stakeholder-Gruppen.[187] Auch Politiker oder öffentliche Gruppen wie z.B. Umweltschutzorganisationen prägen die Ansichten insbesondere von Kunden oder auch Shareholdern.[188]

Ferner geht es aber auch um die *Dynamik des Anliegens* der betroffenen Stakeholder-Gruppe. So beschreiben verschiedene Autoren die Phasen von Anliegen, die dabei in der Öffentlichkeit unterschiedlich aufgenommen werden.[189] Daraus ergibt sich eine weitere, zeitlich bestimmte Unterscheidung der Strategiefindung im Umgang mit Stakeholdern.[190]

Nach Janisch gibt es noch zwei weitere Unterscheidungskriterien: die *Stakeholder-Intradynamik* und die *Stakeholder-Interdynamik*.[191] Die Erste bezieht sich auf die Mikroebene der Stakeholder. Aufgrund ökonomischer, ökologischer, politischer oder sozialer Veränderungen der Rahmenbedingungen können sich Ziele und Anliegen innerhalb von Stakeholder-Gruppen verschieben. Die Zweite betrifft die Makroebene der Stakeholder. Auch hier gibt es aufgrund von veränderten Rahmenbedingungen eine neue Situation für die Einordnung der Stakeholder. Das Unternehmen kann sich dann einer neuen gesamtheitlichen Gewichtung der Stakeholder gegenübergestellt sehen. So kann sich z.B. das Machtverhältnis zwischen einer Stakeholdergruppe und der Unternehmung binnen kürzester Zeit erheblich verändern.

---

[186] „Direkt" bezieht sich hier auf das direkte Vorgehen von Stakeholder-Gruppen andere zu beeinflussen. „Indirekt" ist der Versuch dieser Gruppen eine Meinung zu bilden, ohne bewusste Wahrnehmung der zu Beeinflussenden.
[187] Vgl. Dyllick, 1992, S. 56f., 73ff.
[188] Diese Beeinflussung kann bis hin zu direkten Boykottaufrufen führen, welche das Unternehmen wirtschaftlich ruinieren können. Vgl. Figge, 2002, S. 3.
[189] Vgl. Buchholz/Evans/Wagley, 1985, S. 53f.; Marx, 1986, S. 145.
[190] So sind je nach Publizität des Anliegens in unterschiedlichen Phasen auch andere Stakeholder betroffen bzw. zunächst lediglich informiert.
[191] Vgl. Janisch, 1993, S. 374-385.

Erhebliche Schwierigkeiten existieren aber nicht nur, wie bereits gezeigt, bei der Identifikation und Beschreibung der Stakeholder. Auch die weitere praktische Umsetzung und
Anwendung erweist sich allein auf der Basis der bestehenden Modelle in der Literatur
als schwer umsetzbar, da auch nur unzureichend praxisnahe Anweisungen gegeben
werden. So sind in einer übergreifenden Betrachtung gerade die Verantwortungsberei-
che weitestgehend ungeklärt, z.b. welche Abteilung oder Personenkreise die Beobachtung und Betreuung der Stakeholder übernehmen soll oder wer verantwortlich ist, wenn
aufgrund von Unzufriedenheit der Stakeholder erhebliche Schäden z.b. in finanzieller
oder imageträchtiger Hinsicht entstehen. So fehlt sämtlichen Modellen eine eindeutige
*Zuordnung von Verantwortungsbereichen.*

Weiterer Kritikpunkt bisher veröffentlichter Modelle und Ansätze zur Stakeholder-
Theorie ist ihre *Erfassung von Einzelaspekten,* die in keinster Weise zusammengefügt
werden. Für eine Unternehmung bedeutet das im Ergebnis ein inkonsistentes Modell.
So wird zwar in einigen Quellen von der Stakeholder-Theorie auch als fest verankerte
Unternehmensphilosophie gesprochen, jedoch werden Modelle zur expliziten Umset-
zung nicht gegeben.[192] Viele der bisher entwickelten Modelle im Rahmen der Stakehol-
der-Theorie bilden nur einen kleinen Ausschnitt der kompletten Beziehung ab.[193] Deshalb ist eine Erweiterung bzw. Modifikation, da eine strategischere und umfassendere
Perspektive fehlt, dringend notwendig. Eine Erfassung und Integration der kompletten
Beziehung innerhalb des Unternehmensgeschehens ist so nicht möglich.

Erst mit Hilfe der umfassenden Verantwortung des Marketing, die es im Folgenden
noch auszuführen gilt, erhält die Aufnahme und Integration der wichtigsten Stakeholder
eine vollständige Darstellung.

## 3.5 Zusammenfassende Betrachtung zum Stellenwert des Mar-
keting in der Unternehmung

### 3.5.1 Der Zusammenhang von Marketing und der Einbindung von
Stakeholdern

In den beiden vorangegangenen Kapiteln wurde ausführlich die Integrationsorientierung
des Marketing auf der einen Seite und die Grundlagen der Stakeholder-Theorie auf der
anderen Seite beschrieben. Wie in Kapitel 2 aufgezeigt wurde, führt die Entwicklung
des Marketing u.a. hin zu einem verhaltenswissenschaftlichen Paradigma, in dem die
Erhaltung und der Aufbau von Beziehungen eine wesentliche Rolle spielen. Mit den
Fortschritten in der Marketingwissenschaft muss der bisherige Stellenwert des Marketing innerhalb der Unternehmung neu hinterfragt werden. Es kann festgehalten werden,
dass der bislang definierte Verantwortungsbereich den neuen Entwicklungen nicht gerecht wird. Mit der Integration der Stakeholder, die im Hauptteil detailliert analysiert wird,
kann dieser Verantwortungsbereich den neuen, gegebenen Umständen angepasst
werden.

---

[192] Vgl. Kreiner/Bhambri, 1988, S. 319; Conti, 2002, S. 380f.; Lings, 1999, S. 250ff.
[193] Im Vergleich zum Ansatz in der hier vorliegenden Arbeit entspricht der Umfang in der Literatur häufig
lediglich der hier bezeichneten Vorbereitungsphase (Kapitel 4.2).

Eine Einbindung des Kunden allein reicht also nicht mehr aus – mit der beanspruchten Führungsphilosophie liegt der gesamten Unternehmung nun eine Marktorientierung zu Grunde. Dies wiederum bedeutet zusätzlich Aufmerksamkeit für alle anderen Stakeholder, die bisher gar nicht von der Unternehmung oder von anderen Bereichen neben dem Marketing eingebunden worden sind. Um ein konsistentes Bild bei diesen Stakeholdern zu erreichen, sollte diese Aufgabe von *einer* verantwortlichen Stelle erfüllt werden. Das Marketing eignet sich aufgrund seiner Marktnähe besonders gut für diese Tätigkeit und stellt darüber hinaus oft einen ersten Kontaktpunkt für die Stakeholder dar.[194]

Die Perspektive der Stakeholder-Orientierung wurde in Kapitel 3 gemäß dem Stand der Literatur ausführlich beschrieben. Neben den theoretischen Gedanken wurden auch vielfach Modelle und Instrumente zur Identifikation der Stakeholder oder einer Vorgehensweise diesbezüglich geschildert. Die Theorie wurde aus verschiedenen Perspektiven – wie z.B. aus ethisch-moralischen oder soziologischen Aspekten – betrachtet. Es existieren in der Literatur weitere Möglichkeiten, die Legitimation der Ansprüche der Stakeholder zu rechtfertigen. Die Einbindung der Stakeholder wird hier unter der Integrationsorientierung betrachtet – dabei spielt weniger die organisationstheoretische Analyse eine Rolle, da eine strategische und führungsphilosophische Betrachtung abgebildet werden soll.

Bisher gibt es jedoch kein Modell, das all diese Punkte vereint und eine konsistente strategische Vorgehensweise in Einklang mit den Zielen einer Unternehmung erlaubt.

### 3.5.2 Der Integrativ-Prozessuale Marketingansatz als Grundlage der Stakeholder-Analyse

Nach der Betrachtung der Entwicklung des Marketing ist es von Bedeutung zu zeigen, wie die Aufgabenverteilung und das Bewusstsein des Marketing in seinem Verlauf innerhalb der Unternehmung aussehen kann. Zu seiner einstmals funktional abgegrenzten Stellung im Unternehmen übernimmt es nun Aufgaben, die eine solche Abgrenzung nicht mehr zulassen. Vielmehr muss der prozessuale Ablauf in seinen vielfältigen Dimensionen völlig neu erfasst werden. Mattmüller/Tunder benutzen für diese Darstellung den Integrativ-Prozessualen Marketingansatz.[195] Dieser ist in Kapitel 2.2.3.3 in seinen Grundzügen erläutert worden. Die prozessualen Ausführungen der Abläufe beziehen sich bei Mattmüller/Tunder auf die Beziehung zwischen Kunden und Unternehmen. Mit der Integrationsorientierung, die Mattmüller beschreibt, müssen weitere Stakeholder in Unternehmensprozesse integriert werden.[196] Unter den Aspekten der neuen Umfeldbedingungen von Unternehmen besteht also die Notwendigkeit, nun auch andere Stakeholder – neben den Kunden – in das Unternehmensgeschehen, insbesondere das Marketing zu integrieren. Als Ausgangsbasis dafür kann das Modell von Mattmüller/Tunder verwendet werden. Es spiegelt den Grundgedanken des Tauschvorganges wider und bildet damit eine Beziehung ab. Bereits in den 70er Jahren zeigte sich, dass

---

[194] Zur Unterstützung dieser Aussage wurde eine Befragung von Marketingexperten vorgenommen. Dabei zeigt sich, dass Unternehmen meist aus Zeit- und Kostengründen auf eine Stakeholdereinbindung verzichten. Darüber hinaus mangelt es an der Existenz von geeigneten Instrumenten, die dies ermöglichen könnten. Die Ergebnisse dazu werden in Kapitel 5.4.4 dargestellt.
[195] Vgl. Mattmüller/Tunder, 2005, S. 56.
[196] Vgl. Mattmüller, 2004, S. 25.

Marketing auf sämtliche Tauschvorgänge des menschlichen Alltags übertragen werden kann. [197] Dies bedeutet die dringende Notwendigkeit, über die Beziehung Kunde-Unternehmen hinaus weitere Beziehungskonstellationen zu untersuchen, da auch sie Bestandteil dieses neuen, erweiterten Marketingverständnisses sind. Unter Bezugnahme bestehender Ansätze und Instrumente der Stakeholder-Theorie kann das Marketing eine Integration der Bezugsgruppen vornehmen. Das Ablaufschema nach Mattmüller/Tunder bietet hierfür eine geeignete Grundlage. Der Grundgedanke des Tauschvorgangs und der damit bestehenden Beziehung kann so erhalten bleiben. Dieser Gedanke kommt in vielerlei Stakeholder-Literatur zu kurz und kann hier im Sinne des Marketing deutlich herausgestellt werden.

Darüber hinaus werden meist nur die *Ansprüche* der Stakeholder definiert. So bestehen nicht nur Pflichten seitens der Unternehmung, die Stakeholder zufrieden zu stellen, sondern es gilt auch zu erkennen, was diese für die Unternehmung leisten können. Um diese *Beiträge* dann gezielt fördern zu können, müssen Stakeholder optimal in die betreffenden Unternehmensprozesse eingebunden werden. Das Marketing ist hierfür aufgrund seiner Eignung für diese Aufgaben die ausführende Kraft und verfolgt damit stets die Ziele der Unternehmung, in der es eingebettet ist.[198]

Eine wichtige Voraussetzung zur vollständigen Einbindung der Stakeholder verlangt zunächst eine möglichst große Übereinstimmung zwischen der so genannten „internen" und „externen Welt" der Unternehmung. Je größer die schraffierte Fläche in Abbildung 15 ist, desto größer ist der Grad an Übereinstimmung zwischen der Unternehmung und seinen Stakeholdern der internen und externen Welt.

So leistet Abbildung 15 einen gewissen Beitrag zur Diskussion, ob denn nun Einflüsse des externen Umfelds kontrollierbar sind oder nicht. In jedem Fall ist wichtig, dass sich beide „Welten" gegenseitig als solche identifizieren und anerkennen. In Anlehnung an ein Tauschgeschäft und damit in einer bestehenden Beziehung ist die Akzeptanz der Ansprüche und Ziele seines Gegenübers unerlässlich.[199] Mit der intensiven Auseinandersetzung mit der „anderen Seite" wird das Gegenüber ein Stück berechenbarer. Für die Unternehmung gilt damit, unerwartete externe Einflüsse zu minimieren bzw. frühzeitig zu erkennen. Dieser neue und erweiterte Integrativ-Prozessuale Marketingansatz kann hierfür eine Antwort geben und der Unternehmung als strategisches Frühwarnsystem dienen. Es wird dazu beitragen, in diese Diskussion neue Erkenntnisse einzubringen und zu zeigen, welchen Verantwortungsbereich das Marketing heute einnehmen kann, wenn sich Unternehmen dafür öffnen. Darüber hinaus können nicht nur Unternehmensprozesse besser aufeinander abgestimmt werden, sondern eine Beziehung kann von Beginn bis zum Ende in einem fortwährenden Kreislauf beschrieben werden, innerhalb dessen Instrumente bereitgestellt werden.

---

[197] Kotler beschreibt diese Tauschvorgänge mit Situationen, in denen nicht nur reine Produkte, Dienstleistungen oder Geld ausgetauscht werden. Auch die Spende für einen wohltätigen Zweck im Gegenzug für ein gutes Gewissen oder die Stimme bei einer Wahl für die Unterstützung einer neuen, besseren Regierung stellen Tauschvorgänge dar. Vgl. Kotler, 1972, S. 48f.
[198] Die Begriffe der Unternehmung und des Marketing werden hier natürlich nicht synonym verwendet – erscheinen aber in diesem Rahmen stets in einem engen gemeinsamen Kontext. Marketing übernimmt einen wichtigen Aufgabenbereich (und erweitert damit seinen Verantwortungsbereich), der innerhalb der Ziele einer Unternehmung erfüllt werden muss.
[199] Vgl. Polonsky, 1999, S. 43, 48.

50

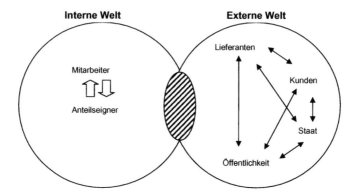

**Abbildung 15: Grad an optimaler Übereinstimmung zwischen interner und externer Welt**[200]

Auf Grundlage des bereits vorgestellten Integrativ-Prozessualen Marketingansatzes werden im Folgenden die einzelnen Prozesse innerhalb dieser vier Phasen auf die Einbindung aller relevanten Stakeholder abgestimmt.

---

[200] In Anlehnung an Christopher/Payne/Ballantyne, 1991, S. 20.

# 4 Der erweiterte Integrativ-Prozessuale Marketingansatz

Unter Rückgriff auf die vorangegangenen Darstellungen soll nun gezeigt werden, wie eine Stakeholder-Integration aus der Perspektive des Marketing möglich ist. Dazu wird der Integrativ-Prozessuale Marketingansatz zu Grunde gelegt, der ein umfassendes Bild einer Tauschbeziehung zwischen einem Stakeholder und der Unternehmung vermittelt. Mit der Ausweitung von einer einfachen Betrachtung des Kunden auf sämtliche relevante Stakeholder einer Unternehmung wird darüber hinaus der erweiterte Verantwortungsbereich des Marketing innerhalb der strategischen Unternehmensführung aufgezeigt.

## 4.1 Vorbereitung der Stakeholder-Analyse

Wie bereits in Kapitel 3.3 beschrieben wurde, ist ein wesentlicher Bestandteil der Vorbereitungsphase die Marktforschung. Im Sinne einer „echten" Marktorientierung müssen dafür auch die wichtigsten Stakeholder im Sinne einer „Zielgruppenanalyse" für das Unternehmen – und somit auch für das Marketing – identifiziert und analysiert werden.

Nachfolgende Abbildung gibt den Ablauf der Vorbereitungsphase wieder. Dabei können die ersten drei Prozesse mit der traditionellen Marktforschung abgebildet werden. In der traditionellen Marktforschung wird die Beziehung zwischen Unternehmen und Kunden präzise analysiert. „Marktforschung erzeugt systematisch auf der Basis wissenschaftlicher Methoden [...] Informationen für Marketingentscheidungen, welche das Management und die Gestaltungsalternativen aller Kunden-Lieferanten-Beziehungen [...] betreffen."[201] Ziel ist es also, „Informationen zu gewinnen, die dazu beitragen können, Marketing-Probleme zu identifizieren und zu lösen."[202]

Instrumente und Messverfahren zur Marktforschung existieren bereits in breiter Vielfalt. Jedoch beschränken sich diese in erster Linie auf den Kunden als Zielgruppe. In manchen Fällen werden auch Lieferanten oder Mitarbeiter einbezogen, darüber hinaus werden weitere Stakeholder-Gruppen nur bedingt analysiert.[203] Die Funktionsweise und die Ziele der Marktforschung können jedoch ebenso auf alle Stakeholder, also über die einzelne Gruppe der Kunden hinaus, übertragen werden. Somit können die Bedürfnisse und Ansprüche der Stakeholder, die sich über den Markt äußern, präzise analysiert werden. Der Begriff der Marktforschung soll hier, so wie er sich aus seinen zwei Wörtern zusammensetzt, wörtlich genommen werden.[204] So ist der erste Teil „Markt" aus der Perspektive einer echten Marktorientierung zu sehen. Schließlich machen nicht nur allein die Kunden den Markt aus, sondern auch weitere Stakeholder sind hierbei von Belang. Im zweiten Teil des Begriffs der „Forschung" sollen wie bisher mit gängigen Verfahren Analysen erstellt werden. Diese Analysen werden hier teilweise aus ihrer kundenspezifischen Anwendung heraus auch auf andere Stakeholder übertragen, da es

---

[201] Kamenz, 2001, S. 6.
[202] Preissner, 1995, S. 6.
[203] Übersichten der Verfahren finden sich bei Weber, 2000,S. 49 und Weis/Steinmetz, 2002, S. 31.
[204] Diller hat einen ersten Versuch gestartet, die Einflüsse des Beziehungsmanagements auf die Marktforschung darzustellen. Dabei steht nach wie vor der Kunde im Mittelpunkt – andere Stakeholder werden hier nicht bzw. nur am Rande betrachtet. Vgl. Diller, 2002, S. 1-32.

bislang an spezifischen Verfahren zur Marktforschung bei vielen Stakeholder-Gruppen mangelt.

Die gewonnenen Ergebnisse aus der Identifikation, der Präzisierung und der Positionierung der Stakeholder und deren Ziele können dann als Grundlage für das Ableiten von strategischen Vorgehensweisen dienen. Bei Mattmüller/Tunder im originären Integrativ-Prozessualen Marketingansatz folgt an dieser Stelle die so genannte Marktprogramm-erstellung, die sie inhaltlich wie folgt bestimmen:[205] „Die […] Erstellung sogenannter [!] (strategischer) Marktprogramme umfasst also Entscheidungen für die marketingrelevante Ausrichtung des Gesamtunternehmens (Ebene der Unternehmensstrategien)."[206]

Die Ausführung dieser Aktion weicht jedoch von der Darstellung bei Mattmüller/ Tunder ab. In der dort vorliegenden Betrachtung liegt der Schwerpunkt eindeutig auf der Absatzfunktion und der direkten Beziehung zwischen Unternehmung und Kunden. In dieser Arbeit soll jedoch von einer erweiterten Stakeholder-Analyse ausgegangen werden, also einer Betrachtung über die Kunden-Unternehmens-Beziehung hinaus, die dann eine Einschätzung des gesamten Marktumfeldes zulässt. Die Analyse dieser Phase endet somit mit der Vorlage der abgeleiteten strategischen Stoßrichtungen, der so genannten Marktprogrammerstellung bei Mattmüller/Tunder.

| AKTION | Stakeholder-Identifikation | Marktforschung | Strategisches Frühwarnsystem |
|---|---|---|---|
|  | Präzisierung der Stakeholder-Ziele |  |  |
|  | Positionierung der Stakeholder-Ziele |  |  |
| ZIEL | Ableitung strategischer Stoßrichtungen |  |  |

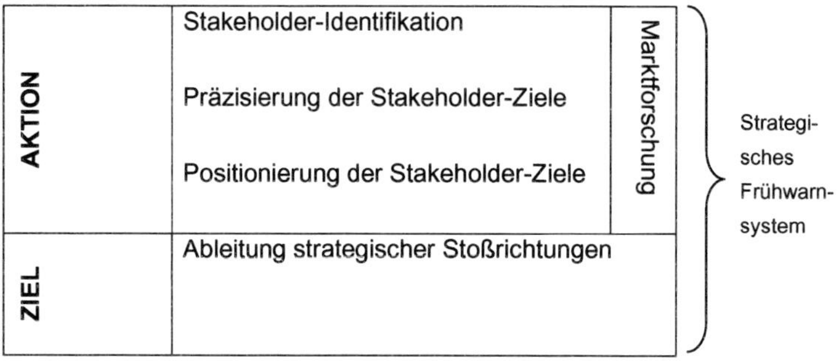

**Abbildung 16: Die Vorbereitungsphase[207]**

Insgesamt betrachtet kann die Vorbereitungsphase hier mit den Zielen eines strategischen Frühwarnsystems gleichgesetzt werden. Die Stakeholder stellen wichtige Umfelder der Unternehmung dar, in denen sich entsprechende Chancen oder Bedrohungen abzeichnen lassen.

---

[205] Vgl. Mattmüller/Tunder, 2005, S. 52f.
[206] Mattmüller, 2004, S. 138.
[207] In Anlehnung an Mattmüller/Tunder, 2005, S. 58.

## 4.1.1 Strategisches Stakeholder-Frühwarnsystem

Strategische Frühwarnsysteme[208] zielen darauf ab, bestimmte Ereignisse, die eine Bedrohung oder auch eine Chance für das Unternehmen darstellen, vorauszusehen. Sie sind also Informationssysteme, bei denen der Zeitfaktor eine erhebliche Rolle spielt, [209] der hier erfolgskritisch sein kann.[210] Der Aspekt der Bedrohung nimmt in Konzepten zur Früherkennung einen besonders großen Teil ein. So können bestimmte Bedrohungen für das Unternehmen essentiell sein. In diesem Zusammenhang wird häufig auch von Krisen- oder Issue-Management gesprochen. Dennoch bietet solch ein System nicht nur Warnung im negativen Sinn, sondern kann die Zukunft der Unternehmung auch wesentlich positiv mitgestalten. Mögliche Chancen, die sich erkennen lassen, können einen wichtigen Beitrag zum Erfolg und Fortbestehen der Unternehmung liefern, wie z.b. im Fall eines neuen Produktes, das dem Unternehmen zu einem „First-Mover-Advantage" verhilft. Der bereits angesprochene Aspekt der Zeit ist hier ein erfolgsrelevantes Kriterium. Je früher die möglichen Signale einer Gefahr (einer Chance) identifiziert werden, desto geringer (stärker) ist der negative (positive) Effekt auf die Unternehmung.[211]

Solch einem Frühwarnsystem werden zwei wesentliche Aufgaben zugeschrieben: erstens die Beobachtung bzw. die Überwachung der Unternehmung und deren Umfeld und zweitens die Dokumentation jener festgestellten Informationen. Letztere müssen kategorisiert und auf ihre Relevanz für die Unternehmung geprüft werden.[212] Für den weiteren Verlauf der Arbeit wird nur Erstere relevant sein. Im Zusammenhang mit der Identifikation von Chancen und Bedrohungen wird häufig von Signalen gesprochen. Insbesondere Ansoff prägte in diesem Zusammenhang den Begriff der schwachen Signale. Er stellte die Behauptung auf, dass sich solche strategischen Diskontinuitäten häufig durch Vorläufermeldungen, die sich anhand von schwachen Signalen erkennen lassen, anbahnen.[213] Diese schwachen Signale sind jedoch sehr umstritten und lassen sich auch nur unzureichend von den so genannten starken Signalen abgrenzen.[214]

Über die Ansätze der strategischen Frühwarnsysteme der letzten 30 Jahre hinaus werden diese heute vielmehr in ein ganzes System integriert. So waren diese zuvor vielmehr meist nur ein Instrument; in der jetzigen Generation der Frühwarnsysteme sind sie jedoch Bestandteil des Managements.[215] Übertragen auf die vorliegende Problemstellung muss also eine Lösung gefunden werden, um in der Beziehung zwischen Stake-

---

[208] Strategische Frühwarnsysteme sind im Gegensatz zu operativen Frühwarnsystemen auf das gesamte Unternehmen bezogen. Operative Frühwarnsysteme beziehen sich lediglich auf einen bestimmten Bereich. Vgl. Hammer, 1992, S. 180.
[209] Vgl. Hammer, 1992, S. 175.
[210] Vgl. Niemeyer, 2004, S. 22f.
[211] Vgl. Hammer, 1992, S. 81.
[212] Vgl. Hammer, 1992, S. 253f. Eine mögliche Vorgehensweise mit dieser Dokumentation ist das Zurverfügungstellen im firmeninternen Intranet. Dort kann dann das Management bzw. können entsprechende Mitarbeiter die Informationen einsehen und in verschiedene Dringlichkeitsstufen einordnen. Vgl. Fuld, 2003, S. 21.
[213] Vgl. Ansoff, 1976, S. 133f.
[214] Eine Abgrenzung der schwachen von den starken Signalen ist a priori in sich widersprüchlich, müsste doch ein bestimmter Informationsstand bereits gegeben sein, um diese beiden voneinander trennen zu können. Darüber hinaus sind innerhalb der schwachen Signale die Begriffe Unklarheit und Unsicherheit sehr eng miteinander vernetzt und bedürften so einer besonders exakten Betrachtung, die an dieser Stelle zu umfangreich wäre. Vgl. Liebl, 1996, S. 25f.
[215] Vgl. Liebl, 1996, S. 7.

54

holdern und Unternehmung solch ein Frühwarnsystem zu implementieren, das Teil eines größeren Systems ist. So wird hier, innerhalb der Vorbereitungsphase, solch ein Frühwarnsystem Bestandteil eines übergeordneten Modells, des erweiterten Integrativ-Prozessualen Marketingansatzes, sein. Natürlich kann hier nun ein grund-legendes Verständnis für solch ein Frühwarnsystem aufgebaut werden, das nicht zwangsläufig der Vollständigkeit entspricht.[216] Es soll an dieser Stelle eine Richtung weisen, bei der bei Feststellung von Unstimmigkeiten situativ bestimmte Instrumente zum Einsatz hinzugezogen werden können. Dennoch können unter Bezugnahme auf die Stakeholder-Theorie viele verschiedene Umfelder abgedeckt werden, die potenzielle Chancen oder Bedrohungen darstellen, wie folgende Abbildung zeigt:

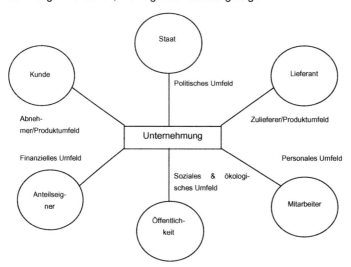

**Abbildung 17: Umfelder des strategischen Stakeholder-Frühwarnsystems im Rahmen der Vorbereitungsphase**

Diese verschiedenen Umfelder bergen allesamt Potenziale für Chancen und Bedrohungen. Über eine Betrachtung der einzelnen Aktionen dieser ersten Phase können diese Zusammenhänge dann genauer analysiert und so die Herkunft von möglichen Problemen geortet werden.

### 4.1.2 Marktforschung

Aufgrund der enormen Macht und des damit verbundenen Risikopotenzials für die Unternehmung, die manche Stakeholder unter bestimmten Umständen innehaben, müs-

---

[216] Es muss hier angemerkt werden, dass Wettbewerber nicht in die Stakeholder-Betrachtung aufgenommen worden sind. Die Berücksichtigung von Wettbewerbern in der Stakeholder-Theorie ist sehr umstritten und so werden sie hier nicht als Stakeholder anerkannt. Dennoch ist gerade das Wettbewerbsumfeld für die Früherkennung von Chancen oder Bedrohungen sehr wichtig.

sen alle potenziellen Stakeholder bei dieser Analyse in Betracht gezogen werden. Wie eine Studie von Solomon aufzeigt, müssen auch so genannte externe Stakeholder in das Organisationsumfeld aufgenommen werden, um ihre Aktivitäten unter Beobachtung stellen zu können.[217] Diese Entwicklung zeigt, wie wichtig ein Umdenken bzgl. einer Stakeholder-Identifikation und damit einer umfangreichen Marktforschung ist. Es bedarf an dieser Stelle einer Aufgabenerweiterung des ursprünglichen Begriffs der Marktforschung von *einem* auf *mehrere* Stakeholder.

### 4.1.2.1 Stakeholder-Identifikation

In der Literatur zur Stakeholder-Theorie werden üblicherweise die Stakeholder-Gruppen Kunden, Mitarbeiter, Anteilseigner, Lieferanten, Öffentlichkeit und Staat analysiert.[218] Solomon[219] bestätigt die Existenz jener Gruppen empirisch in ihrer Arbeit – somit werden als weitere Grundlage die eben aufgeführten Stakeholder herangezogen.[220] Eine Betrachtung der Stakeholder-Gruppe Medien soll hier zusätzlich erfolgen, um einen Einblick in die Schwierigkeit dieser Beziehung zu gewähren. Diese hat einen besonderen Status durch die extremen Einflussmöglichkeiten, die die Medien auf andere Stakeholder-Gruppen nehmen können.

**Kunden**
Kunden sind Bestandteil des ursprünglichen Zielgruppenschemas des Marketing. Mit Beginn der Marketingwissenschaft wurde dieser Stakeholdergruppe besondere Aufmerksamkeit gewidmet. Auf Grund der zahlreichen bestehenden Quellen, werden Kunden hier nur sehr knapp betrachtet und in einer zusammenfassenden Form dargestellt. Dabei kann auf die klassische Verkettung zwischen Kunde und Unternehmung verwiesen werden: ist ein Kunde zufrieden mit der Leistung der Unternehmung, kann so Loyalität erzeugt werden. Loyalität bedeutet, dass der Kunde bereit ist, sich erneut mit der Unternehmung als Geschäftspartner einzulassen. Dieser Schritt ist bei der Betrachtung der Beziehung zwischen Kunde und Unternehmung besonders wichtig, da Loyalität ein gewisses Vertrauen in die Unternehmung widerspiegelt. Vertrauen führt in diesem Fall meist zu Wiederkäufen, die schließlich Profitabilität in der Unternehmung generieren.

**Mitarbeiter**
Mitarbeiter stehen in einem Abhängigkeitsverhältnis zu dem Unternehmen. Der Arbeitgeber ist auf den Einsatz des Arbeitnehmers angewiesen, um Aufträge erfüllen zu können. Als Gegenleistung erwartet Letzterer sowohl materielle Vergütung als auch immaterielle Leistungen, wie z.B. in Form von Sicherheit und Atmosphäre am Arbeitsplatz. Wesentlichen Einfluss auf diese Beziehung hat die volkswirtschaftliche Lage. In Zeiten

[217] Vgl. Solomon, 2001, S. 258.
[218] Vgl. Thommen, 1996, S. 26ff.; Janisch, 1993, S. 122f.; Kujala, 2001, S. 235ff.; Waddock/ Bodwell/Graves, 2002, S. 134. Die Reihenfolge wird ebenfalls von den meisten Autoren aufgrund der Wichtigkeit der einzelnen Stakeholder in dieser Form gewahrt. Diese Beurteilung ist allerdings durch starke Subjektivität geprägt und kann und muss in einzelnen Situationen davon abweichend getroffen werden.
[219] Sie befragte dabei 218 „Senior" und „Middle Level Manager" aus einer Vielfalt von Branchen wie z.B. aus dem Technologiebereich oder auch der Konsumgüterbranche. Dabei mussten die Manager beantworten, welche sie als die wichtigsten Stakeholder ansehen. Solomon fragte ausschließlich nach externen Stakeholdern, wobei sie Shareholder in diese Definition ebenfalls aufnimmt. Diese können in der Literatur jedoch auch den internen Stakeholdern zugeordnet werden. Vgl. Solomon, 2001, S. 257-265.
[220] Die Gruppe der Mitarbeiter wird hier hinzugefügt, da Solomon sich nur auf externe Stakeholder bezieht und sie nicht Teil ihrer Empirie sind. Für eine gesamtheitliche Betrachtung im Rahmen dieser Arbeit ist diese Gruppe jedoch zwingend notwendig, da sie sowohl einen wichtigen Angriffs- als auch Beeinflussungspunkt der Unternehmung darstellt.

56

schlechter Arbeitsmarktbedingungen haben Unternehmen tendenziell eine größere Verhandlungsmacht. Mit der Globalisierung tritt diese Situation zunehmend auch für Industrieländer ein.[221] Nicht unerwähnt bleiben sollten in diesem Zusammenhang, insbesondere in Deutschland, die *Gewerkschaften* und der *Betriebsrat*. Sie stellen eine wichtige Kommunikationsplattform für Arbeitnehmer dar und haben erheblichen Einfluss auf das Unternehmensgeschehen.[222] Des Weiteren dürfen im Rahmen einer vollständigen Betrachtung auch *potenzielle Mitarbeiter* nicht unbeachtet bleiben. Durch ihr Interesse an der Unternehmung prägen Bewerber als Stakeholder-Gruppe zunächst indirekt das Bild der Unternehmung mit.

**Anteilseigner**

Die Stakeholder-Gruppe der Anteilseigner setzt sich aus verschiedenen Gruppen zusammen. Im Rahmen dieser Arbeit sind mit dem Begriff der Anteilseigner folgende Gruppen eingeschlossen: (potenzielle) Privatinvestoren, (potenzielle) institutionelle Investoren und (potenzielle) Multiplikatoren. *Privatinvestoren* umfassen wiederum eine sehr heterogene, große Gruppe, die sich aus privaten Anlegern und Mitarbeiteraktionären zusammensetzt.[223] Diese sind meist sehr loyale Aktionärsgruppen, die auch langfristige Ziele des Managements unterstützen.[224] Zu den *institutionellen Investoren* zählen in erster Linie Banken, Versicherungen und Pensionskassen. Durch ihr oft hohes Anlagevolumen pro Gruppe können sie als sehr bedeutend für Unternehmensentscheidungen angesehen werden.[225] Zuletzt sind hierin auch *Multiplikatoren* zu betrachten, die Fondsmanager, Finanzanalysten, Wirtschaftsjournalisten wie auch Ratingagenturen umfassen. Multiplikatoren haben vor allem Interesse an Unternehmensinformationen, die dann gefiltert und weiterverarbeitet werden.[226] Damit nehmen sie eine Stellung aus zwei Perspektiven ein: Einerseits versorgen sie Unternehmen mit Markttrends und -entwicklungen, andererseits informieren sie auch die Anleger der Unternehmung.[227]

**Lieferanten**

Die Wahl der Lieferanten ist ebenfalls ein entscheidender Erfolgsfaktor für das Unternehmen, da sie wichtige Grundvoraussetzungen wie Vorleistungen oder Vorprodukte prägen. Nur mit einer guten Beziehung der Unternehmung zu seinen Lieferanten lassen sich stabile wirtschaftliche Bedingungen zur Erstellung des Produktes oder der Dienstleistung erschaffen. Der Lieferant wiederum ist selbst an einer stabilen langfristigen Beziehung interessiert, da er so einen bestimmten fixen Ertrag für sich sichern kann. So zählen in dieser Beziehung in erster Linie explizite Verträge und quantitative Vereinbarungen.[228] Jedoch sollte der Vertrauensaspekt in der Beziehung zu seinen Lieferanten nicht unterschätzt werden. Dieser gibt beiden Parteien wiederum eine Sicherheit in materieller und immaterieller Hinsicht und lässt so oft neue Beziehungen erst entstehen, die später zum Erfolg der Unternehmung beitragen können.

---

[221] Vgl. Leisinger, 1997, S. 99f.
[222] Gewerkschaften können als eigenständige Stakeholder-Gruppe angesehen werden – im Rahmen dieser Arbeit sollen sie jedoch aufgrund ihres landesspezifischen Charakters außen vor gelassen werden.
[223] Vgl. Kirchhoff, 2000, S. 40.
[224] Vgl. Brunner, 2001, S. 52.
[225] Vgl. Krystek/Müller, 1993, S. 1787.
[226] Vgl. Krystek/Müller, 1993, S. 1788.
[227] Vgl. Kiss, 2001, S. 29.
[228] Diese schließen z.B. die Dauer der Beziehung oder finanzielle Rabatte bzw. Beträge ein.

**Öffentlichkeit**
Diese Stakeholder-Gruppe wird hier zunächst mit dem sehr breit gefassten Begriff der Öffentlichkeit betitelt. Um diesen zu präzisieren, können zunächst die von der Unternehmung lokal Betroffenen genannt werden: die Nachbarschaft, die Anrainer und die Gemeinde.[229] Die *Nachbarschaft* und *Anrainer* sind in erster Linie den Herstellungsprozessen der Unternehmung ausgesetzt, die sich z.b. in Lärm- oder Geruchsbelästigung äußern. Ihre Zielvorstellung findet sich also hauptsächlich darin, so wenig wie möglich einer Belästigung durch das Unternehmen ausgesetzt zu sein. Häufig bilden sich innerhalb dieser Gruppe themenbezogene Initiativen, wie bereits an o.g. Beispiel aufgezeigt wurde. Weitergeführt könnten dies z.b. Bürgerinitiativen gegen den Fluglärm oder die Gefahr und den ausgehenden Lärm von viel befahrenen Straßenabschnitten direkt vor der Haustür sein.

Die direkt betroffenen *Gemeinden* haben darüber hinaus Interessen z.b. an der Beschäftigungspolitik der Unternehmung. So zählen für die Gemeinde neben den Umwelt- und Sozialaspekten auch insbesondere wirtschaftliche Kriterien. Über diese bisher regional begrenzten Stakeholder-Gruppen sind auch *Interessengruppen* relevant, die keinen lokalen Bezug haben. Diese haben somit keinen direkten Kontaktpunkt zur Unternehmung. Ihr Interesse kann verschiedene Prozesse in der Unternehmung selbst betreffen wie z.b. soziale, humane, ökologische oder auch ökonomische Aspekte.[230] Diese Interessengruppen erheben immer mehr Ansprüche an das Unternehmen in vielfältiger Hinsicht. Sie stellen Forderungen, die von Seiten der Unternehmung viel Feingefühl im Umgang mit ihnen bedürfen, da diese gerade z.b. mit Boykottaufrufen eine große Macht innehaben.

**Staat**
Auch diese Stakeholder-Gruppe, die hier unter dem sehr allgemein gefassten Begriff Staat zusammengefasst wird, setzt sich aus mehreren Einzelgruppierungen zusammen. So gelten hier als die wichtigsten Bestandteile: Parlament, Verwaltung und Regierung.[231] Das *Parlament* als Legislative gibt in Deutschland einen wesentlichen Rahmen in Form von Gesetzen für die Unternehmen vor. Die *Regierung* ist dabei als Exekutive die ausführende Kraft, die ohne *staatlichen Verwaltungsapparat* keine Umsetzung gewährleisten kann. So sind für das Unternehmen insbesondere Verwaltungsinstanzen als Kontaktstellen wichtig. Auf dieser Ebene sind für das Unternehmen *lokale Behörden* und *Kommunalpolitiker* von Bedeutung. Sie können Richtlinien für das betreffende Unternehmen flexibler, aber auch viel enger fassen, so dass sich das Unternehmen hier einem gewissen Machtpotenzial gegenübergestellt sieht. Doch auch umgekehrt kann das Unternehmen Einfluss auf Politiker, insbesondere in Form des Lobbyismus, nehmen. Bei dieser Stakeholder-Gruppe Staat ist zu beachten, dass seine Reaktionsgeschwindigkeit, im Gegensatz zu den anderen Stakeholder-Gruppen, meist viel langsamer ist, bis ein Gesetz oder eine Verordnung zum Tragen kommt. Darüber hinaus ist das Interesse an der Unternehmung sehr zwiespältig: Einerseits rücken wirtschaftliche

---

[229] Vgl. Deutsche Gesellschaft für Public Relations (DPRG), 2005, S. 10.
[230] Beispielhaft seien hier Forderungen nach weltweit einheitlichen gehobenen Arbeitsplatzstandards z.B. zur Sicherung gegen Kinderarbeit oder Ansprüche auf bestimmte Umweltstandards angeführt.
[231] Vgl. DPRG, 2005, S. 10.

58

Aspekte aus einer volkswirtschaftlichen Perspektive heraus in den Vordergrund. Andererseits müssen moralisch verwerfliche Verhaltensweisen sanktioniert werden.[232]

**Medien**
Eine ebenfalls schwierig einzustufende Gruppe sind die Medien. Sie haben einen immensen Einfluss auf sämtliche Stakeholder. Ihre einnehmende Funktion ist vielmehr die eines so genannten „Bridging Stakeholders" nach Polonsky,[233] d.h., sie nehmen Einfluss auf andere Stakeholder. Dabei haben die Medien gleich zwei Funktionen inne: Zum einen bieten sie eine gewisse Infrastruktur zum Transport von Nachrichten oder Informationen einzelner Gruppen oder Personen. Zum anderen vertreten sie die „öffentliche Meinung". Dabei erstatten sie Bericht über aktuelle Anlässe, was aber durch ihre eigenen wirtschaftlichen Interessen häufig nicht neutral erfolgen kann. Insgesamt ist die Stakeholder-Gruppe der Medien sehr einflussreich, was sich auch in ihren Privilegien widerspiegelt.[234] Ihnen sollte somit eine ganz besondere Aufmerksamkeit gelten.

#### 4.1.2.2 Präzisierung der Stakeholderansprüche und -beiträge

Als Nächstes sollen die Ziele dieser Stakeholder präzisiert und benannt werden. Denn um ihre Bedürfnisse langfristig zu befriedigen, müssen die exakten Zielvorstellungen der Stakeholder analysiert werden. Erst im Anschluss daran können die individuellen Vorgehensweisen für die Stakeholder bestimmt werden.

In der Literatur wird in der Stakeholder-Theorie häufig nur von den Ansprüchen der Stakeholder an die Unternehmung gesprochen;[235] so soll an dieser Stelle insbesondere auch der *Wertbeitrag* eines jeden Stakeholders aufgezeigt werden, der von ihm zu erwarten ist.[236] Im Sinne eines hier vorliegenden Tauschvorgangs zwischen Unternehmung und Stakeholdern beruht eben eine Werterbringung auf beiden Seiten. Sowohl das Unternehmen als auch die Stakeholder müssen in dieser Beziehung eine Leistung abgeben, um im Gegenzug dafür etwas zu erhalten. So kann sich das Unternehmen zum Ziel setzen, ein Maximum aus diesen Beiträgen zu bekommen, um seine eigene Leistung zu verbessern.

Da in der wissenschaftlichen Literatur bereits ausführlich über die Bedürfnisse und Beiträge der Stakeholder berichtet wurde, soll in nachfolgender Tabelle eine Zusammenfassung und Zusammenstellung einiger aussagekräftiger Quellen erfolgen. Zur weiteren

---

[232] Der Staat als „moralischer Anspruchswärter" bezieht sich hautsächlich auf westliche Industrienationen. In ärmeren Ländern, in denen auch eine andere Kultur vorherrscht, ist diese Einstellung des Staates nicht selbstverständlich. So dulden z.b. viele Staaten Asiens noch die Kinderarbeit oder haben niedrigere Umweltstandards.
[233] Vgl. Polonsky, 1995, S. 155ff.
[234] Vgl. Dyllick, 1992, S. 78. Es sollte an dieser Stelle nicht unerwähnt bleiben, dass Dyllick die Privilegien lediglich als solche benennt, jedoch nicht weiter beschreibt oder erklärt. Doch ist bekannt, dass die Anreize der Unternehmen gegenüber den Medien oft materieller Natur sind. Es gibt allerdings auch immaterielle Anreize, z.B. in der Gestalt, dass Unternehmen ihnen einen Informationsvorsprung gegenüber Konkurrenten ermöglichen. Letzten Endes dient dies wiederum dem wirtschaftlichen Erfolg des Medienunternehmens und wird damit wieder quantifizierbar.
[235] Vgl. Wood/Jones, 1995; Harrison/Freeman, 1999.
[236] Svendsen et al. stellen in einer Untersuchung eine ganze Übersicht der Beiträge von Stakeholdern dar, die für die Unternehmung konkrete Werte und darüber hinaus Wettbewerbsvorteile schaffen. Vgl. Svendsen et al., 2001, S. 27.

Aufsplittung werden die Ziele der Stakeholder in *Ober- und Teilziele* differenziert.[237] Diese weitere Aufteilung der Oberziele erlaubt einen tieferen Einblick in mögliche Maßnahmen, die sich aus den abgeleiteten Zielfunktionen ergeben.[238] So können Unternehmen mittels konkreter Aufgaben den Zielen der Stakeholder näher kommen. Weiter stellt sich damit die Frage, anhand welcher Einflussfaktoren diese Ziele von der Unternehmung beeinträchtigt werden können.[239] Eine Möglichkeit diese zu erfassen liegt in den *Wertgeneratoren*[240], die wichtige strategische Angriffspunkte der Stakeholder darstellen und so von der Unternehmung aktiv gesteuert werden können. Bei Erfüllung dieser Wertgeneratoren wirkt sich dies wiederum positiv auf die Oberzielerreichung der einzelnen Stakeholder aus.[241]

In nachstehender Tabelle werden die eben gemachten Ausführungen aufgegriffen und für jeden Stakeholder der Unternehmung einzeln anhand genannter Kriterien aufgezeigt.

| Stakeholder | Quelle | Oberziel (Anspruchshaltung) | Teilziel | Wertgeneratoren | Wertbeitrag des Stakeholders |
|---|---|---|---|---|---|
| Kunden | Janisch, 1993 | Bedürfnisbefriedigung[242] | Marktleistung, Preis, Sicherheit | Produktqualität, Preiswürdigkeit, Produktsicherheit, Versorgungsqualität, Reputation | - |
| | Gummesson, 2002 | | Individuelle Behandlung | | |
| | Mattmüller/Tunder, 2004 | Kundenzufriedenheit | Zufriedenheit hinsichtlich produktbezogener Leistung, aber auch hinsichtlich der Prozessleistung (Ladengestaltung, Sortiment, Kompetenz etc.) des Unternehmens | - | Kundenloyalität |
| | Neely/Adams/Kennerly, 2002 | Kundenzufriedenheit[243] | - | Produkt- und Serviceverbesserungen | Profitabilität, Loyalität, Feedback, Customer Lifetime Value |
| | Post/Preston/Sachs, 2002 | - | - | - | Markentreue, Reputation, Wiederkauf, gemeinsame Problemlösung |
| Mitarbeiter | Janisch, 1993 | Lebensqualität | Existenzsicherung, Lebensunterhalt, Selbstverwirklichung | Einkommen, Beteiligung, Arbeitsbedingungen, Arbeitsplatzsicherheit | - |
| | Gummesson, 2002 | | Interaktivität, Flexibilität, sozialer Zusammenhalt | | |

---

[237] Janisch nimmt eine ähnliche Aufteilung in ihrer Zieldarstellung der Anspruchsgruppen vor. Vgl. Janisch, 1993, S. 137.

[238] Vgl. Scheuplein, 1970, S. 18.

[239] Nicht lenkbare Einflüsse, also Einflüsse, die die Unternehmung nicht selbst prägen kann, werden hier nicht genannt. Sie unterliegen Faktoren wie Demographie, Entwicklung der Wirtschaft, Kultur etc. und nehmen alle direkt oder indirekt Einfluss auf alle Stakeholder. Vgl. Janisch, 1993, S. 194.

[240] Der Begriff der Werttreiber bzw. Wertgeneratoren wurde von Rappaport geprägt – von dem amerikanischen Begriff der „value driver" übersetzt. Vgl. Rappaport, 1986 (englische Fassung); Rappaport, 1995 (deutsche Fassung). Zur Ermittlung von Werttreibern vgl. Copeland/Koller/ Murrin, 2002, S. 132ff.

[241] Vgl. Janisch, 1993, S. 194.

[242] Damit einher geht die Kategorisierung in unterschiedliche Nutzendimensionen: Grundnutzen, persönlicher, soziologischer und magischer Nutzen. Vgl. Meyer, 1973, S. 49f.; Meyer, 1996, S. 67. Die Beurteilung, ob eine Befriedigung des Kunden erreicht worden ist, kann aufgrund dieser Messung erfolgen.

[243] Neely/Adams/Kennerly unterstreichen dieses Ziel, indem sie die Verbindung zwischen der Kundenzufriedenheit und der Profitabilität empirisch belegen. Vgl. Neely/Adams/Kennerly, 2002, S. 109f.

| Stakeholder | Quelle | | | | | |
|---|---|---|---|---|---|---|
| | Mattmüller/Tunder, 2004 | Wertorientierung: angemessene Gegenleistung | Allgemeine Arbeitsbedingungen | - | | Mitarbeiterloyalität dem Unternehmen gegenüber |
| | Neely/Adams/Kennerly, 2002 | Mitarbeiterzufriedenheit | - | Motivation, Arbeitsplatzsicherheit, Arbeitsplatzatmosphäre | | Flexibilität, nicht sozialverträgliche Arbeitszeiten, Vorschläge, vielschichtige Qualifikationen |
| | Post/Preston/Sachs, 2002 | | | | | Entwicklung von spezifischem Humankapital, Routine und Gruppenarbeiten auf einer Vertrauensbasis, interner Kommunikationsfluss |
| Anteilseigner | Janisch, 1993 | Unternehmenswertsteigerung, Attraktivitätssteigerung der Investition | Kursgewinn, Macht, Sicherheit, Kapitalverzinsung | Dauer des Wachstums, Umsatzwachstum, Kapitalkosten, Investition in Umlauf- und Anlagevermögen | - | |
| | Gummesson, 2002 | | (interne) Transparenz, partnerschaftliches Verhältnis | | | |
| | Mattmüller/Tunder, 2004 | Orientierung am Unternehmenswert bzw. Steigerung des Kapitalwertes | Risikoadäquate Verzinsung des eingesetzten Kapitals | | - | |
| | Post/Preston/Sachs, 2002 | - | - | - | | Kapitalbereitstellung, Status am Kapitalmarkt (Reduktion von Leihzinsen und -risiken) |
| Lieferanten | Janisch, 1993 | Existenzerhaltung- und -entwicklung | Eigene Unternehmenswertsteigerung, Unabhängigkeit, Sicherheit | Nachfragemacht, stabile Lieferbeziehung, Preisgestaltung, Umsatzwachstum, Gewinnmarge, Kapitalkosten | - | |
| | Gummesson, 2002 | | Interaktivität, Feedback, partnerschaftliches Verhältnis | | | |
| | Mattmüller/Tunder, 2004 | Effiziente Geschäftsbeziehung | Ausbau Machtpotenzial | | - | Betreuung, Serviceleistungen |
| | Neely/Adams/Kennerly, 2002 | - | Qualität der Beziehung existenzrelevant | Informationen teilen, Supply Chain Efficieny | | Mehr Outsourcing-Lösungen, Gesamtlösungen, Integrationen |
| | Post/Preston/Sachs, 2002 | - | - | - | | Netzwerk- und Wertketteneffizienzen, gemeinsame Kostenreduktionen durch Routine und Technologien |
| Öffentlichkeit | Janisch, 1993 | Gerechte Zukunftssicherung | Offenlegung/Kontrolle wirtschaftlicher Tätigkeit, Gerechtigkeit, Förderung des Gemeinwohls | Spenden/Stiftungen, Informationssystem, Umweltschutzmaßnahmen, Einhaltung von gesellschaftlichen Werten und Moralvorstellungen | - | |
| | Gummesson, 2002 | | Akzeptanz (der einzelnen Gruppen) der Anliegen | | | |
| | Mattmüller/Tunder, 2004 | Glaubwürdigkeit | - | - | | - |
| | Neely/Adams/Kennerly, 2002 | - | Social Responsibility, Gesundheit, Sicherheit, Transparenz der Unternehmensaktivitäten | - | | Engere Kooperationen, gemeinsame Forschung |
| | Post/Preston/Sachs, 2002 | - | - | - | | Konstruktive Zusammenarbeit, Auferlegung freiwilliger Standards, positive Grund- |

| | | | | | stimmung |
|---|---|---|---|---|---|
| **Staat** | Janisch, 1993 | Wohlfahrt | Wirtschaftswachstum, Verteilungsgerechtigkeit, konjunkturelle Stabilität, Unabhängigkeit, Machtausgleich, Umweltqualität | Steuern/Gebühren, Aufgabenentlastung, Einhalten von Rechtsvorschriften und Normen, Prosperität der Privatwirtschaft | - |
| | Gummesson, 2002 | | Qualitätsanspruch, Kontrolle, Erfüllung und Einhaltung von Gesetzen | | |
| | Mattmüller/Tunder, 2004 | Glaubwürdigkeit | - | - | - |
| | Neely/Adams/ Kennerly, 2002 | - | Machtdemonstration, Recht und Ordnung, Schutz von Bürgern und Umwelt | - | Zuschüsse, informelle Ratschläge, frühzeitige Einbindung, Unterstützung |
| | Post/Preston/Sachs, 2002 | - | - | - | Unterstützende Beziehung zu politischen Entscheidungsträgern, gute Reputation für Integrität (besonders wertvoll in Krisensituationen) |

Tabelle 2: Übersicht der Ziele und Beiträge der Stakeholder

| | | Oberziel | Teilziel | Wertbeitrag der Unternehmung |
|---|---|---|---|---|
| **Unternehmung** | Mattmüller/Tunder, 2004 | Erhöhung des Marktanteils, Senkung des spezifischen Risikos, Steigerung der Marktmacht, Verringerung des Wettbewerbsdrucks | Umsatzwachstum, Erhöhung des Netto-Cashflows, Erhöhung der Liquidität | Befriedigung der Stakeholder-Ansprüche in finanzieller, sozialer, politischer und gesellschaftsbezogener Hinsicht[244] |

Tabelle 3: Unternehmensziele[245]

Aus dieser Übersicht wird deutlich, welche Ansprüche Stakeholder an die Unternehmung stellen, und umgekehrt, welche Beiträge von ihnen erwartet werden können. Die Unternehmensziele wurden hier ebenfalls in allgemeiner Form abgebildet, um die später folgenden Vorgehensweisen zielgeführt betrachten zu können.

Einsichten in die vorliegenden Quellen zeigen, dass in einer allgemeinen Betrachtung sich Ansprüche und Beiträge der Stakeholder weitestgehend überschneiden. Einschränkend muss jedoch erwähnt werden, dass die vorliegenden Charakterisierungen keiner situationsspezifischen Analyse entsprechen.

Als übergeordnetes Ziel aller Stakeholder kann die Zufriedenheit eines jeden Stakeholders festgestellt werden. Insbesondere Neely/Adams/Kennerly betonen die Wichtigkeit der Zufriedenheit der relevanten Stakeholder.[246] Der in der Literatur bereits breit analy-

---

[244] In Anlehnung an Becker, 1998, S. 17.
[245] Die Spalte der Wertgeneratoren wird hier ausgelassen, da diese sich ja, wie bereits beschrieben, auf die Einflussmöglichkeiten der Unternehmung auf die Stakeholder beziehen. Sich selbst beeinflussen kann das Unternehmen in diesem Sinn natürlich nicht.
[246] Vgl. Neely/Adams/Kennerly, 2002, S. 3ff.

sierte Begriff des „Kundenzufriedenheitswertes" kann hier ebenfalls Anwendung finden.[247] So können nach Vollziehen der ersten drei Phasen, also in der Kontrollphase,
die Zufriedenheitswerte der diversen Stakeholder festgestellt werden. Dies kann mit Hilfe traditioneller Verfahren ähnlich der Kundenzufriedenheitsanalyse gemessen werden.

Um die Ergebnisse der Beschreibung der Stakeholder-Ziele effizient zu nutzen, kann
nun eine Positionierung der Stakeholder angestrebt werden. Mit einer präziseren Vorstellung darüber, was die Stakeholder erwarten und was das Unternehmen ihnen abver-
langen kann, gilt es, die Stakeholder nun zu positionieren. Mit einer Klassifizierung können wichtige Handlungsweisen abgeleitet werden, die möglichst das Ziel haben, alle beteiligten Parteien in eine Win-Win-Situation zu versetzen.

### 4.1.2.3    Positionierung der Stakeholder

Nach der Identifikation der relevanten Stakeholder und ihrer Ziele sollten diese nun
nach bestimmten Kriterien eingeordnet werden. Hierfür kann auf die Einteilung nach
Savage et al., die bereits in Kapitel 3.2 angedeutet wurde, mit der Erweiterung nach Polonsky, zurückgegriffen werden: Dabei werden die beiden Dimensionen der Kooperation
und Bedrohung von Savage et al. übernommen und um einen neuen Aspekt erweitert:
das Beeinflussungspotenzial. Letzteres umfasst alle Felder und ist damit zunächst nicht
als einzelnes direkt erkennbar.[248] Dieses Potenzial muss deshalb gesondert überprüft
werden. Die Stakeholder, die dieser Gruppe letztendlich zuzuordnen sind, nennen sich
„Bridging Stakeholder". Sie sind besonders schwierig zu erkennen und haben gleichzeitig wichtige Einflussmöglichkeiten auf andere Stakeholder-Gruppen. So kann es mit der
Beeinflussung eines „Bridging Stakeholder" zu einer Veränderung der Zuordnung in die
vier Kategorien kommen.

Eine genauere Betrachtung dieser Einfluss nehmenden Stakeholder kann aber erst
nach der Einordnung in die Klassifikation der bestehenden vier Kategorien vorgenommen werden.[249] In der nachstehenden Abbildung 18 zeigt sich die Einteilung nach Savage et al. in die vier Kategorien. Der alle überlappende Kreis in der Mitte stellt das Beeinflussungspotenzial, das in jeder Stakeholder-Gruppe auftreten kann, dar.

Die hier vorgenommene Aufteilung basiert auf den in der vorangegangenen Identifikation der Stakeholder analysierten Ziele und Beiträge. Aufgrund der weitestgehend theoretischen Basis dieses Modells, sollte für jedes Unternehmen, den jeweils individuellen
Umfeldbedingungen, eine entsprechende Anpassung stattfinden.

### 4.1.2.4    Das Beeinflussungspotenzial der Stakeholder

Nach der Darstellung der Positionierung der Stakeholder bedarf es einer weiteren Analyse, die das Beeinflussungspotenzial erfasst (s. Abbildung 18). Wie Polonsky dem Modell von Savage et al. hinzugefügt hat, existiert die Gruppe der „Bridging Stakeholder".
Diese können andere Stakeholder bewusst indirekt oder direkt beeinflussen. Damit besteht für die Unternehmung gleichzeitig ein großes Unsicherheitspotenzial, das es zu
analysieren gilt. Diese (indirekte) Beeinflussung einer Stakeholder-Gruppe durch eine
andere kann ein erhebliches Risiko für das Unternehmen bedeuten. So kann ein Stake-

---

[247] Vgl. Rapp, 1995; Johnson/Gustafson, 2000; Künzel, 2005.
[248] Das Beeinflussungspotenzial wird durch die Schraffierung in Abbildung 18 sichtbar gemacht.
[249] Diese Stakeholder-Gruppe ist hier zunächst nicht eingezeichnet, da sie sich in allen vier Kategorien
vorfinden kann. Nähere Erläuterungen dazu in Kapitel 4.2.1.4.

holder, der entgegen den Zielen der Unternehmung handelt, einen weiteren Stakeholder dazu bringen, sich ihm in seiner Meinung anzuschließen. Durch dieses Zusammenspiel erhalten diese Stakeholder u.U. mehr Macht, was wiederum ihr Bedrohungspotenzial erhöhen kann. Neben diesem Negativ-Fall der Beeinflussung kann natürlich auch ein positiver Einfluss von diesen so genannten „Bridging Stakeholder" ausgehen.[250]

So wird im Folgenden beschrieben, wie solch eine Beeinflussung der Stakeholder untereinander aussehen könnte. Im Anschluss daran wird die nicht unerhebliche Beziehung der Stakeholder und der Unternehmung zu den Medien kurz beschrieben. Diese Beziehung ist zwar Teil des hier dargestellten Beeinflussungspotenzials, dennoch bedarf diese einer gesonderten Betrachtung (Kapitel 4.1.2.4.2), insbesondere aufgrund des Machtpotenzials der Medien.

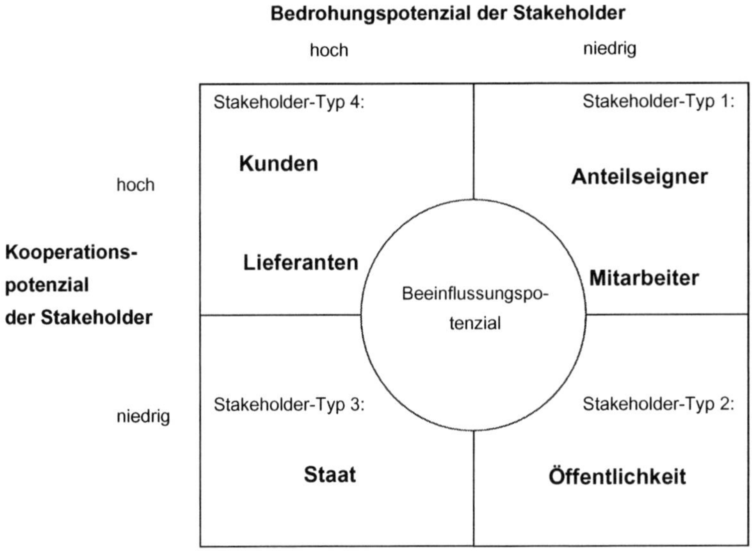

**Bedrohungspotenzial der Stakeholder**

hoch                                    niedrig

| Stakeholder-Typ 4: | | Stakeholder-Typ 1: |
|---|---|---|
| **Kunden** | | **Anteilseigner** |
| **Lieferanten** | Beeinflussungspotenzial | **Mitarbeiter** |
| Stakeholder-Typ 3: | | Stakeholder-Typ 2: |
| **Staat** | | **Öffentlichkeit** |

hoch

**Kooperationspotenzial der Stakeholder**

niedrig

**Abbildung 18: Erweiterte zweidimensionale Stakeholder-Matrix**[251]

#### 4.1.2.4.1 Beeinflussung der Stakeholder untereinander

Um die Stakeholder mit Beeinflussungspotenzial einbeziehen und unter Kontrolle bringen zu können, stellt sich die Frage, mit welchen Methoden Polonskys Erweiterung um diese Dimension für Unternehmen anwendbar gemacht werden kann.

Polonsky schlägt zunächst die *Identifikation der „Beeinflusser"* vor. Die Kategorie des „Beeinflussers" kann also in allen vier Bereichen auftreten und wird deshalb überlappend dargestellt (s. Abbildung 18). Ebenso muss aber jene Gruppe gefunden werden,

---

[250] Die Begriffe „positiv" bzw. „negativ" beziehen sich hier auf die Wirkung auf die Unternehmung und deren Ziele.
[251] In Anlehnung an Savage et al., 1991, S. 62; Polonsky, 1997, S. 380.

64

die von ihm beeinflusst wird. Erst dann kann auch vorausschauend beurteilt werden, in welchen Quadranten sich dieser beeinflusste Stakeholder bewegen könnte. Eine mögliche strategische Vorgehensweise ist eine *offene Kommunikation* mit den „Beeinflussern", um so eine Beeinträchtigung anderer zu vermeiden oder rechtzeitig zu intervenieren.[252] Diese Beschreibung ist jedoch sehr knapp und kann dem Unternehmen nicht unbedingt Unterstützung oder weitere, genauere Anweisungen bieten. Die nachstehende Tabelle soll diesen Sachverhalt der Beeinflussungspotenziale unter den Stakeholdern besser präzisieren. Mit Hilfe der Darstellung von Berührungspunkten innerhalb der identifizierten Stakeholder-Gruppen wird eine Analyse der Beeinflussungssituation erleichtert. So ließen sich in unten stehender Tabelle z.B. die Testergebnisse der Stiftung Warentest (als Teil der Verbrauchergruppen, und damit hier der Öffentlichkeit zugezählt) als Einflussnehmer auf die Kunden (im Sinne des Endkunden) eintragen. Die Zeitschrift, bzw. die in diesem Fall der Verbrauchergruppe zuzurechnende Stiftung Warentest/Öko-Test lässt Unternehmen erhebliche Veränderungen in den Verkaufszahlen nach erfolgter Bewertung von Produkten spüren. Kunden respektieren die Bewertung, indem sie ihre Auswahl bei der Produktentscheidung nach den Kriterien von Stiftung Warentest anpassen.

| Beeinflusser / Beeinflusster | Kunden | Mitarbeiter | Anteilseigner | Lieferanten | Öffentlichkeit | Staat |
|---|---|---|---|---|---|---|
| **Kunden** | - | Point of Sale, Service-Hotline, After-Sales-Service | Treffen nur in wenigen Fällen (rechtsformabhängig) produktrelevante Entscheidungen | Qualität, Zeit, Preis | Verbraucherschutzgruppen, Lobbyismus; Umweltschutz-Gruppen | Gesetzliche Rahmenbedingungen (z.B. AGBs) |
| **Mitarbeiter** | Point of Sale, Service-Hotline, After-Sales-Service | - | Regulierung von Arbeitsbedingungen innerhalb der Unternehmung | Streik, Qualität und Zeitverzögerungen der Lieferung | Gewerkschaften, Arbeitsrechtsbewegungen | Gesetzliche Arbeitsbedingungen |
| **Anteilseigner** | Nur bedingt: über Absatz | Druckausübung hinsichtlich Bedingungen im Unternehmen, Feedback der Kunden weitergeben | - | Lieferkonditionen, Zahlungsmoral | Verbraucherschutzgruppen, Lobbyismus Umweltschutz-Gruppen | Gesetzliche Auflagen hinsichtlich der Unternehmens-Finanzierung |
| **Lieferanten** | Druck auf Qualität der Produkte | Druck auf Qualität und Zeitverzögerung | Druck auf Qualität, Zeitverzögerungen und Preise | - | Angebot an Lieferanten geprägt durch öffentliche Meinung über das Unternehmen | Gesetzliche Auflage für die Branche des Lieferanten |
| **Öffentlichkeit** | Mobilisierung der Öffentlichkeit (Produkteigenschaften) | Mobilisierung der Öffentlichkeit (Arbeitsbedingungen) | Mobilisierung der Öffentlichkeit (positive Ausnutzung) | Mobilisierung der Öffentlichkeit (Weiterverarbeitung) | - | Kontrollinstanz/ Überwachung |
| **Staat** | Einleitung des Überdenkens von gesetzlichen Auflagen | Einleitung des Überdenkens von gesetzlichen Auflagen | Einleitung des Überdenkens von gesetzlichen Auflagen | Einleitung des Überdenkens von gesetzlichen Auflagen | Einleitung des Überdenkens von gesetzlichen Auflagen | - |

**Tabelle 4: Direkte und indirekte Einflussnahme der Stakeholder**

---

[252] Vgl. Polonsky, 1995, S. 156ff.

### 4.1.2.4.2 Beeinflussung durch die Medien

Neben der Identifikation der Stakeholder, die sich gegenseitig beeinflussen können, existiert eine weitere, sehr wichtige Gruppe, die wiederum Einfluss auf sämtlich Stakeholder nehmen kann, die Polonsky nicht in seine Betrachtung einbezogen hat: die Medien. Im Zeitalter der sehr starken Mediennutzung, insbesondere ist hier das Internet zu nennen, prägen diese Kanäle immer mehr die Meinungen der Stakeholder und haben somit ein beträchtliches Einflusspotenzial. Sie können ein erhebliches Risiko für die Reputation der Unternehmung bedeuten. Am Beispiel Coppenrath & Wiese zeigt sich, wie sehr ein Unternehmen unter zu Unrecht stehenden Vorwürfen Reputationseinbußen erleiden kann. Im Januar 2003 ist ein Kind nach dem Verzehr einer Torte der Unternehmung Coppenrath & Wiese gestorben. In den Medien wurde der Vorfall mit Titeln wie „Tod durch Torte" o.Ä. provokant in der Öffentlichkeit verbreitet. Das Unternehmen musste das Gegenteil, also seine Unschuld bzw. die einwandfreie Qualität seines Produktes, beweisen und gleichzeitig versuchen, mit einer guten Krisenkommunikation nicht zu viel Verlust an Reputation zu erleiden, was ihm auch schließlich gelang.[253] Dieses Beispiel zeigt, welches Beeinflussungspotenzial Medien in solche Krisensituationen haben können. In diesem Fall haben die Medien tendenziell negativ auf das Unternehmensgeschehen eingewirkt, indem sie negative Vermutungen in der Öffentlichkeit als feste Aussagen dargestellt haben.

Dennoch sollten die Medien auch als positives Instrument gesehen werden, das in der richtigen Lenkung aus Unternehmenssicht zweckmäßig eingesetzt werden kann.
Um eine Beeinflussung der Medien auf Stakeholder der Unternehmung darzustellen, muss die gesamte Beziehung betrachtet werden. Diese beinhaltet dann verschiedene Teilbeziehungen, wie in vereinfachter Abbildung 19 auf der Folgeseite zu sehen ist.[254]

**1 Die Beziehung zwischen den Medien und der Unternehmung**
Unternehmen stehen den Medien häufig sehr kritisch gegenüber und können sie schnell als Bedrohung wahrnehmen. Solch eine übermäßige Vorsicht – z.B. in Form von Zurückhaltung von Informationen – den Medien gegenüber kann allerdings genau das Gegenteil bewirken: Medien legen u.U. dieses Schweigen der Unternehmung – und damit die mangelnde Transparenz der Situation – zu einem bestimmten Vorfall als negative Interpretation in den Schlagzeilen aus. Schließlich deutet dieses Verhalten der beiden Seiten auf gegenseitiges Misstrauen hin.[255] So kann der Unternehmung vorgeworfen werden, einerseits wenig über die Situation Preis zu geben, andererseits urteilen die Medien trotz Unkenntnis über die Vorfälle.

Die Beziehung der beiden lässt sich als ambivalentes Verhältnis beschreiben. Unternehmen verweigern, wie bereits erwähnt, meist die Zusammenarbeit, verlangen aber gleichzeitig die Unterstützung in bestimmten Situationen. Unternehmen wollen z.B. genau dann die Aufmerksamkeit der Medien, wenn neue Produkte auf den Markt gebracht werden. Sie stellen somit eine wichtige Verbindung nach außen hin für die Unternehmung dar.[256]

---

[253] Vgl. Merten/Wienand, 2003, S. 5f.
[254] Die drei Facetten der Beziehung sind an die Beschreibung nach Gummesson im weitesten Sinne angelehnt. Vgl. Gummesson, 2002, S. 173.
[255] Vgl. Belz, 1999, S. 48.
[256] Vgl. Gummesson, 2002, S. 177.

66

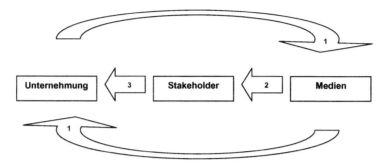

**Abbildung 19: Ablauf der Beeinflussung durch die Medien**

Die Medien wiederum bedienen sich genau dann der Informationen über das Unternehmen, wenn sie Neuigkeiten sensationeller oder skandalöser Natur berichten können. Denn nur so erhalten sie die Aufmerksamkeit breiter Massen. Diese wechselseitige Beziehung zeigt, dass jeder den anderen braucht – eine Distanzierung voneinander kommt somit nicht in Frage. Eine Pflege der Beziehung zwischen Unternehmen und Medien wäre also essentiell, um unerwünschte Reaktionen zu vermeiden.[257] Ein direkter Berührungspunkt zwischen Unternehmen und den Medien stellen häufig Journalisten dar. Sie entscheiden letzten Endes, was (insbesondere) in die Presse gelangt. In ihrem Fall kann von einer „Gatekeeper-Rolle" gesprochen werden.[258]

**2 Die Beziehung der Medien zu den Stakeholdern**
In dieser Relation sind die Medien vielmehr als Teil der Gesellschaft und nicht als Teil des Marktes zu betrachten. Sie sind Überbringer von Nachrichten und versuchen der breiten Gesellschaft Einblicke in das Funktionieren von Unternehmen zu gewähren. Aus eigenen wirtschaftlichen Interessen benötigen sie eine breite Anhängerschaft (Kunden). Damit versuchen sie zu rechtfertigen, dass ihre Neuigkeiten schockierend oder alarmierend sein müssen, um für ihre „Kunden", z.B. Leser einer Zeitung, attraktiv zu erscheinen. Die eigentliche Mission der Medien sollten jedoch die Reflexion der Gesellschaft sowie Analysen und Interpretationen diverser Ereignisse sein. Intermediäre wie Reuters oder United Press spielen hierbei eine wesentliche Rolle.[259]

**3 Die Beziehung zwischen den Stakeholdern und der Unternehmung**
Informationen werden von Seiten der Medien aufgenommen und in aufbereiteter Form an die Stakeholder weitergegeben. Mit der doppelten Übertragung, also von der Unternehmung zu den Medien, die dann wiederum die Mitteilung an die Stakeholder weiter überbringen (s. Abbildung 19), besteht somit auch die doppelte Gefahr einer subjektiven Interpretation durch den Vermittler. Es existiert also ein erhöhtes Risiko einer Fehlinterpretation durch mehrmalige Kommunikation der gleichen Information.

Zunächst findet eine Interpretation durch die Medien statt. Anschließend werden diese von den Stakeholdern empfangen und unterliegen erneut der Gefahr einer Interpretati-

---

[257] Belz schlägt hierzu als einen möglichen ersten Schritt die Nutzung lokaler und regionaler Medien vor. Vgl. Belz, 1999, S. 48.
[258] Vgl. Zwyssig, 1996, S. 65f.
[259] Vgl. Gummesson, 2002, S. 173.

on der Mitteilung. Somit existieren verschiedene Kommunikationsauslegungen einer Information, die am Ende zu einer genau entgegen gesetzten Interpretation dieser führen oder aber wieder genau zum ursprünglichen Gehalt dieser zurückkehren.

|  | Neutrale/positive Auslegung der Information durch die Stakeholder | Negative Auslegung der Information durch die Stakeholder |
|---|---|---|
| **Neutrale/positive Auslegung der Information durch die Medien** | Die Medien übernehmen Informationen wie von Unternehmensseite gewünscht. Auch die Stakeholder interpretieren die Darstellung durch die Medien nicht anders. | Die Medien übernehmen zwar die Information wie aus Sicht der Unternehmung gewünscht. Jedoch findet in der Darstellungsweise der Medien eine Fehlinterpretation durch die Empfänger (Stakeholder) statt. |
| **Negative Auslegung der Information durch die Medien** | Die Medien übernehmen nicht die Soll-Darstellung[260] der Unternehmung. Die Veröffentlichung durch die Medien birgt negative Schlagzeilen. Die Stakeholder jedoch legen die Darstellung zu Gunsten der Unternehmung aus. | Die Medien übernehmen nicht die Soll-Darstellung der Unternehmung. Eine Fehlinterpretation findet zunächst seitens der Medien statt. Die Stakeholder jedoch interpretieren diese Information erneut anders und erhalten damit wiederum eine positive Auslegung. |

**Tabelle 5: Mögliche Ausgänge der Interpretation durch Medien**

Informationen über das Unternehmen, die durch die Medien weiter bzw. erneut präsentiert werden, stellen wohl das größte Beeinflussungspotenzial für die Stakeholder dar.

Aus eben vorgenommener Betrachtung der drei relevanten Beziehungsfacetten zwischen Unternehmen, Medien und Stakeholdern ergeben sich folgende Aspekte für eine strategische Vorgehensweise:

Mit der Schaffung einer breiten Vertrauensbasis lassen sich zunächst bestehende Barrieren reduzieren. Das gegenseitige Misstrauen kann so minimiert werden. Mit der Vermittlung von Transparenz kann die Unternehmung den Medien und der Öffentlichkeit so zeigen, dass keinerlei Bedenken hinsichtlich ihrer Tätigkeit bestehen sollten. Auch das enge Zusammenarbeiten mit den Medien kann von großem Vorteil sein. So können nicht nur Vorurteile abgebaut werden. Auch *welcher* Teil der Informationen *wie* in die Medien gelangt, kann so mitbestimmt und besser geführt werden. Sämtliche Maßnahmen zielen darauf hin, einen bestimmten „Goodwill-Bonus"[261] aufzubauen. So kann im Falle einer echten Krise das Unternehmen, das von der Öffentlichkeit und/oder bestimmten Medien angegriffen wird, davon profitieren. Kommt es tatsächlich zu einer Auseinandersetzung, so sind gerade positiv gesinnte Journalisten in ihrer Rolle als Gatekeeper von essentieller Bedeutung. Die Zusammenarbeit und Offenheit der Vergangenheit zahlt sich in diesen Situationen aus.

---

[260] Mit dem Begriff der „Soll-Darstellung" ist die das gewünschte Eigen-Bild aus Sicht der Unternehmung belegt. Vgl. Bruhn, 2003a, S. 85.
[261] Vgl. Kalt, 1994, S. 81.

68

## 4.1.3 Marktprogrammerstellung: Ableitung strategischer Stoßrichtungen

Mit Hilfe der Ergebnisse aus der Marktforschung im Sinne der bisherigen Stakeholder-Analyse kann nun der Prozess der Erfüllung der Stakeholder-Ziele eingeleitet werden. Dazu wird das bereits für die Positionierung herangezogene Modell von Savage et al. zu Grunde gelegt. Dort wurden die identifizierten Stakeholder einer Unternehmung den vier aufgestellten Kategorien zugeordnet. Nun geht es darum, aus dieser Analyse die entsprechenden strategischen Stoßrichtungen abzuleiten, um so im Sinne eines strategischen Frühwarnsystems die gewonnenen Erkenntnisse auch umsetzen zu können.[262]

Im Sinne eines *strategischen Frühwarnsystems* kann diese Matrix aufzeigen, rechtzeitig wichtige Komplikationen hinsichtlich der Stakeholder-Ansprüche zu erkennen. Sie stärkt das Bewusstsein der Unternehmung für alle Stakeholder und zeigt auf, welche Entwicklungen sich in Zukunft abzeichnen lassen. Mögliche Krisen zwischen der Unternehmung und den Stakeholdern sind damit abwendbar, indem eine aktive und frühzeitige Aktion seitens der Unternehmung eingeleitet wird. Savage et al. haben in ihrer Matrix für jeden Stakeholder-Typ eine strategische Stoßrichtung vorgesehen, die sich jeweils aus dem Grad an Bedrohung und Kooperation ergeben. Die hier beschriebenen Strategien beziehen sich auf die zuvor identifizierten und bereits in der Matrix eingeordneten Stakeholder (s. Abbildung 20).

*Stakeholder-Typ 1: Einbeziehen*
Da dieser Stakeholder-Typ einem sehr niedrigen Bedrohungspotenzial unterliegt, gleichzeitig aber stark zu einer Kooperationstendenz mit der Unternehmung neigt, gilt es Letzteres maximal auszuschöpfen. Es besteht die Gefahr, dass Unternehmen dazu neigen, diese Stakeholder lediglich passiv zu führen, anstatt die Kooperationsbereitschaft vollständig auszunutzen. In der vorgenommenen Einordnung zählen die Stakeholder-Gruppen der Mitarbeiter und der Anteilseigner hierzu.

Anstatt *Mitarbeiter* einfach nur zu delegieren, können sie sich durch partizipative Management-Techniken besser entfalten. Somit wären Mitarbeiter stets über die Absichten des Vorgesetzten informiert und können sich auch zu den Plänen äußern und eigene Ideen einbringen.[263] Auch dezentrale Organisationsstrukturen tragen dazu bei, den Mitarbeitern mehr Entscheidungsfreiheiten zu geben.

*Anteilseigner* können ähnlich wie die Mitarbeiter durch mehr Mitspracherecht einbezogen werden. Kommunikation im Rahmen der Investor Relations wird hier ein wichtiger Bestandteil sein. Zu den gesetzlich verpflichtenden Versammlungen können weitere auf freiwilliger Basis erfolgen.

---

[262] Vgl. Savage et al., 1991, S. 66f.; Harrison/St. John, 1996, S. 53.
[263] Vgl. Thommen/Achleitner, 2004, S. 880f.

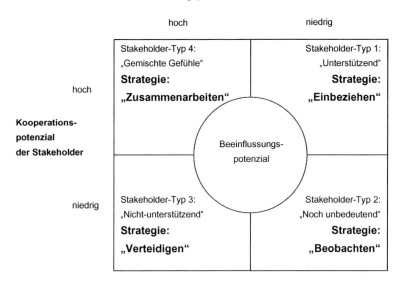

Bedrohungspotenzial der Stakeholder

hoch          niedrig

| | |
|---|---|
| **Stakeholder-Typ 4:**<br>„Gemischte Gefühle"<br>**Strategie:**<br>**„Zusammenarbeiten"** | **Stakeholder-Typ 1:**<br>„Unterstützend"<br>**Strategie:**<br>**„Einbeziehen"** |
| **Stakeholder-Typ 3:**<br>„Nicht-unterstützend"<br>**Strategie:**<br>**„Verteidigen"** | **Stakeholder-Typ 2:**<br>„Noch unbedeutend"<br>**Strategie:**<br>**„Beobachten"** |

Kooperations-
potenzial
der Stakeholder

hoch

niedrig

Beeinflussungs-
potenzial

**Abbildung 20: Strategische Stoßrichtungen in der zweidimensionalen Stakeholder-Matrix[264]**

*Stakeholder-Typ 2: Beobachten*
Dieser Stakeholder-Typ besitzt zu diesem Zeitpunkt weder ein ausgeprägtes Bedrohungs- noch Kooperationspotenzial. Seine Position ist (noch) nicht eindeutig zu definieren, zeigt damit zu diesem Zeitpunkt also kein bestimmtes Interesse an der Unternehmung, was sich jedoch sehr schnell ändern kann. Diese Veränderung sollte das Unternehmen rechtzeitig absehen können und so ist es sinnvoll, bereits zuvor Systeme aufzubauen, die eine Beobachtung dieser Stakeholder erlauben. Bei Veränderung der Ansprüche dieses Stakeholders kann das Unternehmen dann neue Vorgehensweisen, je nach Ausrichtung, bestimmen.

Der hier eingeordneten Stakeholder-Gruppe *Öffentlichkeit*, so z.B. die anliegende Gemeinde, könnte eine Service- oder Bürger-Hotline zur Verfügung gestellt werden. Gerade bei Luftverschmutzung im Industriebereich kann das eine Möglichkeit sein, erste Bedenken der Anrainer ernst zu nehmen. Bei zunehmenden Anrufen könnte so mit Hilfe einer PR-Aktion in der Region wieder versucht werden, Vertrauen aufzubauen. Eine ähnliche Beobachtung kann mittels der Zusammenarbeit mit Gemeindebüros oder Gemeindepolitikern erfolgen.

*Stakeholder-Typ 3: Verteidigen*
Ein niedriges Kooperationspotenzial und eine mögliche Bedrohung gehen von diesem Stakeholder-Typ aus. Savage et al. schlagen hier vor, das Unternehmen zu „verteidi-

---

[264] In Anlehnung an Savage et al., 1991, S. 62; Polonsky, 1997, S. 380.

70

gen". Eine weitere Möglichkeit, sich diesen Stakeholdern zu stellen, ist die Abhängigkeit und somit das Interesse an der Unternehmung zu reduzieren. Je geringer die Abhängigkeit ist, desto weniger Einfluss hat der Stakeholder auf das Unternehmen.[265] Eine weitere Alternative besteht darin, den Stakeholder zu einem kooperativen Verhalten zu bewegen. Dies würde natürlich eine generelle Änderung der Kategorie des Stakeholders nach sich ziehen. Im Falle des hier zugeordneten Stakeholders *Staat* ist die Lage etwas schwieriger. So lässt sich hier die Möglichkeit, die Abhängigkeit einfach zu reduzieren, nicht durchführen. Der Staat wird immer gewisse Rahmenbedingungen vorgeben, denen sich die Unternehmen unterwerfen müssen. Auch die Alternative „verteidigen" erscheint hier keine Lösung. Dem Staat feindlich gegenüberzustehen kann sich für das Unternehmen in keinster Weise vorteilhaft auswirken. In diesem Fall ist es sinnvoll, die Beziehung aktiv zu formen und einzugreifen. Das Bedrohungspotenzial sollte wenn möglich reduziert werden. Mit dem Einführen freiwilliger neutraler Instanzen oder Audits z.B. in ökologischer oder ethischer Hinsicht kann so versucht werden, dem Staat das Bedrohungspotenzial zu nehmen. Auch freiwillige Normen, z.b. ISO 14000ff. oder SA 8000 können hier wichtige Instrumente sein.[266]

*Stakeholder-Typ 4: Zusammenarbeiten*
Dieser Stakeholder-Typ birgt sowohl ein hohes Kooperations-, aber auch Bedrohungspotenzial. Damit stehen sie dem Unternehmen erst einmal mit so genannten „gemischten Gefühlen" gegenüber. So bietet sich hier als strategische Stoßrichtung an, mit diesen Stakeholdern zusammenzuarbeiten, um sie damit auch gleichzeitig unter Beobachtung stellen zu können. Für einen Stakeholder, der tendenziell zur Bedrohung der Unternehmung geneigt hätte, wird es somit erschwert, diese auch durchzusetzen. Diese Form des Zusammenschlusses kann z.b. mittels Joint Venture geschehen.

Gerade hinsichtlich der hier zuzurechnenden Gruppe der *Lieferanten* existieren vielerlei Ansätze. So hat mittlerweile ein Großteil der Unternehmen verschiedene Versorgungsketten implementiert, um eine reibungslose Zulieferung zu garantieren. In der Beziehung zwischen Unternehmen und Lieferanten bietet z.b. das Konzept des Efficient Consumer Response (ECR) eine Wertschöpfungspartnerschaft an. Dabei gilt es, den Waren-, Geld und Informationsfluss effizient zu gestalten, insbesondere aber den Logistik-Prozess zu optimieren.[267] Mit der Gruppe der *Kunden* kann ebenfalls eine enge Zusammenarbeit erfolgen. Eine Extremform dieser Kooperation zeigt sich in Open-Source-Systemen. Dabei wird dem Kunden eine Software angeboten, die von allen Teilnehmern weiterentwickelt und für individuelle Zwecke angepasst werden kann. Gleichzeitig werden diese neuen Software-Versionen anderen Kunden zur Verfügung gestellt. Die nachstehende Tabelle gibt die strategischen Stoßrichtungen zusammenfassend wieder:

---

[265] Im Rahmen dieser Arbeit soll der Begriff der „Verteidigung" durch den Begriff des „Rückzug" ersetzt werden.
[266] ISO 14000 beschäftigt sich im Wesentlichen mit Evaluationen, Audits und „environmental labeling". ISO 14001 betrachtet gezielt die Umweltfaktoren, die das zertifizierte Unternehmen betreffen. ISO 14011 und 14012 befassen sich ausschließlich mit Umwelt-Audits. Vgl. Sheldon, 1997; Müller, 2001; Machmer, 1996; Delmas, 2001.
[267] Vgl. Mattmüller/Tunder, 2004, S. 167f.

|  | | Strategische Stoßrich-tung | Instrument |
|---|---|---|---|
| Typ 1 | Mitarbeiter | Einbeziehen | • partizipative Mana-gementtechniken <br> • dezentrale Organisa-tionsstrukturen |
|  | Anteilseigner | | • Kommunikation: frei-willige zusätzliche Versammlungen und Abstimmungen |
| Typ 2 | Öffentlichkeit | Beobachten | • Bürger-Hotlines <br> • (regionale) PR <br> • Zusammenarbeit mit Bürgerbüros und Gemeindepolitikern |
| Typ 3 | Staat | Verteidigen bzw. mitwirken | • Freiwillige Einführung von Instanzen, Audits und Normen wie z.b. ISO 14000ff. oder SA 8000 |
| Typ 4 | Kunden | Zusammenarbeiten | • Open-Source-Systeme |
|  | Lieferanten | | • Efficient Consumer Response |

**Tabelle 6: Ableitung strategischer Stoßrichtungen zum Umgang mit den identifizierten Stakeholder**

Damit diese Strategie-Ausprägungen, wie sie von Savage et al. dargestellt werden, nicht zu eindimensional betrachtet werden, eignet sich eine erweiterte Betrachtung nach Dyllick. Diese wurde entworfen, um die Strategien mit Stakeholdern in ihrer Vielschich-tigkeit zu erfassen. Er unterscheidet dabei nachfolgende Dimensionen der Strategien und zeigt damit die Bedeutung dieser Mehrdimensionalität auf:[268]

*Sachliche Dimension*: Zunächst ist die Existenz eines Anliegens festzustellen, das sich unter Nichtbeachtung zum Problem entwickeln kann. Hierzu gilt es, den Standpunkt der Unternehmung zu verdeutlichen. Ob ein Problemwiderstand oder eine Akzeptanz vor-herrscht, ist zu klären. Ist Letzteres der Fall, so ist zwischen der bloßen Akzeptanz des Problems und der aktiven Lösungsbereitschaft zu unterscheiden.

*Ethische Dimension*: Hiermit stellt sich die Frage, ob ein Unternehmen Verantwortungs-bereitschaft für Fragen in ethischer Hinsicht öffnet. Doch zunächst beginnt die Über-nahme von Verantwortung im kleinen Rahmen. Nur eine Unternehmung, die auch eine gewisse wirtschaftliche Stabilität aufweist, kann sich für gesellschaftliche Fragen und Bedürfnisse – die das Unternehmen tangieren – öffnen. Die Unternehmung, als Be-standteil der Gesellschaft, sollte im Optimalfall eine Strategie finden, die sowohl der Gesellschaft als auch der Unternehmung Nutzen bringt.

---

[268] Vgl. Dyllick, 1992, S. 260-263. Er filterte die ersten vier genannten Dimensionen aus Strategien aus der Masse an vorhandenen Quellen zum Umgang mit Stakeholdern heraus. Lediglich die „kommunikative Dimension" ergänzte er selbst.

72

*Interaktive Dimension*: Nachdem Ansprüche an die Unternehmung gestellt worden sind, findet in den meisten Fällen in einer Form eine Interaktion statt. Diese kann von einer Kooperation bis hin zu einer Konfrontation reichen.

*Zeitliche Dimension*: Unabhängig von der Entscheidung in der interaktiven Dimension sieht sich die Unternehmung in einem Entwicklungsprozess. In diesem Rahmen kann das Unternehmen aktiv oder passiv auf Anliegen reagieren.[269]

*Kommunikative Dimension*: Obwohl in Form der Interaktion bereits erfasst, trennt Dyllick diese Dimensionen voneinander. Er fügt diese Dimension hinzu, da die Kommunikation einen immer wichtigeren Stellenwert im Umgang mit Stakeholdern einnimmt. Ferner differenziert er zwischen dem materiellen Austausch (Interaktion) und dem Austausch von Informationen (Kommunikation). Dem Unternehmen ist es nun überlassen, zwischen den Polen des Monologs und des Dialogs den richtigen Weg für sich zu finden.

Um nun die vier möglichen strategischen Stoßrichtungen nach Savage et al. wieder aufzugreifen, werden diese nachfolgend nach eben genannten Dimensionen aufgeteilt.

| | Einbeziehen (Typ 1) | Beobachten (Typ 2) | Verteidigen (Typ 3) | Zusammen-arbeiten (Typ 4) |
|---|---|---|---|---|
| Sachliche Dimension | Problemlösung | Problemakzeptanz – aber weitestgehend Passivität | Problemwiderstand | Problemlösung |
| Ethische Dimension | Verantwortung für stakeholder-spezifische Gruppe übernehmen | Einhaltung von gesetzlichen Bestimmungen, darüber hinaus jedoch keine freiwilligen Leistungen[270] | Priorität auf (interne) Unternehmensverantwortung | Offen für jegliche Form der Verantwortung |
| Interaktive Dimension | Kooperation | Keine Interaktion: zwischen Konfrontation und Kooperation | „Co-opetition"[271] Konfrontation | Kooperation |
| Zeitliche Dimension | Folgen | Passivität im Entwicklungsprozess: „Geschehen lassen" | Führen | Gemeinsame Leitung des Projekts/ Prozesses |
| Kommunikative Dimension | Dialog | Dialog | Monolog | Dialog |

Tabelle 7: Mehrdimensionalität der strategischen Vorgehensweise mit Stakeholdern

---

[269] Dyllick spricht hier von der Entscheidung zwischen „Führen" oder „Folgen".

[270] Um eine Abstufung zwischen der Bereitwilligkeit bei Verantwortungsübernahme darzustellen, unterscheidet Roome in fünf verschiedene Kategorien. Die äußersten Pole sind dabei „noncompliance" und „leading edge". Erstere Form bewegt sich gerade noch am Rande der Legalität. Gesetzliche Minimumregelungen werden gezwungenermaßen eingehalten. Letztere Form stellt ein vorbildliches, nahezu überengagiertes Verantwortungsbewusstsein dar. Vgl. Roome, 1992, S. 13-18.

[271] Der Begriff der „co-opetition" ist in der wissenschaftlichen Literatur heute gebräuchlich. Er bedeutet ein kooperatives und kompetitives Verhalten zur gleichen Zeit. Eine gebräuchliche Form der „co-opetition" ist der Austausch von Wissen. Jedoch muss in dieser „Partnerschaft" beachtet werden, dass der andere fähig ist, ihn außer Gefecht zu setzen. Vgl. Tsai, 2002, S. 180; Hamel/Doz/Prahalad, 1989, S. 134; Khanna/Gulati/Nohria, 1998, S. 193ff.

### 4.1.4 Zusammenfassende Betrachtung

Die Phase der Vorbereitung zeigt zunächst die grundlegende Beschreibung zur Identifikation der Stakeholder sowie deren Ausrichtung und Positionierung im Unternehmensumfeld auf.[272] In dieser ersten Phase wird über das Gelingen einer Beziehung und der Akzeptanz der Unternehmung bei den Stakeholdern entschieden. In der Art der Leistungserstellung des Marketing zeigt sich hier bereits eine Abkehr vom traditionellen Marketing: Über die klassische Zielgruppe der Kunden hinaus findet eine weitergehende Betrachtung aller relevanten Stakeholder statt. Ferner wurde aufgezeigt, wie eine genaue Analyse ihrer Ziele und Ansprüche innerhalb einer umfassenden Marktforschung möglich ist.

In Anlehnung an den Integrativ-Prozessualen Marketingansatz nach Mattmüller/ Tunder, die eine ausführliche Analyse der Kunden-Unternehmens-Beziehung vornehmen, wird der Ansatz auf weitere wichtige Stakeholder übertragen. So muss zunächst unter Zuhilfenahme der Marktforschung eine genaue Analyse des Unternehmensumfeldes erfolgen. Diese Marktforschung ist in der Vorbereitungsphase Teil eines strategischen Stakeholder-Frühwarnsystems. Letzteres stellt eine essentielle Voraussetzung für den erfolgreichen Umgang mit Stakeholdern dar. Nur wenn auch rechtzeitig von den Stakeholdern ausgehende Chancen und Bedrohungen erkannt werden, kann das Unternehmen sinnvoll mit ihnen umgehen. Dies setzt allerdings voraus, dass im Zuge der Marktforschung eine Identifikation der Stakeholder erfolgt ist. Darüber hinaus werden die Ziele der Stakeholder gewichtet, da nicht alle Stakeholder gleichwertig zu behandeln sind. Dabei werden als Indikatoren im Rahmen eines Frühwarnsystems das Bedrohungs- und das Kooperationspotenzial herangezogen. Mit dem Modell von Savage et al. konnten so die identifizierten Stakeholder typologisiert werden, um präzise und individuelle Vorgehensweisen ableiten zu können. Erst mit diesen Handlungsanweisungen, die sich aus der Analyse, bestehend aus Identifikation und Positionierung, herauskristallisieren lassen, kann dem Unternehmen ein umfassendes Frühwarnsystem zur Verfügung gestellt werden.

### 4.2 Anbahnung der Stakeholder-Kommunikation

Die Phase der Anbahnung beschreibt den Kontakt des Unternehmens mit seinen Stakeholdern. Darunter fällt, zunächst verallgemeinernd benannt, die Unternehmenskommunikation, als Teilfunktion des traditionellen Marketing. Konzepte der Integrierten Kommunikation werden ihr hier zu Grunde gelegt. Sie zeigen sinnvolle Herangehensweisen auf, um in den Dialog zu treten und mögliche Signale richtig zu senden und zu verstehen. Die Konzepte der Integrierten Kommunikation werden hier für besonders sinnvoll erachtet, da sie eine Abstimmung auf das Gesamtkonzept der Unternehmung und die Beachtung der Konsistenz innerhalb der Unternehmensziele vorsehen.

Der Begriff der Unternehmenskommunikation ist in der Literatur in vielfältiger Weise definiert. So fallen meist gleichzeitig Begriffe wie „Öffentlichkeitsarbeit", „Pressearbeit", „Investor Relations" u.v.m. Fälschlicherweise werden diese Wörter in Praxis und Theorie manchmal synonym oder in sehr ähnlichen Zusammenhängen verwendet, obwohl deren Bedeutung dies nicht zulässt. So werden im folgenden Kapitel Unterscheidungen

---

[272] Vgl. Mattmüller, 2004, S. 138.

74

zwischen diesen Instrumenten geschaffen, um anschließend ihre Anwendung in den gesamten Ablauf des Modells einzubringen.

Mittels einer erfolgreichen Unternehmenskommunikation können im Vorhinein Informationen geliefert werden, um so Transparenz für diverse Stakeholder der Unternehmung herzustellen. Dabei sollte nicht außer Acht gelassen werden, dass verschiedene Stakeholder auch verschiedene Details von Informationen in u.U. unterschiedlicher Darstellungsweise bedürfen. Das bedeutet also eine zielgerichtete Kommunikation hinsichtlich vielerlei Facetten. Sowohl Mitarbeiter als auch potenzielle Mitarbeiter wollen z.B. eine Transparenz in den verschiedenen Gehaltsklassen. Umweltschutzaktivisten verlangen u.U. nach anderen Informationen wie z.b. den einzelnen Produktionsschritten oder über diverse Inhaltsstoffe des Produktes. So muss das Unternehmen bei der Aussendung seiner Informationen zwischen den individuellen Interessenlagen und Auffassungsmöglichkeiten der Stakeholder differenzieren.

Schwerpunkt dieser Phase ist es, Vertrauen durch den Abbau von Informationsdefiziten herzustellen und die Aufmerksamkeit der Stakeholder zu gewinnen. Dies ist nur möglich, wenn die Unternehmung präzise auf die unterschiedlichen Stakeholder eingeht und sie individuell anspricht. Aus diesem Grund bedarf es der Erstellung und Herausarbeitung von Facetten, die solch eine Vorgehensweise erlauben. Ist ein bestimmtes Soll-Fremdbild bei den Stakeholdern erst einmal verankert und sie vertrauen dem Unternehmen, besitzt dieses einen viel größeren Spielraum, der insbesondere in Zeiten echter Krisensituationen ausgespielt werden kann. Darüber hinaus kann mittels einer positiven bzw. der erwünschten Reputation eine Intensivierung der Beziehung zwischen Unternehmung und Stakeholdern angestrebt werden. Solch eine Reputation bedeutet auch das Entgegenbringen von Vertrauen. Dies kann sich dann im Fortgang (Phase 3) darin äußern, dass ein Vertrag aufgrund der Vertrauenswürdigkeit der Unternehmung zustande kommt.[273]

| AKTION | Dialog |
| | Informationsaustausch |
| ZIEL | Entwicklung der Soll-Fremdbilder |

Abbildung 21: Die Anbahnungsphase[274]

## 4.2.1 Grundlagen der Kommunikation
Der Begriff der Kommunikation wird in sehr unterschiedlichen Fachrichtungen herangezogen und findet somit eine sehr breite Anwendung.[275] Um sich im Folgenden von ei-

---

[273] Vgl. Voswinkel, 2001, S. 88.
[274] In Anlehnung an Mattmüller/Tunder, 2005, S. 58.
[275] So finden z.B. viele Anwendungen nicht nur im Bereich der Wirtschaftswissenschaften, sondern auch im Bereich der Geisteswissenschaften statt. Gerade in der Soziologie und der Psychologie setzt man sich verstärkt mit zwischenmenschlichen Kommunikationsproblemen auseinander.

nem allgemeinen Kommunikationsbegriff zu lösen, bezieht sich diese Arbeit ausschließlich auf eine betriebswirtschaftliche Interpretation der Kommunikation – die so genannte Unternehmenskommunikation. Die Erarbeitung der Anbahnung benötigt zunächst ein grundlegendes Verständnis für Kommunikationsprozesse. So werden im Folgenden wesentliche Elemente einiger Konzepte der Integrierten Kommunikation herausgestellt, die dann im eigentlichen Stakeholder-Unternehmens-Dialog von Bedeutung sein werden.

### 4.2.1.1  Grundbegriffe der Unternehmenskommunikation

Zur Umschreibung des Grundbegriffs existiert in der Literatur eine Vielzahl an Definitionen.[276] Im Folgenden werden hier die von Zerfaß und Doumont herausgestellt, da sie die Bezugsgruppen-Thematik dieser Arbeit aufnehmen.

Der Ansatz nach Zerfass findet in der Literatur breite Akzeptanz.[277] Wesentlicher Ausschlag dafür ist sicherlich der Einfluss von sozialtheoretischen, kommunikationstheoretischen und betriebswirtschaftlichen Fundamenten in seinem Konzept. Die drei Bereiche der Unternehmenskommunikation nach *Zerfaß* sind:[278]

**Organisationskommunikation:**
Hierbei handelt es sich um die Kommunikation innerhalb der Organisation. Zerfaß beschreibt dies mit den „verfassungskonstituierenden Beziehungen", gemeint ist damit im Wesentlichen die direkte interne Kommunikation, so z.B. zwischen Mitarbeitern oder auch u.U. zwischen Lieferanten – je nach Einbindungsgrad.

**Marktkommunikation:**
Das Umfeld der Unternehmung ist in diesem Bereich das Abgrenzungsmerkmal. So gehören hierzu z.B. Wettbewerber oder jegliche Form von Abnehmern des Produktes bzw. der Dienstleistung. Dieser Bereich der Kommunikation findet weniger direkt, z.B. in Form eines Dialogs oder einer Mitteilung, als vielmehr indirekt statt. Dies kann z.B. über den Preis des Produktes geschehen. Allerdings muss an dieser Stelle Zerfaß Interpretation entgegengesetzt werden, dass eine Regulierung alleine über den Preis nur mit Einwänden erfolgen kann. Angeführt seien dafür z.B. sehr günstige Produkte des täglichen Bedarfs, bei denen nicht zwangsläufig auch ein Beratungsgespräch stattfindet. Das entscheidende Instrument hierfür ist somit der (Kauf-)Vertrag.[279]

**Öffentlichkeitsarbeit:**
Jene betroffenen Akteure unterliegen hier weder dem Organisations- noch dem Marktumfeld. Sie beeinflussen die Unternehmung mittels rechtlicher und/oder normativer Faktoren. Dies birgt aber auch die Gefahr bzw. Chance, dass die Beziehung nur latent besteht. Sie ist weder durch eine Rechtsnorm ausgezeichnet noch besteht ein Koordinationsmechanismus wie etwa ein Vertrag. Die sprachliche Kommunikation allein wird hier zum zentralen Ansatzpunkt und im Optimalfall zur sozialen Integration der betroffenen Bezugsgruppe.

---

[276] Eine rein produktbezogene Kommunikation im traditionellen Sinn wird hier nicht hervorgehoben, da diese lediglich auf die Gruppe der Kunden abzielen würde. Diese einseitige Perspektive stünde der vorliegenden Problemstellung unter dem Aspekt der Stakeholder-Theorie entgegen.
[277] Vgl. Mast, 2002, S. 57; Weiß, 2002, S. 165f.
[278] Vgl. Zerfaß, 2004, S. 316f.
[279] Der Vertragstheorie kommt im weiteren Verlauf dieser Arbeit eine wichtige Bedeutung zu. Der Vertrag kann als Kommunikationsinstrument für fast alle Bezugsgruppen genutzt werden. S. dazu Kapitel 4.3.

Eine ähnliche Untergliederung der Unternehmenskommunikation nimmt *Doumont* vor. Sie soll hier ebenfalls kurz dargestellt werden, um einerseits die Relevanz des bestehenden Ansatzes nach Zerfaß zu bestätigen und andererseits einen weiteren Aspekt innerhalb dieses Ansatzes aufzuzeigen. Anstatt auf die entsprechenden *Zielgruppen* der Teilbereiche der Unternehmenskommunikation einzugehen, fokussiert Doumont vielmehr auf eine inhaltliche Beschreibung bzw. in der Ausführung auf die entsprechenden Instrumente. Er unterscheidet also in:[280]

**Marktkommunikation:**
Hier findet sich zunächst der gleiche Begriff Marktkommunikation zugeordnet mit nahezu gleichem Sinninhalt wie bei Zerfaß. Doumont stellt dabei allerdings die Instrumente der Public Relations und der Werbung sowie verkaufsfördernde Maßnahmen in den Vordergrund.

**Interne Kommunikation:**
Im Wesentlichen geht es hierbei um die Informationspolitik im Umgang mit den Mitarbeitern. Die Komplexität dieser Kommunikation sollte jedoch nicht unterschätzt werden.[281] Dies kann mittels diverser Medien wie z.b. Mitarbeiterzeitschrift, Intranet etc. erfolgen. Bei Zerfaß könnte dieser Teil der Organisationskommunikation gleichgestellt werden.

**Externe Kommunikation:**
Über die Zielgruppe der internen Kommunikation hinaus sollen hier auch andere Bezugsgruppen angesprochen werden wie etwa Medien, Banken und Gläubiger oder Umweltschutz-Gruppen. Doumont hebt die Tatsache hervor, dass sowohl die Informationsbereitstellung, vielmehr noch die Schaffung von Vertrauen in die Unternehmung erreicht werden soll.[282] Zerfaß benennt dies allgemein mit dem Begriff Öffentlichkeitsarbeit, was leicht zu Missverständnissen führen kann, da der Begriff sehr breit definierbar ist.

In der nachfolgenden Übersicht sind die Konzepte beider Autoren (Zerfaß und Doumont) zusammengefasst dargestellt. Sie beinhalten beide wesentliche Elemente für den Fortgang der Anbahnung zwischen Stakeholder und Unternehmung.

Durch eine nicht trennscharfe Unterscheidung der Öffentlichkeitsarbeit sowohl bei Doumont, der sie in die Marktkommunikation wie auch in die externe Kommunikation einordnet, als auch bei Zerfaß, der diesen Begriff sehr umfassend gebraucht, wird im Folgenden eine eigene Differenzierung in eine Öffentlichkeitsarbeit im engeren und im weiteren Sinn vorgenommen.

**Öffentlichkeitsarbeit i.w.S.:**
Hierbei ist das Unternehmen weitestgehend bemüht seine Reputation, aus Sicht seiner (potenziellen) Kunden, aufzubauen. Daneben betrifft dies auch die weiteren „Teilnehmer" (Wettbewerber, Lieferanten etc.) der Marktkommunikation. Dazu gehört neben einer direkten, z.B. via Werbung, auch die indirekte Einflussnahme auf die Reputation,

---

[280] Vgl. Doumont, 2003, S. 45-49.
[281] „Sie setzt sich aus ökonomischen, wirtschaftwissenschaftlichen, psychologischen, soziologischen und anderen Momenten zusammen." Doumont, 2003, S. 47.
[282] Der Vertrauensbegriff wird in Kapitel 4.3.2 näher erläutert, da er eine besondere Rolle im Zusammenhang mit der Kommunikation der Bezugsgruppen einnimmt.

welche durch die Prägung Dritter auf die eigentliche Zielgruppe Kunden oder Lieferanten vorgenommen werden kann.[283]

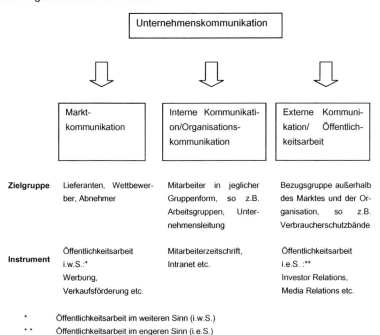

| Zielgruppe | Lieferanten, Wettbewerber, Abnehmer | Mitarbeiter in jeglicher Gruppenform, so z.B. Arbeitsgruppen, Unternehmensleitung | Bezugsgruppe außerhalb des Marktes und der Organisation, so z.b. Verbraucherschutzbände |
|---|---|---|---|
| **Instrument** | Öffentlichkeitsarbeit i.w.S.:* Werbung, Verkaufsförderung etc. | Mitarbeiterzeitschrift, Intranet etc. | Öffentlichkeitsarbeit i.e.S. :** Investor Relations, Media Relations etc. |

\*       Öffentlichkeitsarbeit im weiteren Sinn (i.w.S.)
\*\*     Öffentlichkeitsarbeit im engeren Sinn (i.e.S.)

**Abbildung 22: Übersicht der wichtigsten Bereiche der Unternehmenskommunikation[284]**

**Öffentlichkeitsarbeit i.e.S.:**
Bei der Definition im engeren Sinne kann der Gesamtbereich der Öffentlichkeitsarbeit in verschiedene Aspekte je nach Zielgruppe der Ansprache untergliedert werden. Jeder Teilbereich (s. Tabelle 8) ist für sich genommen speziell an einer bzw. mehreren Bezugsgruppen ausgerichtet. Bei dieser Darstellung ist auch eine situative Ausrichtung wie im Falle des „Crisis Management" möglich, wo nur die betroffenen Bezugsgruppen herangezogen werden.

---

[283] Folgendes Beispiel sei an dieser Stelle in Bezug auf die Unternehmen-Lieferanten-Beziehung angeführt: Hat ein Unternehmen eine gewisse gewünschte Reputation erreicht (z.B. im Sinne der Kundengröße oder Liquidität), so werden viele Lieferanten bemüht sein, einen Auftrag von jenem Unternehmen zu bekommen. Für das Unternehmen selbst besteht nun eine größere Chance, sich den geeigneten Partner zu bestmöglichen Konditionen heraussuchen zu können.
[284] Eigene Darstellung in Anlehnung an Doumont, 2003, S. 45-49 und Zerfaß, 2004, S. 316ff.

78

| Teile der Öffentlichkeitsarbeit (i.e.S.) | Bezugsgruppe |
|---|---|
| Human Relations | (Potenzielle) Mitarbeiter, Mitglieder, Betriebsrat |
| Media Relations | Massenmedien, Nachrichtenagenturen |
| Public Affairs | Parlamente, Verwaltung, Regierung |
| Financial/Investor Relations | Banken, Gläubiger, Kapitaleigner, Finanzmärkte |
| Community Relations | Nachbarschaft, Anrainer, Gemeinde |
| Product Publicity | Nutzer des Produktes/der Dienstleistung |
| Supplier Relations | Lieferanten- und herstellerbezogene Kommunikation |
| Öko Relations | Diskurse um Normen und Werte aus der Ökobilanz |
| Issues Management | Alle Bezugsgruppen (themenbezogene Kommunikation) |
| Crisis Management | Alle Bezugsgruppen (regelt kritische Kommunikationssituationen) |
| Corporate Identity | Alle Bezugsgruppen (einheitliche Gestaltung des kommunikativen Erscheinungsbildes) |

**Tabelle 8: Das Aufgabenfeld der Öffentlichkeitsarbeit hinsichtlich seiner Bezugsgruppen[285]**

Diese Aufgliederung ist deshalb so wertvoll, da eine Analyse der einzelnen Aufgabenfelder für den nachfolgenden Teil der Arbeit eine zielgerichtete Kommunikation wesentlich erleichtern kann. Gerade unter dem Aspekt der Stakeholder-Theorie soll die Kommunikation – die häufig nur an Kunden gerichtet ist – jeder Bezugsgruppe gerecht werden. So bedarf es einer genauen Ausrichtung an den Aspekten der Öffentlichkeitsarbeit aus Tabelle 8.

#### 4.2.1.2 Konzepte der Integrierten Kommunikation

Im Folgenden werden drei verschiedene Konzepte der Integrierten Kommunikation nach Grunig, Zerfaß und Bruhn dargestellt. Jedes für sich genommen reicht jedoch nicht aus, um die Kommunikation zwischen Unternehmen und Stakeholder zu beschreiben. Dennoch bieten sie einige wichtige Elemente, die auch hier im erweiterten Integrativ-Prozessualen Marketingansatz Anwendung finden können. Zunächst findet eine kurze Gesamtbetrachtung der drei Konzepte statt, um die Auswahl der Elemente besser nachvollziehen zu können. Allen Konzepten hier wird der klassische Kommunikationsprozess nach Lasswell zu Grunde gelegt.[286]

[285] In Anlehnung an DPRG, 2005, S. 10. Der Aspekt der „Supplier Relations" wurde hier neu hinzugefügt, da bei all den genannten Aspekten die Bezugsgruppe der Lieferanten nicht zuordenbar war.
[286] Eine Abbildung des Kommunikationsprozess – in Anlehnung an das klassische Sender-Receiver-Modell von Shannon/Weaver, 1964, liegt dem Anhang bei. Vgl. Lasswell, 1948, S. 37-52. Weitere Entwicklungen hinsichtlich der Darstellung von Kommunikation finden sich bei Lyotard, 2005, und Foucault,

#### 4.2.1.2.1 Integrierte Kommunikation nach Grunig

Grunigs Konzept entstammt dem kommunikationswissenschaftlichen Ansatz – marketingwissenschaftliche Aspekte werden nur beschränkt angewandt. Im Wesentlichen bezieht er sich auf die Instrumente der Werbung, vielmehr noch auf die gesamten Public Relations. Für eine organisationstheoretische Betrachtung zieht er vier Modelle heran, um daraus wiederum Variablen im gesamten Unternehmensumfeld zu identifizieren, die die Public Relations beeinflussen.[287] Grunigs Betrachtungen beziehen sich auf den ersten Blick auf die Öffentlichkeitsarbeit.[288] Genauer betrachtet lässt sich jedoch feststellen, dass sich seine Analyse auf das Kommunikationsmanagement zwischen der Unternehmung und seine Bezugsgruppen bezieht. Darüber hinaus bezieht er Umweltbedingungen ein, um die Perspektiven der zu analysierenden Bezugsgruppen besser aufgreifen zu können.[289] Er zieht hierbei auch den Begriff der Stakeholder heran. Aus dieser Stakeholderbetrachtung heraus rät er von einer Massenkommunikation ab, da so eine aus seiner Sicht notwendige individuelle Vorgehensweise nicht möglich ist. Nur wenn wirklich keine Aussicht besteht, die verschiedenen potenziellen Empfänger nach Kriterien zu trennen, darf eine Massenansprache erfolgen.[290] Grunig´s Artikel deuten auf eine weitaus umfangreichere Analyse, weit über den üblichen Rahmen einer Public-Relations-Betrachtung hinaus, hin. Diese zeigt die weit reichenden Konsequenzen seines Konzeptes auf und legitimiert so die Einreihung in die beschriebenen Kommunikationskonzepte.

Ein weiterer wichtiger Aspekt innerhalb der Public Relations ist für Grunig der strategische Gedanke. Er geht so weit, die Öffentlichkeitsarbeit als zentrale Managementfunktion herauszustellen. In diesem Zusammenhang benutzt er den Begriff der „Strategic Public Relations".[291] Auf Planungsprozesse geht er in seinen Arbeiten allerdings nicht ein.

Bezüglich der Integration verlangt Grunig die Zusammenarbeit der Kommunikationsmanager aus den unterschiedlichen Bereichen innerhalb einer Unternehmung. Insbesondere fordert er *kurze Kommunikationswege* für die Mitarbeiter der Öffentlichkeitsarbeit zur Unternehmensführung. Weiter betont er ausdrücklich die Integration und *Zusammenführung diverser Aufgabenfelder* im Bereich der Kommunikation, um so eine Abteilung, die Öffentlichkeitsarbeit im Allgemeinen betreffend, zu schaffen. Dies hat gegenüber vielen verschiedenen Bereichen der Public Relations, die anderen Funktionen je-

---

1973, die die Positionierung der Akteure innerhalb verschiedener Sprach- oder Kommunikationsräume in den Vordergrund stellen; Wersig, 1993 konzentriert sich auf den aktiven und passiven autonomen Kommunikationsakteur. Ausführliche Zusammenfassungen finden sich bei Zerfaß, 2004, S. 141-233 und Maletzke, 1998, S. 56-71.
[287] Die vier identifizierten Modelle, die für die Analyse herangezogen worden sind, entstehen durch die Kombination zweier Dimensionen: zum einen aus der Richtung (uni- oder bidirektional) und zum anderen aus dem Gleichgewicht der angestrebten Effekte (asymmetrisch oder symmetrisch). Vgl. Grunig/Schneider Grunig, 1989, S. 29f.
[288] Einige der Veröffentlichungen von Grunig sind: „Excellence in Public Relations and Communications Management", 1992, oder „Public Relations Management in Government and Business", 1995.
[289] Bereits 1979 stellte er eine empirische Studie zum Einbezug öffentlicher Belange an. Vgl. Grunig, 1979, S. 738-764; Grunig et al., 1995, S. 164. Bruhn ordnet Grunig ebenfalls in einer Übersicht den integrierten Kommunikationskonzepten zu. Vgl. Bruhn, 2003a, S. 76f.
[290] Vgl. Grunig, 1990, S. 19.
[291] Vgl. Grunig et al., 1995, S. 170f.

weils untergeordnet sind, den Vorteil, dass auch wirklich eine strategische Koordination erfolgen kann.[292]

### 4.2.1.2.2 Integrierte Kommunikation nach Zerfaß

Zerfaß analysiert die betriebswirtschaftliche Unternehmenskommunikation unter Aspekten von kommunikations- und sozialwissenschaftlichen Theorien. Diese Verknüpfungen lassen seine Erkenntnisse zu einer Grundlagenarbeit werden.

Seine darin enthaltenen *Kommunikationsinstrumente* sind wie bereits in Kapitel 4.3.1.1 die Organisationskommunikation, die Öffentlichkeitsarbeit und die Marktkommunikation. Mit dieser Aufspaltung besteht jedoch die Gefahr, ein einheitliches Gesamtbild aus den Augen zu verlieren. So plädiert er für eine „Integration aller kommunikationspolitischen Aktivitäten"[293]. Erst mit der Koordination einzelner Kommunikationsaktivitäten und damit der Erbringung eines eigenständigen Beitrags zum Unternehmenserfolg kann von einer Integration gesprochen werden.

Die Organisation der Integrierten Kommunikation beschreibt Zerfaß lediglich in sehr allgemeinen Zügen und rechtfertigt dies mit einer situationsspezifischen Anpassung.[294] Hinzukommt die Existenz vieler verschiedener Sphären, in denen Kommunikationsprozesse mit Kommunikationspartnern stattfinden, wobei Letztere häufig sowohl die Rolle des Senders als auch des Empfängers gleichzeitig einnehmen. Gerade aus Sicht dieser Arbeit – unter der Perspektive der Stakeholder-Theorie – kann der Argumentation nach Zerfaß zugestimmt werden. Er unterstreicht die Wichtigkeit dieser Gruppen und hebt die für den Unternehmenserfolg gefährdenden Interdependenzen hervor. In diesem Zusammenhang spricht er von *„Kommunikationsarenen"*, in denen sich diverse Bezugsgruppen zusammenfinden wie z.B. die „politische Öffentlichkeit" oder die „Betriebsöffentlichkeit".[295] Umso wichtiger wird eine Integrierte Kommunikation, die dafür Sorge trägt, dass keine Widersprüchlichkeiten in den eigenen kommunikationspolitischen Aktivitäten existieren.[296] Wie Bruhn weist er darauf hin, dass sein Konzept über eine rein formale Integration hinausgeht. Er schließt sich dabei der Dreiteilung nach Bruhn an. Diese sieht eine Unterscheidung in inhaltliche, formale und zeitliche Integration vor.[297]

### 4.2.1.2.3 Integrierte Kommunikation nach Bruhn

Im Unterschied zu den bisher genannten Autoren geht Bruhn weit über deren grundlegenden Analysen hinaus.[298] Sein Konzept der Integrierten Kommunikation erläutert sowohl strategische als auch operative Ausrichtungen. In seinen anfänglichen Darstellungen[299] basiert sein Konzept auf einem zu einseitigen und mechanistischen Kommunikationsprozess. Auch der Paradigmenwechsel vom transaktionsorientierten zum bezie-

---

[292] Vgl. Grunig, 1990, S. 22.

[293] Zerfaß, 2004, S. 308.

[294] Vgl. Zerfaß, 2004, S. 417. Wichtig erscheinen ihm dabei dezentrale und multipersonal orientierte Strukturen – häufig auf Projektgruppenarbeit.

[295] Vgl. Steinmann/Zerfaß, 1995, S. 25f.

[296] Vgl. Zerfaß, 2004, S. 308ff.

[297] Eine genaue Differenzierung dieser Begriffe findet sich in Kapitel 4.3.2.3.

[298] Vgl. dazu folgende Veröffentlichungen von Bruhn: Integrierte Kommunikation als Unternehmensaufgabe und Gestaltungsprozeß, 1993; Integrierte Unternehmenskommunikation, 1995; Integrierte Unternehmens- und Marketingkommunikation, 2005a; Kommunikationspolitik, 2005b.

[299] Vgl. Bruhn, 1993 und 1995.

hungsorientierten Marketing war zu diesem Zeitpunkt noch nicht vollzogen.[300] So ver-
änderte Bruhn aufgrund der neueren Erkenntnisse einige Züge an seinen Grundlagen
für sein Konzept.[301] Bruhn hebt hier insbesondere den dialogischen Austausch zwischen den gleichberechtigten Kommunikationspartnern hervor. In diesem Zusammenhang gewinnt das Beziehungsmarketing erheblichen Einfluss auf das Konzept. Allerdings wird hier der Einbezug sämtlicher Bezugsgruppen vermisst. Bruhn bezieht sich
hier ausschließlich auf die Gruppe der Kunden. Hinsichtlich des eigentlichen Untersu-
chungsgegenstandes – der Integrierten Kommunikation – schildert Bruhn im Gegensatz zu anderen Autoren die Thematik präziser, bis hin zu operativen Ebenen.

Nachfolgend wird die Definition nach Bruhn aufgezeigt, die auch im Folgenden für diese
Arbeit gelten soll:

„**Integrierte Kommunikation** ist ein Prozess der Analyse, Planung, Organisation,
Durchführung und Kontrolle, der darauf ausgerichtet ist, aus den differenzierten Quellen
der internen und externen Kommunikation von Unternehmen eine Einheit herzustellen,
um ein für die Zielgruppen der Kommunikation konsistentes Erscheinungsbild über das
Unternehmen bzw. die Marke zu vermitteln."[302]

Diese Definition zeigt, welchen Wert Bruhn auf umfassende und auf die Unternehmung
abgestimmte Prozesse legt. Seine theoretischen, aber auch praktischen Analysen sind
weitestgehend managementorientiert und gehen weit über eine formale Abstimmung
der Unternehmenskommunikation hinaus.[303] Eine weitere Betrachtung der *Aufgaben*
der Integrierten Unternehmenskommunikation nach Bruhn lässt den Umfang seiner A-
nalysen erkennen. Es lassen sich dabei folgende Differenzierungen vornehmen:[304]

1. *Planerische Integrationsaufgaben*: Abstimmung der Gesamtziele mit den einzelnen Kommunikationsinstrumenten
2. *Organisatorische Integrationsaufgaben*: Schaffung einer geeigneten Organisationsstruktur und Ableitung von Maßnahmen
3. *Personelle Integrationsaufgaben*: Förderung einer Kooperations- und Koordinati-
onsbereitschaft unter den Mitarbeitern, um Abteilungsdenken und andere Grenzen abzuschaffen oder zumindest zu minimieren

In den beiden empirischen Studien von 1991 und 1998 stellen Bruhn/Boenigk die *Ziele*
der Integrierten Kommunikation heraus.[305] Es folgt ein Ausschnitt der wichtigsten Zielsetzungen, wie sie auch im Rahmen dieser Arbeit gelten sollen:[306]

1. Schaffung eines einheitlichen Erscheinungsbildes sowohl nach innen als auch
nach außen

---

[300] S. dazu Kapitel 3.2.
[301] Vgl. Bruhn, 2000, S. 3-20.
[302] Bruhn, 2003a, S. 75.
[303] Bruhn weist auf eine inhaltliche, formale und zeitliche Integration hin. S. dazu Abbildung 1 im Anhang.
Vgl. Bruhn, 2003a, S. 78ff.
[304] Vgl. Bruhn, 2003a, S. 80ff.
[305] Bruhn/Boenigk zeigen darin den Entwicklungsstand der Integrierten Kommunikation in deutschen Unternehmen auf. Die ersten Daten stammen aus dem Jahr 1991 und wurden 1998 – mit einem Vergleich in
Schweizer Unternehmen – wiederholt. Vgl. Bruhn/Boenigk, 1999, S. 18-22.
[306] Vgl. Bruhn/Boenigk, 1999, S. 17.

2. Generierung von Synergieeffekten beim Einsatz verschiedener Kommunikationsinstrumente
3. Kreierung von Synergieeffekten, um neue Kostensenkungspotenziale zu finden
4. Eine Erhöhung der Motivation und eine bessere Identifikation mit der Unternehmung seitens der Mitarbeiter
5. Eine Differenzierung im (Kommunikations-)Wettbewerb
6. Eine Einrichtung effizienterer Kontroll- und damit auch Koordinationsmöglichkei-
   ten sämtlicher kommunikativer Maßnahmen, die von der Unternehmung ausgehen

### 4.2.1.3 Zusammenfassung

Die Darstellung der Konzepte zur Integrierten Kommunikation erfolgte an dieser Stelle, um ein präziseres Verständnis für die Zusammenhänge der Stakeholder-Unternehmens-Kommunikation zu gewinnen. Aus den Konzepten jener drei Autoren wurden wiederum spezielle Aspekte betrachtet, die hier im Weiteren von Bedeutung sein werden, da sie die Kommunikation innerhalb des erweiterten Integrativ-Prozessualen Marketingansatzes wesentlich mitgestalten können.

So gilt eine erste Anmerkung der Integration von Bezugsgruppen in Kommunikations-prozesse. Ein Dialog darf nicht nur mit den Kunden erfolgen.[307] Grunig wird in seinem Ansatz in dieser Hinsicht der Stakeholder-Theorie gerecht. Dies kann darauf zurückge-führt werden, dass Grunig als zentrales Thema der Public Relations betrachtet und so-mit der Thematik externer Ansprüche gerecht wird. Eine Möglichkeit besteht also darin, dem *Konzept der Öffentlichkeitsarbeit (i.e.S.)* einen gewissen Stellenwert in der Integrierten Kommunikation einzuräumen. So bieten Steinmann/Zerfaß mit der Einführung von „*Kommunikationsarenen*"[308] die Möglichkeit die Idee der *facettenartigen Kommunikation* weiter auszuführen. Dieser Aspekt soll unter Einbezug der Leitgedanken der Integrierten Kommunikation in Kapitel 4.2.4 Berücksichtigung finden. Bruhn wiederum gibt eine umfassendere Betrachtung der Kommunikationsprozesse wieder und schafft so weitestgehend eine *managementorientierte Perspektive*. Eine Konsistenz mit den Unternehmenszielen ist unabdingbar.

Durch die Darstellung der Konzepte der Kommunikation und vor dem Hintergrund der hier vorliegenden Stakeholder-Theorie kann nun festgehalten werden, dass jede Bezugsgruppe eine individuelle Ansprache benötigt und dementsprechend die Kommunikationsprozesse angepasst werden müssen. Damit ist eine Erfassung diverser Facetten der Bezugsgruppen notwendig, um eine erfolgreiche Kommunikation zu gewährleisten. Erst mit dieser Kommunikationsgrundlage kann dann auch das gewünschte Soll-Fremdbild bei den einzelnen Stakeholder-Gruppen erzeugt werden. Dieser Zusammen-hang wird im folgenden Kapitel näher erläutert.

---

[307] Vgl. Lischka, 2000, S. 48-63.
[308] Vgl. Steinmann/Zerfaß, 1995, S. 29f.

## 4.2.2 Die Relevanz der Reputation für die Unternehmenskommunikation

### 4.2.2.1 Die Reputation einer Unternehmung

Der Begriff der Reputation wird in der Praxis wie in der Theorie sehr breit interpretiert und ist sehr stark von Image und Identität einer Unternehmung abhängig. Erst mittels einer Integrierten Kommunikation kann ein konsistentes Bild der Unternehmung sowohl von sich selbst als auch von Außenstehenden geschaffen werden.

So gilt es zunächst, Klarheit in die sehr eng zusammenhängenden Begriffe zu bringen. Für eine präzise Differenzierung gelten für das Unternehmen vier Fragestellungen:

1. *Wie sieht sich das Unternehmen selbst*
   Die *Identität* der Unternehmung bezieht sich zunächst auf die Selbstwahrnehmung und versucht, die Innenseite seiner Organisation zu beschreiben und zu charakterisieren. Die Organisationskultur trägt wesentlich zur Form der Identität bei.[309]

2. *Wie will das Unternehmen gesehen werden*
   Das Unternehmen muss sich darüber im Klaren werden, welche Eindrücke es senden und welches *Soll-Fremdbild* es damit bei den Stakeholdern erreichen möchte.

3. *Wie denkt das Unternehmen, dass es von den Stakeholder gesehen wird*
   Die Organisationsmitglieder haben ebenfalls eine bestimmte Vorstellung darüber, wie sie und die Unternehmung als Gesamtheit von den Stakeholdern wahrgenommen werden.[310]

4. *Wie sehen die Stakeholder die Unternehmung tatsächlich*
   Die tatsächliche Wahrnehmung der Außenstehenden – also der Stakeholder – von der Unternehmung bildet die *Reputation*.[311] Im Optimalfall deckt sich das gewünschte Soll-Fremdbild mit der dann erzielten Reputation.

Mit diesen vier o.g. Ausgangsfragen kann sich so einer inhaltlichen Bedeutung des Begriffs der Reputation angenähert werden. Gleichzeitig steigt somit das Bewusstsein in der Unternehmung für eine Unterscheidung von Selbst- und Fremdwahrnehmung. Es sollte darauf abgezielt werden, einen möglichst hohen Deckungsgrad der beiden zu erreichen.[312] Eine alleinige Investition in den Aufbau einer Reputation genügt jedoch nicht. Der Aufbau ist zunächst zeit- und kostenintensiv; die Pflege darüber hinaus ist aber ebenso essentiell und erfordert erneute Investitionen. Eine einmal aufgebaute Reputation in Misskredit zu bringen kann allerdings binnen kürzester Zeit geschehen.[313] Ein so genanntes Reputation Management ist also von größter Wichtigkeit und muss stets die Wahrnehmungen von sich selbst, aber auch aus Sicht der Stakeholder überprüfen.[314]

---

[309] Vgl. Paetow, 2004, S. 279f.
[310] Vgl. Dukerich/Carter, 2000, S. 103.
[311] Vgl. Dukerich/Carter, 2000, S. 103.
[312] Vgl. Gans, 2004, S. 48f.
[313] Eine Reputation kann schon durch ein Gerücht erheblichen Schaden erleiden. Vgl. Szameitat, 2003, S. 3f.
[314] Vgl. Alsop, 2004, S. 23.

84

Aus der Perspektive der Stakeholder steht eine positive Reputation der Unternehmung für ein Glaubwürdigkeitssymbol.[315] Für das Zustandekommen einer Beziehung bzw. einer Transaktion kann eine positive Reputation von großem Vorteil sein, da der Stakeholder dann das Gefühl bekommt, dass es sicher ist, sich auf die Unternehmung einzulassen; so z.b. im Falle des Anteilseigners, der Anteile erwirbt, der potenzielle Mitarbeiter, der sich für einen Job bewirbt, oder der Kunde, der ein Produkt kauft.[316]

Ziel dieser Phase der Kommunikation muss es sein, das gewünschte Soll-Fremdbild und damit eine bestimmte Reputation bei den einzelnen Stakeholdern zu erzielen, so dass sich im weiteren Verlauf (Phase 3) die Beziehungen in der Vertragsgestaltung konkretisieren können.

## 4.2.2.2 Zusammenführung von Reputation und Kommunikation
In einer kurzen abschließenden Betrachtung zeigt sich, welch enorm wichtige Rolle eine Integrierte Kommunikation in Bezug auf die Prägung der Unternehmensreputation trägt.

Das Verstehen von Informationen so wie sie vom Sender ausgesandt worden sind, spielt bei der Einflussnahme auf die Reputation eine wesentliche Rolle. Schließlich soll der Rezipient (hier die Bezugsgruppen) von der Mitteilung so geprägt werden, dass das gewünschte Sollbild entsteht, das letzten Endes bei den Bezugsgruppen eine positive Prägung auslösen soll. Um den Bezugsgruppen in der Vielfalt ihrer Ansprüche und Vorstellungen gerecht zu werden, ist es notwendig, wie im vorherigen Kapitel bereits dargestellt, verschiedene Facetten aufzustellen, die durch einzelne Bezugsgruppen und ihren Kontext repräsentiert werden. So wird z.b. eine Umweltschutz-Gruppe sich insbesondere für das „Öko-Image" – also die ökologischen Besonderheiten im Unternehmen – interessieren. Potenzielle Arbeitnehmer z.b. werden sich zunächst Erkundigungen darüber einholen, wie das Unternehmen mit seinen Mitarbeitern umgeht, um die komplette Reputation als guter Arbeitgeber für sich abzubilden.[317]

Der Aufbau solch einer Reputation bedeutet allerdings mehr als nur gute Öffentlichkeitsarbeit zu leisten, da jegliche Handlung der Unternehmung Einfluss darauf hat. Auch muss *jeder* in der Unternehmung daran beteiligt sein, da *alle* die Firma repräsentieren. Ein gutes „Reputation Management" funktioniert also erst dann, wenn intern – z.b. unter den Mitarbeitern – eine positive Reputation hergestellt ist.[318] Erst dann kann diese auch ehrlich nach außen hin vertreten werden.

Auf dem Weg hin zu solch einer positiven Reputation mittels der hier vorgestellten Kommunikation sind zwei weitere Begriffe zwangsläufig zu benennen, die in Phase 3 im Zusammenhang mit der Vertragsgestaltung erneut relevant werden: *Vertrauen*[319] und *Glaubwürdigkeit*[320]. Vertrauen wird hier im Sinne eines kommunikativen Mechanismus gebraucht, der in erster Linie dazu dient, Komplexität – insbesondere der Informationen – zu reduzieren. Diejenigen, die Vertrauen erbringen, haben spezifische Erwartungen an die Unternehmung, die wesentlich geprägt sind von vergangenen Erfahrungen.[321]

---
[315] Vgl. Avenarius, 1993, S. 19.
[316] Vgl. Dowling, 2004, S. 22.
[317] Vgl. Jeschke/Schulze/Bauersachs, 2000, S. 204-210.
[318] Vgl. Young, 1996, S. 7f.
[319] Vgl. Herrmann-Pillath/Lies, 2001, S. 10.
[320] Vgl. Paetow, 2004, S. 432.
[321] Vgl. Bentele, 1994, S. 141.

Reputation entsteht also aufgrund vergangener Aktionen; Vertrauen[322] besteht zwar oft auf vergangenen Erfahrungen ist aber auch explizit auf ein Ereignis in der Zukunft gerichtet.[323] Eine positive Reputation hilft, Vertrauen in die Unternehmung und in die damit verbundene Kommunikation zu erbringen.[324] Umgekehrt kann eine Kommunikation solch ein Vertrauen aufbauen, das wiederum hin zu einer positiven Reputation führt. So ist hier eine wichtige gegenseitige Beeinflussung festzustellen. In erfolgreichen Perioden[325] kann dann Vertrauen „angesammelt" werden, so dass das Unternehmen in schlechten Zeiten von diesem Vorschuss profitieren kann.[326]

Die *Glaubwürdigkeit* bezieht sich hierbei auf die von der Unternehmung bzw. dem Stakeholder ausgehende Kommunikation und die darin enthaltenen Informationen. Das entscheidende Merkmal dabei ist, dass der Sender von der Wahrheit seiner Information ausgeht und keine Täuschungsabsicht vorliegt. Dies schließt somit nicht aus, dass eine Information falsch sein kann – entscheidend ist hierbei lediglich die Intentionalität.[327] Die Bestimmungsgrößen der Glaubwürdigkeit können sich wiederum aus den Eigenschaften des Senders (der Unternehmung), der Botschaft selbst und des Empfängers (der Stakeholder) zusammensetzen.[328] So fließt in die Eigenschaften des Senders die Reputation der Unternehmung mit ein und prägt damit die Glaubwürdigkeit der Botschaft.[329]

Um darzustellen, wie eng Glaubwürdigkeit, Vertrauen und Reputation miteinander verflochten sind und sich gegenseitig beeinflussen, erfolgt hier eine kurze Darstellung dieser Zusammenhänge:

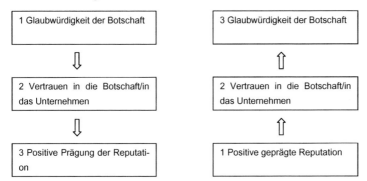

**Abbildung 23: Zusammenhänge zwischen Glaubwürdigkeit, Vertrauen und Reputation im Kommunikationsprozess**

---

[322] Eine genauere Definition von Vertrauen wird im Kapitel 4.3.2.2 in Zusammenhang mit der Reputation näher erläutert.
[323] Vgl. Geramanis, 2001, S. 50.
[324] Vgl. Paetow, 2004, S. 432f.
[325] Es sei an dieser Stelle angemerkt, dass hier „erfolgreiche Perioden" mit einem positiven Einfluss auf die Reputation gleichgesetzt werden.
[326] Vgl. Dowling, 2004, S. 20f.
[327] Vgl. Köhnken, 1990, S. 4.
[328] Vgl. Schirm, 1995, S. 68-86.
[329] Thost stellt zur Glaubwürdigkeit des Senders dessen Machtgefüge, aber auch Bildungsstand bzw. Fachkompetenz heraus. Vgl. Thost, 1990, S. 32f.

In der oben stehenden Abbildung zeigen sich zwei mögliche Abläufe: Der erste (linke Ablauf) stellt eine Situation dar, in der eine Reputationsprägung noch nicht stattgefunden hat, sich hier aber aufbaut. Eine Botschaft wird empfangen und der oder die Stakeholder gehen zunächst aufgrund anderer Eigenschaften wie z.b. Fachkompetenz von der Glaubwürdigkeit der Botschaft aus. Damit erbringen sie Vertrauen sowohl in die Botschaft als auch dem Unternehmen gegenüber. Unter der Voraussetzung einer positiven Bestätigung dieser Botschaft kann sich die Reputation der Unternehmung aus Sicht der Stakeholder positiv prägen. Im anderen Fall (rechter Teil der Abbildung 23) besteht bereits eine positive Reputation. Der Unternehmung wird aufgrund dieser positiven vergangenen Erfahrungen auch in Zukunft Vertrauen geschenkt. Damit wird hier auch der Botschaft ein Vertrauensbonus gewährt und sie wird als glaubwürdig eingestuft.

Erst mit einer offenen und transparenten Informations- und Kommunikationspolitik kann der Stakeholder Vertrauen in die Unternehmung gewinnen. Erst dann wird eine ausgesandte Botschaft auch glaubwürdig. Mangelndes Vertrauen[330] hingegen kann sich als erheblicher Störfaktor im Kommunikationsprozess erweisen, den es hier zu vermeiden gilt.[331]

Im Folgenden wird beschrieben, wie solch eine Unternehmenskommunikation aussehen kann, die individuelle Kommunikationsformen im Dialog zwischen Unternehmung und Stakeholdern unterstützt. Das hier angestrebte Ziel wird sein, dass die jeweilige Stakeholder-Gruppe das durch die Kommunikation erzeugte Soll-Fremdbild annimmt und damit die entsprechende Reputation prägt.

### 4.2.3 Kommunikation zwischen Unternehmung und Stakeholdern

Die bisher beschriebenen Elemente bilden lediglich den Rahmen und das Umfeld, in dem die Kommunikationsprozesse stattfinden. Der Hauptgedanke einer Integrierten Kommunikation – die Integration und Koordination – dient ebenfalls als Leitidee, diverse Bezugsgruppen einzubeziehen. Denn nur mittels einer strategisch ausgerichteten Integration kann mit den wichtigen Stakeholdern in einen Dialog getreten werden. Dies wiederum ist im *strategischen Gesamtzusammenhang*[332] insofern zielführend, als dass so ihre Ansprüche zunächst erkannt und dann auch möglichst befriedigt werden. Ein Ziel der Unternehmenskommunikation liegt nun darin, ein bestimmtes auf die Stakeholder-Gruppen abgestimmtes Soll-Fremdbild aufzubauen oder aufrechtzuerhalten.

In diesem Abschnitt werden aufgrund der vorangegangenen kommunikationstheoretischen Grundlagen – als Teil des strategischen Marketing – und der Prämisse der Sta-

---

[330] Ein großes Problem besteht für Unternehmen allerdings darin, Vertrauen in eine Geschäftsbeziehung mit einzukalkulieren. Vgl. Wicks/Berman/Jones, 1999, S. 101ff. Gerade hinsichtlich seiner Dynamik sind viele Variablen von Vertrauen schwer identifizierbar. Vgl. Geramanis, 2001, S. 39ff. Aufgrund seiner Komplexität findet an dieser Stelle keine tiefere Erläuterung des Vertrauensmechanismus statt. Vgl. Bundt, 2000: Strategic Stewards, Möllering/Sydow, 2005: Vertrauen und Glaubwürdigkeit in Unternehmen; Vgl. Strulik, 2004: Nichtwissen und Vertrauen in der Wissensökonomie.
[331] Vgl. Schweer/Thies, 2003, S. 78.
[332] Bruhn verweist auf die Relevanz einer Integrierten Kommunikation für das Unternehmen und beschreibt sein Konzept damit aus einer weitestgehend strategischen Führungsperspektive (s. Kapitel 4.2.1.2.3).

keholder-Theorie neue Herangehensweisen für die Anbahnung zwischen Unternehmen und Stakeholdern konkretisiert. Unternehmen müssen sich vergegenwärtigen, dass jede Bezugsgruppe einen eigenständigen Markt darstellt.[333] Um den individuellen Ansprüchen eines jeden Stakeholders gerecht zu werden, gibt es die Möglichkeit, diese in ihren Facetten zu erfassen und somit eine besonders gezielte Kommunikation zu erreichen. Im Folgenden sollen die im Rahmen dieser Arbeit festgelegten sechs Stakeholder-Gruppen in ihren Kontexten erfasst werden. Damit soll eine Kommunikation in den diversen Facetten aufgezeigt werden können. Vor dieser Bestimmung der spezifischen Facetten-Ausprägung ist es hilfreich, den Prozess der Kommunikation genauer zu betrachten und unter den vorangegangenen Bedingungen der Glaubwürdigkeit und des Vertrauens zu analysieren. Denn das hier gestellte Ziel, jenes individuelle Soll-Fremdbild zu erreichen, kann erst erreicht werden, wenn der Kommunikationsprozess den Stakeholdern auch glaubwürdig erscheint. Denn erst dann werden die Stakeholder in einen Dialog mit der Unternehmung treten und sich u.U. auf eine Beziehung einlassen, die im weiteren Verlauf (Phase 3) im Optimalfall mit einer Vertragsgestaltung fortgeführt werden kann.

Der klassische Kommunikationsprozess nach Lasswell enthält im Wesentlichen die Elemente des Senders, der Botschaft und des Empfängers.[334] Jedes dieser drei beinhaltet Einflussgrößen, die die Glaubwürdigkeit schließlich bestimmen. Es wird an dieser Stelle vorausgesetzt, dass das Unternehmen hier die Rolle des Senders einnimmt und damit den eigentlichen Kommunikationsprozess anstößt.[335]

So sind die *Eigenschaften der Unternehmung (Sender)*, damit die Botschaft glaubwürdig erscheint, zunächst in der Machtposition und der Stellung am Markt zu suchen. Dabei spielen die Größen wie Marktanteile oder Erträge eine wesentliche Rolle. So wird aus der Sicht des Empfängers die Botschaft auch dadurch glaubwürdiger, dass ein großes Unternehmen durch eine „unwahre" Aussage ein leeres Versprechen auch mehr zu verlieren hat.[336] Damit eng verbunden ist die Reputation der Unternehmung, sofern bei den jeweiligen Stakeholder-Gruppen eine Meinungsbildung bereits stattgefunden hat. Ebenso wichtig ist die Betrachtung der Branche, zu der das Unternehmen gehört.[337] So existieren Branchen, von denen ein negatives Bild besteht, das sich allein auf vereinzelte negative Erfahrungen aus der Vergangenheit begründet.[338]

Die *Eigenschaften der Botschaft*, die Teil des Kommunikationsprozesses sind, müssen ebenso glaubwürdig erscheinen, um das Ziel der Kreierung eines bestimmten Soll-Fremdbildes zu erreichen. Von besonderer Bedeutung ist der Detaillierungsgrad dieser Botschaft. Je detaillierter sie ist, desto glaubwürdiger erscheint sie dem Empfänger, da das Unternehmen offensichtlich dazu bereit ist, viele Informationen darzulegen.[339] Des

---

[333] Vgl. Rolke, 2002, S. 25.
[334] Vgl. Lasswell, 1948, S. 37ff.
[335] Dennoch können Fälle existieren, bei denen die Stakeholder die Rolle des Senders einnimmt, welche aber hier aus Gründen des Umfangs nicht betrachtet werden.
[336] Vgl. Schirm, 1995, S. 70f.
[337] Vgl. Schirm, 1995, S. 86.
[338] So leiden z.B. Konzerne der Chemiebranche häufig darunter, dass sie als „Gefahr" für ihre direkte Umwelt, aufgrund einzelner negativer Erfahrungen, eingestuft werden. Eine Ankündigung, z.B. der Inbetriebnahme einer neuen Maschine, könnte somit von den Stakeholdern, allein auf Grundlage einer negativen Schlagzeile in der Vergangenheit, als gefährlich eingestuft werden.
[339] Vgl. Schirm, 1995, S. 75f.

88

Weiteren ist es von Vorteil, die Botschaft nicht zu stark bzw. zu penetrant zu übermitteln. Empirische Überprüfungen haben ergeben, dass sich diese Wirkung auf die Reputation der Unternehmung, „aggressiv zu sein", überträgt.[340] Damit kann der Sender u.U. seine Glaubwürdigkeit verlieren.[341] Darüber hinaus spielen die erbrachten Aufwendungen für diese Botschaft eine wesentliche Rolle.[342] Der Empfänger setzt die getätigten Investitionen in Verbindung mit der Glaubwürdigkeit der Aussage.

Die *Eigenschaften des Stakeholders*, hier in der Rolle des Empfängers, sind sehr individuell sowohl von der Stakeholder-Gruppe selbst, aber auch von jedem Einzelnen geprägt. Persönlichkeitsmerkmale, wie z.B. Bildung, sind hier relevant. So ist anzunehmen, dass eine Person mit höherem Bildungsgrad sich tendenziell intensiver und auch kritischer mit der Botschaft auseinandersetzt.[343] Des Weiteren können hierbei auch die Nationalität und die Kulturprägung desjenigen von Bedeutung sein.[344]

| Einflusssphäre | Einflussgröße |
|---|---|
| Sender (Unternehmen) | • Bedeutung am Markt<br>• Bestehende Reputation<br>• Branche |
| Botschaft | • Detaillierungsgrad<br>• Intensität<br>• Erbrachte Aufwendungen |
| Empfänger (Stakeholder) | • Bildungsgrad<br>• Persönliche, individuelle Eigenschaften<br>• Nationale und kulturelle Unterschiede |

**Tabelle 9: Die Einflussgrößen der Glaubwürdigkeit im Rahmen des Kommunikationsprozesses**[345]

Nachfolgend werden die individuellen Kommunikationsaspekte der Stakeholder hervorgehoben. Weiter wird beschrieben wie sie damit zu dem gewünschten Soll-Fremdbild hingeführt werden können. Diese Darstellung ist nur generalisierend zu betrachten; für das Marketing gilt, situativ zu entscheiden, wie die Stakeholder der Unternehmung zu erfassen sind. Um dennoch spezifischen Umfeldbedingungen gerecht zu werden, werden in nachfolgenden Stakeholder-Beschreibungen reale Beispiele aus der Unternehmungspraxis angeführt.

### 4.2.3.1 Kunden

Im Bezug auf den Stakeholder Kunde kann die Marketingwissenschaft auf eine langjährige Forschung zurückgreifen. Der Kunde steht seit vielen Jahren im Mittelpunkt der Unternehmenskommunikation. So wird im Folgenden die Betrachtung der kundenspezifischen Unternehmenskommunikation nur kurz analysiert.

---

[340] Vgl. Prabhu/Stewart, 2001, S. 65.
[341] Sollte der Empfänger die Botschaft dennoch als glaubwürdig einstufen, ist eine negative Reaktion seinerseits vorprogrammiert. Er kann dann u.U. mit einem Rückzug oder aber, wie es Prahbu und Stewart nennen, mit einer Vergeltung reagieren. Vgl. Prabhu/Stewart, 2001, S. 65.
[342] Vgl. Schirm, 1995, S. 80f.
[343] Vgl. Schirm, 1995, S. 83.
[344] Vgl. Schirm, 1995, S. 83.
[345] In Anlehnung an Schirm, 1995, S. 86.

Zunächst ist hierbei zwischen einer rein *angebotsbezogenen* und einer *unternehmens-bezogenen* Kommunikation zu unterscheiden.[346] In Bezug auf die Stakeholder-Betrachtung erscheint zunächst eine Konzentration auf letztgenannte Kommunikations-art sinnvoll. Eine erfolgreiche angebotsbezogene Kommunikation trägt ebenfalls, wenn auch indirekt, zur Reputation der Unternehmung bei und ist somit für das Unterneh-mensgeschehen essentiell. Es können sowohl positive Rückschlüsse vom Produkt bzw. von der Dienstleistung auf die Unternehmung, aber auch umgekehrt vom Unternehmen auf die Produkte bzw. die Dienstleistung gezogen werden.

Im Rahmen der angebotsbezogenen Kommunikation haben sich diverse Kanäle wie z.B. TV, Internet oder Presse etabliert. In den meisten Fällen bezieht sich eine Werbung direkt auf das Produkt – in Ausnahmefällen auch auf Verhaltensvorschläge des Kun-den.[347] Er entscheidet dabei selbst, welche Botschaften er davon empfangen möchte und welche nicht.[348] Durch eine zu starke Verbreitung dieser Medien und dem damit einhergehenden sinkenden Wahrnehmungsgrad, müssen sich Unternehmen neue und attraktivere Wege suchen, um die Aufmerksamkeit des Kunden zu wecken. Eine Mög-lichkeit bietet die so genannte *„(Product) Publicity"*, die bereits in Kapitel 4.2.1.1 (Tabel-le 8) genannt wurde. Wie dort definiert wurde, ist „Publicity" Bestandteil der kundenbe-zogenen Öffentlichkeitsarbeit (i.e.S.). So werden hierbei gezielt redaktionelle Bestand-teile in den Medien beeinflusst.[349] Kosmetikfirmen z.B. schreiben selbst Texte zu ihren neuen Produkten und schicken diese samt Tester und Proben des Produktes zu Hän-den der Redaktionen von Mode- und Frauenzeitschriften. In der Zeitschrift erscheint das Produkt dann u.U. als „Empfehlung" der Redaktion. Der Leser empfindet dies dann als Ratschlag oder als unabhängige Testbewertung der Zeitschrift. Eine ganz andere Vor-gehensweise, das Angebot der Unternehmung und somit ein Fremdbild beim Kunden zu prägen, bietet das so genannte *Product Placement*. Dabei werden gezielt Platzie-rungen in Kino- und Fernsehfilmen[350] oder Video- und PC-Spielen[351] vorgenommen, mit dem Ziel der unbewussten Vermittlung der Attraktivität des Produktes.[352]

Ein weiteres Kommunikationsinstrument der Unternehmung, das zunächst die Aufmerk-samkeit der Kunden auf sich ziehen soll, ist das aktive Miterleben in Form von gemein-samen *Events*. Auch hierbei steht das Ziel im Vordergrund, diesem Stakeholder das Soll-Fremdbild der Unternehmung besser vermitteln zu können. Die Nähe zum Unter-nehmen und die erlebte Emotionalität dabei sind von erheblichem Vorteil, um eine Kommunikation, teilweise mit direkter Möglichkeit zur Reaktion, mit dem Kunden herzu-stellen.[353] Mit dieser „gelebten Form" soll so die gewünschte Bindung zur Unterneh-

---

[346] Vgl. Mattmüller, 2004, S. 238.
[347] Die Kampagnen „trinkt mehr Milch" oder „gesunde Ernährung für Kinder" können ebenso in der Wer-bung kommuniziert werden. Meist gehen diese Formen dann von einer ganzen Branchen oder staatlichen Einrichtungen aus.
[348] Vgl. Klaas, 2002, S. 65.
[349] Vgl. Weaver, 1991, S. 39.
[350] Vgl. Mattmüller, 2004, S. 244.
[351] Vgl. Kenneth, 2005, S. 16.
[352] Zuletzt haben sich aktiv Audi („The Transporter 2") und Lexus („The O.C.") in Film und Serien platziert. Dagegen müssen aber auch die Kosten gerechnet werden, die solch eine Form der Werbung kostet. BMW hat sich speziell aus diesen Gründen in den USA aus Product Placement zurückgezogen. Vgl. Halliday/Graser, 2005, S. 32.
[353] Vgl. Arnold, 2005, S. 16-19.

mung hergestellt werden.[354] Ein Beispiel für den Umgang mit Events und dieser aufge-bauten Emotionalität bietet die Maggi GmbH. Sie hat mittlerweile zwei Kochstudios (in Frankfurt am Main und Leipzig) eingerichtet, die mit großem Erfolg von den Kunden an-genommen werden.[355] Dort finden regelmäßig Kochveranstaltungen mit Kunden statt, die teilweise über das Radio live übertragen werden. Die Schaffung emotionaler Erleb-niswelten gilt auch für ein weiteres Beispiel: Volkswagen bietet bei der Abholung ab Werk in Wolfsburg ein ganzes Erlebnispaket für die Familie an. Der Kunde soll hier eine emotionale Verbindung sowohl zum Produkt als auch zum Unternehmen herstellen.[356] Mittels dieses Instrumentes findet also sowohl eine angebotsbezogene als auch eine unternehmensbezogene Kommunikation statt. Der Kunde erlebt die Vorteile des Pro-dukts direkt, kann sich aber auch gleichzeitig eine Meinung hinsichtlich der Reputation der Unternehmung bilden.

Auf der Seite der unternehmensbezogenen Kommunikation steht die Prägung des Un-ternehmensbildes, und nicht über das Produkt der Unternehmung, im Vordergrund. Um diese beim Kunden positiv auszugestalten, wird häufig das so genannte *Sponsoring* genutzt. Dies ist besonders im Zusammenhang mit Sportveranstaltungen beliebt.[357] Die Werbewirksamkeit bezieht sich meist auf das Unternehmen selbst, kann aber auch nur das Produkt betreffen. Ein ähnliches Instrument, teilweise überlappend mit dem Spon-soring, bieten die *Gründungen von Stiftungen* und *Spenden-Aktionen*.[358] Das Unter-nehmen kann dies allein vornehmen und damit bei den Kunden, die in ihrer Doppelrolle auch Teil der Öffentlichkeit sind, ein positives Bild erzeugen, in dem es sich für soziale Belange einsetzt. Ein zu offensives Darstellen solcher Spenden-Aktionen kann aller-dings aus Sicht der Kunden schnell unglaubwürdig erscheinen. In Verbindung mit dem Gedanken einer aktiven Beteiligung der Kunden bei der Gründung von Stiftungen, kann so eine noch intensivere und glaubwürdigere Bindung zur Unternehmung hergestellt werden. Kellogg´s startete 2003 eine Aktion, bei der jede verkaufte Packung einen ge-wissen Beitrag zu einem Schul-Hilfsprojekt leistete.[359] So bekommt der Kunde mit dem Kauf eines Produktes dieser Marke das Gefühl vermittelt, sich ebenfalls engagiert zu haben. Gleichzeitig assoziiert er mit jener Unternehmung ein bestimmtes positives Bild, welches es an dieser Stelle in erste Linie zu schaffen gilt.

Aus all diesen Aktivitäten lässt sich nun eine Prägung der Unternehmensreputation er-kennen. Es muss hier das Ziel sein, aus Sicht der Kunden die Facette eines „vertrau-enswürdigen Herstellers, Händlers bzw. Dienstleisters" herauszustellen. Da der Kunde nur in seltenen Fällen die Prozesse in der Unternehmung mitverfolgen kann, ist er dar-auf angewiesen, sich vor der Kaufentscheidung eine Meinung über die Glaubwürdigkeit der Aussagen der Unternehmung bilden zu können. Nur mit einer engen Bindung und

---

[354] So wurde in einer Umfrage bei den Top-500-Unternehmen in Deutschland die Bindung der Kunden an das Unternehmen vor das Ziel, den Kunden zum Kauf des Produktes zu bewegen, gestellt. Vgl. Huck, 2005, S. 42.
[355] Vgl. Spitzer, 2002, S. 71-75.
[356] Vgl. Huck, 2005, S. 65.
[357] Vgl. Mattmüller, 2004, S. 244f. Einen Anhaltspunkt für die Größenordnung, mit der Sponsoring einge-setzt wird, gibt die Summe der Aufwendungen in den USA wieder: 565 Millionen Dollar wurden im Jahr 2005 für das Sponsoring allein durch die sechs größten Automobilhersteller aufgebracht. Vgl. Geist, 2006, S. 24B.
[358] In Abgrenzung zum Mäzenatentum wird beim Sponsoring eine Gegenleistung, wie das Zeigen von Symbolen und Logos, vertraglich fixiert. Vgl. Weinhold-Stünzi, 1988, S. 1f.
[359] Die Aktion geschah in Verbindung mit der UNESCO. Vgl. http://www.unesco-kinder.de.

Emotionalität zum Unternehmen kann eine Vertrauenswürdigkeit aufgebaut werden, die schließlich zu einer positiven Prägung der Reputation führen kann.

### 4.2.3.2 Mitarbeiter

Humankapital ist heute eine der wichtigsten Ressourcen einer Unternehmung. Mitarbeiter repräsentieren das Unternehmen nach außen und haben damit erheblichen Einfluss auf die Reputation der Unternehmung aus Sicht aller anderen Stakeholder. So muss gewährleistet sein, dass diese internen Stakeholder entsprechend positiv von der Unternehmung überzeugt sind, um so auch eine Akzeptanz dafür bei den anderen Bezugsgruppen zu erzielen. Mitarbeiter sind sehr einflussreiche Multiplikatoren: Widerfährt einem Mitarbeiter eine negative Erfahrung innerhalb der Unternehmung, wird sie in einer beliebigen Form als Gerücht[360] oder Botschaft nach außen treten. (Negative) Schlagzeilen dringen meist nicht nur in das private Umfeld der Mitarbeiter vor. Sie strahlen das „Widerfahrene" auch auf Kunden und Geschäftspartner aus.[361] Aus dieser Relevanz lässt sich ein gewisser Aufwand für die Kommunikation mit den Mitarbeitern rechtfertigen. Bei einer Studie von Watson Wyatt und IABC zur Auswertung von erfolgreichen Kommunikationsstrategien stellte sich heraus, dass in erfolgreichen Unternehmen mehr interne Kommunikation stattfindet als in weniger erfolgreichen. Mitarbeiter fühlen sich dort mehr verstanden und deshalb besser integriert.[362] Immer mehr Mitarbeiter fordern einen Bericht zum Status quo der Unternehmung und verlangen mehr Informationen und eine offenere Kommunikationspolitik.[363] Diese zu erschließen gilt es hier in den so genannten „Human Relations" (Tabelle 8).

Zunächst zeigt sich eine erfolgreiche Kommunikation darin, dass Informationen für die Mitarbeiter transparent gestaltet werden können. Damit bekommen sie das Gefühl vermittelt, tatsächlich zu partizipieren und sich damit auch öffnen zu können. Letzteres bedeutet wiederum, sich aktiv an der Kommunikation beteiligen zu können. Damit gewinnen Mitarbeiter der Unternehmung gegenüber Vertrauen und weitere Botschaften können so als glaubwürdig eingestuft werden.

Zur Informationsbereitstellung und zum Informationsaustausch gibt es verschiedene Instrumente; heute gehen diese weit über simple *Mitarbeiterzeitungen* hinaus. Mit Unterstützung der neuen Medien sind das *Internet* und *Intranet* beliebte Instrumente zur Informationsverbreitung in Unternehmen geworden und eine moderne Form der „Schwarzen Bretter". Auch das Mitarbeiter- oder *Business-TV* bietet viele Vorteile für beide Seiten hinsichtlich der Informationstransparenz. Es setzt allerdings voraus, sinnvoll mit diesem Instrument umzugehen, also z.B. die Mitarbeiter rechtzeitig davon in Kenntnis zu setzen. Dieser Ansatz ist jedoch nicht sehr Erfolg versprechend, da es auf freiwilliger Basis geschehen sollte und es auch nicht für jeden Mitarbeiter inhaltlich relevant ist. Morgan Stanley z.B. strahlt täglich Sendungen aus, deren Inhalte Marktanalysen, neue

---

[360] Gerüchte sind innerhalb der Mitarbeiterkommunikation eine besondere Art der Informationsweitergabe. Kapferer bedient sich mehrere Definitionsgrundlagen, die allesamt beinhalten, dass keine realen Daten vorhanden sind, die ein Gerücht bestätigen könnten. Darüber hinaus besteht keinerlei offizielle Bestätigung, die jenes Ereignis von öffentlichem Interesse betrifft. Vgl. Kapferer, 1996, S. 11f.
[361] Vgl. Westphal, 2003, S. 60ff.
[362] Ergebnisse dieser Studie finden sich bei Sanchez, 1999. The Watson Wyatt and the IABC Research Foundation befragten 913 Unternehmen der unterschiedlichsten Branchen zwischen 1996 und 1998 zur Lage ihrer Mitarbeiterkommunikation. Vgl. Sanchez, 1999, S. 10.
[363] Vgl. Argenti, 1998, S. 199.

Unternehmenspolitiken oder neue Produktvorankündigungen sind. Diese Nachrichten werden dann in alle Büros gleichzeitig gesendet.[364]

Eine weitere Kommunikationsgrundlage bieten (Betriebs-)versammlungen. Hier geben sich den Mitarbeitern Gelegenheiten, Fragen zu stellen oder Kritik anzubringen. Sie dient in erster Linie der Aussprache und der Information zwischen Arbeitnehmer und Betriebsrat. So gibt es bestimmte Pflichtversammlungen, die einzuhalten sind, aber auch Möglichkeiten, außerordentliche Versammlungen einzuberufen.[365] Der Betriebsrat hat hierbei zwar die Macht zur Einberufung, allerdings können auch nach § 43 Abs. 3 BetrVG der Arbeitgeber oder ab einem Viertel der wahlberechtigten Arbeitnehmer dies einfordern. Einmal im Kalenderjahr muss sich das Unternehmen zu seiner Situation äußern. Informationen dazu beinhalten Themengebiete des Personal- und Sozialwesens (einschließlich des Stands zur Gleichstellung von Frauen und Männern und der Integration der beschäftigen Ausländer), der wirtschaftlichen Lage und Entwicklung des Betriebs sowie des Umweltschutzes.[366]

Weitere Möglichkeiten, den direkten Dialog zu Mitarbeiten zu suchen, finden sich natürlich in persönlichen Einzelgesprächen. Die standardisierten Leitfäden zu einem jährlichen „Pflichtgespräch" sind längst überholt. Genutzt wird solch ein Gespräch nicht nur zur Leistungsbeurteilung, sondern auch um die Situation des Mitarbeiters individuell mit ihm zu erörtern und auch seinerseits Feedback zur Lage zu erhalten.[367] Eine weiteres Instrument, allerdings vielmehr in Gruppengesprächen einzuordnen, bieten Mitarbeiter-Events. Neben der Motivation und Belohnung der Mitarbeiter steht hier die Kommunikation im Vordergrund. Wichtige Informationen werden gemeinsam erarbeitet oder diskutiert. Dabei stechen mittlerweile weniger die Show-Effekte heraus als vielmehr die Inhalte, die kommuniziert werden sollen. Beispielhaft kann hier die Deutsche Post ITSolutions angeführt werden, die 1050 Mitarbeiter einluden, um mit ihnen auf vier Bühnen interaktive Workshops in diesem Event-Format zu gestalten.[368]

Über die bisher aufgezählten Instrumente hinaus gibt es Situationen, in denen es einer besonders feinfühligen und individuellen Vorgehensweise bedarf, wie beispielsweise im Fall von Übernahmen einer Unternehmung. Mitarbeiter sind zu diesem Zeitpunkt besonders verunsichert und es entstehen schnell Gerüchte. Insbesondere das Thema des Arbeitsplatzverlustes steht hier im Vordergrund. So sollten bereits in der Pre-Merger-Phase Gespräche mit den Mitarbeitern und den Gewerkschaften sowie den Arbeitnehmervertretungen stattfinden.[369]

Eine weitere separate Betrachtung gilt den potenziellen Mitarbeitern. Hierbei kann zunächst das klassische Instrument der Werbung eingesetzt werden. Personalanzeigen sind hier ein erster möglicher Schritt hin zu einer direkten und persönlichen Kommunikation. Auch Auftritte auf Messen spielen hierbei eine Rolle. Ein Beispiel für ein aktives Erleben des potenziellen Arbeitnehmers bildet die BASF AG. Sie veranstaltet mindestens einmal im Jahr für potenzielle Mitarbeiter eine „Business Week". Insbesondere bei

---

[364] Vgl. Amor, 2002, S. 8.
[365] § 43 Abs. 1 des BetrVG gibt hierzu genaue Regelungen vor.
[366] Vgl. § 43 Abs. 2 BetrVG.
[367] Vgl. Jessl, 2005, S. 18.
[368] Vgl. Hassmann, 2005, S. 14.
[369] In der eigentlichen Merger-Phase finden dann sowohl nach innen wie auch nach außen gerichtete Prozesse statt, die die Übernahme konkretisieren. Vgl. Müller-Stewens/Frankenberger, 2004, S. 37ff.

Wirtschaftswissenschaftlern hat das Unternehmen einen schweren Stand, da sie als „chemische Firma" oft als uninteressant erachtet wird. Die „Business Week" soll helfen, gewisse Barrieren zu mindern, indem sie den Studenten Einblicke gewährt und die Scheu nimmt, als Nicht-Chemiker in solch eine Unternehmung einzutreten. Erste Kontakte können hier geknüpft werden und die direkte Ansprache über einen gewissen Zeitraum (hier: eine Woche) ist sehr Erfolg versprechend.[370]

Für das zu erzeugende Soll-Fremdbild der (potenziellen) Mitarbeiter kristallisiert sich hier die Facette eines „guten Arbeitgebers" heraus.

### 4.2.3.3 Anteilseigner

Die Kommunikation mit den Anteilseignern sind mittlerweile weit verbreitete und teilweise standardisierte Prozesse. Unter Zuhilfenahme von Instrumenten der so genannten *„Investor Relations"* (Tabelle 8) kann das Ziel verfolgt werden, erst einmal eine Vertrauensbasis zu schaffen um so schließlich zu einer Glaubwürdigkeit der Unternehmensbotschaften hinzuarbeiten. Erst dann kann auch der weitere Schritt hin zu einem Investment bzw. der Weiterempfehlung in Phase 3 in Angriff genommen werden.

Zunächst benötigen alle Anteilseigner[371] eine bestimmte Informationsgrundlage, auf der sich die Kommunikation aufbauen lässt. Im deutschen Aktienrecht existieren zahlreiche sehr eng gefasste Publizitätspflichten, so dass eine bestimmte Informationsgrundlage sicher gewährleistet ist.[372] Dazu gehören z.B. der *Geschäftsbericht*, der *Zwischenbericht* oder der *Quartalsbericht*. Darin enthalten sind neben freiwilligen Informationen der Jahresabschluss sowie ein Lagebericht.[373] Neben diesen vorgeschriebenen Maßnahmen kann ein Unternehmen im Rahmen der Investor Relations zwischen weiteren *unpersönlichen Kommunikationsinstrumenten* wählen. Mit dem *Internet* ist es den Unternehmen möglich, kostengünstig Informationen zeitnah an breite Massen zu übermitteln.[374] Darüber hinaus kann es für *Live-Übertragungen* z.B. von Pressekonferenzen genutzt werden.[375] Durch die Aufzeichnung des Navigationsverhaltens auf einer Investor-Relations-Seite können deren Verhaltensinformationen gewonnen werden, die dann für eine Erweiterung und Verbesserung des Angebots eingesetzt werden können.[376] Weitere unpersönliche Kommunikationsformen sind z.B. das *Investoren-Handbuch*, die *Aktienbroschüre*, der *Aktionärsbrief* oder *Anzeigen*.[377]

Die *persönlichen Instrumente* gehen über den starken Informationscharakter der unpersönlichen Instrumente hinaus. Dazu gehört z.B. die *Hauptversammlung* einer Unternehmung, die allerdings auch Bestandteil der gesetzlichen Vorschriften ist.[378] Eine Hauptversammlung kann dem Unternehmen als Mittel dienen, in Kontakt mit den Aktio-

---

[370] Die BASF AG lädt jährlich ausgewählte Studenten und somit potenzielle Mitarbeiter ein, Einblicke in das Unternehmen zu gewinnen.
[371] Die Gruppe der Anteilseigner setzt sich, wie in Kapitel 4.1.1.1 definiert, aus vielen verschiedenen Teilnehmern zusammen. Im Wesentlichen lassen sich diese in drei Gruppen untergliedern: (potenzielle) Privatinvestoren, (potenzielle) institutionelle Investoren und die Multiplikatoren (wie z.B. Fondmanager). Vgl. Kirchhoff, 2000, S. 39ff.
[372] Vgl. § 264 HGB.
[373] Vgl. Allendorf, 1996, S. 65.
[374] Vgl. Deller/Stubenrath/Weber, 1997, S. 1578.
[375] Vgl. Hansen, 2000, S. 139.
[376] Vgl. Weiss/Heiden, 2000, S. 987.
[377] Vgl. Allendorf, 1996, S. 65f.; Sänger, 2001, S. 20.
[378] Vgl. § 121 AktG.

nären zu treten, wo diese dann direkt ihre Stimme zu einer gestellten Problematik abgeben.[379] Die traditionelle Hauptversammlung hat durch die neuen Medien neue Formen erfahren. So gibt es ein *Kombinationsmodell*[380] oder auch *virtuelle Hauptversammlungen*. Beide Formen ermöglichen eine Übertragung im In- und Ausland. Bei Erstgenannter kann der Aktionär auch bei Ortsabwesenheit an der Versammlung teilnehmen. Die Stimmabgabe geschieht mittels eines Stimmrechtvertreters, der zuvor legitimiert werden muss. Durch ihn wird es dem Aktionär auch ermöglicht, während der Hauptversammlung Fragen zu stellen oder Kritik zu äußern.[381] Bei der virtuellen Hauptversammlung ist die Sachlage etwas komplizierter, da gesetzliche Regelungen dazu bislang fehlen. Darüber hinaus entstehen einige Schwierigkeiten durch das Internet. Eine Informationsdistribution kann zwar verbessert vorgenommen werden, nicht jedoch die Informationsevaluation. So kann dieser Umstand dazu führen, dass bei komplexen Themengebieten weniger vom Stimmrecht gebraucht gemacht wird als bei einfachen.[382]

Weitere Instrumente neben der Hauptversammlung sind z.b. *Road Shows*. Dabei handelt es sich um Präsentationen für institutionelle Anleger, die meist an wichtigen Börsenplätzen abgehalten werden. Hier steht der Vertrauensaufbau, neben der Informationsverbreitung, besonders stark im Vordergrund und Möglichkeiten zu Diskussionsforen sind meist gegeben.[383] Insbesondere für das Interesse der Wirtschaftsjournalisten von Belang sind *Pressekonferenzen* und *Pressemeetings*. Diese finden allerdings meist nur im Falle von Neuigkeiten (z.B. bei M&A-Transaktionen oder Neugründungen) oder im Zusammenhang mit dem Jahresabschluss statt.[384] Auch im Rahmen der Kommunikation mit Anteilseignern besteht natürlich die Möglichkeit, *Einzel- oder Gruppengespräche* zu führen. Dabei handelt es sich meist um so genannte *Round-Table-* oder *One-to-One-Gespräche*, bei denen sich Unternehmen noch ungeklärten Fragen der Investoren direkt stellen.[385]

Auch bei dieser Zielgruppe und deren individuelle Ansprache in Bezug auf die Prägung des Soll-Fremdbildes müssen besonderer Merkmale der Unternehmung herausgestellt werden. Damit wird indirekt begründet, warum in das Unternehmen investiert und damit Vertrauen aufgebracht werden sollte. So ist es mit der Darstellung der Finanzstruktur aufgrund der gesetzlich auferlegten Publizitätspflicht allein nicht getan. Die sensible und emotionale Kapitalmarkt-Öffentlichkeit bedient sich oft irrationaler Kriterien der Bewertung eines Unternehmens. Darum hat es sich bewährt, ein Unternehmen hierfür als klare und unverwechselbare „Marke" zu positionieren.[386]

---

[379] Vgl. Gierl/Praxmarer, 2000, S. 1328. Sollten die Aktionäre nicht selbst antreten, so können diese ihr Stimmrecht an ihre Bank weitergeben. Banken können so u.U. Stimmen bündeln und haben damit ein größeres Stimmrecht. Vgl. Schieber, 2001, S. 41f. Diese Aspekte sind in der Kommunikation in der Hauptversammlung zu beachten, da Banken u.U. andere Zielvorstellungen als Kleinaktionäre haben.
[380] Ein anderer Begriff, der in der Literatur dafür verwendet wird, ist Online-Hauptversammlung. Vgl. Claussen, 2001, S.161,
[381] Vgl. Zetsche, 2001, S. 682f.
[382] Vgl. Spindler, 2000, S. 442.
[383] Vgl. Janssen, 2001, S. 573.
[384] Vgl. Hank, 1999, S. 100.
[385] Vgl. Janssen, 2001, S. 572; Hank, 1999, S. 101.
[386] Vgl. Janik, 2002, S. 268. Bei der Messung der Erfolgsleistung von Investor Relations kann laut Schätzung behauptet werden, dass der Aktienkurs jener Unternehmung um bis zu 15% gesteigert werden kann. Vgl. Westphal, 2003, S. 177ff.

Als Beispiel für ausgereifte Investor-Relations-Maßnahmen kann die DaimlerChrysler AG genannt werden.[387] Generell gilt der Konzern als stark shareholder-orientiert und ist gerade als eines der 30 DAX-Unternehmen sehr auf eine gute Beziehung zu seinen Anteilseignern, den Multiplikatoren des Kapitalmarktes, angewiesen. Auf der Homepage des Unternehmens ist diese Ausprägung sehr gut zu erkennen.[388] Ein Bild zur Ertragsträchtigkeit der Unternehmung kann damit auf unterschiedliche Weise beim Anteilseigner erzeugt werden.

#### 4.2.3.4 Lieferanten

Mit der Entwicklung zunehmender Outsourcing-Aktivitäten und der damit verbundenen Konzentration auf Kernkompetenzen einer Unternehmung zeigt sich eine verstärkte Abhängigkeit von anderen Unternehmen. Diese daraus resultierenden vermehrten Interdependenzen einer Unternehmung zwingen es dazu, besonders hinsichtlich der Kommunikation mit seinen Lieferanten exakte Absprachen vorzunehmen.

Somit steht im Kommunikationsprozess zwischen Unternehmung und Lieferant, den „Supplier Relations" (Tabelle 8), in erster Linie der Daten- bzw. Informationsaustausch im Vordergrund. Eine offene Informationspolitik fördert hier die Vertrauensbasis und hilft Missverständnisse auszuräumen.[389] Insbesondere Veränderungen auf der Unternehmensseite müssen dem Lieferanten absolut klar und verständlich offenbart werden. Umgekehrt muss der Unternehmung die Möglichkeit gewährt sein, die Produktionsbedingungen einzusehen und den Ablauf exakt zu kennen. Neben persönlichen Kommunikationsmaßnahmen nehmen hier insbesondere Informationstechnologien eine relevante Rolle ein, die sofortige Aktualisierungen erlauben. DaimlerChrysler führt eine so genannte web-basierte Zusammenarbeit mit seinen Lieferanten.[390] Diese funktioniert meist mit Anwendungen wie dem Extranet oder Electronic Data Interchange (EDI).[391] Die Gefahr hierbei ist jedoch, dass der Lieferant sich schnell überwacht oder dirigiert fühlt,[392] und damit könnte ein Vertrauensaufbau untergraben werden. So ist es notwendig, dass vor der Einführung solcher Technologien beide Parteien Vor- und Nachteile abwägen und gemeinsam darüber bestimmen.

Dennoch ist das Wissen über den Herstellungsprozess beim Lieferanten für die Unternehmung unbedingt notwendig. Denn eine Missachtung von Normen oder Versprechungen kann erhebliche Konsequenzen hinsichtlich anderer Stakeholder-Gruppen nach sich ziehen. Am Beispiel der Marke Nike lässt sich anführen, wie sehr das Unternehmen und dessen Reputation Schaden daran genommen hat, nicht intensiver mit seinen Lieferanten im Ausland kommuniziert bzw. sie überwacht zu haben.[393] Die aus-

---

[387] DaimlerChrysler wurde im Jahr 2000 von einer Studie der Zeitschrift „Capital" zum Unternehmen gewählt, das im Internet die besten Investor Relations betreibt. Vgl. Luber, 2000, S. 92ff.
[388] Anhand der Homepage lässt sich eine starke Prägung auf Investoren nicht verleugnen. S. http://www.daimlerchrysler.com.
[389] Vgl. Langfield-Smith/Greenwood, 1998, S. 349.
[390] Vgl. Kisiel, 2002, S. 20f.
[391] Vgl. Young, 2001, S. 18f.
[392] Vgl. Langfield-Smith/Greenwood, 1998, S. 349.
[393] 1997 wurden erste Anschuldigen öffentlich, dass Nike z.B. Kinderarbeit ausführen lässt und Produktionen teilweise unter menschenunwürdigen Bedingungen stattgefunden haben. Bereits ein Jahr später schlugen sich diese Auswirkungen auf die Reputation auch in den Bilanzen nieder. Eine Maßnahme daraufhin war, die Abteilung für „Social Responsibility" weiter zu vergrößern. Darüber hinaus wurde eine PR-Kampagne gestartet, um die beschädigte Reputation zu verbessern und die Codes of Conduct wurde erstmalig bei Nike implementiert. Vgl. Beder, 2002, S. 1ff.

ländischen Produktionsbedingungen in Bangladesch oder Vietnam sind teilweise menschenunwürdig und -verachtend. Beispielhaft seien hier die unzureichenden Sanitäreinrichtungen oder Löhne unterhalb des Existenzminimums genannt. Eine eindeutige Kommunikation seitens Nike hätte zumindest seinen Standpunkt zu diesen Bedingungen klären können.[394] Mit Informationen und intensiven Gesprächen mit den Lieferanten hätten die westlichen Standards, z.b. in diesem Fall die Codes of Conducts,[395] klar kommuniziert werden müssen.

Ein positives Beispiel für eine gut abgestimmte Kommunikation bietet Wal-Mart Germany GmbH & Co. KG, die der Langfristigkeit der Beziehung zu den Lieferanten einen hohen Stellenwert einräumt. Mit der Unterstützung des Instruments des „Joint Business Plans" will Wal-Mart mit seinen Lieferanten die Beziehung auf eine neue qualitative E-bene bringen. Ziel dabei ist, dass beide Seiten flexibel auf Marktveränderungen reagieren können. Die Kommunikation mit den Lieferanten ist dahingehend sogar institutionalisiert worden. Neben einem engen Kontakt zum Vertrieb sind z.b. auch aktuelle Launches, die von der Marketingabteilung ausgehen, den Lieferanten stets bekannt. Wal-Mart in den USA pflegt diese Beziehungsintensität zu seinen Lieferanten bereits seit vielen Jahren.[396] Das Beispiel von Wal-Mart zeigt die enge Bindung zu seinen Lieferanten auf. Der Lieferant führt selbst ein Unternehmen, das wirtschaftliche Ziele verfolgt. Ist seine eigene (finanzielle) Sicherheit und Stabilität gewährleistet, fühlt er sich in dieser Beziehung „gut aufgehoben". Unternehmen wie Wal-Mart müssen also darauf abzielen, ihren Lieferanten das Bild eines stabilen Kunden zu vermitteln.

Die bis hier beschriebenen Maßnahmen und Hinweise haben sich auf bestehende Lieferanten bezogen. Im Zusammenhang mit der Betrachtung des Beziehungsaufbaus und der Pflege gilt es auch *potenzielle* Lieferanten anzusprechen. So müssen ebenso Kommunikationsmaßnahmen getroffen werden, um neue, potenzielle Lieferanten anzuziehen. Dabei ist es besonders wichtig, glaubwürdig zu vermitteln, ein „zuverlässiger und zahlungsfähiger Kunde" für den Lieferanten darzustellen. Denn diese beiden Komponenten sind für den Lieferanten, als eigenständiges Unternehmen, das ebenfalls ökonomische Zielkriterien zu Grunde liegen hat, essentiell.

Der Aufbau einer positiven Reputation bei der Stakeholder-Gruppe der Lieferanten bringt langfristig ein erhebliches Machtpotenzial[397] mit sich. Ein Unternehmen mit einer positiven Reputation hat es u.U. leichter, neue Lieferanten zu guten Konditionen für sich zu gewinnen. Lieferanten werden aufgrund der Reputation auf das Unternehmen aufmerksam. So bedeutet der Ausbau einer langfristigen Beziehung unter den Vorzeichen einer glaubwürdigen Kommunikation ein erhebliches Wertsteigerungspotenzial für das Unternehmen.[398]

---

[394] Selbst 2004 stellten sich bei durchgeführten Audits heraus, dass 27% der 497 Produktionsstätten nur eine Note „C" oder „D" (Anmerkung des Verfassers: nach dem amerikanischen Notensystem) erhalten haben. Vgl. McCafferty, 2005, S. 50.
[395] Auf das Thema Codes of Conducts u.Ä. wird in Phase 3 näher eingegangen.
[396] Pressemitteilung Wal-Mart vom 25.05.2004, Wuppertal.
[397] Die Machtverteilung wird nach Heimbrock noch weiter u.a. von Konzentrationsbarrieren, Markteintrittsbarrieren und Kapazitätsauslastungen am Markt definiert. Vgl. Heimbrock, 2001, S. 160-163.
[398] Häufig wird die Beziehung lediglich funktional betrachtet und somit unter kurzfristigen Gesichtspunkten kostengünstiger und einfacher gestaltet. Langfristig können dadurch jedoch Qualitätsmängel oder andere Folgeschäden auftreten. Es kann sich also negativ auf die gesamte Reputation auswirken. Als Beispiel

## 4.2.3.5 Öffentlichkeit

Mögliche Themenbereiche, die für die Öffentlichkeit von Belang sein könnten, sind sehr vielschichtig. Nach der Eingrenzung dieser Bezugsgruppe in Kapitel 4.1.1.1 können dies sowohl Bürger allgemein, direkte Anrainer, aber auch Gemeinden sein. Diese können zunächst als so genannte „Community Relations" identifiziert werden (Tabelle 8). Unternehmen zielen darauf ab, gute Beziehungen zu diesen Gruppen herzustellen und sie einzubinden. Instrumente müssen dabei weit über reine Spenden oder Stiftungen hinausgehen. Ein Kommunikationsfokus allein auf diese materielle Unterstützung würde langfristig eher Unmut wecken und einen sehr anmaßenden Eindruck hinterlassen. Allerdings können sie dazu dienen, den Aufbau einer positiven Reputation der Unternehmung zu unterstützen. Sehr beliebt sind heutzutage Spenden an Schulen und andere Förderungsmöglichkeiten im Bildungsbereich, so z.B. die Stiftung von Computern für den Unterricht.[399] Ziel sollte dabei sein, die Gemeinde und die dabei enthaltenen anderen Gruppen langfristig auf die Seite der Unternehmung zu bringen. So kann das Unternehmen im Fall einer Krise oder bei Problemen möglichst unkompliziert das Unternehmen weiterführen und im Optimalfall mit der Unterstützung bzw. mit der Zustimmung der Gemeinde rechnen. Dieser Aspekt dient also einer langfristigen Entwicklung im Bereich der „Community Relations".[400] Anders verhält es sich bei der Begegnung mit themenbezogenen Initiativen, die sich aus Personen der Öffentlichkeit zusammensetzen. Das so genannte „Issue Management" (Tabelle 8) behandelt themenspezifische Problemstellungen aus dem Unternehmensumfeld, die dann an das Unternehmen herangetragen werden, wie z.B. Umweltschutz-Gruppen, Anwohner- oder Bürgerinitiativen. Diese wie auch andere Anliegen an die Unternehmen sind häufig branchenspezifisch.[401] Eine genaue Analyse des betreffenden Problembereiches ist hier im Vorfeld nicht möglich – nur durch zuvor genannte Verbesserung der „Community Relations" können langfristig u.U. einige der Problemen abgeschwächt oder vermieden werden. Um dennoch einen Aspekt aus dem Bereich des „Issue Managements" heranzuziehen, wird an dieser Stelle ein sehr weit verbreitetes Themengebiet, das bei diversen Gruppen der Öffentlichkeit auftaucht, ausgewählt: der Umweltschutz. Dies gilt nicht nur für die Anspruchshaltung der Öffentlichkeit, sondern auch Mitarbeiter, der Staat oder die Kunden fordern hier meist mehr Transparenz. Dennoch finden sich in der Öffentlichkeit einige Gruppierungen, die dem Unternehmen erheblichen Druck entgegenbringen können, was die Kontrolle diverser Umweltaspekte betrifft. Die Umweltschutz-Gruppe Greenpeace insistierte beispielsweise darauf, dass Kühlschränke ohne FCKW hergestellt werden sollten, was sich auch in vielen Ländern erfolgreich durchgesetzt hat.[402] Um den öffentlichen (Umweltschutz-) Gruppen weniger Angriffsfläche zu bieten, bedienen sich

---

kann hier die Beschaffungspolitik von J.I. Lopez bei Volkswagen genannt werden. Unter seiner Leitung fanden extrem kostenbewusste Verhandlungen mit den Zulieferern statt. Qualitätsmängel am Endprodukt wurden darauf zurückgeführt. Vgl. Heimbrock, 2001, S. 230.
[399] Vgl. Guiniven, 2005, S. 6.
[400] Ein Beispiel hierfür sind Franchisegeber, die für die Franchisenehmer spezielle Weiterbildungsseminare zum Thema „community relations" anbieten, da sie diese Beziehung für äußerst relevant halten. In manchen Fällen wird dem neuen Franchisenehmer ein regionaler oder überregionaler Leiter zur Seite gestellt, der dabei hilft, ihn in die Gemeinde besser einzuführen und wichtige Kontakte zu Schulen, anderen Unternehmen oder wichtigen Behörden der Gemeinden herzustellen. Vgl. Vojnovic, 2004, S. 56.
[401] So bekommen Flughäfen oft Anwohnerbeschwerden durch Lärm oder neue Gebietserweiterungen; Großkonzerne z.B. aus der Textilindustrie mit Produktion im Ausland müssen sich oft für ihre Entscheidung rechtfertigen, da somit der Wirtschaftsstandort Deutschland geschwächt werden könnte.
[402] Vgl. Fichter, 1998, S. 295.

immer mehr Unternehmen gezielter *Umweltkommunikation*[403]. Teil dessen ist meist ein genormtes Informationssystem – zugänglich für die Öffentlichkeit – wie z.b. das EG-Öko-Audit.[404] Es umfasst genaue Beschreibungen der Unternehmenstätigkeiten hinsichtlich wichtiger Umweltfragen. Positiver Nebeneffekt ist dabei auch die Profilierung bei anderen Marktteilnehmern wie Kunden oder dem Staat.[405] Gerade hinsichtlich der sich schnell zusammenfügenden Bürgerinitiativen bieten sich solche Darstellungsformen an, um Transparenz zu zeigen. Insbesondere die Pharma- und Chemiebranche hat heute, durch einige wenige Störfälle in der Vergangenheit, mit erheblichen Reputationsproblemen zu kämpfen. Sie sind darauf angewiesen aktiv mit der Bevölkerung in den Dialog zu treten.[406]

Ein führendes Beispiel für Umweltkommunikation und andere Bereiche, insbesondere soziale und humane Aspekte, ist The Body Shop. Bekannt ist das Kosmetikunternehmen durch seine strikte Haltung gegen Tierversuche geworden. Gerade in dieser Branche sind Tierversuche ein übliches Standardtestverfahren, womit sich The Body Shop besonders von seinen Wettbewerben abgrenzt. Einige weitere Projekte umfassen z.b. fairen Handel, Umweltschutz oder die Selbstachtung der Frau (z.b. Thema Magersucht). So werden immer wieder Themengebiete aufgegriffen, die Bestandteil des öffentlichen Lebens und damit für viele Gruppen der Öffentlichkeit von Interesse sein könnten.[407] Mit dem Aufgreifen von diesen Themengebieten zeigt The Body Shop eine gewisse Anteilnahme an jeder Person, die Produkte dieser Marke benutzen möchte, aber auch gleichzeitig an Personen bzw. Gruppen, die Interesse an der Unternehmung – auch ohne Kaufabsicht – haben. So werden Herstellungs- und Vertriebsprozesse transparent dargestellt. Daneben fördert The Body Shop mit moralischen Aspekten sein Bild als „verantwortungsbewusstes Unternehmen", das über das Ziel der Profitabilität auch gesellschaftliche Kriterien für sich selbst zu Grunde legt. The Body Shop erreicht somit das gewünschte Ziel bzw. Soll-Fremdbild in dieser Bezugsgruppe.

So kann sich das Unternehmen über die häufig angesprochenen Umweltaspekten hinaus auch mit anderen Themen, wie z.b. sozialem Engagement, auseinander setzen und ihre Stellung und Aktivitäten diesbezüglich nach außen kommunizieren. Vor allem sollte dies im Vorhinein geschehen und langfristig angelegt sein. Problemfelder und Themengebiete, die im näheren Unternehmensumfeld in der Öffentlichkeit von Belang sein könnten, sollten so von der Unternehmung rechtzeitig erfasst und zum Kommunikationsinhalt ausgewählt werden. Ein Krisenmanagement ist nur in Ausnahmesituationen zu empfehlen, da hier eine Kommunikation nur noch bedingt aktiv gestaltet und geprägt werden kann. Denn meist muss in einer Krise auf eine bestimmte Problemstellung reagiert werden.

### 4.2.3.6   Staat

Der Begriff des Staates steht, wie bereits in Kapitel 4.1.1.1 beschrieben, für verschiedene Instanzen. So sind für das Unternehmen insbesondere Parlamente, Regierung und

---

[403] Zur genaueren Auseinandersetzung mit der Umweltkommunikation s. z.B. Seydel. Sie beschreibt detailliert die Zielgruppen und Bestandteile einer strategischen und operativen Umweltkommunikation. Vgl. Seydel, 1998, S. 77-84.
[404] Vgl. Fichter, 1998, S. 97ff.
[405] Vgl. Fichter, 1998, S. 363.
[406] Vgl. Gleim-Egg, 1995, S. 39, 169.
[407] Vgl. Roddick, 2001 oder www.thebodyshop.de.

Verwaltungsbehören relevant, mit denen ein intensiver Kommunikationsaustausch stets erfolgen sollte. Im Rahmen der hier vorgenommen Eingliederung (Tabelle 8) versteht sich dieser Kommunikationsprozess als „Public Affairs".

Gerade in speziellen Branchen wie der Chemie- oder Pharmaindustrie ist der Kontakt zu Kommunal- und Landespolitikern enorm wichtig. Sobald Einflüsse auf die lokale Wirtschaft und/oder die Umwelt bestehen, wird es für Unternehmen notwendig, sich z.B. mit Kommunalpolitikern auseinander zu setzen.[408] So muss jedes Unternehmen für sich abschätzen, inwieweit seine Aufgaben- und Tätigkeitsfelder in das Leben der Bürger einschneiden und somit staatliche Aktivitäten provozieren könnten. Sinnvoll ist es, bereits in Planungsphasen lokale Politiker oder zuständige Behören zu integrieren. Ziel sollte eine beidseitige offene Kommunikation sein, so dass im Krisenfall staatliche Einrichtungen hinter der Unternehmung stehen und über die Vorgänge Bescheid wissen. Eine spätere Schuldzuweisung allein auf die Unternehmung wird so erschwert, da z.B. der zuständigen Behörde die Vorgänge bekannt waren.

Lobbyismus[409] – eine Interessenvertretung mit dem Ziel, politische Entscheidungen mittels direkter oder indirekter Kontakte und Beziehungen zu beeinflussen[410] – kann u.U. ein weiterer Bestandteil dieser Kommunikation sein. Dieser wird jedoch sehr zwiespältig betrachtet.[411] Sehr verallgemeinernd und knapp geschildert, können große Unternehmen und Konzerne sich die Lobbyarbeit zu Nutzen machen, um z.B. neue Gesetze durchzusetzen. In allgemein umstrittenen Bereichen wie der Biotechnologie oder der Softwarepatente haben Unternehmen auf Bundes- und EU-Ebene wichtige Ziele erreicht, die in erster Linie zu ihrem Nutzen sind. Der durchschnittliche Verbraucher und/oder der Mittelstand finden dabei weniger Berücksichtigung. Der Begriff des Lobbyismus wird in der Öffentlichkeit jedoch oft negativ ausgelegt.[412]

Aus Sicht des Staates ist vielmehr eine Verhaltensweise nach dem Konzept des „Corporate Citizenships" erwünscht.[413] Das Unternehmen zielt damit darauf ab, das Soll-Fremdbild eines verantwortungsbewussten und moralischen Verhandlungspartners für die Stakeholder-Gruppe Staat darzustellen. Mit dem Konzept des „Corporate Citizenship" versuchen Unternehmen, diverse Aspekte, die den Umweltschutz oder soziale Leistungen betreffen,[414] bei sich selbst zu analysieren und in Form eines Reports transparent für andere zu gestalten.[415]

---

[408] Vgl. Gleim-Egg, 1995, S. 24f.
[409] Vgl. Leif/Speth, 2003, S. 9. Als Instrument bedienen sich die Unternehmen hier immer noch weitestgehend der Kontakte bei offiziellen und inoffiziellen Anlässen. Vgl. Leif/ Speth, 2003, S. 22.
[410] Vgl. Leif/Speth, 2003, S. 9.
[411] Verfechter demokratischer Grundsätze sehen diese hier in Gefahr.
[412] Eine negative Interpretation des Lobbyismus rührt in erster Linie aus der Sorge um eine Gefährdung der Demokratie. Vgl. Fücks, 2003, S. 55-59.
[413] Das Konzept des Corporate Citizenships kann hier ganz bewusst sowohl auf die Stakeholdergruppe Öffentlichkeit wie auch Staat übertragen werden. Der Begriff an sich bezieht sich allein auf die Unternehmung und in diesem Fall nicht auf die Stakeholdergruppen. Die Unternehmung hat damit zum Ziel, als „guter Bürger" wahrgenommen zu werden.
[414] Vgl. Mirvis/Googins, 2006, S. 104.
[415] Genauer betrachtet umfasst das Konzept des „Corporate Citizenship" folgende Kriterien: Diskriminierung, Korruption, Kinderarbeit, Spendenbereitschaft, Aufbau von Stiftungen, Förderung von Minderheiten, Umweltschutzmaßnahmen, Arbeitsplatzbedingungen etc. Vgl. Gardberg/ Fombrun, 2006, S. 336ff.

Ein Negativbeispiel für eine schlechte Kommunikation bietet die Hoechst AG mit ihrem Katastrophenfall von 1993.[416] Durch eine schlechte Kommunikationspolitik zwischen dem Vorstand, den Medien und dem Land wurde dieser Störfall für die Hoechst AG zu einem regelrechten Desaster. Aber auch die gesamte Branche wurde damit in Verruf gebracht, was schließlich strengere Auflagen von Seiten des Staates zur Folge hatte. Mittlerweile herrscht dort eine vorbildliche Informationspolitik gerade was Staat, Regierung und Landespolitiker angeht.[417] Beispielsweise hat die BASF AG mittlerweile (seit September 1999) in Berlin ein *Büro für politische Kommunikation* eingerichtet. Ausschlaggebend für die Gründung war u.a. die transnationale Ausrichtung des Unternehmens. Denn mit der Präzisierung und Herausstellung der Identität der BASF AG sah sich das Unternehmen damit konfrontiert, die Politik seines Herkunftslandes stärker zu verankern. Von Interesse sind dann z.b. Aspekte wie das Gleichstellungsgesetz, Interkulturalität im Bildungswesen oder das Konzept der Nachhaltigkeit.[418]

Zusammenfassend gilt es, der Stakeholder-Gruppe Staat zu vermitteln, dass das Unternehmen seine Umwelt bewusst wahrnimmt und sich den gesellschaftlich anerkannten Regeln anpasst und darüber hinaus Leistungen erbringt. Mit der Einführung unterschiedlicher Aspekte, die unter dem Begriff des „Good Corporate Citizen" zusammengefasst werden können, kann es der Unternehmung gelingen als verantwortungsbewussten Unternehmen angesehen zu werden.

### 4.2.4 Tabellarische Zusammenführung der Ergebnisse

In dem vorangegangenen Kapitel wurde die Anbahnung des Kontaktes zwischen Stakeholdern und Unternehmung dargestellt. Ziel dabei ist, das von der Unternehmung gewünschte Soll-Bild bei der jeweiligen Stakeholder-Gruppe zu erreichen. Dazu bedurfte es einer Beschreibung der Grundlagen der Unternehmenskommunikation. Dabei kristallisierten sich die Konzepte der Integrierten Kommunikation als sehr sinnvoll heraus, da sie individuell auf Stakeholder eingehen, ohne dabei die Konsistenz des Gesamtbildes zu zerstören. Mit einer individuellen Kommunikation können so die unterschiedlichsten Formen und Wege gefunden werden, die dennoch im Einklang mit dem Eigenbild der Unternehmung und ihren Zielen steht. So wird auch hier, wie in der vorangegangenen Phase der Vorbereitung, der originäre Gedanke der Kunden-Unternehmens-Beziehung auf sämtliche relevanten Stakeholder übertragen. Ein weiterer Schritt im Prozess des Tauschvorgangs ist erfüllt und kann in der nächsten Phase Konkretisierung erfahren. Das Marketing erfährt hiermit eine Erweiterung seines Aufgabenfeldes.

In folgender Tabelle findet sich eine Übersicht über die eben beschriebenen Zusammenhänge der Unternehmenskommunikation mit den identifizierten Stakeholdern aus der ersten Phase. Die zu erreichenden Soll-Fremdbilder bei den einzelnen Stakeholder-Gruppen werden in der Tabelle ebenfalls aufgezeigt. Damit für den Leser eine bessere

---

[416] Im Februar 1993 gab es einen Störfall bei der Hoechst AG in Frankfurt-Griesheim. Durch das Verhalten des Vorstandes, aber auch falsche Informationen durch die Medien ist die Öffentlichkeit in Panik versetzt worden. U.a. diese schlechte Kommunikationspolitik hatte zur Folge, dass in der gesamten Chemieindustrie weitere strengere gesetzliche Auflagen beschlossen worden sind.
[417] Vgl. Schönefeld, 1996, S. 382.
[418] Vgl. Escher, 2003, S. 98f. Es sei an dieser Stelle auf die gemeinsame Government-Relations-Studie der BASF AG und des EMNID-Instituts (2000) verwiesen.

Verständlichkeit der Ableitung dieser Soll-Fremdbilder gewährleistet ist, werden hier Erkenntnisse der Phase 1, die Ansprüche und die Wertbeiträge, erneut aufgegriffen.[419]

| Stakeholder-gruppe | Ansprüche an das Unternehmen/ Zielforderung | Wertbeitrag der Stakeholder | | Kommunikations-Instrumente | „Soll-Fremdbild" der Unternehmung bei den Stakeholdern |
|---|---|---|---|---|---|
| | | Direkt | Indirekt | | |
| Kunden | Faires Preis-Leistungs-verhältnis | Absatzmenge, Preis-Premium | Kundenbindung, Kaufbereitschaft | Angebotsbezogen: Product Publicity, Werbung, Product Placement Unternehmensbezogen: Event-Marketing, Sponsoring | „Vertrauenswürdiger Hersteller/Händler/ Dienstleister" |
| Mitarbeiter | Sinnvolle Tätigkeit | Gehaltsvorteile, Arbeitskräfte | Mitarbeiterbindung, Arbeitsleistung, Attraktivität als Arbeitgeber | Human Relations: Mitarbeiter-Zeitung, Business-TV, Intranet, Events, Gespräche, Messen | „Guter Arbeitgeber" |
| Anteilseigner | Offene & rechtzeitige Information | Kursaufschlag, Zinsvorteil, Kredit- & Investitionsvolumen | Aktionärs- & Bankenbindung, Bereitschaft zur Kreditvergabe & Investition | Investor Relations: Hauptversammlung, Pressemeetings, Aktienbroschüren, Geschäftsbericht | „Ertragsträchtiges Unternehmen" |
| Lieferanten | Partnerschaftliche Entwicklung | Preisvorteile | Lieferantenbindung, Lieferbereitschaft | Supplier Relations: Qualitätsmanagement, elektronische Warenerfassungssysteme | „Stabiler Kunde" |
| Öffentlichkeit | Öko-Bilanz | Absatzmenge, Kosteneinsparungen | Empfehlungsbereitschaft, Bekanntheit, Marktentwicklung | Community Relations/Issue Management: Förderungen und Stiftungen, Umweltkommunikation (z.B. EG-Öko-Audit) | „Moralisch verantwortungsbewusstes Unternehmen" |
| Staat | Mitwirkung auf kommunaler Ebene | Kosteneinsparungen | Empfehlungsbereitschaft, Entbürokratisierung von Vorgängen | Public Affairs: Lobbyismus, Sponsoring, separate Abteilungen (politische Kommunikation) | „Good Corporate Citizen" |

**Tabelle 10: Übersicht wichtiger Facetten im Rahmen der Stakeholder-Unternehmens-Kommunikation**

## *4.3 Abschluss der Stakeholder-Unternehmens-Verträge*

Die vorangegangene Phase der Anbahnung hatte das Ziel, die Kontaktaufnahme zwischen Stakeholdern und Unternehmung zu analysieren und dabei ein bestimmtes individuelles Soll-Fremdbild zu erzeugen. Bei der Analyse der Phase des Abschlusses wird der Fokus auf die Vertragsausgestaltung zwischen Unternehmen und Stakeholdern gelegt. Dabei gilt es, die Interdependenzen zwischen ihnen zu untersuchen. Die Auslegung des Begriffs der Reputation wird weiterhin eine wesentliche Rolle in dieser Phase einnehmen.

---

[419] Dabei wird der Wertbeitrag in direkte und indirekte Beiträge zur weiteren Präzisierung unterteilt. Vgl. Lay/Rupert, 2004, S. 52f.; Rolke, 2002, S. 28. Ansprüche und Wertbeiträge sind aus Kapitel 4.1.2.2 hier zusammengefasst wiedergegeben in Anlehnung an Tabelle 1.

102

Ebenso wie in den vorangegangenen Phasen werden auch an dieser Stelle nicht nur die Kunden, sondern auch andere relevante Bezugsgruppen betrachtet. Die Kontrakttheorie der Unternehmung bietet zum bisherigen Stand der Literatur jedoch hauptsächlich Ansätze zur Gestaltung von Kunden- oder Lieferantenverträgen.[420] Zurückzuführen ist diese Tatsache insbesondere auf die direkte Beschreibung der Vertragsgegenstände und somit einer einfacheren, im wirtschaftlichen Sinne auch kostengünstigeren Kontrolle. In den meisten Verträgen zwischen der Unternehmung und den Stakeholdern bestehen jedoch Einflüsse indirekter Art, die sowohl im Vorfeld schwer zu benennen als auch in ihren Auswirkungen schwer zu kalkulieren sind. Diese Unsicherheit entstammt in erster Linie aus den beiderseits bestehenden Informationsasymmetrien. Durch den starken Einfluss der Neuen Institutionenökonomie auf die Vertragsgestaltung stellt sich diese bei der Übertragung auf eine marketing-orientierte Perspektive auf die Stakeholder sehr komplex dar. So werden in diesem Kapitel einige theoretische Einschränkungen vollzogen, um eine der Problemstellung dieser Arbeit angemessene Betrachtung der Vertragstheorie zu wahren. Die Grundzüge zum Verständnis der Neuen Institutionenökonomie werden knapp dargestellt.

Folgende Aktionen sollen in dieser Phase zum Ziel der Vertragsgestaltung analysiert werden:

| AKTION | Überwindung vertragstheoretischer Defizite |
| | Individuelle Vertragsgestaltung |
| ZIEL | Entstehung von expliziten und impliziten Verträgen |

**Abbildung 24: Die Abschlussphase[421]**

### 4.3.1 Verhaltensannahmen der Beteiligten

Zur Betrachtung der Vertragstheorie und einer damit verbundenen Analyse der Verträge können zunächst Unterschiede zwischen der neoklassischen und der neuen institutionenökonomischen Betrachtung festgestellt werden.

In der Neoklassik sind vollständige Verträge die Ausgangslage. Damit einher gehen u.a. die Annahmen vollständiger Informationen und vollkommener Transparenz aller Betei-

---

[420] Es sei an dieser Stelle jedoch auf die Diskussion um eine rein vertragsorientierte Sichtweise der Unternehmung hingewiesen. Wie z.B. Kogut und Zander behaupten „organizations know more than what their contracts can say". Kogut/Zander, 1992, S. 383. Ihre Kritik bezieht sich darauf, dass Verträge lediglich das Regelwerk für Unternehmen vorgeben; jedoch sollten Verträge nicht das gesamte Unternehmensgeschehen bestimmen. Auch hier sollen sie lediglich zur effizienteren Funktionsweise der Unternehmung beitragen und die Rechte und Pflichten der Mitglieder und Beteiligten regeln. Vgl. Valcárcel, 2002, S. 151f.
[421] In Anlehnung an Mattmüller/Tunder, 2005, S. 58.

ligten. Die Unterstellung, alle Gruppen würden den *gleichen* Informationsstand haben und sich ebenso rational verhalten, ist ein Trugschluss. Die Neue Institutionenökonomie bietet dieser Kritik jedoch eine Alternative. Sie orientiert sich an realen Phänomenen und gibt Institutionen Verhaltensregeln.[422] Diese äußern sich u.a. in Verträgen, deren Erschließung hier das Ziel ist.

Im Gegensatz zur Neuen Institutionenökonomie geht die Neoklassik von einer „vollständigen Welt" mit vollkommenen Märkten aus.[423] In der Neuen Institutionenökonomie hingegen muss der Staat regulierend eingreifen,[424] da Unvollkommenheiten existieren.[425] In diesem Rahmen werden einige Annahmen erhoben, die für eine Beschreibung der Vertragskonstrukte und auch -inhalte relevant sind, da sie Unsicherheit und Komplexität verursachen, was letzten Endes zur Unvollkommenheit des Marktes führt:[426]

- unvollkommene Informationen
- opportunistisches Verhalten
- Unsicherheit

Weitere Annahmen, die in der Neuen Institutionenökonomie getroffen werden, sind hier inhaltlich und problembezogen nicht relevant.[427] Diese Umfeldbedingungen begrenzen wiederum den wirtschaftlichen Handlungsspielraum, der den Unternehmen und den Stakeholdern hier zur Verfügung steht.[428] So gelten diese Annahmen für die Unternehmens-, aber auch für die Stakeholderseite. In der Beziehung zwischen beiden Parteien kann es so zu Unstimmigkeiten kommen, die es bereits ex ante zu vermeiden gilt.

Diese werden in der Spieltheorie wiederum in drei verschiedene Fälle eingeordnet, die alle opportunistische Verhaltensweisen zur Folge haben.[429] Sie werden hier kurz dargestellt, um zu zeigen, was ohne (direkte oder indirekte) Anreize in einem Vertrag zwischen den Transaktionspartnern geschehen kann.[430] Um diesen Opportunismusprob-

---

[422] Vgl. Haase, 2000, S. 65.

[423] Die effiziente Allokation, also der wirtschaftliche Umgang mit knappen Ressourcen, ist hier das Ziel. Entscheidend ist dabei der markträumende Gleichgewichtspreis. Vgl. Erlei/Leschke/ Sauerland, 1999, S. 45.

[424] Es geht dabei nicht darum, die Prämissen der Neoklassik zu kritisieren, die zur damaligen Zeit sicherlich geeignet waren. Bei der Entstehung der Neuen Institutionenökonomie kamen jedoch weitere Probleme hinzu: So ist z.B. das Ziel einer vollkommener Konkurrenz als Marktform nicht zwangsläufig wünschenswert; u.U. ist ein Zusammenschluss von Unternehmen sinnvoller. Vgl. Erlei/Leschke/Sauerland, 1999, S. 48.

[425] Vgl. Kaas, 1995a, S. 3f. Aus diesen Unvollkommenheiten heraus ergeben sich Theorien, die die Neue Institutionenökonomie ausmachen. So muss ein Rechtssystem existieren, das den Rahmen vorgibt, in dem sich die Marktteilnehmer verhalten (Property Rights Theory). Außerdem herrscht eine Ungleichheit hinsichtlich der Informationsasymmetrie (Prinzipal-Agenten-Theorie). Hinzu kommt das Entstehen von Transaktionskosten bei der Anbahnung, dem Aushandeln und Umsetzen von Verträgen (Transaktionskosten-Theorie).

[426] Vgl. Gillenkirch, 1997, S. 16-22. Die hier dargestellten Verhaltensannahmen und -probleme entlehnen sich in erster Linie der Prinzipal-Agenten-Theorie.

[427] Insbesondere seien hier die Transaktionskosten angesprochen. Ihr Einfluss auf die Stakeholder-Unternehmens-Beziehungen würde einen neuen, anderen Schwerpunkt setzen, der einer separaten ausführlichen Analyse in diesem Zusammenhang bedarf.

[428] Vgl. Tegtmeyer, 2005, S. 24.

[429] Vgl. Arrow, 1985, S. 37-51; Alchian/Woodward, 1988, S. 67ff.

[430] Akerlof prägte den Begriff der Informationsasymmetrie im Zusammenhang mit seinen berühmten „Markets of Lemons" – hierbei insbesondere den Begriff der „Adverse Selection". Vgl. Akerlof, 1970. Gemeinsam mit Spence und Stiglitz erhielten sie 2001 den Nobelpreis für ihre Arbeit „analyses of markets

104

lemen und -gefahren bei Vertragskonstruktionen entgegenzutreten, werden in der Literatur bereits einige Instrumente genannt, die ex ante Anreize bieten, die (direkten oder
indirekten) Vereinbarungen einzuhalten. Einige der in der Literatur vorgeschlagenen
Lösungsmöglichkeiten sind in dieser Tabelle wiedergegeben:

| Informationsasymmetrie | Opportunistisches Verhalten | Lösung |
|---|---|---|
| Hidden characteristics | Adverse selection | Signaling, Screening, Self-selection |
| Hidden intention | Hold up | Sicherheiten, Interessenangleichung |
| Hidden action | Moral Hazard | Monitoring, Interessenanglei-chung |

**Tabelle 11: Spielarten des Opportunismus[431]**

In der Realität tritt häufig der Fall ein, dass mehrere dieser Spielarten gleichzeitig erscheinen. So sind z.b. meist „Moral-Hazard"- und „Adverse-Selection"-Probleme nicht
eindeutig zu trennen. Bestehen also erst einmal Anreizprobleme, so bergen diese meist
auch mehrere Ursachen.[432] Ähnlich können sich auch die anderen Fälle überschneiden
und so soll von einer Differenzierung in dieser Hinsicht Abstand genommen werden.
Auch bei den Lösungsmöglichkeiten entsteht somit Unklarheit, da in der Literatur separate Betrachtungen der Fälle stattfinden, in der Realität überlappen sie sich häufig. Im
Fortgang soll aus diesen Gründen von o.g. Unterscheidungen abgesehen werden. Das
Aufzeigen in dieser Tabelle soll vielmehr darlegen, welche Auswirkungen diese Unvollkommenheiten des Marktes und ihrer Teilnehmer auf Vereinbarungen zwischen Unternehmen und Stakeholdern haben können.

In der folgenden Darstellung der dritten Phase geht es darum, im Rahmen des erweiterten Integrativ-Prozessualen Marketingansatz, unter Spezifikation der Vereinbarungen
zwischen Unternehmen und Stakeholdern, ex ante die genannten Opportunismusprob-
lematik zu umgehen und langfristig zu vermeiden. Es wird nicht möglich sein, eine existierende Informationsasymmetrie komplett abzubauen. Dennoch soll darauf abgezielt
werden, dass keine der beiden Parteien ihren Informationsvorsprung ausnutzt und sich

---

with asymmetric information". Vgl. Rosser, 2003, S. 3-8. Spence beschrieb das Phänomen des „Signaling": von der besser informierten Seite initiierte Maßnahmen zur Übertragung von Informationen. Vgl.
Spence, 2002, S. 436-441. Stiglitz stellt das Modell des „Screening" vor: Differenzierungsmaßnahme der
schlechter informierten Vertragsseite. Vgl. Stiglitz, 1973, S. 4-10.
[431] In Anlehnung an Göbel, 2002, S. 110, 293-296; Kreps, 1994, S. 521ff., 563-568; Spremann, 1989, S.
742ff. Es sei darauf hingewiesen, dass an dieser Stelle eine weitere Unterscheidung in die Transaktions-
typen Kontrakt- und Austauschgüter oder eine Geschäftsbeziehung (eine Folge von Transaktionen) getroffen werden kann. Vgl. Kaas, 1995b, S. 23-39. Da aber zu einem späteren Zeitpunkt die Übertragung
nicht nur auf eine Gruppe stattfinden soll, wird hier darauf verzichtet. Eine Übertragung auf mehrere Stakeholder-Gruppen gleichzeitig unter verschiedenen Rahmenbedingungen lässt die Darstellungsweise extrem kompliziert werden und würde damit zu einem neuen großen Themenkomplex führen. Auch eine Differenzierung in Such-, Erfahrungs- und Vertrauenseigenschaften sei hier weitestgehend unberücksichtigt
gelassen. Die hier dargestellten bzw. übertragenen Situationen mit den Stakeholdern beziehen sich im
Wesentlichen auf Vertrauenseigenschaften – in wenigen Ausnahmen kann hier auch von Erfahrungsei-
genschaften ausgegangen werden. Nur beim erstmaligen Einlassen auf ein Erfahrungsgut spielt das Vertrauen in die Reputation ebenfalls eine wesentliche Rolle. Vgl. Göbel, 2002, S. 329.
[432] Vgl. Bolton/Dewatripont, 2005, S. 15.

somit opportunistisch verhält. Es gilt eine Situation zu schaffen, die keinen Beteiligten besser stellt, wenn er sich opportunistisch verhalten würde.

Eine weitere Lösungsmöglichkeit, die die Literatur zur Vertragstheorie an dieser Stelle betrachtet, ist der Mechanismus der Reputation. Dieser wird häufig zum Ausgleich der genannten Defizite herangezogen, gleich welcher Herkunft sie sind (s. Tabelle 11). Dieser Mechanismus soll hier in der Phase des Abschlusses nun auf alle relevanten Stakeholder angewandt werden, so dass eine Einhaltung der Vereinbarungen gewahrt wird.

## 4.3.2 Die Reputation im wirtschaftlichen Kontext

Ziel in Phase 2 war die Schaffung einer bestimmten Reputation mit verschiedenen Ausprägungen je nach Stakeholder-Gruppe. Dieses gewonnene Ergebnis aus der vorangegangenen Phase kann hier weiter einen wichtigen Beitrag leisten. Die erreichte Reputation stellt einen Mechanismus dar, der sowohl ex ante als auch ex post den genannten Defiziten erfolgreich entgegentreten kann.[433] Insbesondere in der Vertragstheorie kann er wichtige Defizite abbauen und somit aus einer wirtschaftlichen Perspektive den Ablauf insgesamt effizienter gestalten. Darüber hinaus sind die Konstrukte Vertrauen und Glaubwürdigkeit wieder aufzugreifen, da sie eng mit der Reputation einer Unternehmung vernetzt sind. Schließlich bedarf der Aufbau einer Beziehung zur Unternehmung aus Sicht einer Stakeholder-Gruppe in erster Linie Vertrauen und Glaubwürdigkeit.

### 4.3.2.1 Die Reputation zur Überwindung der vertragstheoretischen Defizite

Die in der vorangegangenen Phase der Anbahnung dargelegte Auslegung der Reputation dient hier weiterhin als wichtige Grundlage. So kann diese sich als ausschlaggebend für eine vertragliche Ausgestaltung der Beziehungen erweisen.

*Eine Unternehmensreputation ist letztendlich die Beurteilung des Handelns der Unternehmung in der Vergangenheit aus Sicht der verschiedenen Stakeholder-Gruppen.*

Reputation ist insofern ein Entscheidungskriterium, da sie die bestehenden Defizite, die sich aus den Annahmen der Neuen Institutionenökonomie ergeben, ausgleicht. Nachfolgend wird aufgezeigt, inwiefern der Mechanismus der Reputation zur Überwindung dieser Defizite dienen kann:

1. *Unvollkommene Information*:
Die agierenden Teilnehmer unterliegen beschränkter Rationalität, da sie weder alle eintretenden Ereignisse voraussehen noch das Verhalten der Unternehmung antizipieren können. Eine Möglichkeit besteht für sie darin, sich vollständige Informationen zu beschaffen, um mehr über das Unternehmen zu erfahren. Dies verursacht jedoch hohe Kosten, die eine Vereinbarung ineffizient werden lassen. Eine Informationsbeschaffung hinsichtlich der Unternehmensreputation kostet den Stakeholder in den meisten Fällen zunächst nichts. Eine positive Reputation kann so die begrenzte

---

[433] Vgl. Hart, 1995, S. 66f.

106

Rationalität der Teilnehmer abbauen, indem sie davon ausgehen können, dass der Reputationsträger für beide Seiten eine vorteilhafte Situation anstreben wird.[434]

2. *Opportunistisches Verhalten*:
Bedingt durch den ersten Punkt, der unvollkommenen Information, kann ex ante nicht bestimmt werden, ob sich einer der Teilnehmer opportunistisch verhalten wird. So kann einer der beiden zu Ungunsten des anderen die Situation ausnutzen. Eine Abschätzung der Ausprägung der Reputation des anderen kann hierbei helfen, den Fall einer opportunistischen Bedrohung abzuwägen. Je positiver die Reputation des anderen ist, desto unwahrscheinlicher wird dessen opportunistisches Verhalten auch in Zukunft sein. Schließlich würde jene Partei, die sich opportunistisch verhält, durch ein negatives Verhalten einen erheblichen Reputationsverlust erleiden, was wiederum zu Investitionsverlusten führen würde.

3. *Unsicherheit*:
Unsicherheit ergibt sich aus der unvollkommenen Information und der Unsicherheit bzgl. der opportunistischen Verhaltensweise des anderen. Die Frage nach Qualität oder Einhaltung von Terminen kann somit im Vorhinein nicht beantwortet werden.[435] So werden beide Seiten bemüht sein, das Verhalten des anderen abzuschätzen. Mit der Einschätzung der Reputation als Grundlage für diese Beurteilung sparen beide erhebliche Kosten und können so Prognosen über zukünftige Verhaltensweisen treffen.[436] Damit dient sie zur Reduktion von Verhaltensunsicherheit seitens der Stakeholder.[437]

Der Mechanismus der Reputation kann also den Stakeholdern helfen, eine Entscheidung hinsichtlich gemeinsamer Vereinbarungen mit der Unternehmung zu treffen. Die Stakeholder werden aufgrund von Erfahrungen die Einhaltung der zukünftigen Versprechen der Unternehmung versuchen abzuschätzen und damit bestehende Informationslücken zu kompensieren.

### 4.3.2.2 Vertrauen als wichtiges Element einer glaubwürdigen Reputation

Vertrauen ist – aus den bisherigen Erkenntnissen gewonnen – eine wichtige Vorleistung[438] zum reibungslosen Funktionieren des Reputationsmechanismus. Hinzu kommt eine Ersparnis von Kosten, die bei Misstrauen zum Schutz vor opportunistischen Verhaltensweisen entstehen würden.[439] Deshalb ist „**Vertrauen** (...) die freiwillige Erbringung einer riskanten Vorleistung unter Verzicht auf explizite vertragliche Sicherungs- und Kontrollmaßnahmen gegen opportunistisches Verhalten in der Erwartung, dass sich

---

[434] Vgl. Tegtmeyer, 2005, S. 27f.
[435] Vgl. Williamson, 1993, S. 15.
[436] Vgl. Tegtmeyer, 2005, S. 35.
[437] Natürlich kann auch im umgekehrten Fall, also wenn die Reputation des Stakeholders betroffen ist, diese der Unternehmung als Entscheidungskriterium dienen. Im Rahmen dieser Arbeit findet aber eine Betrachtung ausschließlich aus Sicht der Unternehmung im Hinblick auf die Stakeholder statt.
[438] Mit dem Begriff der Vorleistung ist in erster Linie die Erbringung von Vertrauen *vor* Vertragsabschluss angesprochen. Allerdings ist auch eine Vertrauenserbringung *nach* Vertragsabschluss sehr wichtig und damit nicht auszuschließen.
[439] Vgl. Haase, 2000, S. 80.

andere, trotz Fehlens solcher Schutzmaßnahmen, nicht opportunistisch verhalten werden."[440]

Für die Übertragung auf die Konstellation zwischen Unternehmen und Stakeholdern ist Vertrauen besonders wichtig. Der Anbieter muss nun durch glaubhafte Engagements Signale setzen, so dass der Nachfrager Vertrauen für ihn bzw. das Produkt oder die Dienstleistung aufbringt. Bei der Übertragung dieses Anbieter-Nachfrager-Verhältnisses z.B. auf öffentliche Gruppen und das Unternehmen können damit für die Zukunft wesentliche „Bonuspunkte" gesammelt werden, die zu einem späteren Zeitpunkt von großem Vorteil sein könnten. Im Optimalfall wird solch ein Vertrauensvorschuss bei möglichst jeder der relevanten Stakeholder-Gruppen erzeugt. Natürlich bedeutet „Vertrauen geschenkt zu bekommen" nicht, dass damit automatisch jegliche Kontrollen wegfallen können. Es bedarf weiterhin einiger Sicherungsmechanismen; die jedoch in Maßen einzusetzen sind, da diese wiederum das Vertrauen in sein Gegenüber widerspiegeln. Es gilt, in der spezifischen Situation die Installation von Sicherungsmechanismen gegen die in Kauf zu nehmenden Unsicherheiten abzuwägen, in dem eine Auflistung der möglicherweise entstehenden Transaktionskosten vorgenommen wird.

Mit dieser Kalkulation stellt sich dann auch die Frage nach der Ausgestaltung der Vereinbarung, womit das implizite oder explizite Vertragsdesign angesprochen ist, das zu einem späteren Zeitpunkt noch näher betrachtet wird. In beiden Fällen ist ein Verzicht auf Vertrauen nur schwer möglich. Welche Vertragsform schließlich gewählt wird bzw. wie exakt ein Vertrag schließlich ausfällt, entscheidet sich aus betriebswirtschaftlicher Sicht aufgrund von Effizienzkriterien, die die Kosten für mögliche Überwachungssysteme im Vorfeld mit einkalkulieren.[441]

„Bei *Reputationsmechanismen* wird eine existierende Reputation zusammen mit gewissen Erwartungen über die zukünftige Geschäftstätigkeit der besser informierten Vertragsseite genutzt, um Informationen Glaubwürdigkeit zu verleihen."[442] Gerade im Fall mehrmaliger Transaktionen oder auch langfristiger Kooperationen wird von der vergangenen Qualität auf das Verhalten in der Zukunft geschlossen. Diese Vorgehensweise wird eben als Vertrauensvorschuss[443] bezeichnet, der schließlich für eine Unternehmung substantiell sein kann.

### 4.3.2.3 Limitationen der Reputation als Entscheidungskriterium

Eine positive Reputation kann zur Generierung von wirtschaftlichen Vorteilen beitragen; bei einer negativen Beurteilung kann dies jedoch zu Ertragseinbußen führen.[444] So betrachtet eine Unternehmung ihre Reputation aus einem betriebswirtschaftlichen Kosten-Nutzen-Kalkül heraus, wobei je nach Ausmaß Investitionen in die Reputation getätigt werden müssen.[445] Dabei ist es entscheidend, inwiefern eine langfristige Beziehung aufgebaut werden soll. Der Mechanismus der Reputation kann nur dann auch sinnvoll eingesetzt werden, wenn es sich um langfristige Vereinbarungen bzw. um Wiederholungen der Transaktionen handelt. Nur so können sich die Investitionen in die Reputati-

---

[440] Rippberger,1998, S. 45.
[441] Vgl. Meuthen, 1997, S. 23.
[442] Scholtis, 1998, S. 112. Scholtis versteht hier unter dem Begriff der Reputation die Menge der am Markt verbreiteten Informationen über das Verhalten des „Entscheiders".
[443] Vgl. Scholtis, 1998, S. 112.
[444] Vgl. Tegtmeyer, 2005, S. 2f.
[445] Vgl. Nippel, 1992, S. 991f.

on auszahlen. Im Falle einer einmaligen Transaktion oder mit der Bedingung, dass die Teilnehmer wissen, ab welcher Periode die Beziehung beendet ist, besteht kein Grund für die Unternehmung sich an die bislang positive Reputation zu halten oder darin weiter zu investieren.[446] Der Vertragspartner muss somit antizipieren, dass der andere auch durch das Nicht-Einhalten einen derart großen Gewinn einfährt, dass es sich für ihn lohnt, einen Reputationsverlust in Kauf zu nehmen. Diese Aufrechnung von Gewinnen gegenüber den Reputationsverlusten bzw. -investitionen kann in Gleichungen dargestellt werden.[447]

Für den Aufbau und die Aufrechterhaltung einer Reputation sind zunächst bestimmte Investitionen notwendig. Diese müssen sich „lohnen" – das heißt, die realisierten Gewinne nach getätigten Investitionen in die Reputation müssen höher sein als die ohne aufgebaute Reputation. Der Anbieter bzw. das Unternehmen muss der Versuchung widerstehen die Vereinbarung zu brechen und so mögliche kurzfristige Erlössteigerungen durch opportunistisches Verhalten auszunutzen. Auf lange Sicht hin können damit wichtige Bausteine für eine positive Reputation gelegt werden.[448] Solche Bausteine einer Reputation können in diesem Rahmen z.B. gute Arbeitsbedingungen der Mitarbeiter oder qualitative Eigenschaften eines Produktes hinsichtlich der Kunden bedeuten. Diese Aspekte werden meist nicht explizit in Verträgen erwähnt, werden aber aufgrund der erworbenen Reputation seitens der Stakeholder vorausgesetzt und schließlich zu einem höheren Preis[449] abgesetzt.[450]

Der Aussage, dass es sich für eine Unternehmung dennoch lohnt, sich opportunistisch zu verhalten, kann jedoch nur eingeschränkt zugestimmt werden. Denn dies kann nur gelten, wenn das Unternehmen danach direkt vom Markt verschwindet und nicht mehr aktiv wird. In der Realität ist dies zwar möglich, wenngleich eher in den wenigstens Fällen gültig.

Eine weitere Einschränkung gilt der Beobachtung der Situation durch andere Marktteilnehmer. So werden auch nicht-beteiligte Stakeholder u.U. das opportunistische Verhalten der Unternehmung bemerken. So besteht also die Gefahr, dass bei opportunistischer Ausnutzung in diesen beiden Fällen andere Marktteilnehmer dies erkennen und daraufhin eine negative Reputation mitprägen bzw. an andere Stakeholder weitergeben können.

So muss sich das Unternehmen bewusst darüber sein, ob es sich lohnt, einmalig opportunistisches Verhalten auszunutzen und das Risiko einzugehen, dass Stakeholder untereinander u.U. negative Erfahrungen weitergeben. Der Schaden an der Reputation kann danach erheblich größer sein als die einmalige Einnahme, die es durch sein opportunistisches Verhalten erzielt hat. Damit existiert ein Anreiz, bei wiederholten Vereinbarungen, gute Qualität zu liefern bzw. die Erwartungen der Stakeholder zu erfüllen.

---

[446] Vgl. Richter/Furubotn, 2003, S. 256ff.
[447] Nähere Ausführungen finden sich dazu im Anhang: Gleichungsaufbau der Deckungsbeiträge.
[448] Vgl. Kaas, 1995b, S. 34f.
[449] Der Begriff des Preises ist hier im weitesten Sinne zu verstehen. Je nach Situation und Stakeholder können damit auch nicht-monetäre Ansprüche gemeint sein.
[450] Vgl. Devine/Halpern, 2001, S. 43.

### 4.3.3 Vertragliche Unvollständigkeiten

Nach der Betrachtung des Wirkungsmechanismus einer Reputation kann nun auf die daraus resultierenden Vertragsformen – expliziter oder impliziter Vertrag – eingegangen werden. „Ein Vertrag ist die Gesamtheit expliziter oder impliziter Vereinbarungen, die mehr oder weniger präzise Form und Inhalt der Kooperation festlegen."[451] Um diese dazustellen folgt zunächst ein Überblick über den *expliziten* Vertragstypus, der eine weite Verbreitung in der Wirtschaft findet. Diese hinlänglich bekannte Art wird hier der Vollständigkeit halber und zur übersichtlicheren und verständlicheren Gegenüberstellung betrachtet. Denn erst aus der gewonnenen Einsicht in bestehende vertragliche Unvollständigkeiten lassen sich daraus *implizite* Vertragsgestaltungen ableiten, die diese überwinden können. Weiche Vertragsdesigns in Form von Vertrauen und Reputation sind hierin wichtige Bestandteile; sie können aber nur dann auch effizient zum Einsatz kommen, wenn die Beziehung bzw. die Vereinbarung zwischen Unternehmung und Stakeholder langfristig angelegt ist.

#### 4.3.3.1 Explizite Verträge

Das Konzept expliziter Verträge ist darauf ausgelegt, sämtliche Umweltzustände und -einflüsse, die die Transaktion beeinflussen könnten, vollständig zu erfassen. Daraus lassen sich anschließend Verhaltensregelungen ableiten. Diese Vollständigkeit kann aber nur unter der Prämisse der perfekten Antizipation geleistet werden, die keine realistische Annahme darstellt. Im Fall der expliziten Verträge wird also von einer begrenzten Rationalität ausgegangen, die dann bei vollständigen Verträgen zu hohen Transaktionskosten führen würde. Zu dieser Kategorie lassen sich weiter das Konzept der „bedingten Ansprüche („Contigent Claims)"[452] und das der relationalen Verträge[453] zuordnen. Sie stellen zwar ebenfalls explizite Verträge dar, räumen jedoch ein, gewisse Zustände und Wahrscheinlichkeiten nicht bzw. nur unter sehr kostspieligen Umständen vollständig erfassen zu können.

Bei expliziten Verträgen spielen neben der Informationsgewinnung auch rechtliche Rahmenbedingungen eine sehr wichtige Rolle. Schließlich ist die rechtsstaatliche Einrichtung der Gerichte die beurteilende Instanz im Falle eines Vertragsbruchs.[454] Neben einer klaren und strukturierten Vorgehensweise zieht der Jurist auch exakte Begründungen im Falle von Unzufriedenheit nach Erfüllung bzw. *Nichterfüllung des Vertrages* heran. Diese können u.a. sein:

Schlechterfüllung, Späterfüllung, Böswilligkeit, Äquivalenzstörungen, unerwarteter Aufwand, hoheitliche Eingriffe, Einwirkung Dritter, Insolvenz einer Vertragspartei, Tod einer Vertragspartei oder Änderung persönlicher Verhältnisse.[455] In diesen Fällen können drit-

---

[451] Scholtis, 1998, S. 23. Der Begriff der Kooperation in der Definition ist hier im Zusammenhang mit der entstehenden Beziehung zwischen dem beteiligten Stakeholder und der Unternehmung zu sehen.

[452] Hierbei handelt es sich um ein abgeschwächtes Konzept der vollständigen Verträge. Dabei sollen zwar alle zukünftigen Ereignisse vorhergesehen werden, jedoch unter Aspekten der Eintrittswahrscheinlichkeiten und dem Zeitpunkt ihres Eintretens. Konstellationen werden für jeden möglichen Fall mit der zu erbringenden Leistung festgelegt. Vgl. Williamson, 1990, S. 32, 88-95. Dies verursacht natürlich eine äußert komplexe Darstellungsweise.

[453] Hierbei werden innerhalb des Vertrages genügend Handlungsspielräume offen gelassen, um nachträgliche Anpassungen flexibel genug gestalten zu können. Ein Vertrag als Druckmittel wird hier abgelehnt. Vgl. Tegtmeyer, 2005, S. 15.

[454] Vgl. Junker/Kamanabrou, 2002, S. 6f.

[455] Vgl. Langenfeld, 2004, S. 68.

te Instanzen genau Maß daran nehmen, welche Partei schlechte oder keine Leistung erbracht hat.

Explizite Verträge können sämtliche mit dem Unternehmen in Berührung kommende Stakeholder-Gruppen direkt oder indirekt betreffen. Für einen direkten Betreff sind hier beispielsweise zu nennen:

Kaufverträge, die mit dem Kunden zustande kommen, Dienst- und Werkverträge, die die Mitarbeiter betreffen, Sicherungsverträge oder Gläubiger- und Schuldnerwechsel, die für Anteilseigner wie z.b. Banken von Bedeutung sind. Indirekt von den Auswirkungen dieser Verträge sind weitaus mehr Stakeholder-Gruppen betroffen, wie z.b. Mitarbeiter, die durch eine Betriebsveräußerung entlassen werden können oder umziehen müssen. Auch von einem neuen Miet- oder Pachtvertrag einer Unternehmung kann das direkte Umfeld wie z.b. Anrainer und Gemeinden eines potenziell neuen Fabrikgeländes beeinträchtigt werden.

Explizite Verträge haben den Vorteil, dass eine eindeutige und unmissverständliche Absprache zwischen beiden Vertragsparteien besteht. Eine subjektive Auslegung der Vereinbarung durch eine Partei ist nur schwer möglich. So ist auch transparent für beide Seiten, was bei Nicht-Einhalten des Vertrages an Sanktionsmaßnahmen vorgesehen ist. Das Einschalten einer dritten unparteiischen Instanz ist dabei eine übliche Vorgehensweise. Dies hat allerdings den Nachteil, dass explizite Verträge meist hohe Kosten nach sich ziehen, um zunächst an die vertragsrelevanten Informationen zu kommen, die solch eine genaue Formulierung aller Zustände erst zulassen können. Des Weiteren besteht nach wie vor die Gefahr des Opportunismus. Die Anreizproblematik der Einhaltung der Vereinbarungen ist damit nicht gelöst. Es kann nach wie vor für eine Seite effizienter sein, sich nicht an die Vereinbarungen zu halten. Diese Partei nimmt damit die Sanktionsmaßnahmen bewusst in Kauf, da sie sie dennoch besser stellen als bei Einhaltung der Vereinbarung. Eine Verwendung des bereits vorgestellten Mechanismus der Reputation kann hier nur begrenzt Wirkung zeigen. Bei expliziten Verträgen tritt er in Form von Gütesiegeln oder anderen Garantieformen auf, die eine Einhaltung der Vereinbarung sichern sollen. Im Falle der Nicht-Erfüllung kann dieses Gütekriterium z.b. aberkannt werden.

Die effizientere Wirksamkeit dieses Mechanismus ist allerdings in impliziten Verträgen zu sehen, die im Folgenden dargestellt werden.

### 4.3.3.2 Implizite Verträge

Aufgrund der Annahmen der begrenzten Rationalität und der Unsicherheit der jeweiligen Vertragsparteien kommt es dazu, dass vollständige Verträge nur mit sehr hohen Kosten abgeschlossen werden können.[456] Die daraus resultierenden unvollständigen Verträge sind dann aber dem opportunistischen Verhalten des Vertragspartners ausgesetzt. Aus diesem Dilemma heraus sind implizite Verträge entstanden, die unter Zuhilfenahme von verschiedenen Mechanismen Defizite abbauen bzw. reduzieren sollen.

---

[456] Einen vollkommenen Vertrag gibt es in der Realität nicht. Hiermit ist gemeint, dass alle möglichen Informationen herangezogen werden. Dafür werden aber enorme Kosten fällig, die den Vertrag ineffizient werden lassen.

Zunächst sollte aber eine Ergänzung der begrifflichen Abgrenzung des impliziten Vertrags und der sich selbst durchsetzenden Verträge gelten, da in der Literatur diese meist synonym verwendet werden ohne dies genau zu begründen. So entstand im Rahmen der Betrachtung des Ansatzes zuerst der Gedanke des impliziten Vertrags, der insbesondere hinsichtlich des Arbeitsmarktes, also der Beziehung zwischen Unternehmen und Mitarbeitern, ausgeführt worden ist.[457] Mittlerweile gilt der Begriff des impliziten Vertrages als übergeordnete Kategorie innerhalb der Vertragstheorie.[458] Sich selbst durchsetzende Verträge sind auch implizite Verträge, die sich aber speziell auf den Mechanismus der Reputation beziehen. Dieser soll helfen, die Vereinbarungen ex ante besser einschätzen zu können, und somit ihre Erfüllung wahrscheinlicher gestalten.[459] Dieser Aspekt der Vertragstheorie soll hier herangezogen werden, um eine effizientere Vertragsgestaltung für Unternehmen und Stakeholder zu ermöglichen.

### *4.3.3.2.1   Sich selbst durchsetzende Verträge*

Sich selbst durchsetzende Verträge bieten Lösungen zu den eben dargestellten vertraglichen Unvollständigkeiten. Dabei werden diese Lücken geschlossen, ohne sich expliziter Vereinbarungen zu bedienen. Dies kann aber nur dann gelingen, wenn die Anreize für die beteiligten Parteien stark genug sind, sich an die Vereinbarungen zu halten. Sich selbst durchsetzende Verträge nutzen Mechanismen wie die zuvor beschriebene Reputation. Im Gegensatz zu expliziten Verträgen bieten diese Sanktionsmöglichkeiten, die unabhängig von Dritten vollzogen werden.[460] Insbesondere auf dem Arbeitsmarkt sind sich selbst durchsetzende Vereinbarungen sehr beliebt und haben dann auch in den 80er Jahren in der Literatur eine Großzahl an Untersuchungen zur Folge gehabt.[461] Arbeitsverträge werden i.d.R. offen formuliert, so dass ein flexibler Einsatz des Arbeitnehmers auch in unvorhersehbaren Umweltzuständen möglich ist.[462] Damit können zunächst Kosten, die bei der Formulierung von expliziten Verträgen entstehen, eingespart werden.[463] Auch die Kosten für eine zusätzliche Kontrolle, wie es bei expliziten Verträgen notwendig ist, fallen hier nicht an. Denn implizite Verträge sind so gestaltet, dass ein Vertragsbruch den Teilnehmer schlechter stellt als die Erfüllung des Vertrages.[464] Bei diesen sich selbst durchsetzenden Verträgen[465] bleibt es für alle Beteiligten vorteilhaft, auch wenn sich die Umweltzustände ändern, sich an die vereinbarten Zusagen zu halten. Optimale *Voraussetzungen* zur Funktionsfähigkeit solcher Mechanismen sind Barrieren z.B. in Form von hohen Kooperationspartnerwechselkosten. Das können ent-

---

[457] Vgl. Bailey, 1974; Gordon, 1974; Azariadis, 1975.
[458] Vgl. Wielenberg, 1999, S. 10.
[459] Vgl. Telser, 1980; Klein/Leffler, 1981; Shapiro, 1983.
[460] Vgl. Scholtis, 1998, S. 31.
[461] Vgl. Rosen, 1985; Bull, 1987; Heinzel, 1996; Brown, 2004.
[462] Diese Vereinbarungen umfassen Art und Umfang der Arbeitsleistung oder z.B. Gehaltssteigerungen. Vgl. Scholtis, 1998, S. 31.
[463] Ausgangspunkt ist hierfür oft ein neoklassischer Arbeitsmarkt auf dem bestimmte Phänomene, wie z.B. sehr unelastische Löhne, die über der Produktivität liegen, oder umgekehrt, Entlassungen trotz Löhne, die unter der Produktivität liegen, nicht vorkommen dürfen. Vgl. Bull, 1983, S. 658.
[464] Vgl. Richter/Furubotn, 2003, S. 182.
[465] Wird in der Literatur synonym mit dem Begriff der impliziten Verträge bezeichnet. Vgl. Richter/Furubotn, 2003, S. 183f.

112

stehende Transaktionskosten sein, die beim Wechsel des Arbeitsplatzes anfallen. Auch ausgeprägte Kooperationsvorteile[466] sind dabei sehr nützlich.[467]

Sich selbst durchsetzende Vereinbarungen weisen also Entscheidungsrechte zu, die dem Vertragspartner Anreize geben sollen, bestimmte Handlungen vorzunehmen (oder zu unterlassen), die (nicht) im Interesse beider Vertragspartner liegen. So gilt ein weiterer Aspekt der Aufnahme von Qualitätskriterien in den expliziten Vertrag, was erneut die Kosten für die Formulierung erhöht.

Beispielsweise wären Käufer bei besserer Qualität eines Produktes bereit mehr dafür zu bezahlen. Würde der Verkäufer aber bei gleich bleibender Qualität zu höherem Preis verkaufen, so kann der Käufer dies nicht reklamieren, da die Qualität nicht Vertragsgegenstand war. Auf der Basis einer „Qualitätsgarantie" aufgrund der Unternehmensreputation wäre der Käufer allerdings bereit, mehr zu bezahlen, da er sich sicher sein kann, dass die Reputation der Unternehmung für die Qualität bürgt.

Ein eindeutiger Nachteil dieser impliziten Verträge ist, dass sie nicht vor Gericht durchsetzbar sind. Dieser Vertragstyp beschreibt einen schwer erfassbaren und oft subjektiv geprägten Anspruch. Der Mechanismus der Reputation muss hier allein für die Durchsetzung des Vertrages sorgen.[468] Die Erfüllung des impliziten Vertrages kann so anhand der Reputation des Reputationsträgers gemessen werden. Das Unternehmen drückt mit seiner Reputation aus, dass es die versprochene Leistung einhalten wird.[469] Hier kann das Beispiel zwischen Zulieferer und Unternehmung angeführt werden: Sollte sich das Unternehmen nicht gemäß den Vereinbarungen verhalten, könnte diese Tatsache an die Öffentlichkeit gelangen oder auch innerhalb eines bestimmten Wirtschaftsverbandes bekannt werden. Eine negative Kritik kann für das Unternehmen möglicherweise Gewinnausfälle in der Zukunft bedeuten.[470] Natürlich gibt es keine Garantie, dass der Durchsetzungsmechanismus vollständig funktioniert. Denn eine Nicht-Einhaltung der Vereinbarungen kann sich u.U. lohnen. Das Unternehmen entscheidet damit bewusst, ob sich ein Reputationsaufbau bzw. -erhalt lohnt oder das In-Kauf-Nehmen eines Reputationsverlustes die Unternehmung besser stellt.[471] Die Verletzung der Reputation kann dann[472]

- o zum Abbruch der Beziehung führen und damit zum Verlust des gesamten Tauschgewinns oder
- o nur zum Verlust der Reputationsprämie führen. Dabei wird die Beziehung zwar fortgesetzt, allerdings zu schlechteren Bedingungen als zuvor.

Mit dem Einlassen auf einen impliziten Vertrag entscheidet sich der Stakeholder für Vertrauen und verzichtet damit u.U. auf explizite Sicherungsmechanismen. Er geht davon

---

[466] Im Bereich des Arbeitsplatzes kann hierfür folgendes Beispiel angeführt werden: Für eine Unternehmung mag es günstiger sein, einen Mitarbeiter weiterzubeschäftigen, als das Nichtzahlen einer zugesicherten Prämie und der Verlust dieses Mitarbeiters. Vgl. Scholtis, 1998, S. 32f.
[467] Vgl. Scholtis, 1998, S. 32f.
[468] Vgl. Martiensen, 2000, S. 432f.
[469] Vgl. Tegtmeyer, 2005, S. 45f.
[470] Vgl. Wielenberg, 1999, S. 10.
[471] Die Spieltheorie kann mit wiederholten Spielabfolgen aus der Perspektive des Gefangenen-Dilemmas eine Analysehilfe geben. Damit lässt sich genau bestimmen, wann der Vertragsbruch lohnt und wann nicht. Vgl. Wielenberg, 1999, S. 444.
[472] Vgl. Martiensen, 2000, S. 444.

aus, dass das Unternehmen die Situation nicht ausnutzen wird. Vertrauen kann dabei der sinnvollen Ergänzung von Sicherungsmaßnahmen dienen. Dennoch ist es wichtig sich zusätzlich auf bestimmte Informationen zu stützen und gewisse Maßnahmen zu ergreifen:

So kann es *vor* Vertragsabschluss nützlich sein, Ausschau nach Signalen zu halten. *Nach* Vertragsabschluss bieten Kontrollmaßnahmen Unterstützung, die dann bei guter Erfahrung durch Vertrauen ausgetauscht werden können.[473] Damit können implizite Vereinbarungen explizite Verträge sowohl ersetzen, aber auch sinnvoll und kostengünstig ergänzen.

### 4.3.3.2.2 *Der Austausch von Geiseln*

Das Unternehmen kann seine Reputation wie eben gezeigt so einsetzen, dass die vertragstheoretischen Defizite zumindest bis zu einem gewissen Grad abgebaut werden können. Darüber hinaus existiert ein weiterer Mechanismus im Rahmen der impliziten Vertragsdesigns. So kann eine Geisel als Mechanismus eingesetzt werden, um dem anderen eine Sicherheit zur Verfügung zu stellen, bis die Vereinbarung vollständig eingelöst wurde. Dabei kann sich die Geisel in Form von monetären Werten, aber auch durch die Reputation selbst darstellen, wie im Folgenden gezeigt wird.

Das Modell der Geisel fand zunächst Anwendung bei Williamson.[474] Seine dahinter stehende Grundidee ist, dass diejenige Partei, die spezifische Investitionen zu tätigen hat, um den Vertrag zu erfüllen, von der anderen Partei eine Geisel gestellt bekommt. Diese bleibt bis zur Einlösung bei der anderen Vertragspartei erhalten. Sollte sich die andere Seite opportunistisch verhalten, wird die Geisel nicht zurückgegeben bzw. geht in deren Besitz über.[475] In dieser ursprünglichen Darstellungsweise geht es bei der Geisel um einen bestimmten Vermögensgegenstand bzw. eine bestimmte Wertdifferenz, die zwischen Abnehmer und Lieferant steht.

Über diesen spezifischen Fall hinaus lässt sich das Modell der Geisel auch auf den Mechanismus der Reputation übertragen. Die Geisel bzw. die Reputation im Sinne einer Sicherheitsleistung muss dabei eine glaubhafte Selbstverpflichtung darstellen.[476] Im Sinne der Stakeholderbetrachtung kann diese Reputation in der Hand eines jeden Stakeholders für das Unternehmen zur Geisel[477] werden. Sie stellt durch die dafür getätigten irreversiblen Kosten ein glaubwürdiges Signal dar, um sich auf die Vereinbarungen der Unternehmung einzulassen.[478] Allerdings kann eine Unternehmensreputation auch unfreiwillig zur Geisel in den Händen der Stakeholder werden, um das Unternehmen damit quasi zu „erpressen".[479] In den USA findet dies z.B. in einer besonders extremen Form statt: Kunden können relativ leicht ungerechtfertigte Ansprüche erheben – wie z.B. die Verbrennung durch einen zu heißen Kaffeebecher – die der Anbieter erfüllen muss bzw. freiwillig erfüllt, um seine Reputation zu schützen.

---

[473] Vgl. Göbel, 2002, S. 118f.
[474] Vgl. Williamson, 1983, S. 522-527.
[475] Vgl. Wielenberg, 1999, S. 16f.
[476] Vgl. Wielenberg, 1999, S. 132.
[477] Häufig wird der Begriff der Geisel auch als Pfand bezeichnet. Vgl. Spremann, 1988, S. 618ff.
[478] S. dazu auch die mathematische Darstellung im Anhang Gleichungsaufbau der Deckungsbeiträge.
[479] Die Begriffe der Geisel und der Erpressung sind hier sowohl durch die Spieltheorie als auch durch die Einflüsse aus dem militärisch-strategischen Kontext geprägt. Vgl. Wielenberg, 1999, S. 15.

114

So können erhebliche Probleme bei der Verwendung von Geiseln insbesondere in zwei Bereichen auftreten:[480]

1) Bei Nachverhandlungen über die *generelle Rückgabe der Geisel* kann es bereits Unstimmigkeiten geben. So kann eine Partei der Überzeugung sein, dass eine Rückgabe, aufgrund der Nicht- oder Schlecht-Erfüllung der Vereinbarung, nicht zu erfolgen braucht. Eine weitere Problematik stellt sich, wenn es bei der *Bewertung der Geisel* am Ende unterschiedliche Meinungen gibt. Ein Beispiel ist die Kautionsvereinbarung, die es z.b. bei Mietverhältnissen gibt. Der Mieter hinterlegt ein monetäres Pfand, das dem Vermieter teilweise oder ganz bei opportunistischem Verhalten, also z.b. bei Wertminderung des Objekts, zusteht. Die daraus entstehenden Nachverhandlungen sind aber meist mit einem sehr hohen Aufwand in Form von Zeit und Kosten verbunden wie z.b. Anwalts- oder Gerichtskosten.

2) Ein weiteres Problem besteht in *Nachverhandlungen über den (Liefer-) Preis –* z.b. im Falle der Lieferanten-Unternehmens-Beziehung.[481] Nach Erfüllung der Vereinbarung, also z.b. der Herstellung der gewünschten Produkte, kann der Lieferant nachträglich versuchen, am Erlös beteiligt zu werden, bevor er die Geisel zurückgibt, die er für die Tätigung in spezifische Investitionen, z.b. in eine neue Technologie, bekommen hat. Ist dem Unternehmen bekannt, dass Nachverhandlungen existieren können, so zerstört das bereits ex ante die Möglichkeit auf spezifische Investitionsanreize.[482]

### 4.3.4 Verträge in den Stakeholder-Unternehmens-Beziehungen

Aus den Überlegungen zur Vertragsgestaltung gilt es nun zu untersuchen, wie die Vereinbarungen im Rahmen des Integrativen Marketing konkret zwischen der Unternehmung und ihren identifizierten Stakeholdern aussehen könnten. In dieser dritten Phase kann nun geklärt werden, wie explizite und implizite Verträge die Beziehung effizient begleiten können, so dass Vereinbarungen auch auf beiden Seiten eingehalten werden.

Konkrete Ausführungen zur Ausgestaltung der Vertragstheorie der Unternehmung in der Literatur beschränken sich weitestgehend auf einige wenige Stakeholder-Gruppen. Innerhalb dieser Verträge bezieht man sich dabei meist auf explizite Vertragsdesigns. Aus der bisher gewonnenen Erkenntnis, dass explizite Verträge nicht zwangsläufig die effizientere Variante sind, müssen diese um implizite Vereinbarungen ergänzt oder sogar ersetzt werden. Hier soll nun eine Übertragung auf die im Rahmen dieser Arbeit relevanten Stakeholder der Unternehmung vollzogen werden. In der Übersichtstabelle von Kapitel 4.3.5 findet sich eine Zusammenfassung möglicher expliziter und impliziter Vertragsgestaltungen der jeweiligen Stakeholder-Gruppen. So werden im Folgenden die Vereinbarungen mit den hier relevanten Stakeholdern hinsichtlich expliziter und impliziter Vertragsinhalte beschrieben. Darüber hinaus wird gezeigt, welche Durchsetzungsmechanismen den Stakeholdern zur Verfügung stehen, um ihre Ansprüche gel-

---

[480] In Anlehnung an Wielenberg, 1999, S. 20-25.
[481] Dies setzt voraus, dass kein Fixpreisvertrag existiert, der von einem Gericht oder einer anderen dritten Instanz durchgesetzt werden kann. Vgl. Wielenberg, 1999, S. 23.
[482] Vgl. Wielenberg, 1999, S. 23f.

115

tend zu machen. Damit für Stakeholder der Faktor der Unsicherheit reduziert werden kann, wird hier auch dargestellt, wie die Unternehmensreputation als Geisel in die Hände der Stakeholder gegeben werden kann, um ihnen damit die Einhaltung der Vereinbarungen zuzusichern. Schließlich wird aufgezeigt, um welche Formen des Abschlusses es sich bei den jeweiligen Vereinbarungen handelt.[483]

### 4.3.4.1 Kunden

In der Beziehung zwischen Kunden und Unternehmung handelt es sich in erster Linie um explizite Verträge in Form eines traditionellen Kaufvertrages.[484] Auch die Allgemeinen Geschäftsbedingungen (AGB) dienen einer Orientierung für den Kunden. Das Vertragsverhältnis von Kunden und Unternehmung ist vergleichbar mit dem zwischen Lieferanten und Unternehmung, da dort das Unternehmen die Position des Kunden für den Lieferanten einnimmt.

*Vertragsinhalt*:
Innerhalb dieser expliziten Regelungen bezieht sich der Vertragsinhalt im Wesentlichen auf die Eigenschaften der Transaktion wie Menge, Preis, Termin und andere Konditionen. Darüber hinaus steht im Falle des klassischen Kunden, der auch meist Endkonsument ist, oft nichts über die *Qualität* des Produktes innerhalb dieses Vertrages geschrieben.[485] Dies würde zu immens hohen Kosten führen würde, im Vorhinein alle Kriterien festzulegen und im Nachhinein eine komplette Überprüfung dieser vorzunehmen.[486] Es besteht damit keine explizite Einigung über Qualitätseigenschaften des Produktes. Eine Möglichkeit, dies dennoch explizit zu regeln, besteht in Form von Garantien. Unternehmen können so genannte Qualitäts- oder Zufriedenheitsgarantien leisten. Diese treten in erster Linie bei Investitionsgütern auf, wo der Kunde besonders verletzlich gegenüber opportunistischen Verhaltensweisen ist.[487] Eine Ex-ante-Einführung von Garantien kann so dem Kunden einen Teil der Unsicherheit nehmen und sichert somit die Einhaltung eines bestimmten Qualitätsstandard ab.[488] Denn im Fall einer schlechteren Qualität wäre das Unternehmen verpflichtet, das Produkt zu verbessern bzw. zu reparieren, umzutauschen oder das Geld zurückzuzahlen. Damit wären aber für das Unternehmen erhebliche Realisierungskosten verbunden, die es versuchen wird zu ver-

---

[483] Eine Anlehnung an die Einteilung in persönliche und mediale Abschlussformen wird hier vorgenommen. Persönliche Formen beziehen sich auf direkte Kommunikationswege zwischen dem Stakeholder und der Unternehmung. Der mediale Abschluss stellt einen indirekten Kommunikationsprozess dar, der unter Zuhilfenahme von sachlichen Trägermedien wie z.B. dem Internet, aber auch personellen Vertretungen die Verträge abschließt. Vgl. Muser, 1996, S. 145ff. Im Rahmen des Integrativ-Prozessualen Marketingansatzes lehnt sich Mattmüller auch an diese Einteilung innerhalb der Abschlussphase an. Vgl. Mattmüller, 2004, S. 323.
[484] Vgl. Göbel, 2002, S. 87-90.
[485] Dies gilt insbesondere für Produkte, die an eine breite Masse abverkauft werden. Beim Kauf eines gewöhnlichen Gebrauchsprodukt wie z.B. eine Lampe, wird sich der Kunde nicht die Mühe machen und den Kaufvertrag zu lesen. Spezifizierte Verträge bei diesen Produkten würden sich letzten Endes auf den Kaufpreis niederschlagen und damit viele Kunden verlieren.
[486] In dieser Beziehung spielen die Such-, Erfahrungs- und Vertrauenseigenschaften eine nicht unerhebliche Rolle. Aufgrund des Umfangs wird hier auf die letzten beiden – insbesondere aber auf Vertrauenseigenschaften – abgezielt. Sucheigenschaften bleiben unberücksichtigt, da sie weniger mit den Konstrukten Vertrauen und Reputation in Verbindung gebracht werden können.
[487] Beim Kauf eines Investitionsgutes muss der Kunde zunächst Suchkosten für Informationen aufbringen, die ihm schließlich zur Entscheidung verhelfen. Denn der Kunde bindet sich langfristig mit der getätigten Investition an das Gut. Ein Wechsel wäre mit hohen Kosten verbunden bzw. gar nicht möglich, wie es z.B. bei einem Verbrauchsgut der Fall ist.
[488] Vgl. Hill/Jones, 1992, S. 139.

116

meiden. Somit bekommt der Kunde die Sicherheit, dass die Vereinbarungen eingehalten werden.

Allerdings zeigen sich zunehmend so genannte Zufriedenheitsgarantien auch bei Verbrauchsgütern, die im Gegensatz zu den Investitionsgütern einen sehr niedrigen Kaufpreis haben und nach einmaliger Verwendung verbraucht sind. Viele Beispiele davon sind im Lebensmittelbereich zu finden.[489] Eine weitere Unterscheidung bei Garantiefällen kann hinsichtlich einer subjektiven und objektiven Bewertung bei Mängeln auftreten. Bei der Einlösung der Garantieleistung von Investitionsgütern handelt es sich meist um einen objektiv nachvollziehbaren Mangel: Beispielsweise beim Kauf eines PKWs lässt sich eindeutig nachvollziehen, falls dieser ein bestimmtes technisches Kriterium nicht erfüllt oder etwas nicht funktioniert. Hingegen basiert bei Zufriedenheitsgarantien bzw. Rückgaberecht-Aktionen, wie sie häufig bei Verbrauchsgütern zu finden sind, jene Rücksendung auf subjektiven Kriterien des Kunden. Dennoch kann nicht jedes Unternehmen solch eine Garantieleistung anbieten, da diese oft mit hohen Kosten verbunden ist.[490] Durch den Zugzwang im Wettbewerb, dem sich viele Unternehmen unterworfen sehen, geben viele nur vor, solch eine Qualitätsgarantie zu leisten, ohne diese anschließend umsetzen zu können oder zu wollen. Dies kann verheerende Folgen für das Unternehmen haben. Bei Nicht-Einhaltung von expliziten Verträgen wird in den meisten Fällen eine Entscheidung per Gericht oder von anderen dritten Instanzen getroffen, die das Unternehmen nicht nur zu Schadensersatzzahlungen zwingt, sondern auch schließlich zum Verlust der Glaubwürdigkeit führt.

*Sanktionsmechanismen:*
Im Rahmen von expliziten Verträgen lassen sich Durchsetzungen per Gesetz erreichen. Auch bei impliziten Verträgen hat der Kunde Möglichkeiten, bei opportunistischen Verhaltensweisen seitens der Unternehmung Sanktionsmaßnahmen anzudrohen bzw. durchzuführen. Hill und Jones benennen diese nach den Alternativen „Exit" (Rückzug) und „Voice" (Verlautbarung). Erstere beschränkt sich auf den Boykott des Produktes der Unternehmung. Der Kunde verweigert also weitere Folgekäufe und bricht damit die Beziehung zur Unternehmung ab. Diese sind häufig effektiver als gesetzliche Sanktionsmaßnahmen, die vielleicht die Zahlung einer Schadenssumme enthalten. Viele Unternehmen kalkulieren diese Vertragsstrafen bereits mit ein; ein kompletter Rückzug der Kunden würde dem Unternehmen weitaus mehr Schaden zufügen. Die zweite mögliche Strategie zur Durchsetzung der Vereinbarung ist die Verlautbarung bzw. der Zusammenschluss mit anderen wichtigen Institutionen. Gemeinsam kann so ein stärkeres Machtpotenzial erwirkt werden, als es bei einem einzelnen Kunden der Fall wäre. So könnte der Kunde sich z.B. an Verbraucherschutzgruppen oder aber an die Medien wenden, um mehr Aufmerksamkeit zu erlangen.

*Reputation als Geisel:*
Implizite Verträge können die Einhaltung von Qualitätseigenschaften oder z.B. dem Versprechen eines After-Sales-Service für beide Parteien sicherer gestalten: Aufgrund

---

[489] So genannte Zufriedenheitsgarantien stehen meist in Verbindung mit einem Rückgaberecht. Auch immer mehr Lebensmittelhersteller greifen auf diese Art der Vereinbarung zurück. Eine solche Möglichkeit gibt es z.B. bei Masterfoods im Rahmen der Marke „Uncle Ben's" oder bei dem Produkt „Actimel" von Danone. Bei Beanstandung kann so eine Rückgabe und Erstattung des Geldbetrages erwirkt werden.
[490] Mögliche Kosten für die Rücknahme belaufen sich für die Unternehmen z.B. auf Rücknahmestellen oder Sachbearbeitungskosten.

einer bestehenden Reputation gibt das Unternehmen diese dem Kunden als Geisel in dessen Hände. Wie bereits in Kapitel 4.3.3.2.2 beschrieben wurde, kann der Kunde bei Nicht-Einhaltung der Vereinbarung der Unternehmensreputation erheblichen Schaden zufügen. Im positiven Fall gesprochen, dient sie dem Kunden als Sicherheit, dass das Unternehmen seinen Teil der Vereinbarung, wie z.b. die Qualität, einhalten wird, da der Schaden an der Reputation zu groß und zu kostspielig für das Unternehmen wäre.

*Abschlussform:*
Insbesondere bei den Kunden kann bei der Abschlussform produkt- oder leistungsabhängig zwischen persönlicher und medialer Form unterschieden werden. So bietet es sich an, bei der Zielvorgabe der Erreichung breiter Massen (z.b. Verbrauchsgüter), einem standardisierten Produkt und wenig bzw. keinem Verhandlungsspielraum die kostengünstigere Alternative der medialen Abschlussform zu wählen. Bei den zuvor beschriebenen Investitionsgütern sollte jedoch auf die persönliche Alternative zurückgegriffen werden, da der Aufbau von Vertrauen besonders bei der Beratung besonders wichtig ist. Dies kann mit einer medialen Form nur schwer erfolgen.

### 4.3.4.2 Mitarbeiter

Bei der Einstellung eines neuen Mitarbeiters gibt es zunächst eindeutige Vereinbarungen, die in Deutschland per Gesetz bereits weitgehend vorgegeben sind. Auch einige Aspekte des Arbeitsumfeldes sind hier im Vorfeld schon vom Gesetzgeber definiert.

*Vertragsinhalt:*
Das Mitarbeiter-Unternehmens-Verhältnis wird auf klassische Weise über einen Dienstvertrag nach §§ 611-630 BGB geregelt. Damit sorgt der Gesetzgeber für eindeutige Kriterien, die Vergütung, Pflichten zur Krankenfürsorge oder Kündigungsfristen betreffen. Weitere gesetzliche Regelungen (und damit explizite Vereinbarungen) gibt es im Entgeltfortzahlungsgesetz (EntgFG)[491], Kündigungsschutzgesetz (KschG)[492] oder Betriebsverfassungsgesetz (BetrVG)[493]. Diese expliziten Vereinbarungen werden zum Schutz des Arbeitnehmers vom Staat vorgenommen. Jedoch schützen diese das Unternehmen keineswegs vor den opportunistischen Gefahren, die vom Arbeitnehmer ausgehen können. Sie sind unvollständig und dienen lediglich als Beschreibung von Handlungsspielräumen und Rahmenbedingungen.[494] Ein Arbeitgeber kann nur unter schwierigen und kostspieligen Bedingungen die Leistung überwachen. I.d.R. sieht er nur das Ergebnis und auch das ist meist als Teilprodukt vom großen Endergebnis zu sehen, das von vielen Beteiligten erschaffen worden ist. Für beide Seiten gilt auch hier bei Nicht-Einhaltung der expliziten Verträge eine Nachprüfbarkeit anhand der entsprechenden Gesetze, mit denen hier eine gerichtliche Durchsetzung erfolgen kann.

Neben dem expliziten Arbeitsvertrag bestehen meist auch implizite Regelungen, die für beide Seiten weitere wichtige Aspekte beinhalten. Innerhalb dieser ist z.b. das Anstren-

---

[491] Das Entgeltfortzahlungsgesetz beschäftigt sich u.a. mit Entgeltzahlungen im Krankheitsfall oder an Feiertagen, Anzeige- und Nachweispflichten bei Arbeitsunfähigkeit oder dem Leistungsverweigerungsrecht des Arbeitnehmers. Vgl. EntgFG.
[492] Das Kündigungsschutzgesetz regelt den Kündigungsschutz des Arbeitnehmers und damit die Bestimmungen rund um die Entlassung. Vgl. KschG.
[493] Das Betriebsverfassungsgesetz bestimmt u.a. Kriterien rund um Betriebsversammlungen u.a. Unternehmervertretungen. Vgl. BetrVG.
[494] Vgl. Heinzel, 1996, S. 33-35.

gungsniveau, das der Mitarbeiter zu erbringen hat, essentiell.[495] Zur besseren und sichereren Umsetzung dieser Vereinbarungen ist eine Beteilung am Umsatz, ein Erhalt einer Provision oder einer Ausgabe von Aktienoptionen möglich, die allesamt das Ziel haben, die Leistung des einzelnen Mitarbeiters mehr an die Maximierung des Unternehmensgewinns zu binden.[496] Aus Sicht des Arbeitnehmers existieren ebenfalls Unsicherheiten, die innerhalb expliziter Verträge nicht geregelt werden können. So muss der Arbeitnehmer darauf vertrauen, dass er ein stabiles und regelmäßiges Einkommen bezieht.[497] Eine empirische Untersuchung von Bruhn und Grund stellt als weitere wichtige Kriterien für eine gute Leistung seitens des Mitarbeiters das Arbeitsklima und die individuell empfundene Wertschätzung heraus.[498] Auch die damit einhergehende Unternehmenskultur[499] und angekündigte Aufstiegsmöglichkeiten innerhalb der Unternehmung können Teil der impliziten Abmachung sein.

Es bedarf also eines Anreizmodells,[500] damit beide Seiten ihre Versprechungen einhalten – Voraussetzung ist natürlich der beidseitige Gewinn.[501] Schließlich können beide Parteien Kosten sparen, wenn sie diese erfüllen. Gerade das spezifische Know-how[502] des Mitarbeiters spiegelt diese gegenseitige Abhängigkeit wider: Für den Arbeitnehmer entfallen Gewinne, wenn er den Arbeitsplatz wechselt, da er woanders dieses Know-how nicht oder nur teilweise einbringen kann. Für den Arbeitgeber entstehen neue Kosten, da zunächst Suchkosten für einen neuen Mitarbeiter entstehen, aber auch in dessen Ausbildung erneut investiert werden muss.

*Sanktionsmechanismen:*
Auch hier kann in Anlehnung an Hill/Jones ebenso wie bei den Kunden darüber hinaus von einer „Exit"-Strategie gesprochen werden. Diese bedeutet die Kündigung des Mitarbeiters, wie die eben angedeutete Problematik bereits zeigte. Dies trifft das Unternehmen jedoch nur unter ganz bestimmten Umständen: So muss der Mitarbeiter sehr spezifisches Know-how besitzen oder z.b. über spezielle Kontakte verfügen, die an seine Person gebunden sind, um dem Unternehmen damit wirklich zu schaden. Darüber hinaus kann der Mitarbeiter bei Nicht-Einhaltung die Unternehmung sanktionieren bzw. ex ante damit drohen, in dem er die „Voice"-Strategie verfolgt. So können Mitarbeiter z.B. in Form der Gewerkschaft weitere Stakeholder auf die bestehende Problematik aufmerksam machen. Die Reputation als „potenziell guter Arbeitgeber" wird damit beschädigt. Andererseits kann der Mitarbeiter absichtlich schlechte Leistung erbringen, um der Unternehmensreputation insbesondere aus Kundensicht zu schaden. Die Leistung, die in den Gesamtprozess mit einfließt, äußert sich letzten Endes im Produkt bzw.

---

[495] Vgl. Martiensen, 2000, S. 434ff.
[496] Vgl. Hill/Jones, 1992, S. 139. Provisionen u.ä. Mittel sind jedoch nicht stets positiv zu bewerten, da es hierbei sehr auf die genaue Formulierung ankommt. Bei einer Entlohnung nach Stückzahlen könnte ein Außendienst-Mitarbeiter oder Händler aus Sonderkonditionen gewähren, die seinen individuellen Verkauf nach Stückzahlenquote zunächst erhöht, den Gesamtumsatz der Unternehmung aufgrund niedriger Preise jedoch schmälert. Vgl. Göbel, 2002, S. 330f. Zur Aussagekraft von Festgehaltsanteilen und deren empirischer Überprüfung vgl. Albers/Krafft, 1996, S. 1383-1407.
[497] Vgl. Krüsselberg, 1993, S. 257.
[498] Vgl. Bruhn/Grund, 1999, S. 512ff.
[499] Vgl. Milgrom/Roberts, 1992, S. 132ff.
[500] Mitarbeiter sind nur dann bereit, einen Beitrag zu leisten, wenn der Anreiznutzen dem Beitragsnutzen entspricht oder ihn übersteigt. Vgl. Berthel/Becker, 2003, S. 20.
[501] Vgl. Carmichael, 1989, S. 67.
[502] Je spezifischer das Know-how ist, desto stärker ist auch die Abhängigkeit beider Parteien voneinander.

der Dienstleistung direkt oder indirekt, ganz gleich, ob der Mitarbeiter im Innen- oder Außendienst tätig ist. Im Innendienst kann der Mitarbeiter einen wichtigen Herstellungsprozess behindern bzw. Einfluss darauf nehmen und im Außendienst kann er den Kunden direkt negativ beeinflussen.

So sollten insbesondere im Bereich des Arbeitsmarktes[503] sowohl explizite als auch implizite Verträge parallel existieren, um eine optimale Situation für beide Parteien zu erzeugen.[504]

*Reputation als Geisel:*
Mit dem Mechanismus der Geisel stehen Mitarbeitern und Unternehmen die Reputationen zur Beeinflussung des jeweils anderen zur Verfügung. Verhält sich der Mitarbeiter auf der einen Seite opportunistisch dem Unternehmen gegenüber, z.B. in Form von Datenmissbrauch oder generell absichtlich erzeugter schlechter Leistung, kann das Unternehmen ihn, nach einigen Abmahnungen,[505] entlassen. Darüber hinaus kann das Unternehmen dem ehemaligen Arbeitnehmer ein schlechtes Zeugnis ausstellen, das diesem erheblich erschwert, eine neue Stelle zu finden, da dessen Reputation als Mitarbeiter damit beschädigt wird. Somit kann auch die Reputation eines Mitarbeiters in die Hände der Unternehmung gelegt werden. Auf der anderen Seite kann sich auch das Unternehmen dem Arbeitnehmer gegenüber opportunistisch verhalten, indem es z.B. vereinbarte Förderungen oder bestimmte Unternehmenswerte nicht erfüllt. Damit dies nicht geschieht, kann nun die Unternehmensreputation als Geisel eingesetzt werden, die dem Mitarbeiter eine sichere Erfüllung der Leistung garantieren wird. Würde sich das Unternehmen dennoch opportunistisch verhalten, so kann der Mitarbeiter der Unternehmensreputation Schaden zufügen. Eine negative Unternehmensreputation würde in Zukunft für weniger Neubewerber sorgen, da keiner in einem Unternehmen arbeiten möchte, in dem die Fluktuationsrate besonders hoch ist.

*Abschlussform:*
Bei der Einstellung von neuen Mitarbeitern bezieht sich das Unternehmen in erster Linie auf persönliche Abschlussformen. Ein Unternehmensrepräsentant bespricht mit dem potenziellen Neuzugang sämtliche Vereinbarungen, die die Beziehungen betreffen. Der Akt der Unterzeichnung eines expliziten Vertrages kann auch indirekt, ohne Beisein eines Unternehmensrepräsentanten erfolgen. Wichtiger ist allerdings die genaue Absprache von expliziten und impliziten Vereinbarungen, die hier hauptsächlich auf direktem Weg erfolgen werden.

---

[503] Speziell im Falle des Arbeitsmarktes müssen entsprechende Einschränkungen getroffen werden. Eine Anmerkung gilt der gesamten Arbeitsmarktsituation: Bei herrschender hoher Arbeitslosenquote hat das Unternehmen mehr Spielraum, sich opportunistisch zu verhalten. Bei niedriger Arbeitslosenquote hingegen hat der Mitarbeiter mehr Möglichkeiten, diesen Spielraum auszunutzen, da das Unternehmen Schwierigkeiten haben wird, einen Ersatz bei Verlust des Mitarbeiters zu finden. Vgl. Carmichael, 1989, S. 70. Eine weitere Anmerkung gilt der Betrachtung aus spieltheoretischer Sicht: Ist sich der Mitarbeiter bewusst, wann die letzte „Arbeits-Runde" beginnt, ist die Opportunismusgefahr ebenfalls groß, da er ohne Anreiz keine Motivation hat, auch in der letzten Runde eine volle Leistung zu erbringen. Vgl. Carmichael, 1989, S. 76.

[504] Vgl. Carmichael, 1989, S. 81; Kalkowski, 2004, S. 256.

[505] Eine Entlassung kann bereits nach einmaliger aber auch erst nach mehrfachen Abmahnungen erfolgen; dies hängt von der Schwere des Vergehens des Mitarbeiters ab.

### 4.3.4.3 Anteilseigner

In erster Linie befindet sich unter den Anteilseignern die klassische Stakeholder-Gruppe der Aktionäre. Jedoch muss darauf hingewiesen werden, wie bereits in Phase 1 definiert worden ist, dass auch weitere Gruppen den Stakeholder Anteilseigner prägen.[506] So soll an dieser Stelle auf die unterschiedliche Behandlung bei der Vertragsvereinbarung hingewiesen werden.

*Vertragsinhalt:*
Die Eigentumsverhältnisse des traditionellen Aktionärs oder des Miteigentümers sind explizit anhand diverser Gesetze geregelt. Je nach Gesellschaftsform der Unternehmung finden sich hierzu genaue Angaben im Aktiengesetz (AktG) oder im Gesetz betreffend die Gesellschaften mit beschränkter Haftung (GmbHG). Daraus ergeben sich wiederum unterschiedliche Mitspracheformen oder Entscheidungsbefugnisse. Neben den Gesetzesvorlagen unterliegen diese expliziten Vereinbarungen der Aufsicht von Banken und anderen Behörden wie der deutschen Börsenaufsicht oder in den USA der U.S. Securities and Exchange Commission. Ähnlich verhält es sich mit institutionellen Anlegern. Voraussetzung für die Regelung dieser Eigentums- oder Mitspracherechte sind eindeutige und wahrheitsgetreue Angaben hinsichtlich der finanziellen Situation der Unternehmung. Schließlich bilden diese Daten eine wichtige Grundlage, aufgrund welcher die Entscheidung, z.B. eines potenziellen Aktionärs, getroffen wird, einen Anteil an der Unternehmung zu erwerben. Noch wichtiger ist die Betrachtung des Marktes und der Unternehmenskennzahlen für institutionelle Anleger, da diese professionelle Bewertungskriterien ansetzen.[507] Trotz der gesetzlichen Vorschriften ergeben sich immer wieder Möglichkeiten, gewisse Lücken zu nutzen und sich damit opportunistisch zu verhalten. Das Unternehmen kann beispielsweise unbemerkt relevante Informationen für einen bestimmten Zeitraum zurückhalten; gerade Zeit bzw. Aktualität der Informationen ist für die Gruppe der Anteilseigner jedoch essentiell. Auch hier ist also eine bestimmte Vertrauensbasis notwendig, dass jene Daten und Informationen fristgerecht und ehrlich offen gelegt werden. Am Beispiel des Aktienerwerbs wird ersichtlich, dass trotz expliziter Verträge Unsicherheiten auf beiden Seiten bestehen. Der Aktionär muss den Aussagen der Unternehmensführung Vertrauen schenken, dass sie die angegebenen Strategien und Ziele umsetzen – eine Garantie dafür gibt es nicht. Eine Überprüfung kann er nicht bzw. nur sehr schwer und unter hohen Informationsbeschaffungskosten vornehmen. Für das Unternehmen wiederum bestehen ebenfalls Verhaltensunsicherheiten hinsichtlich der Anteilseigner. Es kann nicht abschätzen, welche Intentionen sie verfolgen. So kann u.U. ein Großanleger die Absicht verfolgen, das Unternehmen übernehmen zu wollen. Dies wird er natürlich nicht ankündigen, sondern zunächst andere Gründe für sein Interesse an der Unternehmung vorgeben.

*Sanktionsmechanismus:*
Wie auch bereits bei anderen Stakeholdern beschrieben wurde, existieren noch weitere Sanktionsmöglichkeiten, um eine Nicht-Einhaltung innerhalb eines impliziten Vertrags

---

[506] So stellt sich bei dieser Gruppe ein sehr heterogenes Bild dar: Neben den privaten Einzelpersonen sind auch institutionelle Anleger wie Konzerne, Banken, Fonds und Stiftungen zu unterscheiden. Vgl. Gaugler, 1999, S. 177.
[507] Beiträge aus der „Behavioral Finance" haben gezeigt, dass gerade private Kleinanleger mangels Wissen oft subjektive Kriterien für eine Investition zu Grunde legen. Dabei spielt die Reputation der Unternehmung eine viel größere Rolle als bei reinen Bewertungskriterien, die z.B. durch unabhängige Institute erstellt werden. Vgl. De Bondt, 1998, S. 831-835.

zu strafen bzw. damit im Vorfeld eine Vereinbarung zu erzwingen. Diese können wieder nach den Strategien „Exit" und „Voice" nach Hill/Jones unterteilt werden. Von größter Bedeutung ist bei der Beziehung zwischen Unternehmen und Anteilseignern die Rückzugstrategie („Exit"). Denn mit dem Verkauf z.B. von Aktien und Anteilen gibt der Stakeholder seine Verantwortung dem Unternehmen gegenüber ab. Ein neuer Anteilseigner, also Käufer dieser Anteile, kann durch Kauf vieler Anteile ein Unternehmen zerschlagen. Damit einhergehend ist in diesem speziellen Fall die zweite Sanktionsstrategie „Voice". Interpretiert man diese als Verlautbarung von Informationen über die Unternehmung und zeichnet sich damit ein Trend am Markt zum Abstoßen dieser Aktie ab, so reagieren weitere Anleger sehr schnell darauf und ziehen u.U. ebenfalls nach und verkaufen ihre Anteile. Auch hier ist erst die Menge entscheidend: Ein einzelner Verkauf eines privaten Kleinanlegers wird das Unternehmen nicht weiter stören; bei breiten Massen oder insbesondere institutionellen Großanlegern wie Banken kann dies zum Problem, vielmehr überlebensrelevant für die Unternehmung werden.

*Reputation als Geisel:*
Es besteht hier für beide Seiten die Möglichkeit, sich dem anderen gegenüber opportunistisch zu verhalten. Mit Hilfe von impliziten Verträgen können Ansätze aufgezeigt werden, diese Gefahren zu minimieren. Zur Sicherung der Durchsetzung der Vereinbarung kann auch hier die Reputation als Geisel eingesetzt werden. Ein implizites Versprechen hinsichtlich der Aussagen nach Langfristigkeit oder hohen und stabilen Renditen kann damit gesichert werden. Auch im Falle eines Darlehens stellt die Unternehmensreputation ein Zeichen für Kreditwürdigkeit dar und signalisiert damit die Absicht, ein „vertrauenswürdiger Schuldner" zu sein.[508] Die Unternehmung bürgt quasi mit ihrer Reputation für die Einhaltung z.B. von bestimmten Renditeerwartungen. Die Anteilseigner können somit davon ausgehen, dass die Vereinbarungen eingehalten werden, da das Unternehmen einen wesentlichen größeren (finanziellen) Schaden erleidet, wenn es sich nicht daran hält. Gerade der Vertrauensverlust bei Banken kann erhebliche negative Konsequenzen nach sich ziehen wie z.B. die Aufnahme in Portfolios, bei der Vergabe von zukünftigen Krediten oder bei der Suche nach potenziellen Kapitalgebern.

*Abschlussform:*
Bei dem Stakeholder der Anteilseigner können sowohl persönliche als auch mediale Abschlussformen, aufgrund der Heterogenität dieser Gruppe, möglich sein. So wird ein Kleinaktionär Aktien per Internet oder über seine Bank erwerben; was einen medialen Abschluss darstellt. Die Akquirierung von Großinvestoren für das Unternehmen oder Verhandlungen mit Banken sollten jedoch persönlich stattfinden. Eine Vereinbarung mit diesen Gruppen wird auf indirektem Wege kaum erfolgen können, da sich diejenigen Personen mit der entsprechenden Führungsebene der Unternehmung auseinander setzen wollen. Der Vertrauensaufbau ist in diesem Fall essentiell und erfordert eine persönliche Abschlussform.

### 4.3.4.4    Lieferanten
Ein Unternehmen kann u.U. in starker Abhängigkeit zu seinem Lieferanten stehen, der eine bestimmte Qualität zu einem bestimmten Termin abliefern muss. Andererseits kann der Lieferant – als eigenständiges Unternehmen – selbst abhängig von dieser Un-

---

[508] Vgl. Spremann, 2002, S. 710.

122

ternehmung sein. Damit lässt sich ein starkes Machtgefälle festhalten – ganz gleich zu welcher der beiden Seiten es verteilt ist.[509]

*Vertragsinhalt:*
In den meisten Fällen besteht in dieser Beziehung ein expliziter Vertrag, der die Konditionen[510] in dieser Business-to-Business-Beziehung regelt. So stellt sich hier die Problematik einer exakten Vereinbarung hinsichtlich der zu liefernden Qualitätsaspekte wie z.B. technischer Komponenten, die ein expliziter Vertrag nicht oder nur schlecht regeln kann. Eine exakte Aufnahme qualitativer Charakteristiken ist meist aus Kostengründen nicht möglich. Eine Absprache erfolgt meist mündlich oder ein gewisser *Qualitätsstandard* wird einfach vorausgesetzt. Der Gegenüber verlässt sich dabei im Sinne eines impliziten Vertrags auf die Einhaltung. Eine gerichtliche Durchsetzung wird hier nur in einem bedingten Rahmen möglich sein.

Wie bei der Stakeholder-Gruppe der Kunden kann auch hier eine Differenzierung der Güterart vorgenommen werden. Unternehmen benötigen auf der einen Seite Produktionsgüter, die direkt in das herzustellende Produkt einfließen und damit verbraucht werden. Durch ihren meist niedrigen Kaufpreis und geringe Wechselkosten des Anbieters können opportunistische Verhaltensweisen leicht ausgeglichen werden, ohne einen zu großen Verlust zu erleiden. Im Gegensatz dazu stehen Investitionsgüter, die längerfristig von der Unternehmung gehalten werden und damit auch einer Investition bedürfen. Mit dieser langfristigen Perspektive stellt sich das Problem, dass damit eine intensive Bindung entsteht, die opportunistisch ausgenutzt werden kann. Bei der Tätigung von spezifischen Investitionen, z.B. in eine besondere Anlage zur Herstellung des vereinbarten Produktes, besteht für den Lieferanten damit ein großes Risiko. Das Unternehmen kann sich anschließend opportunistisch verhalten, indem es droht, weniger oder gar keine Produkte von dem Lieferanten abzunehmen, wenn die Preise für die Produkte aus der Herstellung mit dieser Anlage nicht gesenkt werden. Da der Lieferant bei dieser Transaktion quasi „gefangen"[511] ist und nach Tätigung der Investition in die spezifische Anlage keine alternative Verwendungsmöglichkeit mehr dafür hat, könnten so für ihn irreversible Kosten entstehen.[512] So stellt es den Lieferanten finanziell immer noch besser, den niedrigeren gebotenen Betrag der Unternehmung anzunehmen, als gar keinen Erlös mit der Anlage zu erzielen. Damit dieser Fall nicht eintritt werden Zahlungen im Vorfeld zugunsten des Lieferanten vereinbart, die als Pfand in dessen Hände gegeben werden. So kann sich allerdings der Lieferant wiederum dem Unternehmen gegenüber opportunistisch verhalten, indem er das Pfand nicht vollständig oder gar nicht zurückzahlt.[513]

Es muss also eine Möglichkeit gefunden werden, beide Parteien in die Transaktion gleichwertig einzubinden, so dass es sich für keinen von beiden lohnt davon abzuwei-

---

[509] Eine so genannte Systemabhängigkeit existiert bei Vertragshändlern in der europäischen Automobilindustrie. Dabei sind die Händler stark auf die Marke des Herstellers angewiesen und somit unterliegen sie diesem einseitigen Machtpotenzial. Vgl. Mattmüller/Tunder, 2004, S. 34.
[510] Diese Konditionen beinhalten meist Termine, Mengen, Preise und im Optimalfall auch qualitative Eigenschaften. Vgl. Lippmann/Meyer, 1996, S. 203f.
[511] Williamson nennt diese Situation „Lock-in"-Effekt. Vgl. Williamson, 1990, S. 61.
[512] Vgl. Mattmüller/Tunder, 2004, S. 152f.; Hill/Jones, 1992, S. 139.
[513] Dies würde also bedeuten, dass es sich für den Lieferant trotz rechtlicher Grundlage und der unter diesen Umständen drohenden Strafzahlung lohnt, das Pfand nicht zurückzugeben. Weiter Erklärungen zum Begriff der Geisel und dem Drücken eines Lieferpreises s. Kapitel 4.3.3.2.

chen. Eine Alternative bieten gegenseitige Handelsabkommen bzw. eine Erweiterung durch wechselseitige Vereinbarungen. Weiter können die Preise von vorneherein inflexibel gestaltet werden, so dass Nachverhandlungen bereits ex ante ausgeschlossen werden können und sich die opportunistische Haltung nicht lohnt.[514] Auch „Patent Pools", „Union Shop Agreements" oder „Most-Favoured Buyer Clauses" stellen Chancen dar, um eine symmetrische Machtverteilung zu schaffen und damit beide fest einzubinden.[515] Im Sinne einer kooperativen Beziehung sollte es das Ziel sein, nach einiger Zeit reibungslose und effiziente Abläufe zu ermöglichen.[516] Allein die Tatsache, dass man gemeinsam beschließt eine langfristige Zukunft anzuvisieren,[517] kann nur in den seltensten Fällen per explizitem Vertrag geregelt werden.[518] Dabei zählen Kriterien wie Engagement, Transparenz oder Zuverlässigkeit, die erfüllt werden müssen, um dieses Ziel zu erreichen.[519]

*Sanktionsmechanismen:*
Sanktionsmöglichkeiten lassen sich auch bei dieser Stakeholder-Gruppe wieder durch die „Exit"- und „Voice"-Strategien aufzeigen. Das Unternehmen, in diesem Fall in der Rolle des Kunden, kann mit dem Rückzug aus der Lieferbeziehung drohen. Je nachdem, wie groß der Anteil der Aufträge an der Unternehmung des Lieferanten ist, kann dies existenzielle Risiken für diese bergen. Im umgekehrten Fall der Machtverteilung, also der Abhängigkeit der Unternehmung von dem Lieferanten, kann so auch der Lieferant glaubwürdig drohen bzw. von einer weiteren Geschäftsbeziehung Abstand nehmen. Der andere Mechanismus zur Durchsetzung einer Vereinbarung betrifft die jeweilige Reputation. Aus Sicht des Lieferanten kann dessen Reputation geschädigt werden, wenn das Unternehmen (Kunde) anderen potenziellen und bestehenden Geschäftspartnern z.B. von der mangelhaften Qualität der Ware oder von Zeitverzögerungen berichtet. Damit kann diese Form der Reputationsschädigung Multiplikationseffekte nach sich ziehen.

*Reputation als Geisel:*
Auch bei dieser Stakeholder-Gruppe kann die Reputation als Geisel dienen, um die Opportunismusgefahren abzubauen und damit beide Parteien sich an ihre Vereinbarungen halten lassen. Eine Beziehung zwischen Unternehmen und Lieferant kommt meist dann zustande, wenn die Parteien aufgrund einer bestimmten Reputation aufeinander zugehen. Im Falle des Lieferanten bezieht sich dessen Reputation auf entsprechende vergangene Erfahrungen Dritter, bereits gemeinsam erzielte Erfolge oder Of-

---

[514] Vgl. Williamson, 1990, S. 206.
[515] Vgl. Hill/Jones, 1992, S. 139.
[516] Vgl. Srivastava, 1998, S. 6f. Franzen widmet sich im Sinne der Erzielung eines Positivsummenspiels der Betrachtung von Kooperationen zwischen Hersteller und Handel. Dabei betrachtet er das Konzept des Efficient Consumer Response, um die Win-Win-Situation für beide Parteien darzustellen. Mit dem Einlassen auf dieses Konzept können beide einen Nutzen generieren, „ (...) der in der Summe größer ist als die aggregierten Ausgangsnutzenniveaus." Franzen, 2005, S. 94. Dabei lohnt es sich nicht für einen der beiden Partner von den Vereinbarungen abzuweichen, da er sich dabei schlechter stellt.
[517] Es werden hier langfristige Beziehungen als effizient vorausgesetzt – in der Wirtschaftsrealität existieren auch Situationen, in denen für beide Seiten eine kurzfristige und/oder einmalige Beziehung lohnender ist.
[518] Die so genannte „innere Verpflichtung" ist dabei die Bereitschaft seinem Gegenüber wohlwollend entgegenzutreten. Sie resultiert meist aus Erfahrungen der letzten gemeinsamen Transaktionen. Vgl. Diller/Kusterer, 1988, S. 218.
[519] Vgl. Wentges, 2000, S. 203-206; Mattmüller, 2004, S. 321f.

124

fenheit im Informationsaustausch.[520] Die Reputation des Lieferanten kann damit der Unternehmung als Geisel dienen, um sich abzusichern, dass sich der Lieferant an die Vereinbarungen hält. Umgekehrt spielen bei der Reputation der Unternehmung als Kunde Eigenschaften wie Zahlungsmoral und Absprachen eine wichtige Rolle. Hat es in der Vergangenheit nicht rechtzeitig Zahlung geleistet, so kann auch das Vertrauen, ein zuverlässiger Abnehmer zu sein, Einbuße erleiden. Damit kann die Reputation des jeweiligen in der Hand des anderen eine Geisel darstellen, die bis zur Erfüllung der Vereinbarungen bestehen bleibt.

*Abschlussform:*
Die Abschlussform mit Lieferanten hängt, ähnlich wie bei den Kunden, von der Art des Produktes bzw. der Leistung ab. So werden auch hier bei Produktionsgütern u.U. bei einer erstmaligen Transaktion noch persönliche Formen gewählt. Möglich sind aber auch mediale Formen; gerade das Internet hat sich auch bei Lieferanten zunehmend z.B. über B2B-Plattformen etabliert. Handelt es sich um Investitionsgüter für die Unternehmung, so wird auch hier Wert auf persönliche Kommunikationswege gelegt. Erst dann kann Vertrauen in die Leistung des Lieferanten aufgebaut werden bzw. kann sich der Lieferant umgekehrt auch u.U. einen Eindruck von der Zahlungsfähigkeit des Unternehmens bilden.

### 4.3.4.5 Öffentlichkeit

Bei der Stakeholder-Gruppe der Öffentlichkeit handelt es sich um eine sehr heterogene Zusammenstellung hinsichtlich deren Ansprüche und Vorstellungen (s. Kapitel 4.1.2.1). Darüber hinaus ist eine Existenz expliziter Verträge eher selten bzw. ungewöhnlich.

*Vertragsinhalte:*
Diese Stakeholder-Gruppe stellt in erster Linie Forderungen[521] – eine Beziehung zwischen ihnen und der Unternehmung ist damit vielmehr einseitig zu betrachten. D.h., die Gesellschaft erwartet bestimmte Dinge von den Unternehmen, erbringt aber nur in wenigen Fällen ebenfalls eine Leistung – sie verzichtet im positiven Fall lediglich auf Sanktionsmaßnahmen. Ihre Ansprüche sind i.d.R. nicht gesetzlich verankert und haben damit keinen legalen Anspruch. Im Sinne einer vertragsorientierten Betrachtung muss damit auch von expliziten Verträgen abgesehen werden.[522]

Implizite Forderungen betreffen u.a. das Umweltbewusstsein der Unternehmung. Im Zusammenhang mit der vorherigen Phase der Kommunikation ist hier das Resultat daraus besonders wichtig. Ist die Phase erfolgreich verlaufen, so wird der Unternehmung eine positive Reputation hinsichtlich der entsprechenden Zielvorstellung unterstellt. Mit diesem Hintergrund der Glaubwürdigkeit kann so z.B. im Falle von Umweltschutz-Gruppen eine effiziente Beziehung aufgebaut werden. Konkret kann das bedeuten, dass diese Gruppen weniger direkte Kontrollen durchführen, sondern aufgrund der Glaubwürdigkeit der Unternehmung ihren Aussagen z.B. hinsichtlich umweltschonender Produktionsverfahren nicht weiter nachgehen. Mit der Professionalisierung von Stake-

---

[520] Vgl. Spintig, 2003, S. 238f.
[521] Dabei können hauptsächlich die Umweltproblematik und soziale und humanitäre Belange genannt werden.
[522] Vgl. Speckbacher, 1997, S. 633.

holder-Gruppen wie BUND oder Greenpeace gewinnt dies für die Unternehmung zunehmend an Wichtigkeit.[523]

Hinsichtlich der in Kapitel 4.1.2.2 genannten Ziele können dann folgende Inhalte für einen impliziten Vertrag – sofern davon aufgrund der meist einseitigen Leistungserbringung gesprochen werden kann – festgehalten werden: Aus allgemeinen Forderungen wie nach umweltbewussten Produktionen, moralisch korrekten Arbeitsumfeldern oder humanitärem Engagement kristallisieren sich im Dialog mit Unternehmen und neutralen Instanzen Konzepte, Verfahren und Normen wie Corporate Social Responsibility, Sustainable Development oder SA 8000 etc. heraus. Unternehmen können mit diesen Konzepten wichtige Aspekte, die für die Öffentlichkeit von Interesse sind, aufgreifen.[524] Einige dieser Aspekte betreffen z.b. die Menschenrechte, die gerade in ausländischen Produktionsstätten unterlaufen werden. Für öffentliche Gruppen in Deutschland, wo das Produkt dann auch verkauft wird oder aber das produzierende Unternehmen Deutschland weltweit damit vertritt, sind solche Missachtungen der Menschenwürde von Belang. Gerade Kinderarbeit existiert noch in vielen Ländern insbesondere in der Textilindustrie. Mit den o.g. Standards können so gezielt Themen wie Arbeitsplatzsicherheit, Entlohnung, Kinderarbeit und andere Aspekte aufgedeckt und dann auch für öffentliche Gruppen transparent gemacht werden. Den Unternehmen dient es damit gleichzeitig als Leitfaden, um zu erkennen, wo noch Handlungsbedarf ihrerseits besteht. Somit findet innerhalb dieser Konzepte eine implizite Vereinbarung statt, mit der Offenlegung von eventuellen Kritikpunkten diese auch zu beheben. Mit der Implementierung erklären sich die Unternehmen mit den Forderungen der Stakeholder einverstanden und senden damit ein Signal, mit dem sie für die Einhaltung der Forderungen garantieren. Neben der Einführung solch umfangreicher Konzepte gibt es auch die Möglichkeit, einzelne Aspekte in Form von Projekten wie z.B. im Fall von Fair Trade Produkten umzusetzen und damit gleichzeitig ein Signal an die Kunden, aber auch an die Stakeholder-Gruppe Öffentlichkeit zu setzen. Insbesondere Kaffee wird dafür als Produkt häufig herangezogen.[525]

Die unternehmerische *Selbstbindung*[526] ist eine weitere Möglichkeit in dieser Beziehung einen Kompromiss zu finden. Ein Unternehmen, das auch im Ausland Produktionsstätten hat, könnte deutsche Umweltstandards damit unterlaufen. Denn im Ausland existieren meist geringere Vorgaben hinsichtlich der Richtlinien für den Umweltschutz. Um den Vorwürfen von Umweltaktivisten zu entgehen, kann das Unternehmen freiwillig in Form einer Selbstbindung auch für die ausländischen Produktionsstätten die gleichen hohen Standards wie in Deutschland – oder den entsprechenden vorliegenden höchsten Standards – anwenden.

---

[523] Vgl. Lichtl, 1999, S. 75.
[524] Diese hier genannten Konzepte sind alle als ein Instrument zur besseren Berichterstattung für die Unternehmen zu sehen. Unternehmen können so bewusst Kriterien offen legen und Transparenz zeigen. Vgl. Colman, 2004, S. 23ff.
[525] Das so genannte „Fair Trade Movement" wurde in den Niederlanden Ende der 80er Jahre gegründet. Es sollte kleinen Farmern zu gesicherten Einkommen verhelfen und die Käufer dazu bringen, ihnen einen garantierten Minimumpreis zu bezahlen. Starbucks ist z.B. ein Unternehmen, das diese Bewegung unterstützt. Vgl. Austin/Reavis, 2002, S. 14.
[526] Eine Selbstbindung kann nur unter der Voraussetzung vorliegender Glaubwürdigkeit funktionieren. Um diese zu verstärken bietet es sich an, innerhalb von Verträgen einer Strafe zuzustimmen, falls derjenige die Vereinbarungen nicht einhält. Diese so genannten Strafzahlungen sind in erster Linie an explizite Verträge geknüpft. Selbstbindung im Falle von impliziten Verträgen ist nahezu immer an den Reputationseffekt gebunden. Vgl. Dixit/Nalebuff, 1997, S. 144-148.

*Sanktionsmechanismen:*
Sollten sich die Stakeholder mit bestimmten Verhaltensaspekten nicht einverstanden zeigen – also wird das Unternehmen die Forderungen nicht erfüllen –, obliegt den Stakeholdern ein breites Spektrum an Sanktionsmechanismen. So kommt hier insbesondere der „Voice"-Strategie eine Bedeutung zu.[527] Umweltschutz-Gruppen wie z.b. Greenpeace benutzen oft vielerlei Kanäle und ziehen bewusst und unbewusst durch ihre Aktionen Medien hinzu, um eine noch breitere Masse anzusprechen und auf Missstände hinzuweisen. Umgekehrt können auch kleinere und weniger professionalisierte Gruppen, z.b. kleinere Umweltschutzinitiativen, diese hinzuziehen und damit Handlungen erzwingen. Auch der Aufruf zu Boykotten von Lieferanten oder Kunden wird dabei als Mittel zur Durchsetzung ihrer Interessen genutzt.

*Reputation als Geisel:*
Darüber hinaus kann auch hier wieder die aufgebaute Unternehmensreputation (s. Phase 2) als Geisel in die Hände dieser Stakeholder-Gruppen gelegt werden. Bei Nicht-Erfüllung der Vereinbarung steht die positive Reputation auf dem Spiel – öffentliche Gruppen haben die Möglichkeiten, weitere Stakeholder-Gruppen, insbesondere die Kunden, von dem entsprechenden Problem in Kenntnis zu setzen. Mit dieser potenziellen negativen Prägung der Unternehmensreputation sind hier erhebliche Risiken verbunden, da die meisten Stakeholder dieser Gruppe auch gleichzeitig andere Stakeholder darstellen oder eben starken Einfluss auf sie haben. So kann hier z.b. der Kunde oder der Mitarbeiter, die beide auch gleichzeitig Teil der Öffentlichkeit in Form von Umweltschutz-Gruppen oder Anwohnern sein können, ebenfalls betroffen sein.

*Abschlussform:*
Bei der Stakeholder-Gruppe Öffentlichkeit lassen sich sowohl persönliche als auch mediale Abschlussformen identifizieren. Die medialen Alternativen sind einfacher und kostengünstiger als persönliche. So können gerade bei Interessengruppen, z.b. Umweltaspekte betreffend, Plattformen im Internet als wichtige Informationsgrundlage dienen. Dabei ist auch die aktive Beteiligung an Foren im Internet eine mediale Form, die es der Unternehmung erlaubt, gemeinsame Vereinbarungen mit diesen Stakeholdern zu treffen. Schließlich ist das Internet gerade für solche Interessengruppen ein beliebtes Kommunikationsinstrument, von dem sich die Unternehmung nicht ausgrenzen sollte. Sehr wichtig sind darüber hinaus auch persönlich getroffene Absprachen, gerade wenn es um sensible Themen hinsichtlich Umwelt oder sozialen Leistungen geht. Dies kann in Form von Konferenzen geschehen, bei denen sich die Beteiligten beider Parteien an einen Tisch setzen und so genannte Round-Table-Gespräche führen, wobei schließlich feste Zusagen beiderseits getroffen werden sollen. Darüber hinaus finden persönliche Vereinbarungen auch bei Audits statt, bei denen ein oder mehrere Vertreter jener Gruppe wie z.b. Umweltschützer beteiligt sind. Gerade bei einer Prozessbegleitung im Unternehmen mit diesen Stakeholdern, wo gemeinsame Fortschritte erwünscht sind, ist die direkte Abschlussform unerlässlich.

---

[527] Eine „Exit"-Strategie kann hier nicht vorliegen, da auch keine konkreten Vereinbarungen, die zumindest beiderseits bestehen, existieren. Ein Rückzug der Öffentlichkeit aus aktuellen Problemstellungen stellt hier weniger einen Sanktionsmechanismus dar. Vielmehr wäre dies für die Unternehmung positiv zu sehen, da damit die Ansprüche dieser Stakeholder-Gruppe entfallen würden.

#### 4.3.4.6 Staat

Den Staat als Stakeholder-Gruppe des Unternehmens zu betrachten ist sehr komplex. Insbesondere die staatlichen Reglementierungen und das damit verbundene ungleiche Machtverhältnis erfordern bei der Gestaltung von Vereinbarungen eine besondere Betrachtung.

*Vertragsinhalt:*
Darüber hinaus besteht natürlich auch die Möglichkeit eines „gewöhnlichen", expliziten Vertragsverhältnisses z.b. im Fall von Grundstücksvermietungen oder einer Pacht, die dem Staat bzw. den Ländern gehören, und von der Unternehmung angemietet werden. Dabei stellt der Staat eine mehr oder weniger normale Geschäftsbeziehung zum Unternehmen her, u.U. mit Abweichungen von den marktüblichen Konditionen.

In seiner eigentlichen Funktion als Staat kann es noch zu anderen Beziehungen und damit zu Vereinbarungen kommen. So kann der Staat einem Unternehmen Subventionen[528] oder andere Förderungsgelder zukommen lassen. Nicht immer liegen hier explizite Regelungen vor,[529] und so kann dies auch Teil eines impliziten Übereinkommens sein.[530] Für letzteren Fall kann folgendes Beispiel angeführt werden: Ein Unternehmen belässt eine Produktionsstätte im eigenen Land, unter der Bedingung, Subventionsgelder zu beziehen. Mit dieser Vereinbarung hätten beide Parteien hinzugewonnen; es gibt jedoch keinen expliziten Vertrag, der das Unternehmen für einen bestimmten Zeitraum fest an Deutschland binden kann. Ähnlich verhält es sich z.b. mit der Vereinbarung, dem Unternehmen eine Aussicht auf Steuerbefreiungen für einen gewissen Zeitraum zu stellen. Ebenso kann der Staat oder regional begrenzte Kommunen eine Vereinbarung hinsichtlich einer zu stellenden Infrastruktur treffen. Im Gegenzug muss das Unternehmen dann bestimmte Forderungen wie z.b. den Erhalt von inländischen Arbeitsplätzen oder ökologische Vorsorgemaßnahmen garantieren. Auch in dieser Beziehung spielen das Vertrauen und die Glaubwürdigkeit wieder eine wesentliche Rolle auf beiden Seiten, damit solche Vereinbarungen überhaupt zustande kommen können. Darüber hinaus kann auch die Unternehmensreputation für solch ein Einlassen des Staates auf jene Vereinbarungen entscheidend sein. Gerade Entscheidungen, ob ein Unternehmen Subventionen genehmigt bekommt, können sehr subjektiv aufgrund der Meinung einzelner Politiker sein. Dabei kann der Einfluss durch Lobbyismus-Arbeit der Unternehmung in diesem politischen Bereich einen entscheidenden Beitrag leisten.[531]

---

[528] „Subventionen sind demnach ein staatlicher, wirtschaftlicher Beistand an den privaten Sektor „[…] auf Kosten anderer in der Volkswirtschaft. Die Regierung erhält keine äquivalente Gegenleistung, diktiert aber das spezielle Verhalten […]." Rester, 2000, S. 19. Dazu gehören alle Fördermittel von Körperschaften des öffentlichen Rechts und von Ausgleichs- und Unterstützungseinrichtungen. Vgl. Oppermann/Moersch, 1994, S. 282.
[529] Der Begriff der Subvention ist finanzwirtschaftlich anerkannt und wird in der Öffentlichkeit mit einer gewissen Selbstverständlichkeit benutzt, obwohl dieser gesetzlich nicht fest verankert ist. Vgl. Jákli, 1990, S. 26ff.
[530] Meist ist das Vergeben von Subventionen Ländersache (Subventionskodex der Länder). Somit bestehen auf nationaler Ebene keine rechtlichen Grenzen und die gerichtliche Anfechtung solch einer Verteilungsentscheidung hat nur wenig Aussicht auf Erfolg. Vgl. Latz, 1989, S. 10.
[531] Vgl. Grossman/Helpman, 2001; Persson/Tabellini, 2002 geben Einblicke in die Zusammenhänge von Lobbying und anderen Einflussgrößen wie Organisationsgrad oder Gruppengröße.

128

*Sanktionsmechanismen:*
Zur Durchsetzung sämtlicher Vertragsinhalte können, abhängig von der Machtverteilung,[532] hier ebenfalls diverse Sanktionsmöglichkeiten angesetzt werden. Im Sinne einer „Exit"-Strategie kann sich der Staat aus gegebenen Verpflichtungen zurückziehen und z.b. Subventionen vorzeitig beenden und damit weitere Unterstützungen unterlassen. Auch die Androhung von vermehrten Kontrollen oder strengeren Auflagen, z.b. im Bereich Umwelt, kann dem Unternehmen finanziellen Schaden zufügen, wenn es den Anforderungen nicht gerecht wird. Umgekehrt kann auch das Unternehmen von gemachten Zusagen zurücktreten und kurzfristig für eine bestimmte Region essentielle Werke schließen. Damit käme der Staat bzw. das entsprechende Land in Bedrängnis, neue Investoren, die z.b. für Arbeitsplätze oder eine entsprechende Infrastruktur sorgen, zu akquirieren.

*Reputation als Geisel:*
Damit seitens der Unternehmung die Vereinbarungen garantiert eingehalten werden, kann auch in dieser Beziehung das Unternehmen seine Reputation als Geisel zur Verfügung stellen. In diesem Fall steht die Reputation hinsichtlich einer moralisch verantwortungsbewussten Unternehmung auf dem Spiel. Aspekte wie Moral und Umweltbewusstsein sind für den Staat Bestandteil eines „Good Corporate Citizen", der entsprechende gesellschaftliche Verpflichtungen freiwillig auf sich nimmt.[533] Hält sich das Unternehmen nicht an die Vereinbarungen, so kann jener Reputation erheblichen Schaden durch den Staat zugefügt werden. Ein Verlust bzw. eine Schwächung dieser Reputation kann für das Unternehmen am Ende finanzielle Einbußen bedeuten. Diese werden nicht zwangsläufig durch gestrichene oder gekürzte Förderungen vom Staat verursacht. Der Einfluss, der dadurch auf Kunden und andere Stakeholder-Gruppen besteht, kann hier entscheidend sein.[534]

*Abschlussform:*
Bei dieser Stakeholder-Gruppe werden meist persönliche Abschlüsse stattfinden. Der Staat wird so mit Unternehmensrepräsentanten aus der Führungsebene oder dem Vorstand gemeinsame Details der Vereinbarungen besprechen. Insbesondere bei der bereits angesprochenen Lobbyismusarbeit sind persönliche Kommunikationswege unerlässlich. Auch politische Forderungen beiderseits, z.B. der Kommunalpolitiker an die Unternehmung, werden meist in direkten Gesprächen gestellt und ausgehandelt. Ansonsten werden, wie bereits bei der vorangegangenen Stakeholder-Gruppe, mittels Konferenzen persönliche Kontakte gesucht, um die Inhalte der Vereinbarungen festzulegen.

---

[532] Die Stakeholder-Gruppe Staat allein ist nicht ausschließlich durch seine Rahmenvorgabe mächtiger als das Unternehmen. So kann ein Unternehmen für den Staat bzw. einzelne Kommunen oder Regionen ebenfalls enorm wichtig sein, wenn es z.B. überdurchschnittlich viele Arbeitsplätze bereitstellt oder für eine bestimmte Infrastruktur sorgt. Damit wäre der Staat u.U. in einer Abhängigkeitsposition von der Unternehmung und wird so bemüht sein, einige Forderungen auch zu erfüllen.
[533] Im Sinne des Gebrauchs der hier vorliegenden Reputation als „Good Corporate Citizen" kann auf Phase 2 in Kapitel 4.2.3.6 verwiesen werden, wo das Konzept des „Corporate Citizenship" ausführlicher beschrieben ist.
[534] Damit geht die „Voice"-Strategie eng einher; sie bezieht sich hier auf die Schädigung der Reputation – die als Geisel fungiert – durch den Staat auf andere Stakeholder-Gruppen.

## 4.3.5 Zusammenfassung: Ausgestaltung von Verträgen

Zuvor wurde in Phase 2 erörtert, wie mittels einer effizienten Kommunikation im Optimalfall die angestrebte Reputation der Unternehmung erreicht werden kann. Diese gewonnene Reputation bildet für Phase 3 eine wesentliche Grundlage.

In Phase 3 wird dann die individuelle Ausgestaltung der Vereinbarungen zwischen der Unternehmung und den Stakeholdern dargestellt. Dabei werden sowohl explizite als auch implizite Vertragsinhalte betrachtet. Darüber hinaus werden die Sanktionsmechanismen der Stakeholder vorgestellt, die zur Durchsetzung von Vereinbarungen dienen können. Damit schließlich für beide Seiten eine Absicherung der Verträge existiert, wird der Funktionsmechanismus der Reputation, die zuvor in Phase 2 erarbeitet wurde, als Geisel herangezogen. So können sowohl die Stakeholder als auch die Unternehmen Unsicherheiten bzgl. der Erfüllung und Einhaltung der Verträge reduzieren.

Die nachfolgende Tabelle gibt eine Übersicht der möglichen Ausgestaltungen der Verträge wieder, wie sie zuvor im Detail beschrieben wurden.

| Stakeholder | Vertragsart | Vertragsinhalt | Sanktionsmechanismen | Reputation als Geisel[535] | Abschlussform |
|---|---|---|---|---|---|
| Kunden | Explizit | Liefer- und Zahlungskonditionen (Termin, Menge, Preis) Qualitätseigenschaften und Garantieleistung nur eingeschränkt | Per Gesetz: Zu Grunde liegen der Kaufvertrag (§§ 433-453 BGB) und die AGB (§§ 305-310 BGB) | - | Persönlich und/ oder medial |
| | Implizit | Qualität, After-Sales-Service, Erbringung von Garantieleistung | Exit: Keine Folgekäufe, Boykott Voice: Einschalten von Verbraucherschutzgruppen | „Vertrauenswürdiger Hersteller/ Händler/ Dienstleister" | |
| Mitarbeiter | Explizit | Gehalt, Dauer der Anstellung, Arbeitszeiten, Urlaub, Informationsklauseln | Per Gesetz: Zu Grunde liegt der Dienstvertrag nach §§ 611-630 BGB, des weiteren das EntgFG, das KschG und das BetrVG | - | Persönlich |
| | Implizit | Unternehmenskultur/Arbeitsklima, Aufstiegsmöglichkeiten, Wertschätzung des Einzelnen | Exit: Kündigung, Datenmissbrauch, schlechte Leistung im Allgemeinen Voice: Gewerkschaft, Betriebsrat, Versammlungen | „Guter Arbeitgeber" | |
| Shareholder | Explizit | Regelung von Eigentumsrechten, Mitspracherechten, Auszahlungen/ Renditen | Per Gesetz – abhängig von der Gesellschaftsform: Im Falle einer AG: §§ 53a-75 AktG,[536] KGaA §§ 278-290 AktG. Bei einer GmbH: §§ 13-34 GmbHG | - | Persönlich und/ oder medial |
| | Implizit | Versprechen auf Langfristigkeit, hohe Rendite | Exit: Kapitalrückzug/Rückgabe von Anteilen Voice: Öffentliche Konfrontation z.B. in Hauptversammlung, Beeinflussung des Finanzmarktes | „Ertragsträchtiges Unternehmen" | |

---

[535] Die hier aufgelisteten Reputations-Facetten sind der Beschreibung des jeweiligen Soll-Fremdbildes aus der Phase 2 (s. Kapitel 4.2.3) entnommen worden.
[536] Das Stimmrecht regelt in erster Linie die Einflussnahme auf die Unternehmung und damit auch das Anteileigentum. Interpretation zu den Durchsetzungen im AktG: vgl. Hoffmann-Becking, 1988, S. 411f.; Sanktionen im Bankenstimmrecht (ebenfalls das AktG betreffend): vgl. Hoffmann-Becking, 1988, S. 416f. Zu den Interpretationen des GmbHG hinsichtlich Stimmrechtsausübung und -kraft s. Müller/Hense, 2002, S. 173-177.

| | | | | | |
|---|---|---|---|---|---|
| Liefe-ranten | Explizit | Liefer- und Zahlungskonditionen (Termin, Menge, Preis) Qualitätseigenschaften und Garantieleistung nur eingeschränkt | Per Gesetz: Zu Grunde liegen ähnlich wie bei Kunden, da ähnliche Geschäftsverhältnis: Kaufverträge (§ 433 BGB) und AGB (§§ 1-30 AGBG)[537] | - | Persönlich und/ oder medial |
| | Implizit | Qualität und Liquidität des Unternehmens werden vorausgesetzt. Engagement und Zuverlässigkeit bei langfristigen Beziehungen | Exit: Rückzug des Auftrags/der Lieferung Voice: Beeinflussung von anderen bestehenden und potenziellen Geschäftspartnern | „Stabiler Kunde" | |
| Öffent-lichkeit | Explizit | - | - | - | Persönlich und/ oder medial |
| | Implizit | Corporate Social Responsibility, Sustainable Development, SA 8000, Initiativen/Projekte (z.B. Fair Trade) | Voice: Medien einschalten, Boykotte, Hinzuziehen von professionalisierten Gruppen wie z.B. Greenpeace | „Moralisch verantwortungsbewusstes Unternehmen" | |
| Staat | Explizit | Grundstückspacht oder -miete; Förderungen in Form von Subventionen oder Steuerbegünstigungen (können auch impliziter Art sein) | Per Gesetz: Zu Grunde liegen im Falle eines Miet- oder Pachtvertrags §§ 581-597 BGB | - | Persönlich |
| | Implizit | Moralisches Verhalten, Verantwortung gegenüber der Gesellschaft; Förderungen in Form von Subventionen oder Steuerbegünstigungen | Exit: Abbruch von Unterstützungen (Subventionen u.a. Förderungsmöglichkeiten) Androhung von strengeren Überprüfungen bis hin zu strikteren gesetzlichen Auflagen | „Good Corporate Citizen" | |

Tabelle 12: Übersicht der vertraglichen Ausgestaltungen der Stakeholder-Unternehmens-Beziehungen

## 4.4 Kontrolle der Stakeholder-Zufriedenheit

In der Darstellung der Phasen 1 bis 3 wurden bisher die Identifikation und Positionierung der Stakeholder, der Aufbau eines Dialogs und damit einhergehend eine Erzeugung eines Soll-Fremdbildes und schließlich eine Ausgestaltung der Vereinbarungen in Form von expliziten und impliziten Verträgen aufgezeigt. Für den weiter zu beschreibenden Phasenverlauf der Untersuchung wird vorausgesetzt, dass die getroffenen Vereinbarungen zwischen Stakeholdern und Unternehmung umgesetzt werden. Im Folgenden wird dargelegt, wie die Kontrolle der Tauschvorgänge nach einer erfolgten Realisierung der Vereinbarungen gestaltet werden kann. Dabei ist von besondere Bedeutung wie der Erfolg der Umsetzung gemessen werden kann.

Die vierte Phase des Integrativ-Prozessualen Marketingansatzes nach Mattmüller/Tunder beinhaltet hingegen mehrere Aufgaben: Es sind sowohl die beschlossenen Übereinkommen umzusetzen, diese aber auch anschließend zu bewerten. Auch eine weitere Beziehungspflege und Aktualisierung der Stakeholder und deren Ziele sind hier von Bedeutung. Der Tauschvorgang kann mit Phase 1 von neuem beginnen.

Allerdings ist eine Übertragbarkeit aller Teilphasen auf die hier vorliegende Erweiterung des Modells aufgrund der ausführlichen Stakeholder-Betrachtung nur eingeschränkt möglich. Dabei wird auf den real stattfindenden Tauschvorgang – die Realisierung der Vereinbarungen – nicht mehr eingegangen. Somit soll weniger der Grundgedanke der Realisierung als vielmehr die Vollendung bzw. die Kontrolle des Beziehungsaufbaus wiedergegeben werden.

---

[537] Umfangreiche Interpretationen der AGB und Kaufverträge: Vgl. Zwilling-Pinna, 2002, S. 309-333; Piltz, 2002, S. 369-441.

Zunächst erfolgt eine Gegenüberstellung der ursprünglichen Schritte der Realisierungsphase bei Mattmüller/Tunder und der hier vorliegenden Schritte (siehe folgende Seite):

Die Kontrolle ist für die Messung eines Erfolges oder zur Verbesserung der Leistung unerlässlich. Im Integrativ-Prozessualen Marketingansatz nach Mattmüller/Tunder findet eine Kontrolle des Erreichten innerhalb *jeder* der vier Phasen statt.[538] Im hier vorliegenden erweiterten Integrativ-Prozessualen Marketingansatz werden zweierlei Kontrollarten vorgestellt: Zum einen wird hier eine reine Kontrolle im Sinne einer separaten vierten Phase dargelegt. Diese kann anhand von ausgewählten Messinstrumenten umgesetzt werden, die im nächsten Kapitel genauer beschrieben werden. Darüber hinaus ist eine Kontrolle der erreichten Stakeholder-Zufriedenheit notwendig, die die vorangegangenen Phasen mit einbezieht. Dabei sollen Möglichkeiten gegeben werden, nach jeder Phase rückblickend die empfangenen Informationen und Ergebnisse zu überprüfen. Potenzielle Lücken, die Ursachen für Unzufriedenheiten der Stakeholder bergen können, sollen in allen Prozessen hervorgehoben werden.

| Ursprüngliche Form der Realisierung nach Mattmüller[539] | Abgeänderte Form unter Berücksichtigung der Stakeholder-Integration |
|---|---|
| Qualifizierung zur Abgabe der Leistung (Lagerkapazitäten, Transport- und Produktionsstrukturen dienen hierbei zur Unterstützung/Infrastruktur). | Vielmehr zählt hier die geschaffene „weiche" Infrastruktur hinsichtlich Glaubwürdigkeit und Reputation, wobei die Tätigung von Investitionen notwendig ist |
| Abgabe und Annahme von Leistung und Gegenleistung (physischer Tausch der Objekte). | Ein physischer Tausch liegt hier nur in den wenigsten Fällen vor (s. Vertragsinhalte). In diesem Fall überdauert diese Teilphase eine längere Zeitstrecke – z.B. bei der Erfüllung von neuen Normen oder Auflagen. |
| Begleitung der Leistungsnutzung. Aktive Kundenbegleitung mit Hilfe von Informationsgenerierung und möglicher Anpassung der Leistung. | Das Ziel der Bindung zwischen Stakeholdern und Unternehmung gilt es ebenfalls zu erreichen. Eine ähnliche Vorgehensweise kann angestrebt werden. |
| Die Folgetransaktion ist einzuleiten und eine Verbindung mit der Marktforschung herzustellen. | Bevor es hier zur Einleitung der Folgetransaktion kommen kann, bedarf es zunächst der Ergänzung durch eine **Kontrolle** und damit der Feststellung der **Zufriedenheit** der Stakeholder. Anschließend findet eine ähnliche Vorgehensweise mit Unterstützung der Marktforschung – die hier Instrumente zur Informationserfassung bereitstellt – statt. |

**Tabelle 13: Gegenüberstellung der Teilschritte der Realisierungsphase bei Mattmüller/Tunder und im vorliegenden Modell**

Da der Aspekt der Kontrolle hier im Vordergrund steht, wird diese Phase – im Vergleich zur originären Realisierungsphase nach Mattmüller/Tunder – umbenannt, um nicht irre-

---

[538] Die einzelnen Kontrollen bei Mattmüller/Tunder sind wiederum an ein weiter gefasstes Schema der Managementfunktionen (Konzeption, Planung, Ausführung, Kontrolle) geknüpft. Vgl. Mattmüller/Tunder, 2005, S. 56f.; Meyer, 1996, S. 26.
[539] Vgl. Mattmüller, 2004, S. 364.

132

führend zu wirken.[540] Folgende Aufgaben sind Bestandteil der zu betrachtenden Kontrollphase.

| | |
|---|---|
| **AKTION** | Qualifizierung durch Glaubwürdigkeit<br><br>Einhaltung der Vereinbarungen<br><br>Messung der Stakeholder-Zufriedenheit |
| **ZIEL** | Kontrolle möglicher Lücken im Beziehungsablauf |

**Abbildung 25: Die Kontrollphase[541]**

### 4.4.1 Performance Measurement

Es existieren mehrere Möglichkeiten solch eine Kontrolle durchzuführen; in der Literatur lassen sich zu dieser Problematik einige Vorgehensweisen finden. Eine breite Anzahl an Verfahren zur Erhebung leistungsorientierter Daten deckt das so genannte Performance Measurement ab. Dies kann somit zum Kernstück eines Kontrollsystems werden und damit auf beiden Seiten – sowohl aus Sicht des Unternehmens als auch aus der der Stakeholder – Fehlschläge aufdecken und Verbesserungsmöglichkeiten aufzeigen. Im Wesentlichen sind seine Aufgaben und Anforderungen nach Atkinson/Waterhouse/Wells,[542] dem vorliegenden Kontext angepasst, folgende:

1) Solch ein System kann aufzeigen, ob das Unternehmen die gewünschten Beiträge tatsächlich von den Stakeholdern erhalten hat. Falls dem nicht so ist, muss das Unternehmen an jenen Stellen genauere Ursachenforschung betreiben und versuchen, diese zu beheben.

2) Ebenso kann die Frage nach der Befriedigung der Stakeholder-Gruppen beantwortet werden. So kann das Unternehmen Missstände aufdecken und ggf. auch kurzfristig korrigieren.

3) Teilaufgaben und -ziele, die nicht im Vordergrund stehen, müssen ebenfalls Beachtung finden: So kann sich die Infrastruktur z.B. im Sinne der möglichen Kommunikationswege, die den gesamten Ablauf durchziehen, einer Unternehmung wesentlich auf das Endergebnis, die Zufriedenheit der Stakeholder, auswirken.

---

[540] Der Begriff der Realisierung beinhaltet vielmehr die Umsetzung der Vereinbarungen. Die hier gewählte Überschrift der Kontrolle gibt in diesem Fall den eigentlichen Inhalt der Zufriedenheitsmessung besser wider.
[541] In Anlehnung an Mattmüller/Tunder, 2005, S. 58.
[542] Vgl. Atkinson/Waterhouse/Wells, 1997, S. 30. Die Aussagen dieser drei Autoren beziehen sich auf die Ergebnisse ihrer Untersuchung in 12 Unternehmen.

4) Schließlich soll solch ein System der Unternehmung helfen, die Auswirkung von impliziten und expliziten Verträgen festzustellen. Dabei zeigen diese Systeme auf, welche Einflüsse die sekundären Ziele auf die primären haben, und bieten somit ein exakteres, vernetztes Fehlerquellensystem an.

Der Vorteil von Performance-Measurement-Systemen (gerade gegenüber Value-based-Management-Systemen) besteht in der Verbindung *verschiedener* Dimensionen (und nicht nur der finanziellen). Eine einseitige Betrachtungsweise wie die einer Darstellung allein von finanziellen Größen wird damit verhindert. So fließen hierbei Dimensionen wie Kosten, Zeit, Qualität oder Zufriedenheit u.a. ein. Die Bedingung hierfür ist die Quantifizierbarkeit dieser Dimensionen.[543]

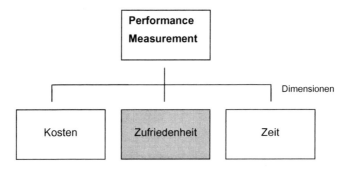

**Abbildung 26: Zusammensetzung eines Perfomance-Measurement-Systems**

Ziel dieser Arbeit ist es, unter Beachtung der Unternehmensziele alle relevanten Stakeholder in die Kontrolle einzubeziehen.[544] Nach Ablauf der Phasen 1 bis 3 bis hierhin gilt es, die erfolgte Integration dieser Stakeholder zu überprüfen. Erst die Betrachtung, ob alle Stakeholder zufrieden mit ihrer Situation und der Erfüllung ihrer Ansprüche an die Unternehmung sind, lässt eine finale Einschätzung zu. Solch eine Bewertung der Erfüllung kann hier im Sinne einer traditionellen „Kunden-Zufriedenheitsanalyse" als „Stakeholder-Zufriedenheitsanalyse" bezeichnet werden. In eben solchem Sinn hat Mattmüller die Kundenzufriedenheit, und die damit einhergehende Kundenloyalität, als oberste Maxime angesetzt.[545]

Die Dimension der *Zufriedenheit* wird im Folgenden näher untersucht und hinsichtlich der Übertragbarkeit auf Stakeholder überprüft. In der Literatur finden sich zum Begriff der Zufriedenheit seit mehreren Jahrzehnten zahlreiche Quellen. Im Vordergrund stehen dabei jedoch meist die Kunden- und/oder die Mitarbeiterzufriedenheit.[546] Auch die Herstellung einer Kausalität zwischen den beiden ist in Wissenschaft und Praxis immer

---

[543] Vgl. Currle, 2001, S. 11.
[544] Zum Beitrag der Stakeholder-Zufriedenheit zum Unternehmenserfolg s. Abbildung 2 im Anhang.
[545] Vgl. Mattmüller, 2004, S. 61f.
[546] Vgl. Kaiser, 2005; Bettencourt/Brown, 1997; Giering, 2000. Hierbei geht es ausschließlich um Einzelbetrachtungen (Kundenzufriedenheit).

134

häufiger vorzufinden.[547] Nicht nur beim Verhältnis zwischen Mitarbeiter- und Kundenzu-friedenheit, sondern generell gilt, dass bei der Schaffung von Zufriedenheit bei einer Stakeholder-Gruppe diese sich meist auch auf weitere Gruppe übertragen lassen.[548]

So muss also in Bezug auf die hier vorliegende Bedingung der Stakeholder-Theorie die Zufriedenheit *aller* betrachteten Stakeholder vorgenommen werden. Da in der Literatur solch ein Ansatz bislang noch nicht existiert, kann nur versucht werden, bisherige An-sätze zur Messung der Zufriedenheit zu übertragen und sich zunächst den Einzelbe-trachtungen zu widmen. Bei der Konzentration auf die Messbarkeit der Zufriedenheit kristallisieren sich mehrere Wege heraus, die in der nachstehenden Abbildung struktu-riert dargestellt sind.

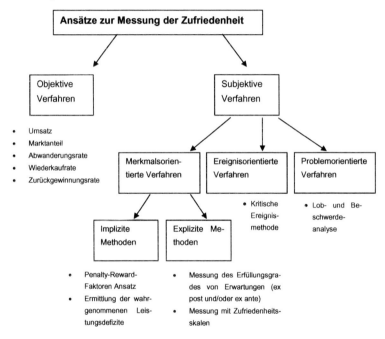

**Abbildung 27: Übersicht der Ansätze zur Messung der Zufriedenheit[549]**

---

[547] Vgl. Koop, 2004. Sie stellt eine klare Verbindung zwischen der Zufriedenheit von Mitarbeitern und der Zufriedenheit von Kunden (und umgekehrt) her. Weitere Darstellungen und empirische Überprüfungen in Bezug auf Kunden- und Mitarbeiterzufriedenheit finden sich bei: Stock, 2003; Grund, 1998; Bern-hardt/Donthu/Kennett, 2000.
[548] Vgl. Strong/Ringer/Taylor, 2001, S. 227.
[549] In Anlehnung an Homburg/Stock, 2003, S. 48; Bruhn, 2001, S. 87 und Kaiser, 2005, S. 120. Die hier-bei genannten Methoden beziehen aufgrund der vorliegenden Quellen ausschließlich auf Kunden. Eine Übertragung auf die Stakeholder ist dennoch möglich – deren Gültigkeit es aber zu überprüfen gilt. Alle hier aufgezählten Methoden sind aufgrund eine möglichen Transferleistung auf die Stakeholder ausge-

Diese Darstellung bezieht sich weitestgehend auf Methoden zur Messung der Kundenzufriedenheit. Eine Übertragung auf sämtliche Stakeholder ist fraglich und kann nicht für
jedes der o.g. Verfahren bestätigt werden. Dennoch wird in den folgenden beiden Kapiteln anhand zweier Verfahren versucht, diese Übertragung zu leisten. Jeweils ein Verfahren der *objektiven* und der *subjektiven* Perspektive wird dabei herausgegriffen, die
sich aufgrund sehr allgemein gefasster Ansätze eignen. Dabei unterliegt diese Darstellung der Limitation, dass keinerlei empirische Überprüfung stattgefunden hat, um ihre
Gültigkeit zu gewährleisten.

### 4.4.1.1 Objektive Verfahren

Eine Möglichkeit die gedanklichen Ansätze des objektiven Verfahrens nach Hom-
burg/Stock[550] umzusetzen bieten Atkinson/Waterhouse/Wells[551]. Sie schlagen eine einfache Unterteilung in „Primary" und „Secondary Measures" vor. Zu kritisieren ist solch
eine einfache Vorgehensweise jedoch aufgrund der fehlenden Zusammenhänge. Eine
Abstimmung untereinander findet dabei nicht statt. Allerdings soll diese Darstellungsweise auch lediglich einen strategischen Rahmen aufzeigen, mit dem anschließend ge-
arbeitet werden kann. Positiv anzumerken ist die generelle Förderung der Informationstransparenz in der Unternehmung, die so das Management dazu zwingt, sich stets mit
der aktuellen Situation auseinander zu setzen. Kleinste Veränderungen lassen sich hier
sofort dem entsprechenden Problemfeld zuordnen.[552]

Diese Art der Herangehensweise ist also vielmehr als Vorstufe eines Planungsprozes-
ses zu sehen. Als eben solches sollte es bewusst genutzt werden. Nachfolgend werden
für die bisher genannten Stakeholder-Gruppen einzelne Messgrößen und Messinstrumente erläutert.

**Kunden**
Die Messung der Kundenzufriedenheit ist in der Vergangenheit in Theorie und Praxis
bereits eingehend und umfassend dokumentiert worden.[553] Zwei wichtige Größen bei
ihrer Erfassung sind *Loyalität* und *Servicequalität*.[554] Erstere lässt sich anhand einfacher
Instrumente bzw. Kennzahlen bestimmen. Ist ein Kunde zufrieden mit dem Unternehmen – was sowohl das Produkt als auch die Qualität der Betreuung während und nach
dem Kauf umfasst – so drückt sich dies in erster Linie in der Wiederkaufrate aus. Auch
der „Customer Lifetime Value", also der Wert, den der Kunde in Zukunft einbringen
wird,[555] oder der Kundenbindungsindex[556] kann hier wichtige Anhaltspunkte liefern. Die
zweite Messgröße – die Servicequalität – umschreibt ebenfalls die Zufriedenheit des
Kunden, wenn auch auf eine ganz andere Weise. Hierbei kann die Messung verschie-

---

wählt worden. In der Literatur finden sich noch weitere Möglichkeiten, die hier aber aufgrund ihrer aus-
schließlichen Gültigkeit für die Stakeholder-Gruppe der Kunden nicht in Frage kommen.
[550] Vgl Homburg/Stock, 2003, S. 48.
[551] Vgl. Atkinson/Waterhouse/Wells, 1997.
[552] Vgl. Atkinson/Waterhouse/Wells, 1997, S. 35.
[553] Vgl. Kaiser: Erfolgsfaktor Kundenzufriedenheit, 2005; Siebrecht: Kundenzufriedenheit und Kundenloyalität, 2004; Scharnbacher/Kiefer: Kundenzufriedenheit, 2003.
[554] Hierfür kann das Beispiel der Bank of Montreal angeführt werden: Vgl. Atkinson/Water-house/Wells,
1997, S. 35.
[555] Vgl. Ryals, 2005, S. 253.
[556] Der Kundenbindungsindex stellt die Größe der Loyalität mit Hilfe eines Kennzahlensystems dar. Zu
Grunde gelegt werden dabei Ergebnisse aus Kundenbefragungen, die mit dem bisherigen Kaufverhalten,
der Wiederkaufabsicht und einer Stärken-Schwäche-Analyse der Wettbewerber verknüpft werden. Vgl.
Prus/Brandt, 1995, S. 10f.

dener Kennzahlen wie z.B. die Anzahl und Analyse von Beschwerden weiteren Aufschluss geben. Beschwerden sind allerdings weitaus schwieriger zu erfassen, da nicht jeder unzufriedene Kunde diese auch vornimmt – sondern meist verärgert das Unternehmen meidet. Das wiederum schlägt sich ebenfalls in der Quote der Wiederkaufrate nieder. Die Schwierigkeit ist also auch die „stillen" Beschwerden wahrzunehmen und zu analysieren.[557]

**Mitarbeiter**
Die Stakeholder-Gruppe der Mitarbeiter ist zur präziseren Messung in zwei Kategorien zu differenzieren: zum einen in den bestehenden Mitarbeiterstab und zum anderen auch in potenzielle Mitarbeiter.

Die Mitarbeiter einer Unternehmung drücken ihre Zufriedenheit in erster Linie durch ihre *Produktivität* aus. Eine gute Leistung setzt in den meisten Fällen auch den „Spaß" an der Arbeit voraus. Die Bewertung der Produktivität wiederum kann anhand verschiedener Kennzahlen gemessen und analysiert werden. So führt die Fehlzeit eines Mitarbeiters einerseits zum Absinken der Produktivität, gleichzeitig drückt sie eventuelle Unzufriedenheiten aus. Eine Möglichkeit diese zu steigern ist für den Mitarbeiter die Teilnahme an Fortbildungsmaßen, die das Unternehmen anbietet. Die Annahme solcher Angebote verhilft ebenfalls (im Optimalfall) zur Leistungssteigerung und gleichzeitig unterstreicht sie wieder die Zufriedenheit. Das so genannte „*Commitment*", synonym mit dem Begriff der Organisationsbindung zu gebrauchen,[558] wird in der Literatur ebenfalls häufig als Indikator für die Zufriedenheit eines Mitarbeiters genutzt. Der Mitarbeiter-Commitment-Index ist eine gängige Variante um dies zu messen.[559] Einige Kennzahlen und Instrumente zur Messung des Commitments der Mitarbeiter gehen eng einher mit der *Loyalität* der Mitarbeiter. Sie drückt ebenfalls die Zufriedenheit eines Angestellten aus. Eine Person verhält sich dann loyal, wenn sie z.B. dem Unternehmen Kosten erspart; z.B. bei der Einsparung von Reisekosten, die für den Einzelnen meist einen Mehraufwand bedeuten (Suchkosten), oder der gezielte Versuch des Austauschs und der Weitergabe von Wissen und Informationen, die ebenfalls mit einem Mehraufwand des Einzelnen verbunden sind.[560] Diese Loyalität kann aber auch an eine andere Person, z.B. an einen Vorgesetzten, geknüpft sein.[561] Wie stark die Loyalität der Mitarbeiter zum Unternehmen ist, lässt sich z.B. auch anhand der Fluktuationsrate messen. Ein Stellenwechsel drückt stets auch eine gewisse Unzufriedenheit des Mitarbeiters aus und verursacht dem Unternehmen u.U. Kosten.[562] Zuletzt zählt auch die Möglichkeit zur *Selbstverwirklichung* des Mitarbeiters, die er sich mit potenziellen Karrieremöglichkeiten eröffnen kann. Nur wer an seinem Arbeitsplatz Anerkennung erhält und mit sich selbst zufrieden ist, ist motiviert für das Erbringen einer guten Leistung.[563]

---

[557] Vgl. Günter, 1998, S. 295ff. Etwa 10 bis 20% der unzufriedenen Kunden beschweren sich auch tatsächlich bei der Unternehmung. Vgl. Werner, 1998, S. 149.
[558] „Organisationales Commitment [...] beschreibt, in wieweit sich Menschen ihrer Organisation [...] zugehörig und verbunden fühlen." Dick, 2003, S. 3.
[559] Der Mitarbeiter-Commitment-Index ist ein normierter Indexwert auf Basis von Mitarbeiterbefragungen. So z.B. im Jahresbericht 2003 der Deutschen Bank, S. 18.
[560] Vgl. Keller Johnson, 2005, S. 4.
[561] Vgl. Koop, 2005, S. 60.
[562] Vgl. Jones et al., 1994, S. 50-61. Jones et al. zeigen an einem Beispiel, wie viel es ein Unternehmen kostet, wenn ein Mitarbeiter nach 5 bis 8 Jahren seine Stelle aufgibt.
[563] Vgl. Münchhausen, 2004, S. 13f.

**Potenziellen Mitarbeiter**
Potenzielle Mitarbeiter können ebenfalls von Bedeutung für das Unternehmen sein, da sie den ersten Eindruck von der Unternehmung in die Öffentlichkeit tragen. Ihre Zufriedenheit geht eng mit der *Attraktivität* der Unternehmung einher und ist anhand von diversen Karriereevents feststellbar. Ein gut besuchter Messestand kann so auch die (potenzielle) Zufriedenheit ausdrücken. Weitere Kennzahlen lassen sich z.B. anhand von „Page Impression" (Seitenabruf) der Karriereseiten z.B. im Internet erheben. Ein Ranking der eigenen Position als Arbeitgeber im Wettbewerbsumfeld gibt ebenfalls einen Eindruck wieder.[564]

**Anteilseigner**
Anteilseigner haben sehr unterschiedliche Zielvorstellungen, womit sich für die Bewertung ihrer Zufriedenheit ein sehr breites Analysefeld ergibt. In erster Linie gilt jedoch auch hier die *Loyalität* eines Anteilseigners als positiv hinsichtlich ihrer Zufriedenheit zu bewerten. Ob kurz- oder langfristige oder Klein- oder Großanleger, das Attribut der Loyalität spricht für deren Überzeugung der Unternehmensaktivitäten. Diese Überzeugung – und damit im weitesten Sinn ihre Zufriedenheit – kann z.B. im Erscheinen bei Versammlungen bewertet werden. Aber auch die traditionellen Kennzahlen wie das Verhältnis der Eigen- und Fremdkapitalquote sind ausschlaggebend. Der *Shareholder Value* kann – als Ziel der Anteilseigner – ebenso analysiert werden. Die finanziellen Kennzahlen, die ihn ausmachen,[565] tragen letzten Endes zur Erfüllung der Ziele der Anteilseigner bei und spiegeln damit ihre Zufriedenheit wider. Mit der Kenntnis über diese finanziellen Kennzahlen (über die üblichen Offenlegungspflichten hinausgehend) weist dies auch auf eine *Transparenz* seitens der Unternehmung hin.

**Lieferanten**
Der Abgleich der Ziele und der Zufriedenheit der Lieferanten bringt zunächst die Messgröße der *Kontinuität* hervor. Sie stellt eine stabile Beziehung zwischen dem Unternehmen und dem Lieferanten sicher. Das bedeutet für beide Unternehmen in erster Linie einen reibungslosen Ablauf, was die gesamte Logistik und den Vertrieb (Lieferzeiten, Zeitspanne zwischen Anforderung und Lieferung, Flexibilität oder Pünktlichkeit) angeht.[566] Der Lieferant ist auch insbesondere dann zufrieden, wenn er auf regelmäßige Einkünfte von Seiten des Unternehmens hoffen kann – schließlich ist er auf einen finanzkräftigen Kunden angewiesen. *Loyalität* ist ebenfalls eng mit e.g. Kennzahlen verknüpft. Ein Unternehmen wird in einer beständigen Beziehung zu seinen Lieferanten aufgrund kurzfristiger Einsparungen, z.B. durch ein besseres Angebot von einem anderen Lieferanten, verzichten. Natürlich nur unter den Gegebenheiten, dass auf langfristige Sicht hin sich das Bestehen dieser Beziehung auszahlt (z.B. in Form von besserer Qualität oder Kulanz bei Reklamationen etc.).[567]

---

[564] Das Great Place to Work® Institute Deutschland und Capital prämieren jedes Jahr Deutschlands bzw. Europas beste Arbeitgeber. Ein potenzieller Mitarbeiter könnte sich also bei der Auswahl der Bewerbungen an dieser Liste orientieren.
[565] Der Shareholder Value wird mittels des abdiskontierten Free Cashflow berechnet. Eine genaue Übersicht dazu gibt Abbildung 3 im Anhang wider.
[566] Verband der Automobilindustrie e.V., 2001, S. 13f.
[567] Kierstein schreibt über die Anforderungen an die Sozialkompetenz zwischen Unternehmen und Lieferanten. Dabei widmet er sich u.a. dem Fragenkomplex zur Auseinandersetzung der Unternehmung mit sich selbst in Zusammenhang mit seinen Lieferanten und deren Zufriedenheit. Vgl. Kierstein, 1998, S.

138

**Öffentlichkeit**
Ist die breite Öffentlichkeit zufrieden gestellt, führt sie ihr Lob am ehesten in der Form aus, dass sie das Unternehmen nicht mit weiteren Ansprüchen fordert. Im Optimalfall kann das Unternehmen mit der Zufriedenheit dieser Stakeholder-Gruppe bei den eigentlichen Kunden mit seiner daraus gezogenen Reputation werben. Eine Messung der Zufriedenheit ist hier enorm schwierig. Sie kann in erster Linie nur über das Verhalten der Unternehmung (und damit der Umsetzung der Ansprüche dieser Gruppe) definiert werden. „*Good Citizenship*" ist ein sehr weit zu fassendes Konzept, das diesen Anspruch erfüllen kann. Kennzahlen, die auf dieses Konzept hinweisen, sind z.b. Ausgaben für gemeinnützige Projekte oder Spenden. Auch die freiwillige Einhaltung von Umweltschutzmaßnahmen, die über die gesetzliche Pflicht hinausgehen, kann Teil dessen sein. Auch das Konzept der „*Corporate Social Responsibility*" spiegelt u.U. die Erfüllung der Stakeholderansprüche und damit ihre Zufriedenheit wider. Kennzahlen, die hierfür Beleg sein könnten, umfassen ebenfalls sämtliche die gesellschaftlichen Moralvorstellungen entsprechenden Daten wie z.b. die Förderquote von diskriminierten Gruppen in der Unternehmung.

**Staat**
Durch die teilweise sehr ähnlichen Ansprüche, wie sie auch die Öffentlichkeit an die Unternehmung hat, können ebenfalls die Messwerte der Konzepte des „Good Citizenship" und der „Corporate Social Responsibility" gelten. Dies ergibt sich aus dem Anspruch der *Verteilungsgerechtigkeit* und den allgemein gültigen moralischen Verhaltensweisen in einer Gesellschaft. Darüber hinaus ist dem Staat auch die *Erfüllung und Einhaltung der wirtschaftlichen Rahmenbedingungen* wichtig. Dies lässt sich z.b. an der Anzahl von neu erstellten oder verschärften Auflagen für einen Wirtschaftszweig messen. Wurden in der Vergangenheit häufig jene Regeln missachtet, spricht eine anschließende Handlung in diesem Bereich für die Unzufriedenheit des Staates. Die Selbsterlegung von umweltschonenden Auflagen würde den Staat sicher versöhnlich stimmen. So könnte u.a. anhand der Anzahl an freiwilligen Auflagen der Unternehmung die Zufriedenheit bei diesem Stakeholder festgestellt werden. Hierzu zählt auch die Einführung von Konzepten wie ISO 14001 und ISO 19011 (Bereich Umweltmanagement), die weitere über die gesetzlichen Bestimmungen hinausgehende freiwillige Umweltauflagen betreffen.

---

224-227. Allerdings erfolgt die Betrachtung aus psychologischer und philosophischer Perspektive und kann nicht unbedingt aus betriebswirtschaftlicher Sicht nachempfunden werden.

In der nachstehenden Tabelle wird zusammengefasst, wie eine Messung hinsichtlich der individuellen Ziele bei den einzelnen Stakeholdern erfolgen kann.

| | Messgröße[568] | Messinstrument/Kennzahl[569] |
|---|---|---|
| **Kunde** | • Servicequalität<br>• Loyalität | Wiederkaufrate, Abwanderungsrate, „web site behavior", Beschwerdeeingänge, „Brand Value Data", Customer Lifetime Value, Kundenbindungsindex |
| **Mitarbeiter** | • „Commitment"<br>• Produktivität<br>• Selbstverwirklichungsmöglichkeiten<br>• Loyalität | Mitarbeiter-Commitment-Index, Aufwand für Aus- und Weiterbildung, Fehlzeitenquote, Fluktuationsrate, Teilnahme an Belegschaftsaktienprogrammen, Investition/Kosten pro Mitarbeiter |
| **Potenzielle Mitarbeiter** | • Attraktivität der Unternehmung | Messeaktivitäten, Karriereseiten in den Medien (Updates, Aufwand), Studie „Arbeitgeberimage", Bewerbungsanzahlen |
| **Anteilseigner** | • Loyalität<br>• Shareholder Value<br>• Transparenz | Liquiditätsquote, (Eigen-/Fremd-) Kapitalquote, Wachstum von Einnahmen und Ausgaben, Stimmabgabe bei Hauptversammlung, Offenlegungen an Informationen |
| **Lieferanten** | • Loyalität<br>• Kontinuität[570] | Abgestimmte Systeme von Vertrieb und Logistik (z.B. Supply Chain Management oder Vendor Management Inventory), Fluktuation bzw. Wechsel |

---

[568] Atkinson/Waterhouse/Wells bezeichnen diese Spalte mit „primary measure". Vgl. Atkinson/ Waterhouse/Wells, 1997, S. 35. In der Literatur existiert eine enorme Vielfalt an Begriffen zum Thema „Performance Measurement". Dabei werden Begriffe wie Kennzahlen, Messgrößen, Werttreiber, Performance Indicators u.v.a. verwendet, die selten klar voneinander abzugrenzen sind.

[569] Atkinson/Waterhouse/Wells bezeichnen diese Spalte mit „Secondary Measure". Vgl. Atkinson/Waterhouse/Wells, 1997, S. 35. In Anlehnung an Kapital 4.2.1.2 können aus den verschiedenen gezeigten Quellen (insbesondere Janisch, 1993) die Wertgeneratoren als Grundlagen für die Bewertung der Stakeholder-Zufriedenheit herangezogen werden.

[570] Kontinuität steht sowohl für kurzfristige als auch für langfristige Lieferantenbeziehungen – je nach ihrer zugedachten Rolle. Vgl. Weinke, 1998, S. 89.

| Öffentlichkeit | • „Good Citizenship"<br>• „Corporate Social Responsibility" | Ausgaben für gemeinnützige Organisationen oder von Stiftungen, projektbezogene Ausgaben, Förderung von diskriminierten Gruppen |
|---|---|---|
| Staat | • Verteilungsgerechtigkeit<br>• Erfüllung und Einhaltung wirtschaftlicher Rahmenbedingungen | DIN-Einführungen, Anzahl neuer Auflagen o.a. Formalien pro Jahr (z.b. in der Branche), Anzahl an Verstößen (hinsichtlich Umwelt- oder Steuerauflagen) |

**Tabelle 14: Übersicht der Messung am Zielerreichungsgrad**

Der Perspektivenwechsel, aus Sicht der Unternehmung als auch aus Sicht der Stakeholder, ist bewusst vorgenommen worden. Eine Messung der Zufriedenheit geht mit der Messung des Gegenteils dessen, also der Unzufriedenheit, einher.[571] Damit kann gleichzeitig eine Messung von beiden Seiten – sowohl aus Sicht des Stakeholders als auch aus Sicht der Unternehmung – vorgenommen werden. Der Staat wird z.b. seine Zufriedenheit in erster Linie durch seinen Rückzug als Kontrolleur und ständiger Beobachter der Unternehmung ausdrücken. In diesem Fall kann seine Zufriedenheit anhand der Messung der gelockerten Reglementierungen[572] festgestellt werden. Auf der anderen Seite, aus Sicht der Unternehmung, wird es den Staat zufrieden stellen, wenn das Unternehmen sich intensiv mit dem Konzept des „Good Citizenship" auseinander setzt.

### 4.4.1.2 Subjektive Verfahren

Im Folgenden wird im Rahmen der subjektiven Verfahren eine Möglichkeit der Ermittlung der Stakeholder-Zufriedenheit mittels merkmalsorientierter Verfahren geschildert. Bei objektiven Verfahren basiert diese Analyse der Stakeholder-Zufriedenheit weitestgehend auf einer rein quantitativen Erfassung durch Kennzahlen. Bei der hier ausgewählten Methode soll der *Erfüllungsgrad* der Erwartung der Stakeholder gemessen werden.

Die bisherige Problematik der Messung der Stakeholder-Zufriedenheit liegt in der immateriellen Natur der hier vorliegenden Tauschvorgänge. Nur bei wenigen Gruppen, die hier betrachtet wurden, kann von materiellen Gütern gesprochen werden – so z.B. bei den Kunden oder Lieferanten. Somit stellt sich die Frage nach einem System, das die Messung von Zufriedenheit in diesen Fällen zulässt. Einen wichtigen Beitrag dazu leisteten Parasuraman/Zeithaml/Berry mit ihrem Qualitätsmodell,[573] das hier im Folgenden angewendet werden soll. Allerdings haben die Autoren bei der Gewinnung der Dimensionen und Kriterien ausschließlich Kunden bei der Befragung herangezogen und damit stellt sich die Frage, ob andere Stakeholder-Gruppen, außer den Kunden, vielleicht andere Punkte benannt hätten und damit eine Übertragbarkeit nicht gewährleistet ist.

---

[571] An dieser Stelle sei auf das Konzept der Zwei-Faktoren-Theorie nach Herzberg hingewiesen. Dabei existieren sowohl ein Zufriedenheitsbereich (Zufriedenheit/keine Zufriedenheit) als auch ein Unzufriedenheitsbereich (Unzufriedenheit/keine Unzufriedenheit). Vgl. Herzberg/Mausner/ Bloch/Snyderman, 1967, S. 80f.

[572] Wie hier in Tabelle 11 beschrieben, können diese Reglementierungen z.B. anhand der jährlichen Anzahl neuer Auflagen innerhalb einer Branche gemessen werden. Auch eine reduzierte Anzahl staatlicher Kontrollbesuche kann so als Vertrauensbeweis von Seiten des Staates gewertet werden.

[573] Vgl. Parasuraman/Zeithaml/Berry, 1985: A conceptual Model of service quality.

Strong/Ringer/Taylor haben die Fundamente dieses Modells auf einige Stakeholder ü-
bertragen und überprüft. Allerdings ist dies nicht so ausführlich wie beim Ausgangsmo-
dell von Parasuraman/Zeithaml/Berry erfolgt. Im Anschluss werden beide Modelle kurz
vorgestellt, um die wichtigsten Erkenntnisse daraus für eine eigene, dem Integrativ-
Prozessualen Ablauf gerecht werdende Form zu ziehen.

**Das Qualitätsmodell von Parasuraman/Zeithaml/Berry:**
Das vorliegende Problem, dem sich Parasuraman/Zeithaml/Berry stellen, ist, dass die
Maßstäbe, an denen die Zufriedenheit von Kunden bzw. Stakeholdern gemessen wird,
meist von der Unternehmung selbst definiert werden. Gerade darin liegt oft der Fehler;
Kunden bzw. Stakeholder haben eine eigene Erwartungshaltung, die auch nur von ihnen definiert werden kann. So kam zunächst der Gedanke eines „externen" Qualitätsmodells auf. Es handelt sich dabei um

ein statisches Modell, das in fünf Branchen[574] bereits empirisch überprüft wurde – jedoch den Anspruch erhebt, branchenunabhängig zu sein. Der Begriff der Qualität bezieht sich hier ausschließlich auf Dienstleistungen. Dies kann im Rahmen dieser Arbeit
ebenfalls übertragen werden, da es im weitesten Sinn um Dienstleistungen zwischen
der Unternehmung und den einzelnen Stakeholdern geht. Insbesondere durch die Spezifikation dieser einzelnen Beziehungen steht der Aspekt einer Dienstleistung im Vordergrund. So sollten beispielsweise bei Kunden der After-Sales-Service und die Betreuung wichtige Bestandteile der Beziehung sein.[575] Nach Parasuraman/Zeithaml/Berry
kommt die wahrgenommene Qualität also einem Urteil der erbrachten Leistung gleich.
Eine Leistungsbeurteilung gibt gleichzeitig eine Aussage darüber, ob der Kunde eventuell wiederkommt, also eine Beziehung mit der Unternehmung eingeht. Eine hohe Qualität dieser Beziehung stellt damit wiederum einen wichtigen Erfolgsfaktor für die Unternehmung dar. Mittels eines Fragebogens, der 22 Items enthält, mit einer Skala von jeweils 1 bis 7,[576] kann so sowohl aus Unternehmenssicht als auch aus Kundenperspekti-
ve die Erwartungshaltung gezeigt werden. Diskrepanzen zwischen ihnen zeigen die so
genannten „Gaps" (Lücken) auf, die geschlossen werden müssen, um dem Stakeholder
die gewünschte Qualität zu liefern und ihn so zufrieden zu stellen. Diese Lücken sind
dabei in jedem Schritt der Beziehung bis hin zur Leistungserstellung zu suchen.[577]

In Bezug auf die vorliegende Problemstellung, der Betrachtung bzw. abschließenden
Beurteilung der Zufriedenheit der Stakeholder, kann hier zunächst keine direkte Übertragung des Modells stattfinden. Es ist ausschließlich auf die Gruppe der Kunden bezogen, kann aber u.U. erweitert werden. Positiv bei diesem Modell fällt auf, dass jeder
Schritt der Beziehung zwischen Unternehmen und Kunde analysiert wird, so dass jeder

---

[574] Es handelt sich dabei um das Privatkundengeschäft von Banken, dem Kreditkartengeschäft, den
Wertpapiermaklern und den Reparaturwerkstätten. Vgl. Parasuraman/Zeithaml/Berry, 1988, S. 18. Eine
weitere Überprüfung aus dem Tourismusgeschäft kam 2004 hinzu: Vgl. Hudson/Hudson/Miller, 2004, S.
308-311.
[575] Die Autoren definieren damit eine Dienstleistung nicht im klassischen Sinn der Zuordnung zu dieser
Branche, sondern sehen eine Dienstleistung in nahezu jeder Transaktion zwischen Kunde und Unternehmen und damit untrennbar von Produktion und Konsum. Vgl. Zeithaml/ Parasuraman/Berry, 1992, S.
28.
[576] Es gibt jeweils einen Fragebogen, der vom „Unternehmen", und einen weiteren, der von den Kunden
beantwortet wird. Beide enthalten 22 Items, die sich aus fünf Dimensionen zusammensetzen.
[577] Das Modell ist im Anhang Abbildung A-48 abgebildet.

142

mögliche Fehler auch Berücksichtigung finden kann. Diese Analyseschritte können für ein verändertes Zufriedenheitsmodell aufgenommen werden.

**Das Zufriedenheitsmodell von Strong/Ringer/Taylor:**
Nach der breiten Akzeptanz des Qualitätsmodells von Parasuraman/Zeithaml/Berry in Wissenschaft und Praxis untersuchten es Strong/Ringer/Taylor auf seine Gültigkeit für mehrere Stakeholder. Dabei wurde das ursprüngliche Modell stark vereinfacht. Der Grundgedanke der Messung der Diskrepanz zwischen den Erwartungen, die hier beidseitig in Form von Informationen weitergegeben werden, und den erhaltenen Leistungen bleibt bestehen. So wird also überprüft, ob die erhaltenen Informationen den erwarteten entsprechen. Ebenso findet am Ende der Abgleich zwischen dem erwarteten und dem eingetretenen Ergebnis statt. So werden hier die Lücken bzw. die Unzufriedenheit der Stakeholder anhand der Kriterien „Information" und „Ergebnis" offen gelegt.[578]

Diese Herangehensweise könnte ihm Rahmen dieser Arbeit eine wichtige Hilfestellung für die Zufriedenheitsanalyse der Stakeholder liefern. Jedoch ist dieses Modell für die Anwendung innerhalb des erweiterten Integrativ-Prozessualen Marketingansatzes zu einfach und zu statisch. Eine Darstellung der unterschiedlichen Phasen der Beziehung wird hier zu wenig differenziert betrachtet und eine Rückkopplung an die vorherige Phase kann so nicht stattfinden.

Aus den bisherigen Darstellungen der Modelle nach Parasuraman/Zeithaml/Berry und Strong/Ringer/Taylor können jedoch wichtige Zusammenhänge und Elemente herausgegriffen werden, die so ein Instrument für die Zufriedenheitsmessung in der vierten Phase im erweiterten Integrativ-Prozessualen Marketingansatz liefern. Zu beachten ist, dass in jeder Phase Unstimmigkeiten auftreten können. Mit einer ständigen Kontrolle nach jeder Phase kann so am Ende die eigentliche Unzufriedenheit der Stakeholder vermieden werden, indem Differenzen noch vor Abschluss der Transaktionen beseitigt werden. Die nachstehende Abbildung 28 zeigt die potenziellen Lücken auf.

Die Reihenfolge der Nummerierung gibt die möglichen auftretenden Lücken, die schließlich zur Unzufriedenheit der Stakeholder führen können, wieder.

**1:** Die in der Vorbereitungsphase aufgenommenen Informationen werden in der Unternehmung verarbeitet. Dabei kann es passieren, dass die wahrgenommenen Informationen hinsichtlich Erwartungen und Ziele der Stakeholder hier nicht deutlich geklärt bzw. von der Unternehmung nicht richtig verstanden worden sind. Es besteht also eine Differenz zwischen den wahrgenommenen und den tatsächlichen Informationen.

**2:** In der Folge des ersten Schritts kann eintreten, dass die (richtig) aufgenommenen Erwartungen innerhalb der Unternehmung falsch verarbeitet werden. Somit würden sämtliche Prozesse der nächsten Phasen auf falschen Annahmen basieren, sofern keine Rückversicherung seitens der Unternehmung erfolgt.

---

[578] Auch dieses Modell unterliegt einigen Limitationen. Erstens sind hier nur Finanzinstitute betrachtet worden. Zweitens sind regionale Faktoren zu beachten. Drittens wurden die Daten in Form von offenen Fragestellungen erhoben. Dies zieht meist eine eigene Interpretation mit sich und limitiert weiterhin die Erhebungsgröße. Vgl. Strong/Ringer/Taylor, 2001, S. 228f. Die Abbildung des Modells und der Fragebogen-Items befinden sich im Anhang.

**3:** Während der Phase der Anbahnung treten optimalerweise Unternehmung und Stakeholder in einen Dialog. Auch hier werden weitere Zielvereinbarungen präzisiert, womit ein erneuter Informations- bzw. Erwartungsaustausch erfolgt. Ähnlich wie bei der Lücke nach Abschluss von Phase 1 kann es auch hier zu einer missverständlichen Vermittlung von Wahrnehmung und Tatsachen kommen.

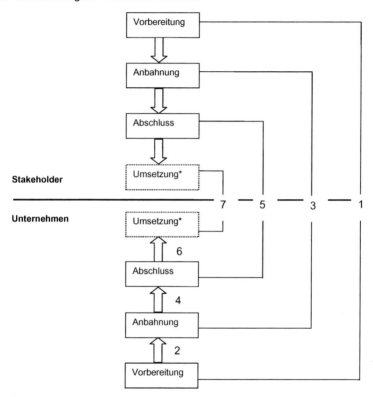

*Die hier im gestrichelten Kasten angedeutete „Umsetzung" wird aufgezeigt, da sie ebenfalls eine Ursache für Unzufriedenheit birgt. Da sie aber nicht inhaltlicher Teil dieser Arbeit ist, wird sie hier der Vollständigkeit halber nur angedeutet.

**Abbildung 28: Aufdeckung potenzieller Lücken bei der Messung der Stakeholder-Zufriedenheit im erweiterten Integrativ-Prozessualen Marketingansatz**

**4:** Aus der Konsequenz der zweiten Phase finden in der Unternehmung Schritte zur Verarbeitung der erhaltenen Informationen statt. Damit besteht ebenfalls die Gefahr, hier interne Fehler bzw. Missverständnisse zu begehen, die bei Nicht-Aufklären letzten Endes zur Unzufriedenheit seitens der Stakeholder führen kann.

144

**5:** Mit der Phase des Abschlusses, in der wichtige vertragliche Ausgestaltungen festgehalten werden, ist eine besonders präzise Vorgehensweise essentiell. Sollten hier Unstimmigkeiten in Form von falschen Einschätzungen der Unternehmung erfolgen, kann dies zur Unzufriedenheit und dann zu erheblichem Schaden führen.

**6:** Trotz vorausgesetzter richtiger Bewertung sämtlicher Erwartungen bis hierhin kann es bei der Leistungserzeugung innerhalb der Unternehmung zu Unstimmigkeiten kommen. Die Ursache der Unzufriedenheit des Stakeholders wäre somit hier in der internen Umsetzung zu suchen.

**7:** Die eigentliche Leistungserbringung, also die Umsetzung aller bisheriger Erkenntnisse, kann zu einer letzten möglichen Ursache für die Unzufriedenheit der Stakeholder führen. So kann trotz Abstimmung aller vorherigen Erwartungen auf beiden Seiten eine Unzufriedenheit mit der Unternehmensleistung auftreten.

Ein Fazit aus der empirischen Überprüfung von Strong/Ringer/Taylor ergab schließlich, dass ein wahrgenommener negativer Vorfall vor Beendigung der Leistungserbringung aus Sicht der Stakeholder nicht zwangsläufig auch zu deren Unzufriedenheit führt.[579] Diese Tatsache kann auch hier im erweiterten Integrativ-Prozessualen Marketingansatz gelten, so dass das Unternehmen durch Kontrollen und Nachfragen nach jeder Phase diese „Missverständnisse" aufdecken und so auch offen mit dem vorliegenden Problem umgehen kann. Damit kann schließlich die Unzufriedenheit mit dem End- bzw. Gesamtergebnis vermieden werden. Um die Zufriedenheit der Stakeholder darüber hinaus zu fördern, stellen Strong/Ringer/Taylor drei wichtige Verhaltensweisen heraus, die Beachtung in der Unternehmung finden sollten:[580]

1. *„Empathy"/„Einfühlungsvermögen"*: Eine große Hilfe ist es, wenn die Erwartungen der Stakeholder richtig eingeschätzt werden können. Dazu gehört auch, dass sich das Unternehmen in die Stakeholder hineinversetzen kann und „ihre Welt" aus deren Sicht versteht.

2. *„Honesty"/„Ehrlichkeit"*: Weiterhin kann durch ehrliches Verhalten wie z.B. die Erzeugung einer wahrheitsgetreuen und realistischen Einschätzung der Stakeholder hinsichtlich der Erwartungen an die Unternehmung eine Zufriedenheit erzielt werden. Eine glaubwürdige Einschätzung der Leistung ist hier sehr wichtig um Enttäuschungen am Ende zu vermeiden.

3. *„Timeliness"/„Aktualität"*: Schließlich ist anzumerken, dass ein rechtzeitiges bzw. vielmehr sofortiges Eingreifen bei der ersten Feststellung von Unzufriedenheit oder bei Abweichungen der Erwartungshaltung zu empfehlen ist. Es stellt sich schnell eine Frustration bei den Stakeholdern ein, wenn sie nicht rechtzeitig darüber informiert werden, was ihre persönlichen Interessen betreffen könnte.

---

[579] Vgl. Strong/Ringer/Taylor, 2001, S. 220.
[580] Vgl. Strong/Ringer/Taylor, 2001, S. 223ff.

## 4.4.2 Zusammenfassende Betrachtung

Ziel des Kapitels 4.4 war die Erfassung der Stakeholder-Zufriedenheit. Erst die Kontrolle des Erfolges der Phasen 1 bis 3 entscheidet über den Fortgang der Beziehungen zwischen der Unternehmung und ihren Stakeholdern. Eine Aktualisierung der Stakeholder-Ansprüche ist damit unerlässlich. In diesem Kapitel wurden mögliche Kontrollwege auf verschiedene Arten aufgezeigt, um die Zufriedenheit bzw. Unzufriedenheit zu messen. Das Ergebnis hieraus kann der Unternehmung als Handlungsempfehlung dienen. Die meist quantitativen Messinstrumente der objektiven Methode lassen nach Ablauf aller bisherigen Phasen eine sehr genaue Vorgehensweise in eventuell betroffenen Problemfeldern zu. Allerdings stehen diese einzelnen Messwerte in keinerlei Gesamtzusammenhang zur Zufriedenheit anderer Stakeholder. Somit gibt es keine Verknüpfung dieser Messwerte untereinander. Auch können sie nicht für ein besseres oder leichteres Verständnis zur Erfassung der Zufriedenheit dienen. Eine so exakte quantitative Messbarkeit muss also nicht zwangsläufig zielführend sein, wie es bei dem dargestellten objektiven Verfahren der Fall ist. Unter Zuhilfenahme eines etwas veränderten Modells der subjektiven Verfahren, auf der Grundlage des Qualitätsmodells von Parasuraman/ Zeithaml/Berry und des Stakeholder-Zufriedenheitsmodells nach Strong/ Ringer/Taylor, kann so dem Management eine Richtlinie an die Hand zu gegeben werden, die auf mögliche Missstände hinweisen kann. Solch tendenzielle Aussagen („zufrieden"/„unzufrieden") geben wichtige Richtungen vor, denen sich ein Unternehmen widmen sollte. Mit der Identifikation der diversen potenziellen Lücken im gesamten Prozessablauf, die solch eine Unzufriedenheit auslösen könnten, sind wesentliche Fehlerquellen bereits im Vorhinein klar. Dennoch müssen natürlich weitere Vorgehensweisen – darunter auch quantitative Analysen – erfolgen. Erst wenn diese Phase abgeschlossen ist und die Ergebnisse des Erfolgs/Misserfolgs im Umgang mit den Stakeholdern der Unternehmung geklärt sind, kann der Kreislauf des Integrativ-Prozessualen Marketingansatzes wieder von vorne beginnen. Die Betrachtung startet dann mit einer erneuten Darstellung der aktualisierten Ansprüche der Stakeholder.

## 4.5 Zusammenfassung des Phasen-Modells

Ziel dieses zentralen Kapitels war es, in einer umfassenden Betrachtung aufzuzeigen, wie die relevanten Stakeholder einer Unternehmung aus Sicht des Marketing zu erkennen und vollständig zu integrieren sind. Daraus ergibt sich eine Erweiterung des Verantwortungsbereichs des Marketing.

Die Grundlage hierfür bildete der Integrativ-Prozessuale Marketingansatzes nach Mattmüller/Tunder. In der ursprünglichen Darstellung wird der Tauschvorgang zwischen Kunde und Unternehmung sehr ausführlich beschrieben und wird damit auch den Ansprüchen des Relationship Marketing gerecht. Diese ursprüngliche Form reicht in diesem Kontext allerdings nicht mehr aus und muss hinsichtlich der Integration der Stakeholder-Gruppen – über den Kunden hinaus – erweitert werden. Diese Erweiterung kann auch im Sinne eines strategischen Frühwarnsystems die Unternehmung unterstützen. Nach Sichtung bestehender Literatur zu dem zu Beginn aufgezeigten Problemfeld wurde festgestellt, dass keine geeigneten Ansätze für eine Stakeholder-Integration existieren. Mit der Erweiterung des Integrativ-Prozessualen Marketingansatzes konnte diese Forschungslücke geschlossen werden. Die Integration aller Bezugsgruppen konnte in diesen vier Phasen vollzogen werden. Dabei stand der prozessuale Ablauf im Vordergrund. Die einzelnen Phasen bezogen sich stets auf den Aspekt der Betrachtung der jeweiligen Tauschvorgänge zwischen den einzelnen Stakeholdern und der Unternehmung – so dass der ursprüngliche Gedanke des Integrativ-Prozessualen Marketingansatzes erhalten bleibt. Gleichzeitig dient diese Darstellung als Bestätigung für den gewachsenen Aufgabenbereich und somit auch für den neuen Verantwortungsbereich des Marketing.

Folgende Ergebnisse der Stakeholder-Integration können im Rahmen des erweiteten Integrativ-Prozessualen Marketingansatzes festgehalten werden:

**Vorbereitungsphase:**
Um eine Integration der Stakeholder vornehmen zu können, bedurfte es zunächst einer Identifikation und Positionierung der relevanten Stakeholder. Aus einer Positionierung der Stakeholder konnten dann strategische Vorgehensweisen abgeleitet werden.

Ein wesentliches Problem bestand in der Erstellung eines geeigneten Modells zur vollständigen Identifikation der Stakeholder. Sowohl Subjektivität bei der Auswahl als auch bei der Positionierung der Stakeholder bergen ein großes Risikopotenzial. Ein Übersehen einer Stakeholder-Gruppe und damit einhergehend der anschließend fehlenden Integration kann für das Unternehmen eine Bedrohung darstellen, weil es keine Steuerungsmöglichkeit der Verhaltensweisen jener nicht beachteten Stakeholder hat. Aus diesen Gründen bedurfte es an jener Stelle eines strategischen Frühwarnsystems, das potenzielle Bedrohungen durch Stakeholder, aber auch Chancen, die sich durch diese ergeben, erkennen lässt.

**Anbahnungsphase:**
Im Anschluss an die Vorbereitungsphase galt es hier, Kommunikationsansätze zu finden, die einen offenen Dialog mit den Stakeholdern ermöglichen. Ziel dabei war es, im Rahmen des Relationship Marketing eine möglichst individualisierte Ansprache an die Stakeholder zu richten, um damit Einfluss auf das gewünschte Soll-Bild der Unternehmung zu nehmen.

Besonders wichtig war dabei jeder identifizierten Stakeholder-Gruppe gerecht zu werden, indem eine Kommunikation unter Bezugnahme auf ihre individuellen Ansprüche erfolgt. Erst der Einbezug dieser so genannten Facetten kann eine vollständige Prägung eines konsistenten Unternehmensimages erzeugen.

**Abschlussphase:**
Nach der Darstellung des erfolgten Kontaktes zu den relevanten Stakeholdern konnten nun Vereinbarungen der Ansprüche und Beiträge zwischen Stakeholdern und Unternehmung formuliert werden. Bei der Erstellung von expliziten Verträgen konnten jedoch zu keinem Zeitpunkt opportunistische Bedrohungen ausgeschlossen werden.

Eine mögliche Minimierung dieses Risikos besteht in der Einführung impliziter Verträge. Diese können durch das Einsetzen der Unternehmensreputation als Geisel einen sicheren Wirkmechanismus zur Erfüllung der Vereinbarungen beitragen.

**Kontrollphase:**
Mit dem Vollziehen der getroffenen Vereinbarungen zwischen Stakeholdern und Unternehmung kann der Tauschvorgang als nahezu beendet angesehen werden. Eine Kon-

trolle aller bisherigen Schritte war noch nicht erfolgt und so musste eine Möglichkeit gefunden werden, dies hier am Ende zu überprüfen.

Um den qualitativen Aspekten dieser Betrachtung gerecht zu werden, wurde innerhalb
der Leistungsmessung der Indikator Zufriedenheit herangezogen. Eine Feststellung einer, im Optimalfall, vollständigen Stakeholder-Zufriedenheit kann so die Zielerfüllung
der Phasen 1 bis 4 aufzeigen.

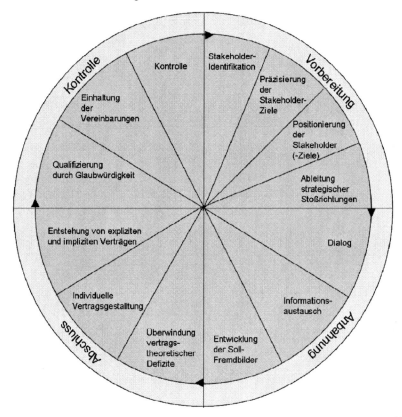

**Abbildung 29: Der erweiterte Integrativ-Prozessuale Marketingansatz**[581]

---

[581] In Anlehnung an Mattmüller/Tunder, 2005, S. 56.

# 5 Empirische Erkenntnisse

In den vorangegangenen Kapiteln wurde die Stellung des Marketing innerhalb der Unternehmung ausführlich analysiert. Dabei ist deutlich geworden, dass wesentliche Entwicklungsschritte – insbesondere hinsichtlich des Verantwortungsbereichs des Marketing – in der Theorie vollzogen wurden. Der hier vorliegende empirische Teil versucht diese neuen Aspekte mit dem Entwicklungsstand in der Praxis abzugleichen und herauszufinden, inwiefern Bedarf an einem umfassenden Modell für eine Stakeholder-Integration aus Sicht von Marketingexperten besteht.

## 5.1 Ziel der Untersuchung

Im letzten Teil dieser Arbeit soll die Existenz der bestehenden aufgezeigten Problematik in der Entwicklung des Marketing überprüft werden. Teile der zu Beginn dieser Arbeit dargestellten Problemstellungen, die hier erklärt werden sollen, sind:

*1) Welchen Verantwortungsbereich und welchen Stellenwert innerhalb einer Unternehmung nimmt das Marketing heute ein?*

*2) Welche Relevanz haben Stakeholder überhaupt für das Unternehmen und damit für den Aufgabenbereich des Marketing?*

Mit Hilfe eines Fragebogens sollen hierauf Antworten gefunden werden. Es wird damit überprüft, inwieweit insbesondere die theoretischen und praktischen Kenntnisse auseinander liegen. Speziell das Konzept des Integrativen Marketing und die Umsetzung dessen in den Unternehmen liegen dabei im Fokus der Untersuchung. Dabei wird auch von Interesse sein, welche Rolle Stakeholder in den Unternehmen spielen. So können mittels verschiedener Items Antworten auf o.g. Fragen gegeben werden.

Die vorliegende Befragung spiegelt jedoch keine repräsentativen Ergebnisse wider. Sie dient lediglich einer ersten Übersicht über die Problematik. Genauere empirische Untersuchungen könnten auch branchenspezifische (unterschiedliche) Resultate hervorbringen und weitere zeitintensive Forschungsprojekte rechtfertigen.

Das in dieser Arbeit zu Grunde gelegte erweiterte Modell nach Mattmüller/Tunder kann in die Befragung nicht aufgenommen werden. Eine Abfrage dieses Modells ist aufgrund seiner Komplexität nur schwer möglich und bedürfte einer persönlichen Darstellung, da davon ausgegangen werden muss, dass das Modell in der Praxis aufgrund der Aktualität derart noch nicht angewandt wurde. Vielmehr geht es unter Zuhilfenahme des Instruments des Fragebogens darum, eine grundsätzliche Auffassung der Unternehmen hinsichtlich des Verantwortungsbereichs des Marketing und der Integration der Stakeholder in diesem Zusammenhang widerzuspiegeln. Auf dieser Grundlage können die Entwicklung und die Einführung des erweiterten Integrativ-Prozessualen Marketingansatzes gerechtfertigt werden.

150

## 5.2 Methodische Vorgehensweise

In der wissenschaftlichen Literatur werden hinsichtlich des **Forschungsdesigns** einer empirischen Untersuchung Differenzierungen vorgenommen. Autoren kommen hierbei zu verschiedenen Ausführungen der Methoden. So unterscheidet Böhler in explorative, deskriptive oder experimentelle bzw. quasi-experimentelle Vorgehensweisen.[582] Fritz trifft eine sehr ähnliche Differenzierung in explorative, deskriptive und kausale Forschung.[583] Der Unterschied zu Böhler ist dabei nur sehr geringfügig: Definiert Böhler die experimentelle Vorgehensweise aufgrund kausaler Hypothesen,[584] so lässt sich eine Ähnlichkeit zwischen dem dritten Punkt von Böhler sowie Fritz nicht leugnen. Atteslander nimmt eine Unterscheidung in exploratives, experimentelles oder repräsentatives Vorgehen vor. Bei ihm entspricht das experimentelle Vorgehen vielmehr den Labor- und Feldexperimenten – das repräsentative Vorgehen jedoch gibt eher eine Form der Datenerhebung wieder.[585] Aufgrund der sehr eng beieinander liegenden Begriffe wird hier folgende Unterscheidung gewählt:

1. *Explorative Untersuchung*: Sie wird genutzt um gerade qualitative Aspekte in noch wenig oder gar nicht erschlossenen Forschungsfeldern zu „erforschen". Dabei werden Wertungen von Beobachtungen und Befragungen insbesondere von Beziehungen vorgenommen. Der Nachteil dabei ist offensichtlich: Durch Interpretationen und eine meist knappe Übersicht liegt häufig keine Repräsentativität vor.[586] Auch die Übertragbarkeit auf andere Branchen, Zielgruppen etc. ist nicht möglich. Trotz der eindeutigen Kritikpunkte dienen explorative Untersuchungen in erster Linie der Gewinnung zusätzlicher Einsichten bei geringem Kenntnisstand und erheben nicht den Anspruch, repräsentativ zu sein.[587]

2. *Deskriptive Untersuchung*: Der sinngemäßen Wortbedeutung nach geht es hierbei um die „Beschreibung" von Tatbeständen. Dabei werden Strukturen eines Sachverhaltes und die dazu führenden Umstände widergespiegelt. Deskriptive unterscheiden sich von explorativen Untersuchungen insofern, als sie genau festgelegte Forschungsziele und Vorgehensweisen haben. Die Genauigkeit der Ergebnisse ist hier von Bedeutung.[588]

3. *Kausale Untersuchung*: Bei dieser Vorgehensweise, die der experimentellen Untersuchung nach Böhler sehr ähnlich ist, liegt das Ziel in der Aufdeckung von Ursache-Wirkungs-Verhältnissen. Es liegen hier, im Gegensatz zur explorativen Untersuchung, sehr präzise Forschungsziele (in Form von Hypothesen) vor – von der deskriptiven Untersuchung unterscheidet sie sich durch die Kontrolle von störenden Einflussfaktoren.[589]

Bei der hier vorliegenden Problemstellung wird aufgrund der bislang wenigen und nicht zusammenhängenden vorliegenden empirischen Erkenntnissen der **explorative Untersuchungsweg** eingeschlagen. Dabei weist Fritz ausdrücklich darauf hin, dass die Aus-

---

[582] Vgl. Böhler, 2004, S. 37-41.
[583] Vgl. Fritz, 1995, S. 59.
[584] Vgl. Böhler, 2004, S. 40.
[585] Vgl. Atteslander, 2003, S. 67.
[586] Vgl. Atteslander, 2003, S. 67.
[587] Vgl. Böhler, 2004, S. 37.
[588] Vgl. Böhler, 2004, S. 38ff.
[589] Vgl. Böhler, 2004, S. 40ff.

sagen innerhalb dieses Designs auch deskriptiver, explikativer oder kausaler Art sein können.[590] Diese Vorgehensweise soll Aufschlüsse und Hinweise für mögliche weitere Verfahren eröffnen. Auf eine Hypothesenbildung wird an dieser Stelle verzichtet, da keine ausreichende Vorstrukturierung des Forschungsgegenstandes möglich ist.[591] Der Grundlagencharakter dieser Arbeit erschließt erst neue Themengebiete und muss sich damit für alle möglichen Ausgänge öffnen. Ein Hypothesenaufbau würde in diesem Stadium das Themengebiet zu sehr eingrenzen und so könnten wichtige, tendenzielle Aussagen verschlossen bleiben. Der insgesamt explorative Charakter erschwert somit eine Hypothesenbildung. Erst mit den Ergebnissen dieser Studie können Hypothesen für weitere Arbeiten aufgestellt werden, die dann in einer repräsentativen Studie überprüft werden.

## 5.3 Das Erhebungsverfahren

Bei der Festlegung der Art der Datenerhebung wurde schließlich der Fragebogen gewählt. Dieses Instrument erscheint für die vorliegende Problemstellung geeignet. Es können damit aussagekräftige quantitative, aber auch qualitative Resultate erzielt werden, die wiederum weitere kosten- und zeitintensive spezifische Untersuchungen rechtfertigen können.

Mit der Wahl des Instruments *Fragebogen* gilt es nun, eine geeignete Auswahl der zu befragenden Personen zu treffen; danach erfolgt die eigentliche Datenerhebung und schließlich die Auswertung der gewonnenen Daten.[592]

Um ein möglichst einheitliches Bild der Wirklichkeit zu erhalten, ist die Auswahl der zu Befragenden von ganz besonderer Wichtigkeit. Der Personenkreis kann wie folgt eingeschränkt werden: In der hier geschilderten Situation geht es zunächst um strategische Unternehmensentscheidungen. Die Problemstellung offenbart jedoch, dass nicht zwangsläufig diese Entscheidungsträger in der Marketingabteilung sitzen bzw. annähernd mit marketingorientierten Fragen in Berührung kommen. Auch das Verständnis für die marketingtheoretischen Fragen muss dabei gegeben sein. Adressiert wurde der Fragebogen schließlich an die *Führungskräfte des Marketingbereichs*.[593] Die *Anzahl* der gewonnenen Adressdaten mit der Anforderung der namentlichen Erfassung der Führungsperson im Marketing beträgt 220. Eine für eine explorative Untersuchung recht hohe Anzahl an Adressaten muss vorausgesetzt sein, da sich Unternehmen verstärkt von Forschungsvorhaben aus Zeitgründen distanzieren.[594]

Um bei der *Datenerhebung* eine möglichst gute Rücklaufquote zu erzielen, ist es hilfreich, weniger, aber dafür präzise Items zu formulieren.[595] Der Zeitaufwand von ca. 10

[590] Vgl. Fritz, 1995, S. 59.
[591] Vgl. Hoffmann-Riem, 1980, S. 345.
[592] Vgl. Birley/Moreland, 1998, S. 8.
[593] Um eine möglichst gute Resonanz zu bekommen, wurde ein Großteil der Adressen aus den Sponsoren und Förderern der European Business School International University Schloß Reichartshausen und Mitgliedern des Instituts für Marketing-Management und -Forschung (IMMF) e.V. gewählt. Der restliche Teil der Adressen wurden von externen Datenbanken ausgewählt, bei denen sowohl die Größe des Unternehmens als auch die Namen der Marketingverantwortlichen zu erkennen waren.
[594] Sowohl bei telefonischen Voranfragen als auch bei den Rücksendungen wurde dies erneut bestätigt.
[595] Vgl. Sökefeld, 2003, S. 101.

152

bis 15 Minuten, die der Befragte zum Ausfüllen des Bogens benötigt, wird auch besonders in die Gestaltung des *Begleitschreibens*[596] hervorgehoben. Dem hier benutzten Fragebogen liegt eine *stark strukturierte Interviewsituation* zu Grunde.[597] Die einzelnen Items (insgesamt 19) sind weitestgehend *geschlossen formuliert*, d.h., bestimmte Antwortmöglichkeiten sind vorgegeben und der Befragte kann keine freie Schilderung vornehmen.[598]

Im nächsten Schritt – nach Erstellung des vorläufigen Fragebogens – muss eine Testerhebung vorgenommen werden, um die Verständlichkeit und Anwendbarkeit der Items sicherzustellen. [599] In der marktforschungs-relevanten Literatur wird hierfür auf die Durchführung eines *Pretests* verwiesen. Eine einprozentige Stichprobe im Verhältnis zur geplanten Umfragemenge erscheint dabei als ausreichend.[600] Im Rahmen dieser Arbeit wurden 220 Fragebögen verschickt. So besteht also eine minimale Anforderung von zwei bis drei Pretests. Diese Auflage wurde mit der Vorprüfung von vier Personen[601] erfüllt. Mit dem Rücklauf wurden geringfügige Änderungen am Fragebogen vorgenommen – insbesondere hinsichtlich der Fachsprache, aber auch kleine Änderungen an der Übersichtlichkeit des Layouts. Anschließend konnten die Fragebogen mit frankiertem Rückumschlag an die ausgewählten Personen versendet werden.

In der versendeten Fassung beziehen sich die Fragen auf nachstehende Untergliederung:

1. Grundsätzliches zur Unternehmung (5.3.1)
2. Überprüfung des (theoretischen) Marketingverständnisses (5.3.2)
3. Stellenwert des Marketing in der Unternehmung (5.3.3)
4. Relevanz der Stakeholder aus Sicht der Marketingexperten (5.3.4)

Zur Betrachtung der vorliegenden *Rücklaufquote* werden als Zielgrößen nur sehr ungenaue Zahlenspektren genannt, wie z.B. bei Friedrichs von einer Rücklaufquote zwischen 7% und 70% berichtet wird.[602] Rücklaufquoten jenseits der 50% bei schriftlichen Befragungen sind jedoch äußerst selten anzutreffen.[603] Green und Tull sprechen von einem zu erwartenden Rücklauf zwischen 20% und 40%.[604] Mit den hier erreichten 36,8%[605] kann von einer zufrieden stellenden Quote gesprochen werden.[606]

---

[596] Ebenfalls im Begleitschreiben erwähnt wurde die Möglichkeit der Zusendung der Ergebnisse.
[597] S. dazu Übersicht der verschiedenen Befragungstypen im Anhang Tabelle 2.
[598] Vgl. Bortz/Döring, 2003, S. 254f. Einige Fragen sind halboffen formuliert. D.h. dass einige Antwortmöglichkeiten als Alternativen vorgeben werden und zusätzlich bei einigen Fragen die Kategorie „Sonstige" eingeführt wird, die Spielraum für eigene Einschätzungen zulässt.
[599] Vgl. Atteslander, 2003, S. 329f.
[600] Vgl. Friedrichs, 1990, S. 245.
[601] Diese Personen mussten ähnlichen Anforderungen wie denen an die Zielgruppen entsprechen. So wurden hier Experten und Sachverständige insbesondere zum Thema Integratives Marketing befragt.
[602] Vgl. Friedrichs, 1990, S. 237.
[603] Vgl. Hüttner/Schwarting, 2002, S. 71.
[604] Vgl. Green/Tull, 1982, S. 139. Berekoven/Eckert/Ellenrieder sprechen von einer Rücklaufquote bei schriftlichen Befragungen zwischen 15 und 30%. Vgl. Berekoven/Eckert/Ellenrieder, 2004, S. 118.
[605] 220 Fragebogen sind verschickt worden – 81 sind davon beantwortet worden.
[606] Eine telefonische Nachfassaktion steht mit einer vermutlich nur geringen Erfolgsaussicht in keiner finanziellen und zeitlichen Relation. Somit wurde davon Abstand genommen.

153

Als Nächstes muss eine *Aussonderung* der nicht auswertbaren Fragebogen vorgenommen werden. Dies kann aufgrund von Unleserlichkeiten, Antwortverweigerungen oder falschen Angaben erfolgen.[607] In der vorliegenden Untersuchung waren von 81 Rücksendungen fünf Fragebogen nicht auswertbar – damit bleiben *76 Fragebogen* zur eigentlichen Analyse.

Das *Auswerten der Ergebnisse*[608] erfolgt anhand von Tabellen und graphischen Auswertungen und passt sich den Fragestellungen im verschickten Bogen an.[609]

## 5.4 Ergebnisse der Untersuchung

### 5.4.1 Grundsätzliches zur Unternehmung

Mit der Frage nach der Branchenzugehörigkeit des vorliegenden Unternehmens sollen mögliche Hinweise auf Unterschiede leichter identifizierbar gemacht werden.[610] Mit diesen Feststellungen können u.U. auch für nachfolgende Untersuchungen weitere Abgrenzungen hinsichtlich der Problemstellung getroffen werden. Branchenspezifische Tendenzen könnten aufgezeigt und in einer weiteren Untersuchung dann intensiver und vor allem separat betrachtet werden.

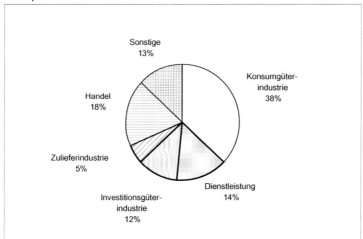

**Abbildung 30: Branchenzugehörigkeit der befragten Unternehmen (Frage 1a)**

---

[607] Vgl. Böhler, 2004, S. 160.
[608] Eine Datentabelle wurde mit Hilfe von MS Excel angefertigt, auf deren Grundlage sich die Grafiken stützen.
[609] Vgl. Böhler, 2004, S. 166-169. Der Fragebogen ist im Anhang einzusehen.
[610] Im Rahmen dieses Fragebogens wurde auch nach der Größe des Marketingbereichs (Frage 1b) und nach den „Kunden" der Unternehmung (Frage 1c) gefragt. Mit Hilfe der Datentabelle wurde versucht, Unterschiede hinsichtlich der Ergebnisse der restlichen Fragen herauszufiltern. Leider geben die dafür vorliegenden Zahlen keine neuen, eindeutigen Ergebnisse wieder. Die grafische Darstellung hierzu befindet sich im Anhang.

154

So kann eine Mehrheit mit 28 Fragebogen Unternehmen der Konsumgüterindustrie zugeordnet werden, 11 kamen aus dem Bereich Dienstleistung, 9 aus der Investitionsgüterindustrie, 4 aus der Zulieferindustrie, 14 aus dem Handel und 10 aus sonstigen Wirtschaftsbereichen.[611] Wie sich bei den nachfolgenden Untersuchungen genauer ergeben wird, können Unterschiede im Umgang mit den Stakeholdern, aber auch den Stellenwert des Marketing in der Unternehmung betreffend zwischen den unterschiedlichen Branchen herausgefiltert werden.

In einer weiteren Frage zur Einordnung der grundsätzlichen Unternehmungsleitgedanken wurde die Frage nach dem Vorliegen einer Shareholder- oder Stakeholder-Orientierung gestellt. Die Befragten mussten dabei eine Einstufung zwischen 1 (= liegt nicht vor) und 6 (= liegt vor) bzw. die Alternative „kann ich nicht beurteilen" vornehmen. Bei der Betrachtung der Mittelwerte stellt sich heraus, dass beide Werte sehr eng beieinander liegen. So ergibt sich ein Mittelwert für die Shareholder-Orientierung von 4,3 und für die Stakeholder-Orientierung von 3,9. So wurde offensichtlich in beiden Fällen eine starke Zustimmung gegeben. Es kann lediglich von einer tendenziell stärkeren Shareholder-Orientierung in den Unternehmen ausgegangen werden. In der nachstehenden Tabelle wird dies in einem Vergleich noch einmal zum Ausdruck gebracht.

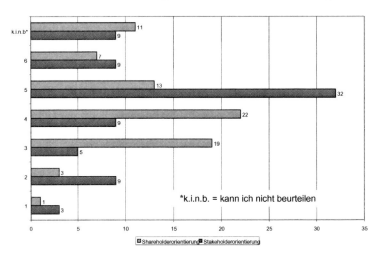

**Abbildung 31: Vergleich einer vorliegenden Shareholder- bzw. Stakeholder-Orientierung (Frage 1e)**

Dabei stellt sich nun die Frage, warum die Befragten solch fast einheitliche Bewertungen abgegeben haben. Mit der Betrachtung des relativ hohen Anteils an Antworten „kann ich nicht beurteilen"[612] lässt sich schließen, dass die Personen verunsichert sind

---

[611] In der Kategorie „Sonstige" wurden folgende Angaben gemacht: Automobil, Chemie, Energie, Freizeit, Pharmaindustrie, Medien (2 Nennungen), Health Care, Sonderanlagen und Sport.
[612] Von den 76 Befragten wurden 12 der Kategorie „kann ich nicht beurteilen" zugeordnet. Das macht einen prozentualen Gesamtanteil von knapp 16%. Die Anzahl (12) der Kategorie „kann ich nicht beurteilen" ergibt sich wie folgt: Bei vier Fragebogen wurde nicht einheitlich sowohl bei der Shareholder- als auch bei

und ihr Wissen diesbezüglich nicht fachkundig genug einschätzen. Die Tatsache, dass Führungspersonen des Marketing in den Unternehmen diese Frage nicht eindeutig beurteilen können, deutet auf Lücken zum strategischen Kenntnisstand in der eigenen Unternehmung hin. Nachfolgende Fragen im Kapitel 5.3.2 können teilweise weitere Hinweise hierfür liefern.

Neben der Analyse der vorherrschenden Orientierung in Unternehmen wurde auch gefragt, welche die Experten für *sinnvoll* halten. Die Fragestellung wurde ebenfalls mit einer Skalierung von 1 (= liegt nicht vor) und 6 (= liegt vor) vorgenommen. Auch hier wurde der Mittelwert zu leichteren Vergleichszwecken berechnet. Erstaunlicherweise beurteilen die Befragten die mögliche Eignung einer Stakeholder-Orientierung mit einem Mittelwert[613] von 4,4 besser im Vergleich zu 3,8 für die Shareholder-Orientierung. Allerdings gibt dieser Mittelwert mit dem minimalen Unterschied von 0,6 auch nur eine tendenzielle Aussage wieder.

Nach diesen allgemeinen Aussagen der Unternehmensvertreter ist nun interessant, ob bestimmte Branchen aus diesem Raster herausfallen. Nach eingehender Überprüfung der einzelnen Branchen sind drei davon – Handel, Dienstleistung und Konsumgüterindustrie – aufgrund ihrer Antworten besonders interessant. Bei einer Betrachtung der Antworten der Dienstleistungsunternehmen fällt auf, dass diese ein weit größeres Verständnis für eine Stakeholder-Orientierung aufbringen als alle anderen hier betrachteten Branchen. Unternehmen der Konsumgüterindustrie und des Handels geben wiederum eine stärkere Shareholdergewichtung sowohl in der Umsetzung als auch bei der Frage der Sinnhaftigkeit an. Um eine bessere und übersichtlichere Darstellung wiedergeben zu können, wurden die Skalierungen von 1 bis 6 auf drei Abstufungsgrade zusammengefasst.[614] Weiter wurden die Facetten der Shareholder- und der Stakeholder-Orientierung aus den Fragen 1d und 1e getrennt abgebildet. Damit ist ein besserer Vergleich innerhalb der „Soll-Ist-Betrachtung"[615] der Shareholder- und der Stakeholder-Orientierung möglich.

Beim Vergleich der beiden Abbildungen 31 und 32 fällt insbesondere beim **Handel** eine stärkere Shareholder-Orientierung auf. So gehen ca. 57% von einer stark vorherrschenden Unternehmensphilosophie im Rahmen der Shareholder-Orientierung aus. Prüft man umgekehrt die Sinnhaftigkeit einer Stakeholder-Orientierung (ca. 28%), so wird klar herausgestellt, dass dies im Handel nicht unbedingt gewünscht wird. Die ca. 57%, die in die Kategorie „unentschlossen" fallen, bekräftigen dieses Ergebnis.

Bei der näheren Betrachtung der Resultate der **Konsumgüterindustrie** ist zunächst die vorherrschende Shareholder-Orientierung bemerkenswert. 50% gehen sicher von einer Shareholder-Orientierung in ihrer Unternehmung aus. Jedoch sprechen sich gleichzeitig 50% für die potenzielle Eignung einer Stakeholder-Orientierung aus. Um nun herauszufinden, ob das die gleichen Personen behaupten, bedarf es einer genauen Überprüfung der Datensätze. 10 der 14 Personen, die die Shareholder-Orientierung als vorherrschende Leitphilosophie angegeben haben, kreuzten gleichzeitig die Stakeholder-

---

Stakeholder-Orientierung „kann ich nicht beurteilen" angekreuzt. Jene nicht konsistenten Antworten wurden herausgenommen und komplett dieser Kategorie zugeordnet.
[613] Die jeweils errechneten Mittelwerte ergeben sich aus den Fragen 1d und 1e.
[614] Zusammengerechnet wurden dabei die Grade 1 und 2, 3 und 4, 5 und 6. Somit gibt es weniger Feinabstufungen, was aber aufgrund der besseren Erkenntnisgewinnung zu rechtfertigen ist.
[615] Die Frage 1d kann als Sollbild und Frage 1e als Ist-Zustand bezeichnet werden.

156

Orientierung als sehr sinnvolle Unternehmenshaltung an. Daraus könnte geschlossen werden, dass diese Personen eine breitere Öffnung der Unternehmenshaltung für andere Stakeholder für notwendig erachten.

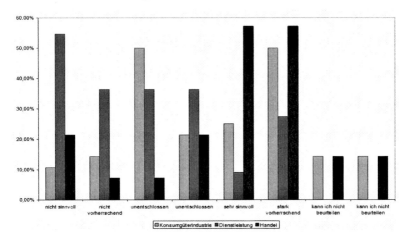

**Abbildung 32: Shareholder-Orientierung Frage 1d und 1e im Vergleich**

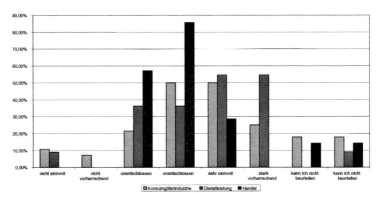

**Abbildung 33: Stakeholder-Orientierung – Frage 1d und 1e im Vergleich**

Bei den Unternehmen der **Dienstleistungsbranche** zeigte sich ein erstaunlicher Trend bereits in der Existenz der Stakeholder-Orientierung mit mehrheitlichen 55%. Positiv unterstützt wird diese Aussage mit der Bezeugung dieses Anteils auch aus Sicht des „Soll-Bildes". Eine weitere Bekräftigung dieser Tendenz findet sich ebenfalls in der mehrheitlichen Ablehnung der Shareholder-Orientierung als mögliche Unternehmenshaltung.

157

**Zusammenfassend** betrachtet ergeben sich zwei mögliche Schlüsse aus den Antworten: Einerseits weisen die Resultate auf ein uneinheitliches Verständnis der beiden Theorien hin. Andererseits könnte teilweise zutreffen, dass sich manche Marketingexperten der Shareholderorientierung als Bestandteil der Stakeholderorientierung (so wie es hier in dieser Arbeit gilt) bewusst sind. Somit wäre es logisch, beide Theorien als vorherrschend zu bezeichnen.

## 5.4.2 Überprüfung des Marketingverständnisses

Zunächst sollte mit den Fragen 2b und 2d überprüft werden, wie umfangreich das *theoretische Verständnis* der befragten Marketingexperten ist. Dabei geht es insbesondere um das inhaltliche Verständnis zum Begriff des Beziehungsmarketing und des Integrativen Marketing. Anschließend soll herausgefunden werden, wie es mit der *praktischen Umsetzung* dieser Kenntnisse in den Unternehmen aussieht. Die Fragen nach der Implementierung des Integrativen Marketing und den Beweggründen dafür und dagegen werden analysiert.

Zunächst soll mit der Frage 2b geklärt werden, was die Unternehmen unter dem Begriff des Relationship Marketing verstehen. Dafür wurden mehrere Antwortmöglichkeiten vorgegeben, aus denen der Befragte eine Alternative annehmen oder aber eine offene Angabe vornehmen kann. Letzteres wurde in keinem der Fälle angenommen.

Von den insgesamt 76 ausgewerteten Fragebogen gaben 69 Personen den Auf- und Ausbau langfristiger Kundenbeziehungen als Bedeutung für das Beziehungsmarketing an.[616] Nur 15 Personen verstanden das Relationship Marketing auch als Einbezug aller Stakeholder. Nach Abzug der Doppelnennungen (Personen, die sowohl Kunden- als auch Stakeholderbeziehungen angekreuzt haben) bleiben nur noch vier Marketingexperten übrig, die ausschließlich die Stakeholderbeziehung dem Relationship Marketing zuordnen. 90% der Befragten haben also, nach der definitorischen Grundlage des Relationship Marketing in der Literatur,[617] eine falsche Auffassung dessen. Lediglich drei Personen gaben offen zu, den Begriff nicht zu kennen.[618]

Bei einer branchenspezifischen Betrachtung fällt auf, dass der Handel sehr bestimmt und eindeutig nur die Kundenbeziehung als Inhalt des Beziehungsmarketing angibt.[619] Diese Angabe geht konform mit der zuvor erwähnten stark ausgeprägten Shareholder-Orientierung. Da diese nur Shareholder in ihre Betrachtung aufnimmt und in der Funktion des Marketing damit auch nur die Kunden als dessen Zielgruppe akzeptiert, fällt die Gruppe der Handelsunternehmen hier erneut auf.

---

[616] Von diesen 69 Personen kreuzten immerhin noch 11 auch den Einbezug von weiteren Stakeholdern an. Eine Mehrfachnennung war bei dieser Frage möglich.
[617] Hierfür kann auf das Kapitel 3.2 verwiesen werden.
[618] Ein Vertreter aus der Konsumgüterindustrie gab zum Inhalt des Relationship Marketing „Werbung" an. Diese Antwort kann im Prinzip also ebenfalls als „nicht bekannt" eingestuft werden, womit sich die Gesamtanzahl dann auf vier Personen beläuft.
[619] Neben dem Handel macht auch die Zulieferindustrie keinerlei Angaben zum Stakeholdereinbezug im Rahmen des Relationship Marketing. Allerdings handelt es sich hierbei auch nur um insgesamt vier Befragte dieser Branche.

158

Die andere Frage bzgl. des theoretischen Marketingwissens an die so genannten Marketingfachkräfte befasst sich mit dem Thema „Integratives Marketing"(Frage 2d). Auch hier – ähnlich der Frage 2b – wurden Alternativen angeboten, jedoch war eine Mehrfachnennung möglich, weshalb die graphische Aufarbeitung anders ausfällt.

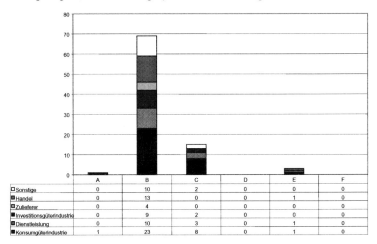

| | A | B | C | D | E | F |
|---|---|---|---|---|---|---|
| □ Sonstige | 0 | 10 | 2 | 0 | 0 | 0 |
| ▨ Handel | 0 | 13 | 0 | 0 | 1 | 0 |
| ▣ Zulieferer | 0 | 4 | 0 | 0 | 0 | 0 |
| ▪ Investitionsgüterindustrie | 0 | 9 | 2 | 0 | 0 | 0 |
| ▨ Dienstleistung | 0 | 10 | 3 | 0 | 1 | 0 |
| ▪ Konsumgüterindustrie | 1 | 23 | 8 | 0 | 1 | 0 |

A = Moderne Form der Werbung
B = Auf- und Ausbau langfristiger Kundenbeziehungen
C = Auf- und Ausbau langfristiger Stakeholderbeziehungen
D = Nichts davon ist zutreffend
E = Ich kenne den Begriff nicht
F = Sonstige

**Abbildung 34: Verständnis zum Begriff des Relationship Marketing (Frage 2b)**

Die erste Antwortalternative „Integrierte Kommunikation als fester Bestandteil" des Integrativen Marketing, sollte eigentlich von jedem angekreuzt werden. Allerdings haben durchschnittlich (Durchschnitt aller genannten Branchen) nur knapp 16% diese Möglichkeit in Erwägung gezogen.

Die zweite Nennung – Integratives Marketing im Sinne einer ganzheitlichen Konzeption – wird in allen Fragebogen mit durchschnittlich 39% angegeben. Die Branchen der Dienstleistung, der Zulieferindustrie und des Handels nehmen diese Alternative mit über 40% an.

Trotz der mittlerweile breiten Kritik am 4P-Ansatz in der Literatur[620] findet dieser – wie mit der dritten Antwortalternative vorgegeben – offensichtlich in der Praxis immer noch breite Anwendung. 41 von 76 Personen aller Branchen nannten den 4P-Ansatz als Bestandteil des Integrativen Marketing. Im Dienstleistungsbereich findet er die stärkste Anwendung – 7 der 8 Dienstleister bekannten sich hierzu.

Die dritte vorgegebene Antwortmöglichkeit, Marketing als Führungsphilosophie anzuerkennen, wurde durchschnittlich zu 15% benannt. Darin gibt es jedoch zwei Branchen,

[620] Vgl. Mattmüller, 2004, S. 43ff.; Gummesson, 2002, S. 284ff.; Nieschlag, 2002, S. 12.

159

die auffallen. Zum einen sticht die Investitionsgüterindustrie heraus, deren Befragten das Marketing zu einem Viertel auch als Führungsphilosophie verstehen. Zum anderen fallen die Befragten der Zulieferindustrie auf, da hier überhaupt keiner diese Möglichkeit in Erwägung gezogen hat. Diese insgesamt sehr geringe Akzeptanz der Praxis des strategischen Marketing als Führungsphilosophie unterscheidet sich erheblich von den gewonnenen Erkenntnissen in der Theorie.

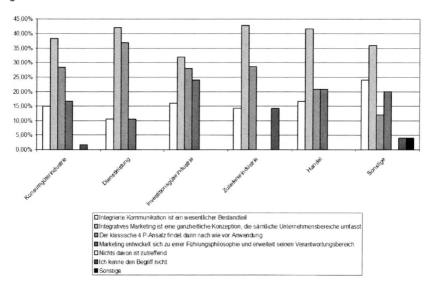

**Abbildung 35: Verständnis zum Begriff des Integrativen Marketing (Frage 2d)**

Abschließend zu dieser Frage und alle Vorgaben einbeziehend hätten im Idealfall – nach dem aktuellen Kenntnisstand der Literatur[621] – die Antworten 1,2 und 4 angekreuzt werden müssen. Jedoch lediglich 10 der insgesamt 76 Befragten haben auch alle drei Antwortalternativen gleichzeitig angegeben. Trotz der bisher auseinander gehenden Ergebnisse, die auf die Unkenntnis theoretischer Erkenntnisse zurückzuführen ist, gab lediglich eine Person an, den Begriff nicht zu kennen.[622] So scheinen sich viele der Experten ihres Informationsstands hinsichtlich des Begriffs des Integrativen Marketing sehr sicher zu sein, obwohl dies nach diesem Abgleich mit der Theorie nicht unbedingt der Fall ist.

Nach der Expertenanalyse zum inhaltlichen Verständnis des Integrativen Marketing soll nun auch geklärt werden, wie es mit dessen Umsetzung in den Unternehmen steht.

Knapp die Hälfte (49%) der Befragten bestätigt die Implementierung des Integrativen Marketing in ihren Unternehmen, 41% verneinen dies jedoch. Ca. 10% geben zu, diesen Sachverhalt nicht beurteilen zu können. Dies gibt zunächst ein sehr uneinheitliches

---

[621] Hierzu kann auf das Kapitel 3.3 verwiesen werden.
[622] Diese Person ist der Zulieferindustrie zugehörig.

160

Bild wieder. Nach der zuvor festgestellten Tatsache, dass viele der Befragten die inhalt-lichen Aspekte des Integrativen Marketing nicht richtig einschätzen, sind die Resultate dieser Frage 2e anzuzweifeln. Branchenspezifische Schlüsse sind damit fragwürdig, da insgesamt ein uneinheitliches Bild besteht.

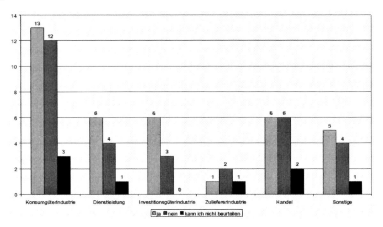

**Abbildung 36: Implementierung des Integrativen Marketing (Frage 2e)**

Im Anschluss an Frage 2e wurden jene, die hier mit „ja" antworteten, gebeten, in der Frage 2f1 anzugeben, aus welcher Notwendigkeit heraus die Implementierung stattge-funden hat. Auch hier wurden einige Antwortmöglichkeiten vorgegeben, die auch sehr eindeutig angenommen wurden. Weit mehr als zwei Drittel (ca. 79%) all derjenigen, die das Vorhandensein von Integrativem Marketing in der Unternehmung bestätigten, ga-ben an, es als proaktive Maßnahme eingeführt zu haben. Dieser Umstand ist überaus positiv zu beurteilen und wird nicht dem Vorurteil gerecht, dass viele Unternehmen erst aus einer Krisensituation heraus reagieren.

Der zweite Teil dieser Frage (2f2) zielt auf jene Personen ab, die das Vorhandensein des Integrativen Marketing klar verneint haben. Mit dieser Frage soll herausgefunden werden, worin diese Ablehnung ihre Ursachen hat. Immerhin ein Drittel der Befragten, die die Frage 2e verneint haben, geben an, „aus Zeitmangel" das Integrative Marketing in ihrer Unternehmung nicht zu fördern. 28% der Befragten sieht sich „aus Kostengrün-den" der Einführung nicht gewachsen. Immerhin knapp 13% stufen das Konzept des In-tegrativen Marketing als nicht Erfolg versprechend ein.

**Zusammenfassung**
Beim Abfragen der theoretischen Marketingkenntnisse in den Unternehmen stellte sich heraus, dass sich die Ergebnisse der Befragten erheblich von denen in der Literatur un-terscheiden. So wurde bei Frage 2b zum Verständnis des Relationship Marketing vor-zugsweise (69 von 76 Nennungen) eine Kunden-Unternehmens-Beziehung angegeben. Jedoch bezieht die Definition des Begriffs in der Wissenschaft – wie sie dieser Arbeit zu Grunde liegt – *alle* Stakeholder mit ein. Nur drei Personen gaben ehrlich zu, den Begriff nicht zu kennen.

Zum Thema Integratives Marketing waren die meist genannten Antworten ebenfalls bemerkenswert. So findet offensichtlich der klassische 4P-Ansatz in der Praxis immer noch breite Anwendung (41 von 76 Befragten), obwohl er in der Literatur stark kritisiert und erst recht nicht als Teil des Integrativen Marketing bezeichnet werden kann.

Bei der praktischen Anwendung dieser theoretischen Kenntnisse wurde die Implementierung des Integrativen Marketing zunächst mit 49% bestätigt. Diese Zahl ist jedoch aufgrund des nicht eindeutigen Verständnisses der vorangegangenen Fragen zweifelhaft.

### 5.4.3 Stellenwert des Marketing in der Unternehmung

Die folgende Betrachtung setzt sich mit dem Tätigkeitsumfeld und der organisationstheoretischen Einordnung des Marketing auseinander. Dabei soll insbesondere herausgefunden werden, welchen Stellenwert Marketing in den Unternehmen einnimmt. Die hierfür ausgewählten vier Fragen (2a, c, g und h) hängen sehr eng miteinander zusammen und werden in diesem Kapitel abschließend noch einmal miteinander verknüpft betrachtet.

Eine erste Antwort darauf gibt Frage 2a. Dabei wurden gezielt abgefragt, wie Marketing in der Unternehmung aus organisationstheoretischer Perspektive eingeordnet wird. Eine Mehrfachnennung war bei dieser Frage möglich.

Zunächst fällt auf, dass ein Großteil der Befragten die Antwortvorgabe der „Querschnittsfunktion" (C) favorisiert. Am zweithäufigsten wurde Alternative A angegeben. Die Angaben zu B, D und E sind nicht eindeutig auswertbar, da nur wenige Personen diese angekreuzt haben. Interessant ist die Bestätigung des Marketing als Querschnittsfunktion in Unternehmen (63 von 76 Befragten wählten es aus). In der Literatur wird dies als äußerst aktuelle Entwicklung beschrieben, so ist erstaunlich, dass bereits in der Praxis davon Kenntnis genommen wurde. Eine weitere Untersuchung könnte sich hier intensiver mit dieser Thematik beschäftigen, in welchem Rahmen diese Querschnittsfunktion stattfindet. Die Befragten der Zulieferindustrie haben dabei als einzige Gruppe dieses Merkmal angekreuzt. Dennoch wurde gleichzeitig auch die Alternative „Marketing als traditionelle Abteilung" mit insgesamt 53 Nennungen (von 76 Befragten) häufig angegeben. Dies wäre – separat betrachtet – an sich nicht verwunderlich, dennoch ist es mit der sehr häufig gewählten Alternative „Marketing als Querschnittsfunktion" in Kombination erstaunlich. Bei der genauen Datenanalyse kann überprüft werden, wie viele beides gemeinsam angekreuzt haben. Insgesamt konnten 17 Personen identifiziert werden, die sowohl Marketing als „Querschnittsfunktion" als auch Marketing als „traditionelle Abteilung" angekreuzt haben. Dies bekräftigt wieder das Heranziehen einer weiteren, präziseren Analyse zur genauen Begründung. Allerdings bestätigt dieses Ergebnis erneut die Unsicherheit mit dieser Thematik – nämlich Marketing einerseits als geschlossene Abteilung zu organisieren und ihm andererseits eine Querschnittsfunktion zuzugestehen. Eine branchenspezifische Besonderheit fällt hier beim Handel auf, der eher dazu neigt, Marketing als geschlossene Abteilung zu betrachten, und damit etwas aus der Reihe fällt.

162

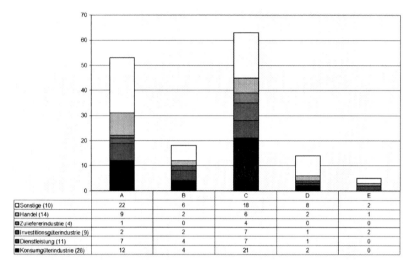

| | A | B | C | D | E |
|---|---|---|---|---|---|
| ☐ Sonstige (10) | 22 | 6 | 18 | 8 | 2 |
| ☐ Handel (14) | 9 | 2 | 6 | 2 | 1 |
| ☒ Zuliefererindustrie (4) | 1 | 0 | 4 | 0 | 0 |
| ☒ Investitionsgüterindustrie (9) | 2 | 2 | 7 | 1 | 2 |
| ■ Dienstleistung (11) | 7 | 4 | 7 | 1 | 0 |
| ■ Konsumgüterindustrie (28) | 12 | 4 | 21 | 2 | 0 |

A = Marketing stellt eine in sich geschlossene Abteilung dar (funktionale Sichtweise)
B = Marketing ist als Stabsstelle angesiedelt
C = Marketing wird als übergreifende/ umfassende Querschnittsfunktion der Unternehmung angesehen
D = Marketing ist dem Vertrieb untergeordnet
E = Ich kenne den Begriff nicht
F = Sonstige

**Abbildung 37: Tätigkeitsumfeld des Marketing innerhalb der Unternehmung (Frage 2a)[623]**

Eine weitere Frage (2c), die mögliche Schlüsse zum Stellenwert des Marketing in der Unternehmung zulässt, betrifft die strategische Einstufung des Aufgabenfeldes. Die Marketingexperten wurden dafür gebeten anzugeben, ob sie ihre Tätigkeiten tendenziell eher strategisch oder operativ einstufen würden.

Die Aussagen zu dieser Frage sind sehr uneinheitlich. Durchschnittlich 29% betrachten ihre Aufgaben unter strategischen Aspekten – ebenfalls 29% plädieren für die operative Sicht. Am häufigsten wurden die mittleren Grade 3-4 mit 42% genannt. Dies könnte auf ein ausgewogenes Verhältnis des Tätigkeitsfeldes in der Praxis hinweisen. Eine branchengenaue Betrachtung bringt noch einmal kleine Unterschiede hervor. So deuten die mehrheitlichen Ergebnisse des Handels (8 von 14 Nennungen) auf eine operative Ebene des Marketing hin. Die Zahlen der Konsumgüterindustrie unterstreichen wiederum die ausgeglichenen Resultate der Gesamtbetrachtung. Um das Bild des Stellenwertes zu vervollständigen, beschäftigt sich Frage 2g mit der Intensität der Zusammenarbeit zwischen Marketing und Management. Sie kann Aufschluss darüber geben, wie sehr das Marketing in die Führungsaufgaben einer Unternehmung einbezogen wird.

---

[623] Die in Klammern angegebenen Zahlen in der Legende geben noch einmal die Zahlen der Teilnehmer jeder Branche wieder, damit die Angaben aufgrund der Mehrfachnennung verständlicher sind.

163

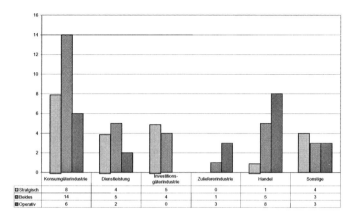

**Abbildung 38: Strategisch-operative Orientierung des Marketing (Frage 2c)**[624]

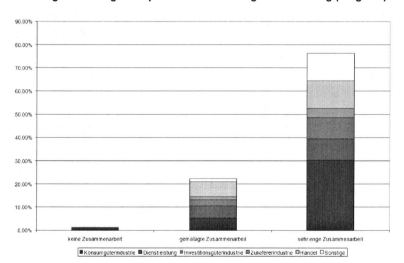

**Abbildung 39: Intensität der Zusammenarbeit zwischen Marketing und Management (Frage 2g)**[625]

---

[624] In der Originalvorlage des Fragebogens erhielten die Personen sechs unterschiedliche Grade, zwischen denen sie auswählen konnten. Um eine bessere Übersichtlichkeit zu erhalten wurden die Grade 1-2 (strategisch), 3-4 (beides) und 5-6 (operativ) zusammengefügt.
[625] Bei dieser Frage wurden ebenfalls die Grade 1-2, 3-4 und 5-6 zugunsten einer übersichtlicheren Darstellung zusammen dargestellt.

164

Im Durchschnitt stuften 76% der befragten Experten die Zusammenarbeit als „sehr eng" ein. Dies deutet zunächst auf ein gutes Arbeitsverhältnis hin. Damit kann allerdings keine Aussage über die Transparenz der gegenseitigen Arbeitsschritte getroffen werden. Dennoch kann mit solch einer hohen Zahl davon ausgegangen werden, dass mit der Intensität der Zusammenarbeit auch gegenseitige Informationen zu den eigenen Tätigkeiten ausgetauscht werden. Diese mehrheitliche Aussage kann die Resultate der Frage 2a unterstützen. So ergeben sie in Zusammenhang mit der Existenz einer Querschnittsfunktion durchaus Sinn. Als Querschnittsfunktion sollte nämlich insbesondere die Zusammenarbeit mit dem Management sehr eng erfolgen.

Einen weiteren letzten Hinweis gibt Frage 2h, die mit der Einschätzung der Marktorientierung der Unternehmung versucht, den Stellenwert des Marketing einzuordnen. Den Experten wurden dafür drei Aussagen als Antwortkategorien vorgegeben, die sich durch ihre unterschiedliche Intensität der Marktorientierung unterscheiden.

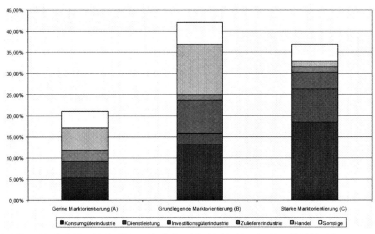

A = Die Entscheidung, welches Produkt oder welche Dienstleistung auf dem Markt angeboten wird, wird meist aus einem internen Blickwinkel getroffen.
   Oft  spielt der Aspekt der technischen „Machbarkeit" bei Produkten eine Rolle. Dem Marketing kommt dabei häufig die Aufgabe der kommunikativen Umsetzung zu.
B = Die Entscheidung, welches Produkt oder welche Dienstleistung angeboten wird, trifft das Marketing gemeinsam mit anderen organisatorischen Einheiten.
C = Das Marketing ist im Unternehmen als koordinierende Instanz anerkannt. Ihm kommen auch strategische Entscheidungen aufgrund seiner Marktnähe zu.

**Abbildung 40: Marktorientierung der Unternehmen (Frage 2h)**

Prinzipiell besteht eine mittlere bis starke Ausprägung der Marktorientierung. Für eine grundlegende Marktorientierung entschieden sich 42%, für eine starke Marktorientierung knapp 37%. Auch das spricht für einen großen Stellenwert des Marketing in den Unternehmen. Eine starke Marktorientierung ist ohne ein strategisch ausgeprägtes Marketing nicht möglich (s. dazu Frage 2c und 2g). Genaue Unterscheidungen müssten noch hinsichtlich der Aufgabentrennungen und -felder zwischen Marketing und Management getroffen werden, die dann weitere Einsichten in die marktorientierte Vorgehensweise der Unternehmen geben könnten.

Experten der Konsumgüterindustrie und der Dienstleistungsunternehmen orientieren sich dabei am stärksten am Markt[626] und Unternehmen der Investitionsgüterindustrie und des Handels tendenziell an einer gemäßigteren Form der Marktorientierung.[627] Für die Unternehmen mit einer starken Marktorientierung müssten sich die Ansichten einer strategischen Orientierung aus Frage 2c und einer engen Zusammenarbeit mit dem Management (Frage 2g) decken und können damit als Querschnittsfunktion (Frage 2a) angesehen werden. Allerdings bedarf es auch bei der Angabe einer grundlegenden Marktorientierung einer engen Zusammenarbeit mit anderen Unternehmenseinheiten, wie dem Management, aber auch dem Controlling- oder Public-Relations-Team, wenn auch nicht so intensiv in der Ausprägung.

**Zusammenfassung**
Eine abschließende Gesamtbetrachtung soll die hier dargestellten Ergebnisse der vier Fragen 2a, 2c, 2g und 2h miteinander verknüpfen und so die bisherigen Resultate bestätigen. So gibt erst die Verbindung der Ausprägung der Marktorientierung, der strategischen Perspektive, der Intensität der Zusammenarbeit mit dem Management und dem organisationstheoretischen Tätigkeitsumfeld Aufschluss über den Stellenwert des Marketing in der Unternehmung. Hinsichtlich der strategischen Komponente des Marketing in Unternehmen konnte festgestellt werden, dass eine Weiterentwicklung ähnlich der der Literatur vorliegt. So kann dem Marketing eine äußerst positive Stellung in der Unternehmung zugesagt werden – positiv insofern, dass es z.B. erhebliche Mitwirkungsmöglichkeiten in der Führungsebene innehat. Bestätigt wird dies durch eine allgemein enge Zusammenarbeit mit dem Management. Auch die Einschätzung einer grundlegenden sogar bis hin zu einer starken Marktorientierung geht einher mit der mehrheitlichen Einschätzung des Marketing als Querschnittsfunktion. Zusammen kann das Marketing als „prozesskoordinierende Instanz"[628] bezeichnet werden. Auch eine strategische Komponente muss dafür zwangsläufig vorhanden sein. Nach den hier vorliegenden uneinheitlichen Ergebnissen kann zunächst keine eindeutige Interpretation getroffen werden. Jedoch ist dies nicht unbedingt negativ zu beurteilen. So sollte ein erfolgreiches Marketing sowohl strategische wie auch operative Aspekte berücksichtigen. Allerdings kann von der Unentschlossenheit in dieser wie auch in anderen Fragen auf Unsicherheit der so genannten Experten in dieser Thematik geschlossen werden. Ein Problem steht dem einheitlichen Gesamtbild jedoch entgegen: Das relativ stark ausgeprägte Abteilungsdenken in den Unternehmen gesteht dem Marketing keine offene Grenzen zu. Dies beeinträchtigt wiederum die Querschnittsfunktionalität erheblich.

### 5.4.4 Relevanz der Stakeholder in der Unternehmung

Dieses Kapitel widmet sich der Identifikation und Einbindung der Stakeholder. Es soll Aufschluss darüber geben, ob die vorangegangenen analysierten Theorien in den Unternehmen auch diverse Stakeholder (neben den Kunden) umfassen. Die erste Frage betrifft zunächst die Identifikation der Stakeholder im Allgemeinen.

---

[626] Jeweils etwa die Hälfte der Befragten aus diesen beiden Bereichen (14 von 28 und 6 von 11) gaben eine starke Marktorientierung an.
[627] Etwa zwei Drittel der Experten jeweils aus der Investitionsgüterindustrie (6 von 9) und dem Handel (9 von 14) legen eine mittelstarke Ausprägung der Marktorientierung an den Tag.
[628] Vgl. Mattmüller, 2004, S. 64f.

166

Die Mehrheit (knapp 58% oder 44 von 76 Nennungen) der hier Beteiligten geht von einer Stakeholderidentifikation in ihrem Unternehmen aus. Dem gegenüber steht eine Quote von ca. 35%, die keine Analyse ihrer Stakeholder vornehmen.[629] Letzteres ist auffallend – bergen Stakeholder doch sowohl erhebliche Potenziale als auch Gefahren, wie in dieser Arbeit dargestellt wird. Eine weitaus höhere Quote wäre wünschenswert gewesen. Diese Tatsache zeigt auf, wie viel Wissensstand hier noch aufzuholen ist. Denn offensichtlich sind sich die Unternehmen dem Risiko nicht bewusst, dem sie sich durch diese Nicht-Beachtung aussetzen.

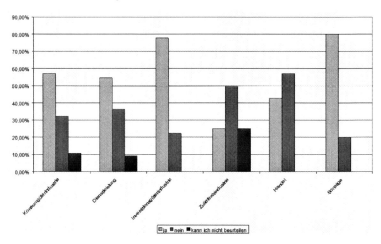

**Abbildung 41: Identifikation der Stakeholder (Frage 3a)**

Bei einer branchenspezifischen Interpretation der Frage 3a fallen zunächst die Antworten der Marketingexperten aus dem Handel auf. Denn gerade bei ihnen wird eine Identifikation der Stakeholder – entgegen dem allgemeinen Durchschnitt der Antworten – mehrheitlich verneint.[630] So scheint eine Auseinandersetzung mit Stakeholderansprüchen beim Handeln tendenziell seltener zu geschehen. Die Befragten der Konsumgüterindustrie (57%) und der Branche der Dienstleister (54%) entsprechen dem Durchschnitt. Die Investitionsgüterindustrie ragt mit ca. 77% positiv heraus.

Im Anschluss daran soll – innerhalb der Gruppe, die die eben gestellte Frage mit „ja" beantwortet haben – geklärt werden, welche Stakeholder vorzugsweise identifiziert werden.[631] Bei dieser Frage wurden die wichtigsten Stakeholder (Mitarbeiter, Shareholder, Lieferanten, Öffentlichkeit und Staat) als Antwortmöglichkeiten vorgegeben, wobei eine Mehrfachnennung möglich war.

---

[629] 7% gaben an, die Situation nicht beurteilen zu können.
[630] Die gleiche Aussage gilt auch für die Zulieferindustrie, wird jedoch aufgrund der insgesamt niedrigen Teilnehmeranzahl von vier nur mit Vorsicht interpretiert.
[631] Die Gesamtsumme der Benennungen mit „ja" beläuft sich auf 44.

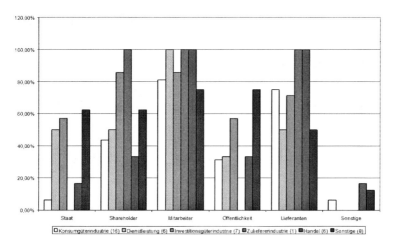

**Abbildung 42: Identifizierte Stakeholder (Frage 3b1)**[632]

Von den 58% derjenigen, die die Stakeholder-Identifikation zugaben, wurde in erster Linie der Mitarbeiter von 86% der Befragten benannt. An zweiter Stelle wurde die Gruppe der Lieferanten von 70% identifiziert. Staat und Öffentlichkeit finden dabei insgesamt betrachtet die geringste Beachtung. An diesem Punkt ist fraglich, ob die Experten in der Praxis die Macht von diesen beiden Gruppen richtig einschätzen.

Interessant ist bei dieser branchenspezifischen Darstellung, dass den Experten der Investitionsgüter- und Zulieferindustrie die Shareholder ebenso wichtig waren wie die Gruppe der Mitarbeiter und der Lieferanten. Bei den Befragten der Branchen Dienstleistung und Handel gaben jeweils alle „Mitarbeiter" an. Offensichtlich liegt hier eine starke Wertschätzung der Humanressource bereits vor.

Die Frage 3b2 gilt denjenigen, die angegeben haben, Stakeholder-Gruppen nicht zu identifizieren. So wurde hier nach den Gründen gefragt. Auch hier wurden einige Antwortalternativen angeboten – eine Mehrfachnennung war möglich.

In erster Linie geben die Beteiligten den Zeitaufwand und die Kostenintensität der Stakeholderidentifikation als Gründe an. Diese Vorwände sind jedoch sehr bedenklich. So kann sich eine Kosteneinsparung in nachfolgenden Krisensituationen als kritisch erweisen: nicht-identifizierte Stakeholder, die eine Bedrohung darstellen, können so durchaus erhebliche Probleme bergen und schließlich mehr Kosten, z.B. aufgrund von Imageverlusten, mit sich bringen. Für 6 der 27 Personen sind keine Instrumente hierfür bekannt – weitere 3 der 27 halten die bekannten Instrumente und Methoden für nicht geeignet. Insgesamt 9 Personen sind also unzufrieden mit den derzeitigen Methoden und kennen keine, die Lösungen anbieten könnten.[633] Ein Drittel derjenigen, die Stakeholder erst

---

[632] Basis der nachstehenden Abbildung ist jeweils die Summe der einzelnen Branchen.

[633] Es wurde anhand der Datenübersicht überprüft, dass keine der hier genannten 9 Personen beides – also „Keine Instrumente bekannt" und „Bekannte Methoden nicht geeignet" gleichzeitig angegeben hat.

168

gar nicht identifizieren, tun dies also aus reiner Unkenntnis über geeignete Methoden. Dies zeigt den dringenden Forschungsbedarf auf.

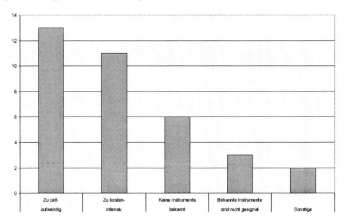

**Abbildung 43: Gründe für die „Nicht-Identifikation" von Stakeholdern (Frage 3b2)[634]**

In einem nächsten Schritt (Frage 3c1) wird abgeprüft, ob die identifizierten Stakeholder auch zwangsläufig in das Unternehmensgeschehen eingebunden werden. Gemäß den Angaben aus Frage 3a decken sich die Resultate weitestgehend damit. Diejenigen, die angegeben haben, Stakeholder zu identifizieren, binden diese auch in die Unternehmensprozesse ein. Vielmehr stellt sich also die Frage (3c2), *wie* sie integriert werden. Dabei wurden drei Antwortkategorien vorgegeben – die Möglichkeit einer freien Einschätzung unter „Sonstiges" hat keiner der Befragten wahrgenommen. Eine intensivere Auseinandersetzung, auf welcher Art die Stakeholder integriert werden, ist hierfür ratsam, da nur aufgrund der zwei Antwortkategorien keine eindeutigen Resultate erzielt werden können. Allerdings liegt der Schluss, aufgrund der vorangegangenen Ergebnisse der Frage 3 und der nicht erfolgten Angaben unter „Sonstige", nahe, dass die Unternehmen keine oder wenig klare Vorgehensweisen bei der Einbindung der Stakeholder haben.

Im Vordergrund steht hier offensichtlich der Dialog mit dem Stakeholder.[635] Eine direkte Kommunikation wird von 44 der 47 Personen eindeutig bevorzugt. Jedoch reicht dies keinesfalls aus, um Stakeholder wirklich vollständig einzubinden. Mit einem Dialog sind maximal Ziele und Ansprüche zu erfassen, um die Beziehung jedoch zu intensivieren, genügt die bloße Kommunikation nicht.

---

[634] Insgesamt 27 Personen verneinten eine Stakeholderidentifikation. Diese sind hier – alle Branchen zusammen – dargestellt. Eine Mehrfachnennung war bei dieser Frage möglich, so dass die Gesamtsumme 27 Nennungen übersteigt.
[635] Hierbei ergeben sich keinerlei branchenspezifische Unterschiede. Einheitlich geben alle Befragten der Kommunikation mit den Stakeholdern den Vorrang.

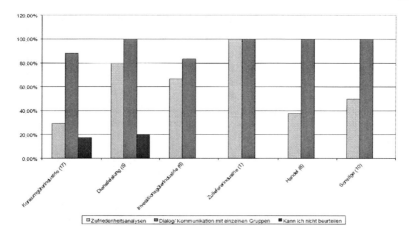

**Abbildung 44: Formen zur Einbindung der Stakeholder (Frage 3c2)**[636]

**Zusammenfassung**
Die Frage 3 der Untersuchung sollte analysieren, wie weit eine Stakeholder-Integration in den befragten 76 Unternehmen vorliegt. Branchenunabhängig betrachtet identifizieren 44 Unternehmen verschiedene Stakeholder und binden diese auch ein. Dabei wurde ein Fokus verstärkt auf die Gruppen der Mitarbeiter, Lieferanten und Shareholder gelegt. Der Staat und die Öffentlichkeit finden nur selten Berücksichtigung. Doch gerade diese beiden Stakeholder haben     enormes Machtpotenzial, wie in dieser Arbeit gezeigt wird. So ist zunächst festzuhalten, dass bei denjenigen Unternehmen, die Stakeholder überhaupt identifizieren, eine breitere Betrachtung notwendig ist. Bei der Frage an diese Unternehmen, in welcher Form sie die identifizierten Stakeholder integrieren, nannten alle den Dialog mit ihnen. Als zweites Instrument wurden Zufriedenheitsanalysen angeführt. Jedoch muss hier die Einschränkung gemacht werden, dass die besagten Antwortkategorien den Experten angeboten wurden; eine eigene, individuelle Angabe wurde zu dieser Frage nicht vorgenommen, obwohl sie die Möglichkeit unter „Sonstige" hatten.

Der restliche Teil der Befragten,[637] die keine Identifikation bzw. Einbindung der Stakeholder vornehmen (27 der insgesamt 76 Befragten), geben als Grund hierfür sowohl den Zeitaufwand als auch die Höhe der Kosten an. Demgegenüber stehen jedoch genau diese beiden Faktoren, sollte ein Unternehmen in eine Situation kommen, in der es für die Nicht-Beachtung der Stakeholder bestraft wird. Solch eine Krisenlage steht häufig in Verbindung mit erheblichen Imageverlusten.
Gravierende Mängel wurden also in zweierlei Aspekten festgestellt: Zum einen werden nicht genügend Stakeholder identifiziert bzw. es wird ein falscher Fokus gesetzt. Zum

---

[636] Die Zahlen in Klammern hinter den einzelnen Branchen stellen die Basis (Nennungen der jeweiligen Branche, die sich für die Einbindung der Stakeholder ausgesprochen haben) für die prozentualen Angaben dar.
[637] Abgesehen von denjenigen Personen, die die Situation nicht zu beurteilen vermögen – also der Kategorie „Kann ich nicht beurteilen" zugehören (5 Nennungen).

anderen geben immerhin knapp mehr als ein Drittel an, erst gar keine Stakeholder zu identifizieren.

## 5.5 Bewertung der Ergebnisse der Untersuchung

In diesem Kapitel wurden die Ergebnisse der praxisorientierten Einschätzungen zum Entwicklungsstand des Marketing und der Stakeholderintegration dargestellt. Die Resultate geben eine *erste* Einschätzung der Abbildung der Praxis wieder, erheben somit auch keinerlei Anspruch auf Repräsentativität. Mit einer genaueren Betrachtung der einzelnen branchenabhängigen Ergebnisse wurde versucht, Unterschiede innerhalb dieser ausfindig zu machen. Aufgrund der geringen Stichprobengröße sind diese ebenfalls nur als Tendenzaussagen zu verstehen. Dennoch geben sie wichtige Impulse für weitere Arbeiten, an welchen Problemstellungen angesetzt werden könnte.

Folgende Punkte der Datenanalyse sind, hinsichtlich der Ergebnisse der vorangegangenen Kapitel, besonders interessant: Bei der Einschätzung der theoretischen Erkenntnisse aus der Marketingwissenschaft der Praktiker kann angenommen werden, dass die meisten hier genannten Begriffe bereits schon einmal „gehört" wurden. Jedoch zeigen zum einen die teilweise undifferenzierten Ergebnisse und zum anderen die Unterschiede zwischen Verständnis und Umsetzung, wie ungenau diese Kenntnisse tatsächlich sind. Besonders eklatant ist die immer noch stark verbreitete Anwendung des klassischen 4P-Ansatzes, der insbesondere hinsichtlich der Umsetzung des Ansatzes des Integrativen Marketing widersprüchlich einzustufen ist. So stehen die engen Strukturen des 4P-Ansatzes einem Konzept gegenüber, das versucht den Marketingbereich in die Position einer Querschnittsfunktion zu bringen und die „Markt"-Orientierung in eine Führungsphilosophie zu verwandeln. Das Vorliegen des 4P-Ansatzes wird weiter untermauert durch die hohe Zustimmung beim „Abteilungsdenken" innerhalb der Einstufung des Marketingbereichs (Frage 2a).

Allerdings lassen Antworten aus derselben Frage (2a) erkennen, dass Marketing als Querschnittsfunktion auch einen großen Stellenwert einnehmen kann. So besteht durchaus die Möglichkeit, dass sich dieser Bereich gerade in einer Umbruchsituation befindet. Auch die Tatsache, dass nur insgesamt fünf Personen den Ansatz des Integrativen Marketing als nicht Erfolg versprechend einstuften (Frage 2f2), lässt in dieser Hinsicht viel Potenzial offen. Die Beantwortung der Fragen bzgl. der eigentlichen Implementierung des Ansatzes lässt jedoch eine Menge Spielraum für neue Instrumente und Methoden. Müssen zunächst einmal klare definitorische Grundlagen in den Unternehmen verständlich gemacht werden, können dann Modelle eingeführt werden, die umfassenderer Natur sind. Somit kann das in dieser Arbeit vorgestellte Modell des erweiterten Integrativ-Prozessualen Marketingansatzes einen wesentlichen Beitrag hierzu leisten. Hierbei werden die traditionellen Marketingaufgaben aufgenommen, gleichzeitig aber auch die Gedanken einer neuen, umfassenderen Führungsphilosophie vermittelt.

Bei der Überprüfung der Stakeholder-Integration aus Sicht des Marketingbereichs waren die Ergebnisse nicht weiter bemerkenswert. Marketing hat bisher eher selten mit Stakeholder-Gruppen (nebst Kunden) zusammengearbeitet. In den letzten Jahren war

171

hier jedoch eine erste Entwicklungstendenz zu erkennen:[638] In immer mehr Marketing-konzepten wurden insbesondere Mitarbeiter und Lieferanten integriert. Dieser Fort-schritt spiegelt sich auch in den Antworten der Frage 3b1 wider. So besteht durchaus die Chance, dass mit der Tendenz des Marketing hin zur Übernahme von Management-funktionen auch weitere Stakeholder intensiver in diese Ansätze aufgenommen werden. Der hier vorgestellte erweiterte Integrativ-Prozessuale Marketingansatz stellt *eine* Mög-lichkeit dar, wie solch eine umfassende Integration der Stakeholder erfolgen könnte.

Neben diesen allgemeinen Aussagen der Untersuchung wurden noch einige branchen-spezifische Unterschiede festgestellt, die wichtige Ansatzpunkte für weitere Analysen geben. So ist bei der Betrachtung sämtlicher Ergebnisse des *Handels* zu erkennen, dass hier eine eher traditionelle Marketingdenkweise vorliegt. So liegt z.B. eine Share-holder-Orientierung, entgegen dem allgemeinen Durchschnitt, vor. Auch die häufige Einstufung des Marketing im Sinne des Abteilungsdenkens wurde hier mehrheitlich be-nannt, was ebenso auf eine Bestätigung dieser Sichtweise hinweist. Ebenso trägt das vorherrschende operative Tätigkeitsfeld des Marketing zu einer eher traditionellen Ein-stellung bei. Eine Marktorientierung der Unternehmung wurde ebenfalls nur tendenziell „grundlegend" eingestuft. Besonders gravierend sind die Ergebnisse der Befragten im Handel zur Identifikation der Stakeholder. Hier wurden fast ausschließlich Mitarbeiter und Lieferanten genannt – die anderen Möglichkeiten wie z.B. Öffentlichkeit, Staat etc. wurden nur von 2 Personen wahrgenommen.

Als äußerst positiv – im Hinblick auf die theoretischen Resultate dieser Arbeit – ist die Branche der *Dienstleister* zu beurteilen. Entgegen dem allgemeinen Trend der derzeit noch vorherrschenden Shareholder-Orientierung existiert hier nach Angaben der elf Be-fragten bereits eine Stakeholderfokussierung. Weiter liegt eine starke Marktorientierung in diesen Unternehmen vor, was ebenfalls für die tatsächliche Umsetzung der Stake-holder-Theorie spricht. Bei der Nennung der für sie relevanten Stakeholder überrasch-ten sie ebenfalls mit einer vielfältigeren Einbindung. So wurden hier nicht nur Mitarbeiter und Lieferanten als Stakeholder identifiziert, sondern auch Anteilseigner und der Staat.[639]

---

[638] Die Antworten der Frage 1d und 1e hinsichtlich Shareholder- oder Stakeholder-Orientierung unterstüt-zen diese Aussage: so ist bei der Einschätzung, was in den Unternehmen derzeit vorherrschend ist, ein recht uneinheitliches Ergebnis erzielt worden. Beide Haltungen wurden als grundlegend vorherrschend – mit einer aktuellen Tendenz in Richtung Shareholder-Orientierung – beurteilt. Bei der Einstufung, welche der beiden denn sinnvoller sei, wurde mehrheitlich eine Stakeholder-Fokussierung angegeben.
[639] Die wichtigsten Ergebnisse der Untersuchung sind im Anhang (Tabelle A-16) noch einmal branchen-spezifisch aufgearbeitet.

# 6 Schlussbetrachtung und zukünftige Perspektiven

Ansatzpunkt dieser Arbeit war die Darstellung der Fortentwicklung des Marketing zu einer umfassenden Unternehmensphilosophie. Mit der Entwicklung zu einer marktorientierten Unternehmung wird eine Integration der Stakeholder notwendig: Die Umsetzung einer Marktorientierung ermöglicht das Betrachten aller relevanten Umfelder, die durch die Stakeholder abgedeckt werden, wie z.b. das politische oder das soziale Umfeld einer Unternehmung. Gleichzeitig kommt dabei die Frage auf, welcher Bereich einer Unternehmung verantwortlich für die Stakeholder-Integration ist. Wie aufgezeigt, bietet die Marketingwissenschaft Ansätze, die Unterstützung hierfür bieten können. Die Ansätze des letzten Jahrzehnts rücken dabei immer näher an den strategischen Aufgabenbereich des Managements heran. Der Blickwinkel des Marketing hat sich damit erheblich erweitert. Seit einigen Jahren geht eine Marktanalyse weit über die traditionelle Gruppe der Kunden hinaus. So werden immer häufiger die Gruppen der Lieferanten und Mitarbeitern in diese Betrachtung miteinbezogen. Mit dieser Erweiterung gewinnt der Begriff einer „Beziehung" neue Dimensionen im Marketing; es entwickelt sich in Folge das Relationship Marketing. Die Beziehungen zu Lieferanten nehmen insbesondere im Handelsmarketing einen zentralen Stellenwert ein. Die Marketing-Literatur zum Thema Mitarbeiter beschäftigt sich meist mit der Betrachtung und Messung der Mitarbeiterzufriedenheit.

Der Beitrag dieser Arbeit öffnet ein grundlegendes Verständnis für *sämtliche* relevanten Stakeholder-Unternehmens-Beziehungen – über die bisherigen Mitarbeiter- und Kundenbeziehungen hinaus. Diese bisher nur sehr rudimentär vollzogene Integration seitens des Marketing wurde hier in Anlehnung an den Integrativ-Prozessualen Marketingansatz nach Mattmüller/Tunder erweitert. Dieser Ansatz bietet einen umfassenden Kreislauf von der Identifikation bis hin zur abschließenden Kontrolle und Messung der Zufriedenheit der Stakeholder. So konnte mit der Erweiterung des Integrativ-Prozessualen Marketingansatzes ein Verständnis für die Integrationsorientierung des Marketing gewonnen werden. Vor diesem Hintergrund galt es, eine Antwort auf folgende Fragen zu finden:

*1) Welchen Verantwortungsbereich und welchen Stellenwert innerhalb einer Unternehmung nimmt das Marketing heute ein?*

*2) Welche Relevanz haben Stakeholder überhaupt für das Unternehmen und damit für den Aufgabenbereich des Marketing?*

*3) Wie kann eine vollständige Integration der Stakeholder durch das Marketing aussehen?*

*4) Wie sieht diese Beziehung zwischen Unternehmen und Stakeholdern in der Praxis aus?*

Bereits bei der Betrachtung der Entwicklung des Marketing wurde eine wichtige Feststellung getroffen: Beim Vergleich der Marketing- mit der Management-Literatur konnten wesentliche Annäherungen beobachtet werden. Die strategische Rolle von Marketing- und Führungslehre ist weitestgehend ähnlich und teilweise überlappend. Für die Perspektive des Marketing bedeutet das einen Zuwachs im Verantwortungsbereich der Unternehmung. Marketing wird damit in die Unternehmensführung weitestgehend integriert und erhält damit einen neuen Stellenwert. Mit dieser Erweiterung sind neue Marketingkonzepte entstanden, die hier vorgestellt wurden. So leisten zum einen die Elemente des Relationship Marketing wesentliche Unterstützung beim Verständnis der Betrachtung der Beziehungen zwischen Stakeholder und Unternehmung. Zum anderen lassen sich aus den Aussagen des Integrativen Marketing Ansprüche ableiten, die auf eine integrierende Wirkung abzielen.

Der Aspekt der Integration wird auch bei dem hier beschriebenen Modell von Mattmüller – dem Integrativ-Prozessualen Marketingansatz – aufgenommen. Es ermöglicht einen Bezugsrahmen für diese Arbeit, da es einen Tauschvorgang und damit auch die Beziehung vollständig beschreibt. Mit dem Anspruch, die Aufgabenfelder des Marketing zu erweitern, stellt sich die Frage der Notwendigkeit der Integration von allen relevanten Stakeholdern. Diese wurde in einem weiteren Schritt geklärt. So begründet sich die Beachtung der Stakeholder zum einen aufgrund ihrer Ansprüche, zum anderen auch aufgrund ihrer Möglichkeiten zu Sanktionsmaßnahmen. Die immer engeren Verflechtungen zwischen wirtschaftlichem Erfolg und ethischer Verantwortung weisen darauf hin. Sowohl aus dem moralischen Anspruch der Mitwirkung heraus, aber auch aus wirtschaftlichen Konsequenzen sehen sich die Unternehmen immer mehr in der Pflicht, den Stakeholdern Folge zu leisten. Damit begründet sich zunächst die Akzeptanz der Ansprüche der Stakeholder aus Unternehmenssicht. Der bisherige Stand der Literatur liefert zur Stakeholder-Theorie zwar durchaus wertvolle Ansätze, jedoch fehlt ihnen ein übergeordneter Zusammenhang. Daraus ergibt sich die Notwendigkeit die bestehenden Quellen zu nutzen und eine Einordnung in den Gesamtkontext vorzunehmen.

So stellt sich die Frage wie eine Integration der Stakeholder aus Sicht des Marketing erfolgen könnte. In der Marketingwissenschaft existieren bisher nur wenige Quellen zur Stakeholderbetrachtung. Der Integrativ-Prozessuale Marketingansatz nach Mattmüller ermöglicht einen geeigneten Bezugsrahmen. Dieser Ansatz hat sich bislang intensiv mit der Kunden-Unternehmens-Beziehung auseinander gesetzt. Die derzeitige Entwicklungstendenz des Marketing lässt jedoch eine weitere Betrachtung anderer Stakeholder zu. So wurde der Versuch unternommen, den bestehenden Integrativ-Prozessualen Marketingansatz auch auf weitere Stakeholder zu übertragen und damit den Ablauf der Stakeholder-Unternehmens-Beziehungen abzubilden. In Anlehnung an die vier Phasen und unter Rückgriff auf Ansätze aus der Literatur der Stakeholder-Theorie konnte so ein Modell zur vollständigen Integration der Stakeholder entwickelt werden. Dabei konnten die Phasen in ihren Grundelementen beibehalten werden:

1. **Vorbereitung**:
   Die relevanten Stakeholder werden identifiziert und ihre Ansprüche erfasst und bewertet. Eine Betrachtung der Chancen- und Risikopotenziale in Form eines strategischen Frühwarnsystems ist dabei unerlässlich.

2. **Anbahnung**:
   Nach der Identifikation der Stakeholder tritt das Unternehmen mit ihnen in einen Dialog, um präzisere Informationen zu erhalten und auszuteilen. Damit kann dann eine gezielte Kommunikation vorgenommen werden, um eine entsprechende Reputation bei den Stakeholdern zu erzeugen.

3. **Abschluss**:
   Nach Auswertung der Ansprüche auf beiden Seiten müssen sich Unternehmen und Stakeholder über die Vertragsgestaltung einig werden. Dabei wurde auf-

grund der Vertragsinhalte die implizite (neben der expliziten) Vertragsgestaltung besonders hervorgehoben.

4. **Kontrolle:**
Eine Kontrolle ist nach Ablauf der Phasen zwingend notwendig. Aufgrund möglicher Veränderungen der Stakeholderansprüche muss eine Kontrolle nach *jeder* der vier Phasen stattfinden. Eine Kontrolle soll den Grad der Zielerreichung der Integration und der damit einhergehenden Stakeholder-Zufriedenheit wieder geben.

Aus der Analyse des Phasen-Modells und wesentlichen Beiträgen aus Theorie und Praxis der Marketinglehre können folgende zentralen Ergebnisse festgehalten werden:

- Mit der Betrachtung der Entwicklung des Marketing wurde gezeigt, dass das Marketing – weg vom Abteilungsdenken hin zu einer Führungsphilosophie – einen neuen, erweiterten Stellenwert in der Unternehmung erhalten hat. Damit kommt dem Marketing ein neues Aufgaben- und Verantwortungsfeld zu.

- Dieser Verantwortungsbereich umfasst nicht nur die Kunden, sondern alle relevanten Stakeholder einer Unternehmung. Mit der so gewonnenen übergreifenden Perspektive und Durchdringung vieler Unternehmensbereiche entwickelt sich Marketing zu einer Führungsphilosophie.

- Die explorative Expertenbefragung dieser Arbeit ergab schließlich eine Abweichung vom theoretischen Marketingverständnis, wie es zuvor dargestellt wurde. Definition und Auffassung der Marketing-Theorie lehnen sich in der Praxis teilweise an ältere Ansätze der Marketingwissenschaft an und werden so dem Fortschritt in der Theorie nicht immer gerecht. Dies lässt eine Umsetzung neuerer Ansätze erschweren und starre Strukturen wie das Vorherrschen einer Marketingabteilung unterstützen dies zusätzlich. Ferner wird in den Unternehmen, aus Marketingperspektive, eine Stakeholder-Identifikation und -Einbindung nur begrenzt vorgenommen. Auch die Ausgestaltung der Stakeholder-Integration lässt auf eine sehr eindimensionale Vorgehensweise schließen.

- Mangels Modellen und Ansätzen zum Umgang mit Stakeholder-Gruppen wurde hier ein Modell auf Grundlage des Integrativ-Prozessualen Marketingansatzes aufgestellt. Dieses integriert sämtliche Bezugsgruppen einer Unternehmung und nimmt diese in die Prozesse des Marketing auf.

Durch die umfassende Betrachtung und das Zusammenfügen vieler einzelner Aspekte – die bislang weitestgehend separat betrachtet wurden – leistet die vorliegende Arbeit einen grundlegenden Beitrag zu den Erkenntnissen der Marketingwissenschaft. Dabei wurden folgende Fragen für angrenzende Forschungsfelder aufgeworfen, die in *zukünftigen Studien* betrachtet werden können:

- So stellt sich die Frage, ob auch andere Modelle und Bezugsrahmen für die Stakeholder-Integration im Rahmen des Marketing geeignet sind. Der hier dargestellte erweiterte Integrativ-Prozessuale Marketingansatz ist *eine* Möglichkeit, dies zu vollziehen.

- Besonders wichtig ist die Absicherung der Umsetzbarkeit des hier vorgestellten Modells. Eine empirische Überprüfung könnte wichtige weitere Erkenntnisse bringen und u.U. Einschränkungen oder Ergänzungen präzise erfassen. Auch eine Einschätzung von Experten wäre hierzu interessant. Allerdings bedarf dies einer sehr zeitintensiven Untersuchung, da das Modell sehr komplex ist und den Befragten erst einmal verständlich gemacht werden müsste.

- Neben dem hier vorliegenden Fokus auf die Integrationsorientierung kann in einem weiteren Schritt die organisatorische Umsetzung der Einbindung der Stakeholder betrachtet werden. Mit der Stakeholder-Integration müssen sich zwangsläufig strukturelle Änderungen in der Unternehmensorganisation ergeben.

- Die explorative Untersuchung im Rahmen dieser Arbeit wirft weitere Fragen nach dem Kenntnisstand und damit einem Abgleich zwischen theoretischem und praktischem Wissen zum Stand der Marketingwissenschaft auf. Branchenspezifische repräsentative Untersuchungen könnten hier weitere Erkenntnisse eröffnen und als Grundlage für andere Modelle zur Stakeholder-Integration dienen.

Mit der vorliegenden Arbeit wird das Zusammenwirken von Stakeholder-Theorie und Integrativem Marketing dargestellt. Damit erfährt die Entwicklung der Marketingwissenschaft eine wesentliche Erweiterung. Die bisherigen Erkenntnisse lassen auf eine Öffnung des Tätigkeitsfeldes des Marketing schließen – haben bisher aber nur zögerliche Erweiterungen erfahren. Mit diesem Modell kann eine umfassende und fortschrittliche Marketing-Perspektive abgebildet werden.

**Anhang**

179

| Formen | | Gegenstand | Ziele | Hilfsmittel | Zeithorizont |
|---|---|---|---|---|---|
| Inhaltliche Integration | Funktional<br>Instrumental<br>Horizontal<br>Vertikal | Thematische Abstimmung durch Verbindungslinien | Konsistenz, Eigenständigkeit, Kongruenz | Einheitliche Slogans, Botschaften, Argumente, Bilder | Langfristig |
| Formale Integration | | Einhaltung formaler Gestaltungsprinzipien | Präsenz, Prägnanz, Klarheit | Einheitliche Zeichen/Logos, Slogans nach Schrifttyp, Größe und Farbe | Mittel- bis langfristig |
| Zeitliche Integration | | Abstimmung innerhalb und zwischen Planungsperioden | Konsistenz, Kontinuität | Ereignisplanung („Timing") | Kurz- bis mittelfristig |

**Tabelle-A-15: Formen der Integrierten Kommunikation**[640]

[640] Bruhn, 1995, S. 47.

180

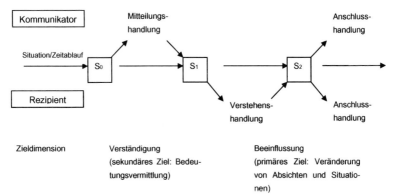

Abbildung-A-45: **Kommunikation als elementarer Handlungsprozess**[641]

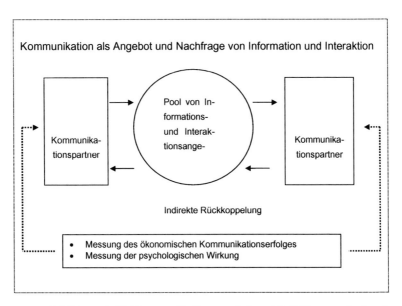

**Abbildung-A-46: Kommunikationsmodell und Pull-Kommunikation im Beziehungsmarketing**[642]

---

[641] Zerfaß, 2004, S. 151
[642] Bruhn, 2000, S. 14.

**Gleichungsaufbau der Deckungsbeiträge nach Scholtis[643]**

Die Deckungsbeiträge mit getätigten Investitionen müssen also höher sein als ohne:

$$p_0 - k_0 < p_m - k_m \qquad (1)$$

Dabei sind:

$p_0 \equiv$ Preis ohne existierende Reputation

$k_0 \equiv$ (Produktions-)Kosten ohne Investition in die Reputation

$p_m \equiv$ Zahlungsbereitschaft bei etablierter Reputation

$k_m \equiv$ durchschnittliche Kosten des Herstellers inkl. Investition in die Reputation

Bezeichnet man daneben mit

$\xi \equiv$ Preisabschlag aufgrund der Qualitätsunsicherheit, bei nicht vorliegender Reputation

so gilt:

$$p_m - \xi = p_0. \qquad (2)$$

Mit (1) folgt daraus:

$$p_m - \xi - k_0 < p_m - k_m \qquad (3)$$

$$\Leftrightarrow k_m - k_0 < \xi. \qquad (4)$$

Interpretation:

Die Anbieter sind also bei vorliegender Reputation bereit, einen höheren Preis zu bezahlen ($\xi$). Damit die Investition in die Reputation lohnend sein kann, darf dieser Betrag $\xi$ nicht höher sein als die Kosten, die bei Aufbau und Aufrechterhaltung der Reputation zusätzlich entstehen. Je höher der Preisabschlag $\xi$, desto höher können diese Kosten sein. Weiter zu beachten ist, dass eine Reputation nicht direkt am Markt „wirkt". Der Barwert der Deckungsbeiträge ist zum Zeitpunkt der Entscheidung über die Investition in die Reputation einzubeziehen.

---

[643] Scholtis, 1998, S. 114ff.

182

Zur Argumentation der Auswahl für das Konstrukt „Zufriedenheit" und den Zusammenhang zwischen Unternehmenserfolg und dem Konstrukt:

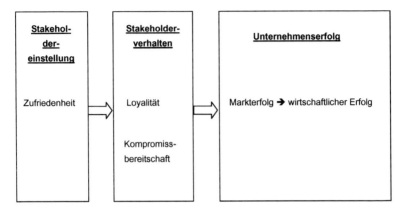

**Abbildung-A-47: Der Beitrag der Zufriedenheit eines Stakeholder zum Unternehmenserfolg[644]**

---

[644] In Anlehnung an Stock, 2003, S. 32. S. auch zum Einfluss des Relationship Marketing auf den Unternehmenserfolg. Henning-Thurau/Bornemann, 2003, S. 112f.

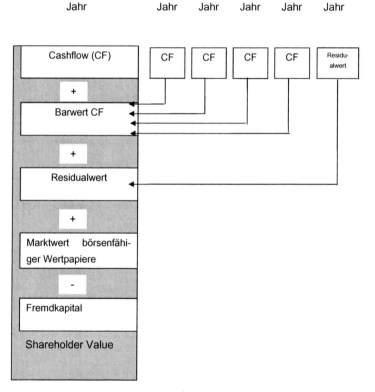

Shareholder Value = Unternehmenswert - Fremdkapital

**Unternehmenswert** = Gegenwartswert der betrieblichen Cashflows während der Prognoseperiode + Residualwert + Marktwert börsenfähiger Wertpapiere

Jahr    Jahr  Jahr  Jahr  Jahr  Jahr

Cashflow (CF)    CF  CF  CF  CF  Residualwert

\+

Barwert CF

\+

Residualwert

\+

Marktwert börsenfähiger Wertpapiere

\-

Fremdkapital

Shareholder Value

**Abbildung-A-48: Die Ermittlung des Shareholder Value nach Rappaport**[645]

[645] Rappaport, 1995, S. 70.

184

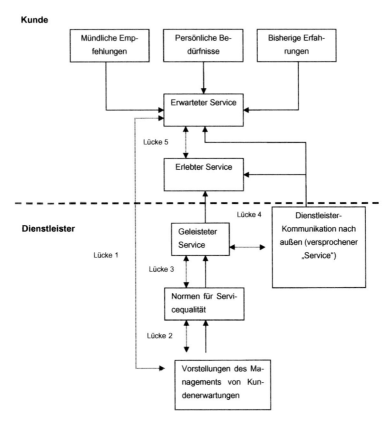

**Abbildung-A-49: Das Qualitätsmodell nach Zeithaml/Parasuraman/Berry**[646]

---

[646] Zeithaml/Parasuraman/Berry, 1992, S. 62

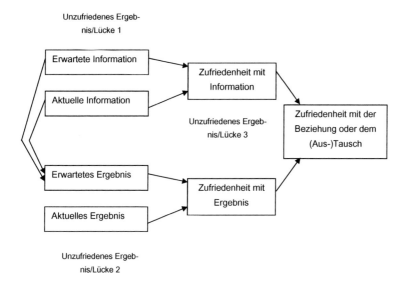

**Abbildung A-50: Stakeholder-Zufriedenheitsmodell nach Strong/Ringer/Taylor**[647]

---

[647] Strong/Ringer/Taylor, 2001, S. 221. Die empirische Überprüfung erfolgte anhand dreier Institutionen aus dem Bankenbereich mit jeweils drei verschiedenen Stakeholder-Gruppen (Anteilseigner, Mitarbeiter und Kunden). Insgesamt wurden mit 116 Personen Interviews geführt.

## Fragebogen nach Strong/Ringer/Taylor[648]

1.) Erfüllt das Unternehmen Ihre Erwartungen hinsichtlich der gewünschten Leistungen?
2.) Können Sie eine Erfahrung schildern, die eine negative oder positive Reaktion bei Ihnen erzeugt hat?
3.) Decken sich die erhaltenen Informationen mit Ihren Erwartungen?
4.) Hat eine Information der Unternehmung bei Ihnen jemals eine positive oder negative Reaktion ausgelöst?
5.) *Insgesamt betrachtet, wie zufrieden sind sie mit der Leistung des Unternehmen (hinsichtlich ihres Jobs/dem Eigentum/dem Produkt etc.)?
6.) *Wie zufrieden sind Sie mit den erhaltenen Informationen?
7.) *Abschließend betrachtet, wie zufrieden sind Sie mit der Unternehmung?

*Die Fragen können mit einer Note zwischen 1 und 5 beurteilt werden:
1 = sehr unzufrieden
2 = etwas unzufrieden
3 = Durchschnitt
4 = etwas zufrieden
5 = sehr zufrieden
Die restlichen Fragen sollen offen beantwortet werden.

---

[648] Strong/Ringer/Taylor, 2001, S. 224.

**Fragebogen**

189

**EUROPEAN BUSINESS SCHOOL**
International University Schloß Reichartshausen

*Fragebogen*

Dissertationsprojekt
„Die Verantwortung des Marketing für Bezugsgruppen – zum Stand der
Integrationsorientierung in Unternehmen"

Dipl.-Kffr. Nadja Maisenbacher

Lehrstuhl für Strategisches Marketing
Professor Dr. Roland Mattmüller
EUROPEAN BUSINESS SCHOOL
International University Schloß Reichartshausen

### Allgemeine Hinweise

**Datenschutz und Anonymität**
Die Auswertung Ihrer Daten wird von mir persönlich vorgenommen und dient lediglich den *Forschungszwecken* im Rahmen meiner Dissertation. Alle Daten werden nur *anonymisiert* verarbeitet und selbstverständlich *vertraulich* behandelt.

**Zum Ausfüllen des Fragebogens**
Für das Beantworten der Fragen benötigen Sie etwa *10 Minuten*. Bitte beziehen Sie die Fragen auf den Unternehmensbereich, mit dem Sie am besten vertraut sind. Sollten Sie Fragen nicht direkt auf sich bzw. den vorliegenden Unternehmensbereich beziehen können, so bitte ich Sie, diese Ihrer Einschätzung nach zu beantworten. Der Fragebogen ist in *drei Teile* untergliedert:

    1) Allgemeine Fragen zum Unternehmen
    2) Grundlegendes Verständnis zum Marketing
    3) Umsetzung des Integrativen Marketing

Die *Vollständigkeit der Antworten* ist für meine Auswertung besonders relevant. Bitte beantworten Sie alle Fragen – Ihre ungefähre Einschätzung ist weitaus nützlicher als gar keine Antwort.

Bitte senden Sie den ausgefüllten Fragebogen *schnellstmöglich* oder aber bis *spätestens zum 01.07.2005* an folgende Adresse zurück. Ein frankierter Rückumschlag liegt diesem Brief bei.


**Lehrstuhl für Strategisches Marketing**
**z. Hd. Nadja Maisenbacher**
**European Business School**
**International University Schloß Reichartshausen**
**65375 Oestrich-Winkel**

**E-Mail: Nadja.Maisenbacher@ebs.de**
**Mobil: 0178 2186337**

## 1) Allgemeine Fragen zum Unternehmen

**a)** Welchem Wirtschaftszweig ist Ihr Unternehmen zuzuordnen? Bitte nur auf das Kerngeschäft beziehen.

☐ **Konsumgüterindustrie**  ☐ **Dienstleistung**

☐ **Investitionsgüterindustrie**  ☐ **Zulieferindustrie**

☐ **Handel**  ☐ **Sonstige_____**

**b)** Wie viele Mitarbeiter umfasst der Marketingbereich? Bitte nur Vollzeitkräfte einbeziehen.

**Ca. _____ Mitarbeiter**

**c)** Wer sind die Kunden des „Endproduktes" Ihrer Unternehmung?

☐ **Private Letztnachfrager**  ☐ **Weiterverarbeitendes Gewerbe**

☐ **Gewerbliche Letztnachfrager**

☐ **Sonstige_____**  ☐ **Zwischennachfrager**

**d)** Für wie sinnvoll erachten Sie die beiden Unternehmenshaltungen für Ihr Unternehmen?
(1 = gar nicht sinnvoll; 6 = sehr sinnvoll)

### Shareholder-Orientierung:

**Konsequente Ausrichtung der Unternehmung am Anteilseigner. Verfolgung ökonomischer Ziele innerhalb kurzer Zeitabstände**

☐1 ☐2 ☐3 ☐4 ☐5 ☐6 ☐

Kann ich nicht beurteilen

### Stakeholder-Orientierung:

**Für die Zielerreichung der Unternehmung sind Ansprüche diverser Bezugsgruppen relevant. Diesen Ansprüchen an die Unternehmensführung soll in ethisch angemessener Weise Rechnung getragen werden**

☐1 ☐2 ☐3 ☐4 ☐5 ☐6 ☐

192

e) Welche der beiden Unternehmenshaltungen ist in Ihrer Unternehmung eher vorherrschend? (1 = gar nicht vorherrschend; 6 = komplett vorherrschend)

**Shareholder-Orientierung:**

Konsequente Ausrichtung der Unternehmung am Anteilseigner. Verfolgung
ökonomischer Ziele innerhalb kurzer
Zeitabstände

| 1 | 2 | 3 | 4 | 5 | 6 | |

Kann ich
nicht beur-
teilen

**Stakeholder-Orientierung:**

Für die Zielerreichung der Unternehmung sind Ansprüche diverser Bezugsgruppen relevant. Diesen Ansprüchen an
die Unternehmensführung soll in ethisch
angemessener Weise Rechnung getragen werden

| 1 | 2 | 3 | 4 | 5 | 6 | |

## 2) Grundlegendes Verständnis zum Marketing

**a)** Wie stufen Sie Marketing und sein Tätigkeitsumfeld innerhalb Ihres Unternehmens (organisatorisch) ein? Mehrfachnennung möglich.

☐ Marketing stellt eine in sich geschlossene Abteilung dar (funktionale

☐ Sichtweise)

☐ Marketing ist als Stabsstelle angesiedelt

☐ Marketing wird als übergreifende/umfassende Querschnittsfunktion der

☐ Marketing ist dem Vertrieb untergeordnet

☐ Sonstige_____

**b)** Was verstehen Sie in Ihrem Unternehmen unter dem Begriff Relationship Marketing/ Beziehungsmarketing?

☐ Moderne Form der Werbung

☐ Auf- und Ausbau langfristiger Kundenbeziehungen

☐ Auf- und Ausbau langfristiger Stakenolderbeziehungen

☐ Nichts davon ist zutreffend

☐ Ich kenne den Begriff nicht

☐ Sonstige_____

**c)** Wie ordnen Sie Marketing in Ihrer Unternehmung ein? Würden Sie es eher als „strategisch" oder vielmehr „operativ" einstufen?

Strategisch | 1 | 2 | 3 | 4 | 5 | 6 | Operativ

**d)** Welche der folgenden Aussagen beschreiben den Ansatz des „Integrativen Marketing" Ihrer Meinung nach zutreffend? Mehrfachnennung möglich.

☐ Integrierte Kommunikation ist ein wesentlicher Bestandteil

☐ Integratives Marketing ist eine ganzheitliche Konzeption, die sämtliche Unternehmensbereiche umfasst

☐ Der klassische 4P-Ansatz [Product (Produktgestaltung), Price (Preisgestaltung), Place (Distribution), Promotion (Kommunikation)] findet darin

☐ Marketing entwickelt sich zu einer Führungsphilosophie und erweitert seinen Verantwortungsbereich

☐ Nichts davon ist zutreffend

☐ Ich kenne den Begriff nicht

☐ Sonstige_____

e) Ist das Konzept des „Integrativen Marketing" in Ihrer Unternehmung implementiert?

☐ **Ja ➜** Bitte anschließend f1 beantworten – f2 entfällt

☐ **Nein ➜** Bitte anschließend f2 beantworten – f1 entfällt

☐ **Kann ich nicht beurteilen**

f1) Wenn ja, aus welcher Notwendigkeit heraus wurde es eingesetzt? Mehrfachnennung möglich.

☐ **Es wurde als proaktive Maßnahme eingeführt**

☐ **Aus einer Krisensituation heraus**

☐ **Die Anregung dazu kam aus einer externen Quelle wie z.B. Seminar, Fort-**

☐ **Kann ich nicht beurteilen**

☐ **Sonstige**_____

f2) Wenn nein, warum wird das Integrative Marketing nicht implementiert? Mehrfachnennung möglich.

☐ **Aus Kostengründen**

☐ **Aus Zeitmangel**

☐ **Der Ansatz des Integrativen Marketing ist für mich nicht Erfolg verspre-chend**

☐ **Kann ich nicht beurteilen**

g) Verantwortungsbereich des Marketing: Wie intensiv ist die Zusammenarbeit von Marketing und Management in Ihrer Unternehmung?

**Keine Zusam-menarbeit** ☐ 1 ☐ 2 ☐ 3 ☐ 4 ☐ 5 ☐ 6 **Sehr enge Zu-sammenarbeit**

h) Wie marktorientiert stufen Sie das Handeln Ihrer Unternehmung nach folgenden Definitionen ein?

**a**

**Die Entscheidung, welches Produkt oder welche Dienstlelstung auf dem Markt angeboten wird, wird meist aus einem internen Blickwinkel getroffen. Oft spielt der Aspekt der technischen „Machbarkeit" bei Produkten eine Rolle. Dem Marketing kommt dabei häufig die Aufgabe der kommunikativen Umsetzung zu**

**b**

**Die Entscheidung, welches Produkt oder welche Dienstleistung angeboten wird, trifft das Marketing gemeinsam mit anderen organisatorischen Einheiten**

**c**

**Das Marketing ist im Unternehmen als koordinierende Instanz anerkannt. Ihm kommen auch strategische Entscheidungen aufgrund seiner Marktnähe zu**

196

## 3) Umsetzung des Integrativen Marketing

a)  Identifikation der Bezugsgruppen: Werden relevante und potenzielle Bezugsgruppen (exklusive der Kunden) aus Sicht des Marketing identifiziert? Bitte nur bejahen, wenn diese auch eingebunden werden bzw. mit ihnen kommuniziert wird.

☐ **Ja ➜** Bitte anschließend b1 beantworten – b2 entfällt

☐ **Nein ➜** Bitte anschließend b2 beantworten – der Rest entfällt

☐ **Kann ich nicht beurteilen**

b1)  Wenn ja, wer sind sie? Mehrfachnennung möglich.

☐ **Staat**          ☐ **Anteilseigner**

☐ **Mitarbeiter**     ☐ **Öffentliche Gruppen (Umweltschutz-**
                       **Gruppen etc.)**

☐ **Lieferanten**
                      ☐ **Sonstige_____**

b2)  Wenn nein, warum werden sie nicht identifiziert bzw. nicht eingebunden? Mehrfachnennung möglich.

☐ **Zu zeitaufwendig**

☐ **Zu kostenintensiv**

☐ **Dafür sind keine Methoden oder Instrumente bekannt**

☐ **Bekannte Methoden oder Instrumente sind dafür nicht geeignet**

☐ **Sonstige _____**

c1)  Werden diese Bezugsgruppen bzw. ihre Anliegen in die Unternehmensprozesse eingebunden?

☐ **Ja**

☐ **Nein**

☐ **Kann ich nicht beurteilen**

c2)  Wenn ja, wie?

☐ **Zufriedenheitsanalysen, z.B. in Form von Fragebögen**

☐ **Dialog/Kommunikation mit den einzelnen Gruppen**

☐ **Kann ich nicht beurteilen**

☐ **Sonstige**

## Vielen Dank für die Beantwortung des Fragebogens!

Für Ihre Zeit und Ihre Bemühungen sende ich Ihnen gerne die Ergebnisse dieser Umfrage in einer Zusammenfassung zu.

☐   Ja – bitte schicken Sie mir die Ergebnisse zu

☐   Nein – ich benötige die Ergebnisse nicht

**Angaben zur explorativen Untersuchung:**

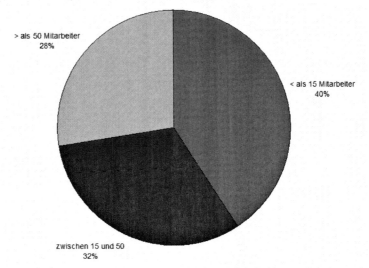

**Abbildung-A-51: Anzahl der Mitarbeiter des Marketingbereichs (Frage 1b)**

Die Einordnung der Anzahl der Mitarbeiter des Marketingbereichs ist relativ ausgeglichen. Die meisten Nennungen befinden sich unter 15 Mitarbeitern (ca. 40%). Die zweitstärkste Kategorie mit ca. 32% ist die Kategorie zwischen 15 und 50 Mitarbeitern. Mehr als 50 Mitarbeiter im Marketingbereich befinden sich immerhin noch in 28% der befragten Unternehmen.

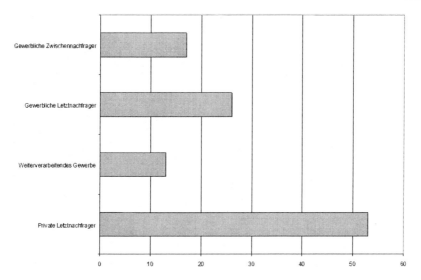

**Abbildung-A-52: „Kunden" der Unternehmung (Frage 1c)**

Die Frage 1c analysiert, welche Art von Nachfrager die Unternehmen als Kunden haben. Die stärkste Antwortkategorie sind die „Private Letztnachfrager", was u.U. daran liegt, dass ein Großteil der befragten Unternehmen aus der Konsumgüterindustrie stammt (ca. 38%), die bekanntlich auf den Privatkunden abzielt. Auch gewerbliche Zwischennachfrager (17 Nennungen) und gewerbliche Letztnachfrager (28 Nennungen) wurden häufig angegeben. Dabei wurden Mehrfachnennungen vorgenommen.

In der Tabelle werden immer die ersten beiden meist gewählten Antwortkategorien der dargestellten Fragen aufgelistet. Die Antwortkategorien „kann ich nicht beurteilen" sind für die tabellarische Übersicht herausgenommen worden und finden hier keine Erwähnung zwecks Wahrung der Übersichtlichkeit.

| Branche (Anzahl/Nennungen der Befragten) | Vorherrschende Unternehmensorientierung (Frage 1e: Mehrfachnennung/Skalierungssystem von 1 bis 6)) | Sinnvoll erachtete Unternehmensorientierung (Frage 1d: Mehrfachnennung/Skalierungssystem von 1 bis 6) | Stellenwert des Marketing in der Unternehmung (Frage 2a: Mehrfachnennung) |
|---|---|---|---|
| Konsumgüterindustrie (28) | 1. Shareholder-Orientierung (14) 2. Stakeholder-Orientierung (7) | 1. Stakeholder-Orientierung (14) 2. Shareholder-Orientierung (7) | 1. Querschnittsfunktion (21) 2. Abteilungsdenken (12) |
| Dienstleistung (11) | 1. Stakeholder-Orientierung (6) 2. Shareholder-Orientierung (3) | 1. Stakeholder-Orientierung (6) 2. Shareholder-Orientierung (0) | 1. Querschnittsfunktion (7) 2. Abteilungsdenken (7) |
| Investitionsgüterindustrie (9) | 1. Shareholder-Orientierung (6) 2. Stakeholder-Orientierung (1) | 1. Stakeholder-Orientierung (3) 2. Shareholder-Orientierung (2) | 1. Querschnittsfunktion (7) 2. Abteilungsdenken (2) |
| Zulieferindustrie (4) | 1. Shareholder- (1) und Stakeholder-Orientierung (1) | 1. Stakeholder-Orientierung (2) 2. Shareholder-Orientierung (0) | 1. Querschnittsfunktion (4) 2. Abteilungsdenken (1) |
| Handel (14) | 1. Shareholder-Orientierung (8) 2. Stakeholder-Orientierung (0) | 1. Stakeholder-Orientierung (4) 2. Shareholder-Orientierung (2) | 1. Abteilungsdenken (9) 2. Querschnittsfunktion (6) |
| Sonstige (10) | 1. Stakeholder-Orientierung (8) 2. Shareholder-Orientierung (4) | 1. Stakeholder-Orientierung (7) 2. Shareholder-Orientierung (1) | 1. Abteilungsdenken (22) 2. Querschnittsfunktion (18) |
| Gesamt (76) | 1. Shareholder-Orientierung (41) 2. Stakeholder-Orientierung (20) | 1. Stakeholder-Orientierung (36) 2. Shareholder-Orientierung (9) | 1. Querschnittsfunktion (63) 2. Abteilungsdenken (53) |

| Branche (Anzahl/Nennungen der Befragten) | Begriffsverständnis Relationship Marketing (Frage 2b: Mehrfachnennung) | Einstufung zwischen operativem und strategischem Marketing (Frage 2c: Skalierungssystem von 1 bis 6) | Begriffsverständnis Integratives Marketing (Frage 2d: Mehrfachnennung) |
|---|---|---|---|
| Konsumgüterindustrie (28) | 1. Kundenbeziehungen (23) 2. Stakeholderbeziehungen (8) | 1. Beides (14) 2. Strategisch (8) 3. Operativ (6) | 1. „ganzheitliche Konzeption" (23) 2. 4P-Ansatz (17) |
| Dienstleistung (11) | 1. Kundenbeziehungen (10) 2. Stakeholderbeziehungen (3) | 1. Beides (5) 2. Strategisch (4) 3. Operativ (2) | 1. „ganzheitliche Konzeption" (8) 2. 4P-Ansatz (7) |
| Investitionsgüterindustrie (9) | 1. Kundenbeziehungen (9) 2. Stakeholderbeziehungen (2) | 1. Strategisch (5) 2. Beides (4) 3. Operativ (0) | 1. „ganzheitliche Konzeption (8) 2. 4P-Ansatz (7) |
| Zulieferindustrie (4) | 1. Kundenbeziehungen (4) 2. Stakeholderbeziehungen (0) | 1. Beides (1) 2. Operativ (3) 3. Strategisch (0) | 1. „ganzheitliche Konzeption" (3) 2. 4P-Ansatz (2) |
| Handel (14) | 1. Kundenbeziehungen (13) 2. Stakeholderbeziehungen (0) | 1. Operativ (8) 2. Beides (5) 3. Strategisch (1) | 1. „ganzheitlicher Ansatz" (10) 2. „Führungsphilosophie" (5) und 4P-Ansatz (5) |
| Sonstige (10) | 1. Kundenbeziehungen (10) 2. Stakeholderbeziehungen (2) | 1. Strategisch (4) 2. Beides (3) und operativ (3) | 1. „ganzheitliche Konzeption" (9) 2. „Führungsphilosophie" (5) |
| Gesamt (76) | 1. Kundenbeziehungen (69) 2. Stakeholderbeziehungen (15) | 1. Beides (32) 2. Strategisch (22) und operativ (22) | 1. „ganzheitliche Konzeption" (61) 2. 4P-Ansatz (41) |

| Branche (Anzahl/ Nennungen der Befragten) | Ist integratives Marketing implementiert? (Frage 2e) | Wie marktorientiert sind die Unternehmen? (Frage 2h: gering, grundlegend, stark marktorientiert) | Findet eine Stakeholder-Identifikation statt? (Frage 3a) | Nennung der identifizierten Stakeholder (Frage 3b1) |
|---|---|---|---|---|
| Konsumgüterindustrie (28) | 1. Ja (13) 2. Nein (12) | Stark (14) | 1. Ja (16) 2. Nein (9) | 1. Mitarbeiter (13) 2. Lieferanten (12) |
| Dienstleistung (11) | 1. Ja (6) 2. Nein (4) | Stark (6) | 1. Ja (6) 2. Nein (4) | 1. Mitarbeiter (6) 2. Lieferanten (3), Shareholder (3) und Staat (3) |
| Investitionsgüterindustrie (9) | 1. Ja (6) 2. Nein (3) | Grundlegend (6) | 1. Ja (7) 2. Nein (2) | 1. Mitarbeiter (6) und Shareholder (6) |
| Zulieferindustrie (4) | 1. Nein (2) 2. Ja (1) | Gering (2) | 1. Nein (2) 2. Ja (1) | 1. Mitarbeiter (1), Lieferanten (1) und Shareholder (1) |
| Handel (14) | 1. Ja (6) 2. Nein (6) | Mittel (9) | 1. Ja (8) 2. Nein (5) | 1. Mitarbeiter (6) Lieferanten (6) |
| Sonstige (10) | 1. Ja (5) 2. Nein (4) | Mittel (4) | 1. Ja (8) 2. Nein (2) | 1. Mitarbeiter (6) 2. Öffentlichkeit (6) |
| Gesamt (76) | 1. Ja (37) 2. Nein (31) | Grundlegend (32) Stark (28) Gering (16) | 1. Ja (44) 2. Nein (27) | 1. Mitarbeiter (38) 2. Lieferanten (31) |

**Tabelle A-16: Übersicht der wichtigsten Ergebnisse der explorativen Untersuchung**

# Literaturverzeichnis

Ackoff, Russell L.: Unternehmensplanung: Ziele und Strategien rationeller Unternehmensführung, München, 1972.

Ackhoff, Russell L.: Creating the Corporate Future Plan or Be Planned for, New York, 1981.

Adam, Dietrich: Planung und Entscheidung: Modelle – Ziele – Methoden, 4. vollst. überarb. und wesentlich erw. Aufl., Wiesbaden, 1996.

Agle, Bradley R./Mitchell, Ronald K./Sonnenfeld, Jeffrey A.: Who matters to CEOs? An investigation of stakeholder attributes and salience, corporate performance, and CEO values, in: Academy of Management Journal, Vol. 42, No. 5, 1999, S. 507-525.

Akerlof, George A.: The Market for "lemons": Quality uncertainty and the market mechanism, in: Quarterly Journal of Economics, Vol. 84, Issue 3, August 1970, S. 488-500.

Albers, Sönke/Krafft, Manfred: Zur relativen Aussagekraft und Eignung von Ansätzen der Neuen Institutionenlehre für die Absatzformwahl sowie die Entlohnung von Verkaufsaußenmitarbeitern, in: Zeitschrift für Betriebswirtschaft, 66. Jg., Heft 11, 1996, S. 1383-1407.

Alchian, Armen A./Woodward, Susan: The Firm is dead; long live the firm – A review of Oliver E. Williamson´s The Economic Institutions of Capitalism, in: Journal of Economic Literature, Vol. 26, March 1988, S. 65-79.

Allendorf, Georg J.: Investor Relations deutscher Publikumsgesellschaften – Eine theoretische und empirische Wirkungsanalyse, Oestrich-Winkel, 1996.

Alsop, Ronald J.: Corporate reputation: Anything but superficial – the deep but fragile nature of corporate reputation, in: Journal of Business Strategy, Vol. 25, No. 6, 2004, S. 21-29.

Amor, Joe: Satellite Broadcasting for Business-TV: "One Client at a time", in: Satellite Broadband: The Cutting Edge of Satellite Communications, Vol. 3, Issue 5, May 2002, S. 8.

Ansoff, Igor H.: Managing Surprise and Discontinuity – Strategic Response to Weak Signals, in: Zeitschrift für betriebswirtschaftliche Forschung, Jg. 28, 1976, S. 129-156.

Arbter, Kerstin: Strategische Umweltprüfung (SUP) und Umweltmediation – eine vielversprechende Kombination, in: UVP-Report, Nr. 16, Heft 3, 2002, S. 94-104.

Argenti, Paul A.: Strategic Employee Communications, in: Human Resource Management, Vol. 37, No. 3/4, Fall/Winter 1998, S. 199-206.

Arrow, Kenneth J.: The Economics of Agency, in: Principals and Agents: The Structure of Business, Pratt, John W./Zeckhauser, Richard J. (Hrsg.), Boston, 1985, S. 37-51.

Arndt, J.: The Political Economy Paradigm, Foundation for Theory building in Marketing, in: Journal of Marketing, Vol. 47, Fall 1983, S. 44-54.

Arnold, Catherine: Event Marketing, in: Marketing News, Vol. 40, Issue 1, 01/15/2006, S. 16-19.

Atkinson, Anthony A./Waterhouse, John H./Wells, Robert B.: A Stakeholder Approach to strategic measurement, in: Sloan Management Review, Vol. 38, Issue 3, Spring 1997, S. 25-37.

Atteslander, Peter: Methoden der empirischen Sozialforschung, 10. neu bearb. und erw. Aufl., Berlin, 2003.

Austin, James E./Reavis, Cate: Starbucks and Conservation International, in: Harvard Business School, 2002, S. 1-28.

Avenarius, Horst: Das Image und die PR-Praxis. Ein transatlantisches Gespräch, in: Ambrecht, Wolfgang/Avenarius, Horst/Zabel, Ulf: Image und PR, Opladen, 1993, S. 15-22.

Azariadis, Costas: Implicit Contracts and Underemployment Equilibria, in: Journal of Political Economy, Vol. 83, 1975, S. 1183-1203.

Backhaus, Klaus: Industriegütermarketing, 7. erw. und überarb. Aufl., München, 2003.

Bailey, Martin N.: Wages and Employment under uncertain demand, in: Review of Economic Studies, Vol. 41, 1974, S. 37-50.

Baumgartner, Christoph: Umweltethik – Umwelthandeln. Ein Beitrag zur Lösung des Motivationsproblems, Paderborn, 2005.

Becker, Jochen: Marketing-Konzeption: Grundlagen des strategischen und operativen Marketing-Managements, 6. vollst. überarb. und erw. Aufl., München, 1998.

Becker, Fred G./Fallgatter, Michael J.: Unternehmensführung: Einführung in das strategische Management, Bielefeld, 2002.

Beder, Sharon: Nike continues to greenwash Sweatshop Labor, in: The Ecologist, April 2002, S. 1-5.

Behnam, Michael: Strategische Unternehmensplanung und ethische Reflexion, Berlin, 1998.

Behrens, Antje: Betriebliches Informationsmanagement – Informieren, überzeugen oder beeinflussen? Unternehmensdarstellung und ihre Wirkung, Berlin, 2001.

Belz, Christian: Trends in Kommunikation und Marktbearbeitung, Fachbericht für Marketing 99/3, Thexis, St. Gallen, 1999.

Belz, Christian: Marketing Update 2005 – Akzente im innovativen Marketing, St. Gallen, 2002.

Bentele, Günter: Öffentliches Vertrauen – normative und soziale Grundlage für Public Relations, in: Normative Aspekte der Public Relations: grundlegende Fragen und Perspektiven. Eine Einführung, Ambrecht, Wolfgang/ Zabel, Ulf (Hrsg.), Opladen, 1994, S. 131-158.

Berekoven, Ludwig/Eckert, Werner/Ellenrieder, Peter: Marktforschung: Methodische Grundlagen und praktische Anwendung, 10. überarb. Aufl., Wiesbaden, 2004.

Berman, Shawn L./Wicks, Andrew C./Kotha, Suresh/Jones, Thomas M.: Does Stakeholder Orientation matter? The Relationship Between Stakeholder Management Models And Firm Financial Performance, in: Academy of Management Journal, Vol. 42, No. 5, 1999, S. 488-506.

Bernhardt, Kenneth L./Donthu, Naveen/Kennett, Pamela A.: A longitudinal Analysis of satisfaction and profitability, in: Journal of Business Research, Vol. 47, Issue 2, February 2000, S. 161-171.

Berthel, Jürgen/Becker, Fred: Personal-Management. Grundzüge für Konzeptionen betrieblicher Personalarbeit, 7. überarb. und erw. Aufl., Stuttgart, 2003.

Bettencourt, Lance A./Brown, Stephen W.: Customer-Contact Employees: Relationships among workplace fairness, job satisfaction and prosocial service behaviour, in: Journal of Retailing, Vol. 73, No. 1, 1997, S. 39-61.

Biesecker, Adelheid: Shareholder, Stakeholder and beyond – auf dem Weg zu einer vorsorgenden Wirtschaftsweise, in: Ökonomie der Betroffenen und Mitwirkenden: erweiterte Stakeholder-Prozesse, Biesecker, Adelheid (Hrsg.), Pfaffenweiler, 1998, S. 58-91.

Biggadike, Ralph E.: The Contributions of Marketing to strategic Management, in: Academy of Management Review, Vol. 6, No. 4, 1981, S. 621-632.

Birley, Graham/Moreland, Neil: A Practical Guide to Academic Research, London, 1998.

Böhler, Heymo: Marktforschung, 3. völlig neu bearb. und erw. Aufl., Stuttgart, 2004.

Böhm, Hans: Gesellschaftlich verantwortliche Unternehmensführung: verbale Bekenntnisse, Verhaltenskodizes, Sozialbilanzen; kritische Analyse eines Legitimationskonzepts, Weilheim, 1979.

Bolton, Patrick/Dewatripont, Mathias: Contract Theory, Cambridge, 2005.

De Bondt, Werner F.M.: A portrait of the individual investor, in: European Economic Review, Vol. 42, Issue 3-5, May 1998, S. 831-844.

Bortz, Jürgen/Döring, Nicola: Forschungsmethoden und Evaluation für Human- und Sozialwissenschaftler, 3. überarb. Aufl., Berlin, 2003.

206

Brown, Michael: Relational Contracts in Competitive Markets – An Experimental Analysis, Zürich, 2004.

Buchholz, Rogene A./Evans, William/Wagley, Robert: Management Response to Public Issues: Concepts and Cases in Strategy Formulation, Englewood Cliffs, 1985.

Buono, Anthony F./Nichols, Lawrence T.: Stockholder and Stakeholder Interpretations of Business` Social Role, in: Business Ethics. Readings and Cases in Corporate Morality, Hoffmann, Michael W./Mills Moore, Jennifer (Hrsg.), New York, 1990, S. 170-175.

Breidenbach, Raphael: Umweltschutz in der betrieblichen Praxis. Erfolgsfaktoren zukunftsorientierten Umweltmanagements: Ökologie – Gesellschaft – Ökonomie, 2. akt. Aufl., Wiesbaden, 2002.

Bruhn, Manfred: Integrierte Kommunikation als Unternehmensaufgabe und Gestaltungsprozeß, in: Bruhn, Manfred/Dahlhoff, Hans-Dieter (Hrsg.): Effizientes Kommunikationsmanagement. Konzepte, Beispiele und Erfahrungen aus der integrierten Unternehmenskommunikation, Stuttgart, 1993, S. 1-33.

Bruhn, Manfred: Integrierte Unternehmenskommunikation: Ansatzpunkte für eine strategische und operative Umsetzung integrierter Kommunikationsarbeit, 2. überarb. und erw. Aufl., Stuttgart, 1995.

Bruhn, Manfred: Integrierte Kommunikation und Relationship Marketing, in: Integrierte Kommunikation in Theorie und Praxis. Betriebswirtschaftliche und kommunikationswissenschaftliche Perspektiven, Bruhn, Manfred/ Schmidt, Siegfried J./Tropp, Jörg (Hrsg.), Wiesbaden, 2000, S. 3-20.

Bruhn, Manfred: Qualitätsmanagement für Dienstleistungen: Grundlagen, Konzepte, Methoden, 4. Aufl., 2003a, Berlin.

Bruhn, Manfred: Strategische Ausrichtung des Relationship Marketing, in: Handbuch Relationship Marketing. Konzeption und erfolgreiche Umsetzung, Payne, Adrian/Rapp, Reinhold (Hrsg.), 2. völlig überarb. und erw. Aufl., München, 2003b, S. 45-57.

Bruhn, Manfred: Integrierte Unternehmens- und Marketingkommunikation: Handbuch für ein integriertes Kommunikationsmanagement, München, 2005a.

Bruhn, Manfred: Kommunikationspolitik: Systemischer Einsatz der Kommunikation für Unternehmen, 3. überarb. Aufl., München, 2005b.

Bruhn, Manfred/Boenigk, Michael: Integrierte Kommunikation: Entwicklungsstand in Unternehmen, Wiesbaden, 1999.

Bruhn, Manfred/Grund, Michael A.: Interaktionen als Determinanten der Zufriedenheit und Bindung von Kunden und Mitarbeitern – Theoretische Erklärungsansätze und empirische Befunde, in: Bruhn, Manfred (Hrsg.): Internes Marketing. Integration der Kunden- und Mitarbeiterorientierung. Grundlagen – Implementierung - Praxisbeispiele, 2. überarb. und erw. Aufl., Wiesbaden, 1999, S. 495-524.

207

Bruhn, Manfred/Murmann, Britta: Nationale Kundenbarometer: Messung von Qualität und Zufriedenheit; Methodenvergleich und Entwurf eines Schweizer Kundenbarometers, Wiesbaden, 1998.

Brunner, Sebastian: Shareholder Value als IR-Ziel, in: Going Public, Sonder-ausgabe Investor Relations, 2001, S. 52-54.

Bull, Clive: Implicit Contracts in the Absence of Enforcement and Risk Aversion, in: American Economic Review, Vol. 73, No. 4, 1983, S. 659-671.

Bull, Clive: The Existence of self-enforcing implicit contracts, in: The Quarterly Journal of Economics, Vol. 102, Issue 1, February 1987, S. 147-159.

Bundt, Julie: Strategic Stewards: Managing Accountability, Building Trust, in: Journal of Public Administration Research and Theory, October 2000, S. 757-777.

Busch, Rainer/Dögl, Rudolf/Unger, Fritz: Integriertes Marketing: Strategie, Organisation, Instrumente, 3., vollst. überarb. Aufl., Wiesbaden, 2001.

Calantone, Roger J./Schatzel, Kim: Strategic Foretelling: Communication-based antecedents of a firm´s propensity to preannounce, in: Journal of Marketing, Vol. 64, January 2000, S. 17-30.

Carmichael, L. Horne: Self-enforcing contracts, shirking, and life-cycle incentives, in: Journal of Economic Perspective, Vol. 3, No. 4, Fall 1989, S. 65-83.

Carroll, Archie B.: A three-dimensional conceptual model of corporate performance, in: Academy of Management Review, Vol. 4, No. 4, 1979, S. 497-505.

Chakravarthy, Balaji S.: Measuring Strategic Performance, in: Strategic Management Journal, Vol. 7, Issue 5, 1986, S. 437-458.

Chalmers, Alan F.: Wege der Wissenschaft. Einführung in die Wissenschaftstheorie, 5., völlig überarb. und erw. Aufl., Bergemann, Niels/Altstötter-Gleich, Christine (Hrsg.), Berlin, 2001.

Christopher, Martin/Payne, Adrian/Ballantyne, David: Relationship Marketing: Creating Stakeholder Value, Oxford, 2001.

Clark, Moira et al.: Vom funktionierenden Marketing zur prozessorientierten Relationship Management Kette, in: Handbuch Relationship Marketing. Konzeption und erfolgreiche Umsetzung, Payne, Adrian/Rapp, Reinhold (Hrsg.), 2. völlig überarb. und erw. Aufl., München, 2003, S. 29-44.

Clarkson, Max B.E.: A Stakeholder Framework For Analyzing And Evaluating Corporate Social Performance, in: Academy of Management Review, Vol. 20, No. 1, 1995, S. 92-117.

Claussen, Carsten P.: Hauptversammlung und Internet: in: Die Aktiengesellschaft, Nr. 4, 2001, S. 161-171.

Colman, Robert: Satisfied Stakeholders, in: CMA Management, March 2004, Vol. 78, Issue 1, S. 23-25.

Conti, Tito: Stakeholder-based strategies to enhance corporate performance, in: Quality Congress, Annual Quality Congress Proceedings, 2002, S. 373-381.

Copeland, Thomas E./Koller, Tim/Murrin, Jack: Unternehmenswert. Methoden und Strategien für eine wertorientierte Unternehmensführung, Frankfurt am Main, 3. völlig. überarb. und erw. Aufl., 2002.

Currle, Michael: Performance Management Konzept für IT-Services-Unternehmen, in: Controlling-Forschungsbericht Nr. 65, Stuttgart, 2001.

Cyert, Richard M./March, James G.: A behavioural Theory of the Firm, Oxford, second edition, 1999.

Day, George S./Montgomery, David B.: Charting new directions for Marketing, in: Journal of Marketing, Vol. 63, Special Issue 1999, S. 3-13.

Day, George S./Wensley, Robin: Marketing Theory with a Strategic Orientation, in: Journal of Marketing, Vol. 47, Fall 1983, S. 79-89.

Deller, Dominic/Stubenrath, Michael/Weber, Christoph: Die Internetpräsenz als Instrument der Investor Relations, in: Der Betrieb, Nr. 32, 1997, S. 1577-1583.

Delmas, Magali: Stakeholders and competitive advantage: The case of ISO 14001, in: Production and Operations Management, Vol. 10, Issue 3, Fall 2001, S. 343-358.

Deshpandé, Rohit: Section IV: What are the contributions of Marketing to organizational performance and societal welfare?, in: Journal of Marketing, Vol. 63, Special Issue 1999, S. 164-167.

Devine, Irene/Halpern, Paul: Implicit Claims: The Role of Corporate Reputation in Value Creation, in: Corporate Reputation Review, Vol. 4, No. 1, 2001, S. 42-49.

Van Dick, Rolf: Commitment und Identifikation mit Organisationen, Göttingen, 2003.

Diller, Hermann/Kusterer, Marion: Beziehungsmanagement. Theoretische Grundlagen und explorative Befunde, in: Marketing Zeitschrift für Forschung und Praxis, Heft 3, August 1988, S. 211-220.

Diller, Hermann: Beziehungsmanagement, in: Die Betriebswirtschaft, 57. Jg., Heft 4, 1997, S. 572-575.

Diller, Hermann: Marktforschung im Zeichen des Beziehungsmanagements – Herausforderungen und Trends, in: Neue Entwicklungen in der Marktforschung, Gesellschaft für Innovatives Marketing e.V., Diller, Hermann (Hrsg.), Nürnberg, 2002, S. 1-32.

Dixit, Avinash K./Nalebuff, Barry J.: Spieltheorie für Einsteiger, Stuttgart, 1997.

Donaldson, Thomas/Preston, Lee E.: The Stakeholder Theory of the Corporation: Concepts, Evidence, and Implications, in: Academy of Management Review, Vol. 20, Issue 1, 1995, S. 65-91.

Doumont, Thomas: Unternehmenskommunikation und Unternehmensethik: Zwei holistische Modelle, Münster, 2003.

Dowling, Grahame R.: Corporate Reputations: Should you compete on yours?, in: California Management Review, Vol. 46, No. 3, Spring 2004, S. 19-36.

DPRG: Öffentlichkeitsarbeit/PR-Arbeit. Berufsfeld – Qualifikationsprofil – Zugangswege, 5. überarb. Neuaufl., Bonn, 2005.

Dukerich, Janet M./Carter, Suzanne M.: Distorted Images and Reputation repair, in: The Expressive Organization. Linking Identity, Reputation, and the Corporate Brand, Schultz, Majken/Hatch, Mary Jo/Larsen, Mogens Holten (Hrsg.), New York, 2000, S. 97-112.

Duncan, Tom/Moriarty, Sandra: Driving Brand Value. Using integrated Marketing to Manage Profitable Stakeholder Relationships, New York, 1997.

Duncan, Tom/Moriarty, Sandra: A communication-based Marketing Model for Managing Relationships, in: Journal of Marketing, Vol. 62, April 1998, S. 1-13.

Dyer, Jeffrey H./Hatch, Nile W.: Using supplier networks to learn faster, in: MIT Sloan Management Review, Spring 2004, S. 57-63.

Dyllick, Thomas: Management der Umweltbeziehungen. Öffentliche Auseinandersetzungen als Herausforderungen, 1. Aufl., Wiesbaden, 1992.

Eberhardt, Stefan: Wertorientierte Unternehmensführung. Der modifizierte Stakeholder-Value-Ansatz, Wiesbaden, 1998.

Eiteneyer, Helmut: Social-Marketing: Unternehmensphilosophie öffentlicher Unternehmungen, in: Zeitschrift für betriebswirtschaftliche Forschung, Jg. 29, 1977, S. 303-311.

Endres, Egon/Wehner, Theo: Störungen zwischenbetrieblicher Kooperationen – Eine Fallstudie zum Grenzstellenmanagement in der Automobilindustrie, in: Management von Netzwerkorganisationen, Sydow, Jörg (Hrsg.), 3. akt. Aufl., Wiesbaden, 2003, S. 215-259.

Engardio, Pete/Arndt, Michael/Foust, Dean: The Future of Outsourcing, in: Business Week, 30.1.2006, Issue 3969, S. 50-58.

Erlei, Mathias/Leschke, Martin/Sauerland, Dirk: Neue Institutionenökonomik, Stuttgart, 1999.

Escher, Klaus: Unternehmenslobbying. Studie zur Kommunikation der BASF, in: Die stille Macht. Lobbyismus in Deutschland, Leif, Thomas/Speth, Rudolf (Hrsg.), Wiesbaden, 2003, S. 98-114.

Ferrell, Oliver C./Hartline, Michael D./Lucas, George H. Jr.: Marketing Strategy, Second Edition, Mason, 2002.

Figge, Frank: Stakeholder und Unternehmensrisiko. Eine stakeholderbasierte Herleitung des Unternehmensrisikos, Lüneburg, Dezember 2002.

Fichter, Klaus: Umweltkommunikation und Wettbewerbsfähigkeit: Wettbewerbstheorien im Lichte empirischer Ergebnisse zur Umweltberichterstattung von Unternehmen, Marburg, 1998.

Foucault, Michel: Archäologie des Wissens, Frankfurt am Main, 1973.

Franwick, Gary L. et al.: Evolving pattern of organizational beliefs in the formation of strategy, in: Journal of Marketing, Vol. 58, Issue 2, April, 1994, S. 96-110.

Franzen, Sven: Die Bedeutung von Spielauffassungen in vertikalen marktstrategischen Kooperationen. Eine verhaltensorientiert spieltheoretische Untersuchung der Kooperationshemmnisse zwischen Hersteller und Handel, Strategisches Marketingmanagement, Bd. 1, Frankfurt am Main, 2005.

Freemann, R. Edward: Strategic Management. A Stakeholder Approach, London, 1984.

Freeman, R. Edward: Divergent Stakeholder Theory, in: Academy of Management Review, Vol. 24, No. 2, 1999, S. 233-236.

Friedman, Milton: The Social Responsibility of Business is to increase its profits, in: New York Times Magazine, September 13, 1970, S. 32-33, 122-126.

Friedman, Andrew L./Miles, Samantha: Developing Stakeholder Theory, in: Journal of Management Studies, Vol. 39, Issue 1, January 2002, S. 1-21.

Friedrichs, Jürgen: Methoden empirischer Sozialforschung, 14. Aufl., Opladen, 1990.

Fritz, Wolfgang: Marketing-Management und Unternehmenserfolg: Grundlagen und Ergebnisse einer empirischen Untersuchung, 2. überarb. und erg. Aufl., Stuttgart, 1995.

Fuld, Leonard: Be Prepared, in: Harvard Business Review, Vol. 81, Issue 11, November 2003, S. 20-21.

Fulda, Helen: Neue Organisationsformen und ihre informationstechnische Realisierung, St. Gallen, 2001.

Füchs, Ralf: Lobbyismus braucht demokratische Kontrolle, in: Die stille Macht. Lobbyismus in Deutschland, Leif, Thomas/Speth, Rudolf (Hrsg.), Wiesbaden, 2003, S. 55-59.

Gans, Thilo: Imageverbesserung durch mediumgerechte Umsetzung der Corporate Identity im Internet, Heidelberg, 2004.

Gardberg, Naomi A./Fombrun, Charles J.: Corporate Citizenship : Creating intangible assets across institutional environments, in : Academy of Management Review, Vol. 31, No. 2, S. 329-346.

Gaugler, Eduard: Shareholder Value und Unternehmensführung, in: Ethische Ökonomie. Beiträge zur Wirtschaftsethik und Wirtschaftskultur, Koslowski, Peter (Hrsg.), Heidelberg, 1999, S. 175-186.

Geist, Laura Clark: Automakers open wallets to event sponsorship, in: Automotive News, Vol. 80, Issue 6189, 02/13/2006, S. 24B.

Geramanis, Olaf: Vertrauen und Vertrauensspielräume in Zeiten der Unkontrollierbarkeit, München, 2001.

Giering, Annette: Der Zusammenhang zwischen Kundenzufriedenheit und Kundenloyalität: eine Untersuchung moderierender Effekte, Wiesbaden, 2000.

Gierl, Heribert/Praxmarer, Sandra: Investor Relations für private Kleinanteilsigner: die Bedeutung leicht verständlicher Informationen, in: Kreditwesen, Nr. 22, 2000, S. 37-40.

Gillenkirch, Robert: Gestaltung optimaler Anreizverträge: Motivation, Risikoverhalten und beschränkte Haftung, Wiesbaden, 1997.

Gladstein Ancona, Deborah/Caldwell, David F. (1997): Making Teamwork Work: Boundary Management in Production Development Teams, in: Managing Strategic Innovation and Change, Tushman, Michael L./Anderson, Philip C. (Hrsg.), 1997, New York, S. 433-442.

Gleim-Egg, Heidrun: Kommunikative Problembewältigung in Staat und Privatwirtschaft, Speyer, 1995.

Göbel, Elisabeth: Neue Institutionenökonomik. Konzeption und betriebswirtschaftliche Anwendungen, Stuttgart, 2002.

Gordon, Donald F.: A Neoclassical Theory of Keynesian Unemployment, in: Economic Inquiry, Vol. 12, 1974, S. 431-449.

Green, Paul E./Tull, Donald S.: Methoden und Techniken der Marketingforschung, Stuttgart, 1982.

Grund, Michael A.: Interaktionsbeziehungen im Dienstleistungsmarketing. Zusammenhänge zwischen Zufriedenheit und Bindung von Kunden und Mitarbeitern, Wiesbaden, 1998.

Grossman, Gene M./Helpman, Elhanan: Special Interest Politics, Cambridge, 2001.

Grunig, James, E.: A new measure of Public Opinions on Corporate Social Responsibility, in: Academy of Management Journal, Vol. 22, No. 4, 1979, S. 738-764.

212

Grunig, James E./Schneider Grunig, Larissa: Toward a Theory of the Public Relations Behavior of Organizations: Review of a Program of Research, in: Public Relations Research Annual, No. 1, 1989, S. 27-63.

Grunig, James E.: Theory and Practice of interactive Media Relations, in: Public Relations Quarterly, Vol. 35, Issue 3, Fall 1990, S. 18-23.

Grunig, James E.: Excellence in Public Relations and Communication Management, Hillsdale, 1992.

Grunig, James E. et al.: Models of Public Relations in an International Setting, in: Journal of Public Relations Research, Vol. 7, No. 3, 1995, S. 163-186.

Guiniven, John: Community Relations – more than money, in: Tactics, November 2005, S. 6.

Gummesson, Evert: Total Relationship Marketing: marketing strategy moving from the 4Ps – product, price, promotion, place – of traditional marketing management to the 30Rs – the thirty relationships – of a new marketing paradigm, second edition, Oxford, 2002.

Günter, Bernd: Beschwerdemanagement als Schlüssel zur Kundenzufriedenheit, in: Kundenzufriedenheit. Konzepte – Methoden – Erfahrungen, Homburg, Christian (Hrsg.), 5. überarb. Aufl., Wiesbaden, 2003, S. 291-312.

Haase, Michaela: Institutionenökonomische Betriebswirtschaftstheorie: Allgemeine Betriebswirtschaftslehre auf sozial- und institutionentheoretischer Grundlagen, Wiesbaden, 2000.

Halliday, Jean/Graser, Marc: BMW shuns branded entertainment, in: Automotive News Europe, Vol. 10, Issue 21, 10/17/2005, S. 32.

Hamel, Gary/Doz, Yves L./Prahalad, C.K.: Collaborate with your competitors – and win, in: Harvard Business Review, Vol. 67, Issue 1, January-February 1989, S. 133-139.

Hammer, Richard M.: Strategische Planung und Frühaufklärung, 3. unwesentl. veränd. Aufl., München, 1998.

Hank, Benno: Informationsbedürfnisse von Kleinaktionären: Zur Gestaltung von Investor Relations, Frankfurt am Main, 1999.

Hansen, Jürgen R.: Professionelles Investor Relations Management, Landsberg, 2000.

Hansen, Ursula: Marketing und soziale Verantwortung, in: Unternehmensethik, Steinmann, Horst/Löhr, Albert (Hrsg.), 2. überarb. und erw. Aufl., Stuttgart, 1991, S. 243-256.

Harnischfeger, Uwe: Umziehen in ein House of Relations?, in: Die Absatzwirtschaft, Sondernummer Oktober, 1996, S. 14-23.

213

Harrison, Jeffrey S./Freeman, Edward R.: Stakeholders, Social Responsibility, And Performance: Empirical Evidence And Theoretical Perspectives, in: Academy of Management Journal, Vol. 42, No. 5, 1999, S. 479-485.

Harrison, Jeffrey S./St. John, Caron H.: Managing and partnering with external stakeholders, in: Academy of Management Executive, Vol. 10, No. 2, 1996, S. 46-60.

Hart, Oliver: Firms, Contracts and Financial Structure, Oxford, 1995.

Hassmann, Volker: Mitarbeiterevents: Motivation hilft auch verkaufen, in: salesbusiness, Heft 3, März 2005, S. 12-19.

Heck, Arno: Strategische Allianzen. Erfolg durch professionelle Umsetzung, Berlin, 1999.

Heimbrock, Klaus-Jürgen: Kompetenzpartnermanagement. Beschaffung im dynamischen Unternehmen, Wiesbaden, 2001.

Heinzel, Wolfram: Optimale Verträge bei Investitionen in Humankapital, Frankfurt am Main, 1996.

Hempel, Carl G./Oppenheim, Paul: Studies in the logic of explanation, in: Philosophy of Science, Vol. 15, 1948, S. 135-175.

Henning-Thurau, Thorsten/Bornemann, Daniel: Return on Relationship Quality, oder: Lohnen sich Investitionen in die Qualität von Geschäftsbeziehungen?, in: Handbuch Relationship Marketing. Konzeptionen und erfolgreiche Umsetzung, 2. völlig überarb. und erw. Aufl., München, 2003, S. 111-136.

Henriques, Irene/Sadorsky, Perry: The Relationship between environmentalcommitment and managerial perceptions of Stakeholder Importance, in: Academy of Management Journal, Vol. 42, No.1, 1999, S. 87-99.

Herrmann-Pillath, Carsten/Lies, Jan J.: Stakeholder-Orientierung als Management sozialen Kapitals in unternehmensbezogenen Netzwerken, Witten-Herdecke, 2001.

Herzberg, Frederick/Mausner, Bernard/Bloch Snyderman, Barbara: The Motivation to work, second edition, London, 1967.

Hill, Charles W./Jones, Thomas M.: Stakeholder-Agency Theory, in: Journal of Management Studies, Vol. 29, Issue 2, March 1992, S. 131-154.

Hillman, Amy J./Keim, Gerald D.: Shareholder Value, stakeholder management, and social issues: What's the bottom line?, in: Strategic Management Journal, Vol. 22, 2001, S. 125-139.

Hoffmann-Becking, Michael: Münchener Handbuch des Gesellschaftsrechts, Bd. 4. Aktiengesellschaft, München, 1988.

Hoffmann-Riem, Christa: Die Sozialforschung einer interpretativen Soziologie, in: Kölner Zeitschrift für Soziologie und Sozialpsychologie, 32. Jg., 1980, S. 339-372.

Homburg, Christian/Stock, Ruth: Theoretische Perspektiven zur Kundenzufriedenheit, in: Kundenzufriedenheit. Konzepte – Methoden – Erfahrungen, Homburg, Christian (Hrsg.), 5. überarb. Aufl., Wiesbaden, 2003, S. 17-52.

Hopfenbeck, Waldemar: Allgemeine Betriebswirtschafts- und Managementlehre – Das Unternehmen im Spannungsfeld zwischen ökonomischen, sozialen und ökologischen Interessen, 12. durchgesehene Aufl., Landsberg/Lech, 1998.

Huck, Simone: Kommunikation mit dem Kunden in Zeiten der Wirtschaftskrise. Vorstellung der Befragungsergebnisse im Einzelnen, in: Kundenkommunikation. Ergebnisse einer Befragung der Top-500-Unternehmen in Deutschland, Mast, Claudia/Huck, Simone/Güller, Karoline (Hrsg.), Stuttgart, 2005, S. 38-66.

Hudson, Simon/Hudson, Paul/Miller, Graham A.: The Measurement of Service Quality in the Tour Operating Sector: A Methodological Comparison, in: Journal of Travel Research, Vol. 42, February 2004, S. 305-312.

Hüttner, Manfred/Schwarting, Ulf: Grundzüge der Marktforschung, 7. überarb. Aufl., München, 2002.

Inkpen, Andrew C./Tsang, Eric W.: Social Capital, Networks, and knowledge transfer, in: Academy of Management Review, Vol. 30, No. 1, 2005, S. 146-165.

Jákli, Zoltán: Vom Marshallplan zum Kohlepfennig. Grundrisse der Subventionspolitik in der Bundesrepublik Deutschland 1948-1982, Opladen, 1990.

Janik, Achim: Investor Relations in der Unternehmenskommunikation. Kommunikationswissenschaftliche Analysen und Handlungsempfehlungen, August, 2002.

Janisch, Monika: Das strategische Anspruchsgruppenmanagement. Vom Shareholder Value zum Stakeholder Value, Bern, 1993.

Janssen, Michael: Bedeutung von persönlichen Kontakten zu Investoren und Analysten bei der Ausgestaltung einer erfolgreichen Investor-Relations-Arbeit, in: Investor Relations am Neuen Markt, Achleitner, Ann-Kristin/ Bassen, Alexander (Hrsg.), Stuttgart, 2001, S. 565-575.

Jeschke, Kurt/Schulze, Henning S./Bauersachs, Jack: Internal Marketing and its Consequences for Complaint Handling Effectiveness, in: Relationship Marketing. Gaining Competitive Advantage through Customer Satisfaction and Customer Retention, Henning-Thurau, Thorsten/Hansen, Ursula (Hrsg.), New York, 2000, S. 193-216.

Jessl, Randolf: Mitarbeitergespräche und ihre Wirkung, in: Personalmagazin, Heft 11, 2005, S. 18.

215

Johnson, Michael D./Gustafsson, Anders: Improving Customer Satisfaction, Loyalty, and Profit: An integrated Measurement and Management System, San Francisco, 2000.

Jones, Thomas M. et al.: Dienstleister müssen die gesamte Service-Gewinn-Kette nutzen, in: Harvard Business Manager, Nr. 4, Oktober 1994, S. 50-61.

Jones, Thomas M.: Convergent Stakeholder Theory, in: Academy of Management Review, Vol. 24, Issue 2, April 1999, S. 206-221.

Junker, Abbo/Kamanabrou, Sudabeh: Vertragsgestaltung, München, 2002.

Kaas, Klaus Peter: Einführung: Marketing und Neue Institutionenökonomik, in: Kontrakte, Geschäftsbeziehungen, Netzwerke, in: Marketing und Neue Institutionenökonomik, Kaas, Klaus Peter (Hrsg.), Frankfurt am Main, 1995a, S. 1-18.

Kaas, Klaus Peter: Marketing zwischen Markt und Hierarchie, in: Kontrakte, Geschäftsbeziehungen, Netzwerke, in: Marketing und Neue Institutionenökonomik, Kaas, Klaus Peter (Hrsg.), Frankfurt am Main, 1995b, S. 19-42.

Kaiser, Marc-Oliver: Erfolgsfaktor Kundenzufriedenheit. Dimensionen und Messmöglichkeiten, 2. neu bearb. und erw. Aufl., Berlin, 2005.

Kaler, John: Morality and strategy in stakeholder identification, in: Journal of Business Ethics, Vol. 39, Issue 1, August 2002, S. 91-100.

Kaler, John: Differentiating Stakeholder Theories, in: Journal of Business Ethics, Vol. 46, Issue 1, Part 1, August 2003, S. 71-83.

Kalkowski, Peter: Der Kontrakt der Arbeit bei wissensintensiven Dienstleistungen, in: Industrielle Beziehungen, 11. Jg., Heft 3, 2004, S. 246-269.

Kamenz, Uwe: Marktforschung: Einführung mit Fallbeispielen, Aufgaben und Lösungen, 2. durchges. Aufl., Stuttgart, 2001.

Kapferer, Jean-Noel: Gerüchte. Das älteste Massenmedium der Welt, Leipzig, 1996.

Kaplan, Robert S./Norton, David S.: Balanced Scorecard: Strategien erfolgreich umsetzen, Stuttgart, 1997.

Kaplan, Robert S./Norton, David S.: The Balanced Scorecard: Measures that drive performance, in: Harvard Business Review, July-August 2005, S. 172-180.

Karapetrovic, Stanislav/Willborn, Walter: Audit system: Concepts and practices, in: Total Quality Management, Vol. 12, No. 1, 2001, S. 13-28.

Keller Johnson, Laureen: The new loyalty: Make it work for your company, in: Havard Management update, March 2005, Vol. 10, Issue 3, S. 1-5.

Kenneth, Hein: Gaming Product Placement gets good scores in study, in: Brandweek, Vol. 46, Issue 44, 12/05/2005, S. 16.

216

Khanna, Tarun/Gulati, Ranjay/Nohria, Nitin: The dynamics of learning alliances: competition, cooperation, and relative scope, in: Strategic Management Journal, Vol. 19, Issue 3, 1998, S. 193-210.

Kierstein, Stefan: Kundenzufriedenheit: Anforderungen an die Sozialkompetenz von Lieferanten innerhalb unternehmensinterner Kundenbeziehungen, Hamburg, 1998.

Kirchhoff, Klaus R.: Die Grundlagen der Investor Relations, in: Die Praxis der Investor Relations: Effiziente Kommunikation zwischen Unternehmen und Kapitalmarkt, Kirchhoff, Klaus R./Piwinger, Manfred (Hrsg.), Neuwied, 2000, S. 32-51.

Kisiel, Ralph: DaimlerChrysler projects complement each other, in: Automotive News, Vol. 76, Issue 5991, 07/01/2002, S. 20-22.

Kiss, Patrick: Investor Relations im Internet: eine theoretische und praktische Analyse, Frankfurt am Main, 2001.

Klaas, Sabine: Closer to the customers: Der Kunde bestimmt die Kommunikation, in: Der Stakeholder-Kompass. Navigationsinstrument für die Unternehmenskommunikation, Kirf, Bodo/Rolke, Lothar (Hrsg.), Frankfurt am Main, 2002, S. 64-70.

Klein, Benjamin/Leffler, Keith B.: The Role of Market Forces in Assuring Contractual Performance, in: Journal of Political Economy, Vol. 89, 1981, S. 615-641.

Koch, Jörg: Marketing: Einführung in die marktorientierte Unternehmensführung, 1. Aufl., München, 1999.

Kogut, Bruce/Zander, Udo: Knowledge of the Firm, Combinative Capabilities, and the Replication of Technology, in: Organization Science, Vol. 3, No. 3, August 1992, S. 383-397.

Koop, Barbara: Zufriedenheit und Bindung von Mitarbeitern und Kunden: integrierte Analyse und Steuerung in Unternehmen, Darmstadt, 2004.

Kotler, Philip: A Generic Concept of Marketing, in: Journal of Marketing, Vol. 36, April 1972, S. 46-54.

Kotler, Philip/Armstrong, Gary: Principles of Marketing, Second European Edition, New Jersey, 1999.

Köhnken, Günter: Glaubwürdigkeit. Untersuchungen zu einem psychologischen Konstrukt, München, 1990.

Krause, Oliver: Performance Management. Eine Stakeholder-Nutzen-orientierte und Geschäftsprozess-basierte Methode, Berlin, 2005.

Kreps, David M.: Mikroökonomische Theorie, 1. Aufl., Landsberg/Lech, 1994.

Kreilkamp, Edgar: Strategisches Management und Marketing: Markt- und Wettbewerbsanalyse, strategische Frühaufklärung, Portfolio-Management, Berlin, 1987.

217

Kreiner, Peter/Bhambri, Arvind: Influence and Information in Organization-Stakeholder Relationships, in: Academy of Management Proceedings, 1988, S. 319-323.

Kroeber-Riel, Werner/Weinberg, Peter: Konsumentenverhalten, 8. akt. und erg. Aufl., 2003.

Krüsselberg, Utz: Theorie der Unternehmung und Institutionenökonomik: die Theorie der Unternehmung im Spannungsfeld zwischen neuer Institutionenökonomik, ordnungstheoretischem Institutionalismus und Marktprozesstheorie, Heidelberg, 1993.

Krystek, Ulrich/Müller, Michael: Investor Relations – Eine neue Disziplin nicht nur für das Finanzmanagement, in: Der Betrieb, Nr. 36, 10.09.1993, S. 1785-1789.

Krystek, Ulrich/Redel, Wolfgang/Reppegather, Sebastian: Grundzüge virtueller Organisationen – Elemente und Erfolgsfaktoren, Chancen und Risiken, 1997, Wiesbaden.

Kuhn, Thomas S.: Die Struktur wissenschaftlicher Revolutionen, Frankfurt am Main, 1967.

Kujala, Johanna: Analysing moral issues in stakeholder relations, in: Business Ethics: A European Review, Vol. 10, No. 3, July, 2001, S. 233-247.

Künzel, Hansjörg: Handbuch Kundenzufriedenheit: Strategie und Umsetzung in der Praxis, Berlin, 2005.

Lamnek, Siegfried: Qualitative Sozialforschung, 4., vollst. überarb. Aufl., Weinheim, 2005.

Langenfeld, Gerrit: Vertragsgestaltung: Methode – Verfahren – Vertragstypen, München, 2004.

Langfield-Smith, Kim/Greenwood, Michelle R.: Developing co-operative buyer-supplier relationships: a case study of Toyota, in: Journal of Management Studies, Vol. 35, Issue 3, May 1998, S. 331-353.

Lasswell, Harald D.: The structure and function of communication in society, in: Bryson, Lyman (Hrsg.): The communication of ideas, New York, 1948, S. 37-52.

Latz, Heinz-Ludwig: Subventionen in einer offenen Volkswirtschaft, Pfaffenweiler, 1989.

Lay, Rupert/Nagel, Claudia: Vertrauen und Verantwortung – Verlust und Wiedergewinnung, Büdingen, 2004.

Leif, Thomas/Speth, Rudolf: Anatomie des Lobbyismus. Einführung in eine unbekannte Sphäre der Macht, in: Die stille Macht. Lobbyismus in Deutschland, Leif, Thomas/Speth, Rudolf (Hrsg.), Wiesbaden, 2003, S. 7-32.

Leisinger, Klaus M.: Unternehmensethik: globale Verantwortung und modernes Management, München, 1997.

Lettau, Hans-Georg: Ganzheitliches Marketing: Entwicklung, Bedeutung, Umsetzung, Landsberg/ Lech, 1991.

Lichtl, Martin: Ecotainment: Der neue Weg im Umweltmarketing: Emotionale Werbebotschaften, Sustainability, Cross-Marketing, Wien, 1999.

Liebl, Franz: Zur Karriere des Stakeholder-Konzeptes, in: technologie und management, Heft 2, 1997, S. 16-19.

Liebl, Franz: Strategische Frühaufklärung: Trends – Issues – Stakeholders, München, 1996.

Lings, Ian N.: Balancing internal and external market orientations, in: Journal of Marketing Management, Vol. 15, No. 4, 1999, S. 239-263.

Lippmann, Herbert J./Meyer, Paul W.: Die Funktion des Beschaffungs-Marketing, in: Integrierte Marketing-Funktionen, Meyer, Paul W. (Hrsg.), 4. Aufl., 1996, Stuttgart, S. 196-219.

Lischka, Andreas: Dialogkommunikation im Rahmen der Integrierten Kommunikation, in: Integrierte Kommunikation in Theorie und Praxis. Betriebswirtschaftliche und kommunikationswissenschaftliche Perspektiven, Bruhn, Manfred/Schmidt, Siegfried J./Tropp, Jörg (Hrsg.), 2000, S. 48-63.

Lorange, Peter/Roos, Johan: Strategic alliances: Formation, Implementation and evolution, Cambridge, 1993.

Lorenzen, Paul/Schwemmer, Oswald: Konstruktive Logik, Ethik und Wissenschaftstheorie, Mannheim, 1975.

Luber, Thomas: Im Visier der Analysten, in: Capital, Heft 19, 2000, S. 90-96.

Luoma, Patrice/Goodstein, Jerry: Research Notes: Stakeholders and Corporate Boards: Institutional Influences on Board Composition and Structure, in: Academy of Management Journal, Vol. 42, No. 5, 1999, S. 553-563.

Lutz, Violet: Horizontale strategische Allianzen: Ansatzpunkte zu ihrer Institutionalisierung, Duisburger Betriebswirtschaftliche Schriften, Bd. 5, Hamburg, 1993.

Lyotard, Jean-François: Das postmoderne Wissen, 5. Aufl., Wien, 2005.

Machmer, Dietrich: Die neue Umweltmanagement-Norm ISO 14000ff, in: Öko-Audit und Öko-Controlling gemäß ISO 14000ff und EG-Verordnung Nr. 1836/93, Schimmelpfeng, Lutz/Machmer, Dietrich (Hrsg.), Taunusstein, 1996, S. 199-202.

Madrian, Jens-Peter: Interessengruppenorientierte Unternehmensführung: eine organisationstheoretische Analyse am Beispiel großer Aktiengesellschaften, Hamburg, 1998.

Maletzke, Gerhard: Kommunikationswissenschaft im Überblick: Grundlagen, Probleme und Perspektiven, Opladen, 1998.

March, James G./Simon, Herbert A.: Organizations, second edition, Oxford, 1994.

Martiensen, Jörn: Institutionenökonomik. Die Analyse der Bedeutung von Regeln und Organisationen für die Effizienz ökonomischer Tauschbeziehungen, München, 2000.

Mason, K.J./Gray,R.: Stakeholder in a hybrid market: the example of air business passenger travel, in: European Journal of Marketing, Vol. 33, No. 9/10, 1999, S, 844.858.

Mast, Claudia: Unternehmenskommunikation. Ein Leitfaden, Stuttgart, 2002.

Mattmüller, Roland: Integrativ-Prozessuales Marketing. Eine Einführung, 2. überarb. und erw. Aufl., Wiesbaden, 2004.

Mattmüller, Roland: Marketing-Strategien des Handels und staatliche Restriktionen: Geschäftsfeldsegmentierung, Wachstumsoptionen und rechtliche Rahmenbedingungen, München, 2001.

Mattmüller, Roland/Tunder, Ralph: Strategisches Handelsmarketing, München, 2004.

Mattmüller, Roland/Tunder, Ralph: Das Prozessorientierte Marketingverständnis. Eine neoinstitutionenökonomische Begründung, in: Sonderdruck aus „Jahrbuch der Absatz- und Verbrauchsforschung", GfK-Nürnberg (Hrsg.), Heft 4/1999, 45. Jg., S. 435-451.

Mattmüller, Roland/Tunder, Ralph: Zur theoretischen Basis der Marketingwissenschaft. Die Verknüpfung der Neuen Institutionenökonomik mit dem Integrativ-Prozessualen Marketingansatz, Arbeitspapier Nr. 5, 4. Aufl., Schloß Reichartshausen, 2005.

Marx, Thomas G.: Integrating Public Affairs and Strategic Planning, in: California Management Review, Vol. 29, No. 1, Fall 1986, S. 141-147.

McAdam, Terry W.: How to put corporate responsibility into practice, in: Business and Society Review/Innovation, Vol. 6, summer 1973, S. 8-16.

McCafferty, Joseph: Cheap suit, in: CFO, Vol. 21, Issue 11, August 2005, S. 48-55.

McCarthy, Jerome E.: Basic Marketing: A managerial approach, Homewood, überarb. Aufl., 1964.

Meffert, Heribert: Marketing-Management: Analyse, Strategie, Implementierung, Wiesbaden, 1994.

Meffert, Heribert: Marketingwissenschaft im Wandel – Analysen zur Paradigmendiskussion, HHL-Arbeitspapier, Leipzig, Nr. 30, 1999.

Merten, Klaus/Wienand, Edith: „Tod durch Torte?" Der Fall Coppenrath & Wiese im Spiegel der Medien. Evaluation einer Kommunikationskrise, Münster, 2003.

220

Meuthen, Daniel: Neue Institutionenökonomik und strategische Unternehmensführung, Aachen, 1997.

Meyer, Anton: Abschied vom Marketing-Mix- und Ressortdenken?, in: Absatzwirtschaft Nr. 9, 1994, S. 94-104.

Meyer, Paul W.: Die machbare Wirtschaft. Grundlagen des Marketing, Essen, 1973.

Meyer, Paul W.: Der integrative Marketingansatz und seine Konsequenzen für das Marketing, in: Integrierte Marketingfunktionen, Meyer, Paul W. (Hrsg.), 4. verb. Aufl. Stuttgart, 1996, S. 13-30.

Meyer, Anton/Mattmüller, Roland: Marketing, in: Betriebswirtschaftslehre, Corsten, Hans/Reiß, Michael (Hrsg.), 3. vollst. überarb. und wesentl. erw. Aufl., München, 1999, S. 809-890.

Miller, Sarah/Wilson, John: Perceptions of Stakeholding: The Case of an NHS Trust, in: Public Money & Management, July-September, 1998, S. 51-58.

Milgrom, Paul/Roberts, John: Economics, organization and management, Englewood Cliffs, 1992.

Mirvis, Philip/Googins, Bradley: Stages of Corporate Citizenship, in: California Management Review, Vol. 48, No. 2, winter 2006, S. 104-126.

Mitchell, Ronald K./Agle, Bradley R./Wood, Donna J.: Toward a theory of stakeholder identification and salience: Defining the principle of who and what really counts, in: Academy of Management Review, Vol. 22, No. 4, 1997, S. 853-886.

Mitroff, Ian I.: Stakeholders of the organizational mind: toward a new view of organizational policy making, San Francisco, 1983.

Möllering, Guido/Sydow, Jörg: Kollektiv, kooperativ, reflexiv: Vertrauen und Glaubwürdigkeit in Unternehmungen und Unternehmungsnetzwerken, in: Vertrauen und Glaubwürdigkeit. Interdisziplinäre Perspektiven, Dernbach, Beatrice/Meyer, Michael (Hrsg.), Wiesbaden, 2005, S. 64-93.

Morgan/Hunt, Morgan, Robert M./Hunt, Shelby D.: The Commitment-Trust Theory of Relationship Marketing, in: Journal of Marketing, Vol. 58, Issue 3, July 1994, S. 20-38.

Morgan, Robert E./McGuinness, Tony/Thorpe, Eleri R.: The contribution of marketing to business strategy formation: a perspective on business performance gains, in: Journal of strategic Marketing, Vol. 8, Issue 4, 2000, S. 341-362.

Müller, Martin: Normierte Umweltmanagementsysteme und deren Weiterentwicklung im Rahmen einer nachhaltigen Entwicklung: unter besonderer Berücksichtigung der Öko-Audit-Verordnung und der ISO 14001, Berlin, 2001.

Müller, Welf/Hense, Burkhard: Beck'sches Handbuch der GmbH. Gesellschaftsrecht – Steuerrecht, 3. vollst. überarb. und erw. Aufl., München, 2002.

Müller-Stewens, Günter/Frankenberger, Sebastian: Nicht ohne die Mitarbeiter, in: Personalmanagement, Heft 07-08, 2004, S. 34-39.

Münchhausen, Gesa: Führung und Biografie. Ein Beitrag zur biografieorientierten Kompetenzentwicklung von Führungskräften in Organisationen, Bielefeld, 2004.

Murphy, Brian/Stevens, Keith/McLeod, Robert: A Stakeholderism Framework for Measuring Relationship Marketing, in: Journal of Marketing Theory and Practice, Spring 1997, S. 43-57.

Muser, Viktor: Der Absatzabschluß, in: Integrierte Marketingfunktionen, Meyer, Paul W. (Hrsg.), 4. verb. Aufl., Stuttgart, 1996, S. 142-171.

Neely, Andy/Adams, Chris/Kennerley, Mike: The Performance Prism. The Scorecard for Measuring and Managing Business Success, London, 2002.

Niemeyer, Axel: Frühwarnsysteme für das strategische Management: Effizienzkonzeption, Diagnose und Fallstudien, München, 2004.

Nieschlag, Robert/Dichtl, Erwin/Hörschgen, Hans: Marketing, 19. überarb. und erg. Aufl., Berlin, 2002.

Nippel, Peter: Reputation auf Kreditmärkten. Ein spieltheoretischer Erklärungsansatz, in: Zeitschrift für betriebswirtschaftliche Forschung, 44. Jg., Heft 11, 1992, S. 990-1011.

Oehme, Wolfgang: Vom Beeinflussungs- zum Beziehungsmanagement im Marketing, in: Thexis, Nr. 4, 1994, S. 38-44.

Oertel, Cordula: Stakeholder Orientierung als Prinzip der Unternehmensführung. Arbeitspapier zur Schriftenreihe Schwerpunkt Marketing Bd. 108, Meyer, Paul W./Meyer, Anton (Hrsg.), München, 2000.

Oppermann, Thomas/Moersch, Erich-Wolfgang: Profi-Handbuch Wirtschaftsraum Europa: Steuern, Subventionen, Verkehr, Umwelt, 3. überarb. und erw. Aufl., Berlin, 1994.

Osterloh, Margit/Grand, Simon: Modelling or Mapping? Von Rede- und Schweigeinstrumenten in der betriebswirtschaftlichen Theoriebildung, in: Die Unternehmung, 48, Nr. 4, 1994, S. 277-294.

o.V.: Das Fremdwörterbuch, 7. neu bearb. und erw. Aufl., Bd. 5, Mannheim, 2001.

o.V.: Jahresbericht der Deutschen Bank 2003.

o.V.: Joint Business Plans: Wal-Mart setzt neue Maßstäbe bei Kooperation mit Handelspartnern, Pressemitteilung, Wuppertal, 25.05.2004.

Paetow, Kai: Organisationsidentität: eine systemtheoretische Analyse der Konstruktion von Identität in der Organisation und ihrer internen wie externen Kommunikation, Hamburg, 2004.

Parasuraman, A./Zeithaml, Valarie A./Berry, Leonard L.: A conceptual model of service quality and its implications for future research, in: Journal of Marketing, Vol. 49, Issue 4, 1985, S. 41-50.

Parasuraman, A./Zeithaml, Valarie A./Berry, Leonard L.: SERVQUAL: A multiple-item scale for measuring consumer perceptions of service quality, in: Journal of Retailing, Vol. 64, No. 1, Spring 1988, S. 12-40.

Pepels, Werner: Marketing: Lehr- und Handbuch, 4. völlig überarb. und erw. Aufl., München, 2004.

Persson, Torsten/Tabellini, Guido: Political Economics, Cambridge, 2002.

Pfeffer, Jeffrey/Salancik, Gerald R.: The external control of organizations: A resource dependence perspective, New York, 1978.

Piltz, Burghard: Exportvertrag (Maschine), in: Münchener Vertragshandbuch, Schütze, Rolf A./Weipert, Lutz (Hrsg.), Bd. 4: Wirtschaftsrecht III, 5. neu bearb. Aufl., München, 2002, S. 369-441.

Polonsky, Michael J.: Incorporating the natural environment in corporate strategy: a stakeholder approach, in: The Journal of Business Strategies, Vol. 12, No. 2, Fall 1995, S. 151-168.

Polonsky, Michael J.: Broadening the Stakeholder Strategy Matrix, International Association of Business and Society 8th Annual Conference, 1997, S. 377- 382.

Polonsky, Michael J./Suchard, Hazel T./Scott, Don R.: The Incorporation of an interactive external environment: an extended model of marketing relationships, in: Journal of Strategic Marketing, Vol. 7, Issue 1, 1999, S. 41-55.

Polonsky, Michael J./Schuppisser, Stefan W./Beldona, Srikanth: A Stakeholder Perspective for Analyzing Marketing Relationships, in: Journal of Market-Focused Management, Vol. 5, 2002, S. 109-126.

Popper, Karl: Logik der Forschung, 10. verb. und verm. Aufl., Tübingen, 1994.

Popper, Karl: Realismus und das Ziel der Wissenschaft. Aus dem Postskript zur Logik der Forschung I, 1. Auflage 2002, Tübingen.

Post, James E./Preston, Lee E./Sachs, Sybille: Redefining the Corporation. Stakeholder Management and Organizational Wealth, Stanford, 2002.

Prabhu, Jaideep/Stewart, David W.: Signaling Strategies in Competitive Interaction: Building Reputations and hiding the Truth, in: Journal of Marketing Research, Vol. 38, Februar 2001, S. 62-72.

Preissner, Andreas: Marketing, 4. unwes. veränd. Aufl., München, 1997.

Prus, Amanda/Brandt, Randall D.: Understanding your customers, in: Marketing Tools, July/ August 1995, Vol. 2, Issue 5, S. 10-14.

Pümpin, Cuno: Strategische Führung in der Unternehmungspraxis. Zürich: Schweizerische Volksbank, Die Orientierung, Nr. 76, 1. Auflage, Bern, 1980, S. 41-55.

Raffée, Hans: Grundprobleme der Betriebswirtschaftslehre, Göttingen, 1974.

Raffée, Hans: Marketing für öffentliche Betriebe, Stuttgart, 1994.

Rapp, Reinhold: Kundenzufriedenheit durch Servicequalität, Wiesbaden, 1995.

Rapp, Reinhold: Relationship Marketing und Customer Relationship Management, in: Handbuch Relationship Marketing. Konzeption und erfolgreiche Umsetzung, Payne, Adrian/Rapp, Reinhold (Hrsg.), 2. völlig überarb. und erw. Aufl., München, 2003, S. 59-72.

Rappaport, Alfred: Creating Shareholder Value – The New Standard for Business Performance, New York, 1986.

Rappaport, Alfred: Shareholder Value: Wertsteigerung als Maßstab für die Unternehmensführung, Stuttgart, 1995.

Richter, Rudolf/Furubotn, Eirik: Neue Institutionenökonomik. Eine Einführung und kritische Würdigung, 3. überarb. und erw. Aufl., Tübingen, 2003.

Reihlen, Antonia: Umweltberichterstattung – welche Erwartungen werden an Unternehmen gestellt?, in: Umweltkommunikation – vom Wissen zum Handeln, Brickwedde, Fritz/Peters, Ulrike (Hrsg.), Berlin, 2003, S. 103-115.

Rester, Markus: Die Bedeutung von Subventionen im Forschungs- und Entwicklungsbereich von Unternehmen, Essen, 2000.

Rippberger, Tanja: Ökonomik des Vertrauens, Analyse eines Organisationsprinzips, Tübingen, 1998.

Roddick, Anita: Die Body Shop Story. Die Vision einer außergewöhnlichen Unternehmerin, München, 2001.

Rolke, Lothar: Kommunikation nach dem Stakeholder-Kompass, in: Der Stakeholder-Kompass, Kirf, Bodo/Rolke, Lothar (Hrsg.), Frankfurt am Main, 2002, S. 16-33.

Roome, Nigel: Developing environmental management systems, in: Business Strategy and the Environment, Vol. 1, Issue 1, 1992, S. 11-24.

Rosen, Sherwin: Implicit Contracts: A Survey, in: Journal of Economic Literature, Vol. 23, September 1985, S. 1144-1175.

Rosser, Barkley J.: A Nobel Prize for Asymmetric Information: the economic contributions of George Akerlof, Michael Spence and Joseph Stiglitz, Review of Political Economy, Vol. 15, Issue 1, 2003, S. 3-21.

Rühli, Edwin: Konzeptionelle Überlegungen zur marktorientierten Unternehmensführung, in: Strategisches Marketing und Management: Konzeption in Theorie und

224

Praxis; Prof. Dr. Jan S. Krulis-Randa zum 60. Geburtstag gewidmet, Rühli, Edwin/Wehrli, Hans Peter (Hrsg.), 2. Aufl., Bern, 1986, S. 9-23.

Ryals, Lynette: Making Customer Relationship Management work: the measurement and profitable management of customer relationships, in: Journal of Marketing, Vol. 69, October 2005, S. 252-261.

Sanchez, Paul: How to craft successful employee communication in the information age, in: Communication world, August-September, 1999, S. 9-15.

Savage, Grant T./Nix, Timothy W./Whitehead, Carlton J./Blair, John D.: Beyond the squeaky wheel: strategies for assessing and managing organizational stakeholders, in: Academy of Management Proceedings, 1990, S. 149-153.

Savage, Grant T./Nix, Timothy W./Whitehead, Carlton J./ Blair, John D.: Strategies for assessing and managing organizational stakeholders, in: Academy of Management Executive, Vol. 5, No. 2, 1991, S. 61-75.

Sänger, Henrike: Investor Relations im Internet, Frankfurt am Main, 2001.

Schanz, Günther: Die Betriebswirtschaftslehre als Gegenstand kritisch-konstruktivistischer Betrachtungen, Stuttgart, 1990.

Scharf, Andreas/Schubert, Bernd: Marketing: Einführung in Theorie und Praxis, 3. überarb. und erw. Aufl., Stuttgart, 2001.

Scharnbarcher, Kurt/Kiefer, Guido: Kundenzufriedenheit: Analyse, Messbarkeit und Zertifizierung, 3. unwes. veränd. Aufl., München, 2003.

Scheuplein, Harald: Unternehmensstrategie: Ziele, Grundsätze und Hilfsmittel, Wiesbaden, 1970.

Schieber, Dietmar: Die dezentrale Hauptversammlung – Perspektiven für Aktionäre im Zeitalter des Internets, Wiesbaden, 2001.

Schirm, Karsten: Die Glaubwürdigkeit von Produkt-Vorankündigungen: eine theoretische und empirische Untersuchung der Beurteilung von Produkt-Vorankündigungen durch Konsumenten, Wiesbaden, 1995.

Schneider, Dieter: Marketing als Wirtschaftswissenschaft oder Geburt einer Marketingwissenschaft aus dem Geiste des Unternehmerversagens?, in: Zeitschrift für betriebswirtschaftliche Forschung, 35. Jg., Heft 3, 1983, S. 197-223.

Schneider, Marguerite: A Stakeholder Model of organizational leadership, in: Organization Science, Vol. 13, No. 2, March-April 2002, S. 209-220.

Schneper, William D./Guillén, Mauro F.: Stakeholder Rights and Corporate Governance: A Cross-National Study of Hostile Takeovers, in: Administrative Science Quarterly, No. 49, 2004, S. 263-295.

Schnitzer, Tobias: Integriertes Marketing; Versuch eines Theorietransfers aus der Soziologie, Arbeitspapier zur Schriftenreihe Schwerpunkt Marketing Bd. 113, München, 2000.

Scholtis, Thomas: Vertragsgestaltung bei Informationsasymmetrie: Probleme und Lösungen bei der Zertifizierung von QM-Systemen nach ISO 9000ff., Wiesbaden, 1998.

Schönefeld, Ludwig: Dialogorientierte Unternehmenskommunikation im lokalen Umfeld. Das Beispiel Hoechst, in: Bentele, Günter/Steinmann, Horst/ Zerfaß, Ansgar (Hrsg.): Die Dialogorientierte Unternehmenskommunikation: Grundlagen – Praxiserfahrungen – Perspektiven, Berlin, 1996, S. 369-392.

Schuppisser, Stefan W.: Stakeholder Management: Beziehungen zwischen Unternehmen und nicht-marktlichen Stakeholder-Organisationen; Entwicklung und Einflussfaktoren, Bern, 2002.

Schweer, Martin/Thies, Barbara: Vertrauen als Organisationsprinzip. Perspektiven für komplexe soziale Systeme, Bern, 2003.

Schweitzer, Marcell: Gegenstand und Methoden der Betriebswirtschaftslehre, in: Allgemeine Betriebswirtschaftslehre, Bd. 1: Grundfragen, Bea, Franz X./Friedl, Birgit/Schweitzer, Marcell (Hrsg.), 9. überarb. Aufl., Stuttgart, 2004, S. 23-82.

Seydel, Sabine: Ökologieorientiertes Kommunikationsmanagement: strategische Kommunikation mit Anspruchsgruppen, Wiesbaden, 1998.

Shannon, Claude E./Weaver, Warren: The mathematical theory of communication, Urbana, 1964.

Shapiro, Carl: Premiums for high quality products as return to reputations, in: Quarterly Journal of Economics, Vol. 97, 1983, S. 659-679.

Sheldon, Christopher: ISO 14001 and Beyond: Environmental Management Systems in the Real World, Sheffield, 1997.

Shepard, Jon M./Betz, Michael/O´Connell, Lenahan: The Proactive Corporation: Its Nature and Causes, in: Journal of Business Ethics, Vol. 16, Issue 10, 1997, S. 1001-1010.

Siebrecht, Philipp: Kundenzufriedenheit und Kundenloyalität: Messung, Umsetzung, Management von Erfolgsfaktoren: mit Kundenzufriedenheit und Kundenloyalität zu wirtschaftlichem Erfolg, Frankfurt am Main, 2004.

Siegwart, Hans: Anwendungsorientierung, Systemorientierung und Integrationsleistung einer Managementlehre, in: Integriertes Management: Bausteine des systemorientierten Managements; Festschrift zum 65. Geburtstag von Prof. Dr. Dr. h.c. Hans Ulrich, Probst, Gilbert J.B./ Siegwart, Hans (Hrsg.), Bern, 1985, S. 93-109.

226

Singh, Jagdip/Rhoads, Gary K.: Boundary Role Ambiguity in Marketing-oriented positions: a multidimensional, multifaceted operationalization, in: Journal of Marketing Research, Vol. 28, Issue 3, 1991, S. 328-338.

Sökefeld, Martin: Strukturierte Interviews und Fragebögen, in: Beer, Bettina (Hrsg.): Methoden und Techniken der Feldforschung, Berlin, 2003, S. 95-118.

Solomon, Esther: The dynamics of corporate change: management´s evaluation of stakeholder characteristics, in: Human Systems Management, Vol. 20, 2001, S. 257-265.

Speckbacher, Gerhard: Shareholder Value und Stakeholder Ansatz, in: Die Betriebswirtschaft, 57 Jg., Heft 5, 1997, S. 630-639.

Spence, Michael: Signaling in Retrospect and the informational structure of markets, in: American Economic Review, Vol. 92, Issue 3, 2002, S. 434-459.

Spindler, Gerald: Internet und Corporate Governance – ein neuer virtueller (T)Raum?, in: Zeitschrift für Gesellschaftsrecht, Nr. 3, 2000, S. 420-445.

Spintig, Susanne: Beziehungsmanagement in Dienstleistungsnetzwerken, in: Dienstleistungsnetzwerke. Dienstleistungsmanagement Jahrbuch 2003, Bruhn, Manfred/Stauss, Bernd (Hrsg.), Wiesbaden, 2003, S. 229-252.

Spitzer, Gerald: Kommunikation, die durch den Magen geht: Kundenbindung in neuen Dimensionen, in: Der Stakeholder-Kompass. Navigationsinstrument für die Unternehmenskommunikation, Kirf, Bodo/Rolke, Lothar (Hrsg.), Frankfurt am Main, 2002, S. 71-76.

Spremann, Klaus: Reputation, Garantie, Information, in: Zeitschrift für Betriebswirtschaft, 58. Jg., Heft 5/6, 1988, S. 613-629.

Spremann, Kaus: Stakeholder-Ansatz versus Agency-Theorie, in: Zeitschrift für Betriebswirtschaft, 59. Jg., Nr. 7, 1989, S. 742-746.

Spremann, Klaus: Wirtschaft, Investition und Finanzierung, 5. vollst. überarb., erg. und akt. Aufl., München, 2002.

Srivastata, Rajendra K./Shervani, Tasadduq A./Fahey, Liam: Market-Based Assets and Shareholder Value: A Framework for Analysis, in: Journal of Marketing, Vol. 62, Issue 1, January 1998, S. 2-18.

Starik, Marc: Should trees have managerial standing? Toward stakeholder status for nonhuman nature, in: Journal of Business Ethics, Vol. 14, S. 207-218.

Steinmann, Horst/Zerfaß, Ansgar: Management der integrierten Unternehmenskommunikation. Konzeptionelle Grundlagen und strategische Implikationen, in: Integriertes Kommunikationsmanagement: Konzeptionelle Grundlagen und praktische Erfahrungen; ein Handbuch für Öffentlichkeitsarbeit, Marketing, Personal- und Organisationsentwicklung, Ahrens, Rupert/Scherer, Helmut/Zerfaß, Ansgar (Hrsg.), Frankfurt am Main, 1995, S. 11-50.

Sternberg, Rolf/Litzenberger, Timo: Regional Clusters in Germany – their geo-graphy and their relevance for entrepreneurial activities, in: European Planning Studies, Vol. 12, No. 6, September 2004, S. 767-791.

Stiglitz, Joseph E.: The Theory of "screening", education, and the distribution of income, in: Cowles Foundation for Research in Economics at Yale University, Cowles Foundation Discussion Paper No. 354, March 1973, S. 1-49.

Stock, Ruth: Der Zusammenhang zwischen Mitarbeiter- und Kundenzufriedenheit. Direkte, indirekte und moderierende Effekte, 2. Aufl., Wiesbaden, 2003.

Strong, Kelly C./Ringer, Richard C./Taylor, Steven A.: THE* Rules of Stakeholder Satisfaction (* Timeliness, Honesty, Empathy), in: Journal of Business Ethics, Vol. 32, Issue 3, 2001, S. 219-230.

Strulik, Torsten: Nichtwissen und Vertrauen in der Wissensökonomie, Frankfurt am Main, 2004.

Svendsen, Ann et al.: Measuring the business value of stakeholder relationships, Part one, The Centre for Innovation in Management, 2001, S. 1-34.

Szameitat, Dietrich: Public Relations in Unternehmen. Ein Praxis-Leitfaden für die Öffentlichkeitsarbeit, Berlin, 2003.

Tegtmeyer, Jan C.: Die Ökonomik der Reputation. Vertragstheoretische Grundlagen und Integration in die strategische Unternehmensführung, Passau, 2005.

Telser, Lester G.: A Theory of Self-Enforcing Agreements, in: Journal of Business, Vol. 53, 1980, S. 27-44.

Thommen, Jean-Paul: Glaubwürdigkeit: die Grundlage unternehmerischen Denkens und Handelns, Zürich, 1996.

Thommen, Jean-Paul/Achleitner, Ann-Kristin: Allgemeine Betriebswirtschaftslehre: umfassende Einführung aus managementorientierter Sicht, 4., überarb. und erw. Aufl., Wiesbaden, 2004.

Thost, Martin: Informationsquellenmethode: ein Konzept zur wissensbasierten Bewertung der Glaubwürdigkeit von Meinungen, Konstanz, 1990.

Treibel, Annette: Einführung in soziologische Theorien der Gegenwart, 6. überarb. und akt. Aufl., Wiesbaden, 2004.

Tsai, Wenpin: Social structure of „Coopetition" within a multiunit organization: Coordination, Competition, and intraorganizational knowledge sharing, in: Organization Science, Vol. 13, No. 2, March-April 2002, S. 179-190.

Ulrich, Hans: Anwendungsorientierte Wissenschaft, in: Die Unternehmung, Nr. 1, 1982, S. 1-10.

228

Ulrich, Hans: Gesammelte Schriften: Das St. Galler Management-Modell, Bd. 2, 2001a, Bern.

Ulrich, Peter: Integrative Wirtschaftsethik. Grundlagen einer lebensdienlichen Ökonomie, 3. revid. Aufl., Bern, 2001b.

Valcárcel, Sylvia: Theorie der Unternehmung und Corporate Governance: eine vertrags- und ressourcenbezogene Betrachtung, 1. Aufl., Wiesbaden, 2002.

Verband der Automobilindustrie e.V.: Kundenzufriedenheit im Liefernetzwerk. Voraussetzungen – Erfassung und Bewertung – Potenziale, 1. Aufl., Frankfurt am Main, 2001.

Vojnovic, Nick: Community Involvement: A „way of life", in: Franchise World, October 2004, S. 56.

Voswinkel, Stephan: Anerkennung und Reputation: Die Dramaturgie industrieller Beziehungen, Konstanz, 2001.

Waddock, Sandra A./Bodwell, Charles/Graves, Samuel B.: Responsibility: The new Business imperative, in: Academy of Management Executives, Vol. 16, No. 2, 2002, S. 132-148.

Wartick, Steven L./Cochran, Philip L.: The Evolution of the Corporate Social Performance Model, in: Academy of Management Review, Vol. 10, No. 4, 1985, S. 758-769.

Weaver, Robert C.: Ten Basics of Industrial Product Publicity, in: Public Relations Quarterly, Vol. 36, Issue 1, Spring 1991, S. 39.

Weber, Günter: Strategische Marktforschung, München, 1. Aufl., 2000.

Webster, Frederick E. Jr.: The Changing Role of Marketing in the Corporation, in: Journal of Marketing, Vol. 56, October 1992, S. 1-17.

Wehrli, Hans Peter: Strategisches Marketing, in: Strategisches Marketing und Management: Konzeption in Theorie und Praxis; Prof. Dr. Jan S. Krulis-Randa zum 60. Geburtstag gewidmet, Rühli, Edwin/Wehrli, Hans Peter (Hrsg.), 2. Aufl., Bern, 1986, S. 24-41.

Wehrli, Hans Peter/Wirtz, Bernd W.: Auf welchem Niveau bewegt sich Europa?, in: Die Absatzwirtschaft, Sondernummer Oktober 1996, S. 24-30.

Weinhold-Stünzi, Heinz: Sponsoring als Idee und als Instrument, in: Thexis, 5. Jg. Nr. 6, 1988, S. 1-3.

Weinhold-Stünzi, Heinz: Integration aus marktwissenschaftlicher Sicht, in: Thexis: Nr. 4, 1997, S. 2-6.

Weinke, Knut: Lieferantenmanagement als Voraussetzung für Kundenzufriedenheit, in: Kundenzufriedenheit. Konzepte – Methoden – Erfahrungen, Simon, Hermann/Homburg, Christian (Hrsg.), 3. akt. und erw. Aufl., Wiesbaden, 1998, S. 81-95.

Weis, Christian: Marketing, 13. überarb. und akt. Aufl., Ludwigshafen, 2004.

Weis, Christian/Steinmetz, Peter: Marktforschung, 5. völlig überarb. und akt. Aufl., Ludwigshafen, 2002.

Weis, Heinz-Jürgen/Heiden, Matthias: Investor Relations im Internet – Die Bedeutung des Internet für die unternehmerische Kapitalmarktkommunikation, in: Frankfurter Allgemeine Zeitung, 07.02.2000, S. 31.

Weiß, Ralf: Unternehmensführung in der Reflexiven Modernisierung. Global Corporate Citizenship, Gesellschaftsstrategie und Unternehmenskommunikation, Marburg, 2002.

Wentges, Paul: Eine Stakeholder-orientierte Analyse der Berücksichtigung des Risikos im Rahmen des Shareholder Value-Konzeptes, in: Die Betriebswirtschaft, 60. Jg., Nr. 2, 2000, S. 199-209.

Werner, Harald: Merkmalsorientierte Verfahren zur Messung der Kundenzufriedenheit, in: Kundenzufriedenheit. Konzepte – Methoden – Erfahrungen, Simon, Hermann/Homburg, Christian (Hrsg.), 5. überarb. Aufl., Wiesbaden, 2003, S. 565-580.

Wersig, Gernot: Fokus Mensch – Bezugspunkte postmoderner Wissenschaft: Wissen, Kommunikation, Kultur, Frankfurt am Main, 1993.

Westphal, Susanne: Unternehmenskommunikation in Krisenzeiten. Glaubwürdig und offen kommunizieren gegenüber Mitarbeitern, Geschäftspartnern, Investoren und Medien, 1. Aufl., Weinheim, 2003.

Wicks, Andrew C./Berman, Shawn L./Jones, Thomas M.: The Structure of Optimal Trust: Moral and Strategic Implications, in: Academy of Management Review, Vol. 24, No. 1, 1999, S. 99-116.

Wielenberg, Stefan: Investitionen in Outsourcing-Beziehungen, Wiesbaden, 1999.

Williamson, Oliver E.: Credible Commitments: Using Hostages to support Exchange, in: American Economic Review, Vol. 73, Issue 4, September 1983, S. 519-540.

Williamson, Oliver E.: Die ökonomischen Institutionen des Kapitalismus: Unternehmen, Märkte, Kooperationen, Tübingen, 1990.

Williamson, Oliver E.: Transaktionskostenökonomik, Münster, 1993.

Windelband, Wilhelm: Präludien: Aufsätze und Reden zur Philosophie und ihrer Geschichte, Zweiter Bd., 5. erw. Aufl., Tübingen, 1915.

230

Witt, Jürgen et al.: Modernes Marketing-Management: Grundlagen – Produktinnovation – Prognosemodelle, Baden-Baden, 1983.

Wojda, Franz/Waldner, Birgit: Neue Formen der Arbeit und Arbeitsorganisationen, in: Innovative Organisationsformen, Wojda, Franz (Hrsg.), Stuttgart, 2000, S. 13-58.

Wood, Donna J./Jones, Raymond E.: Stakeholder mismatching: A theoretical problem in empirical research on corporate social performance, in: The International Journal of Organizational Analysis, Vol. 3, No. 3, 1995, S. 229-267.

www.amazon.de/exec/obidos/tg/stores/static/-/general/postinfo/028-0998632-1492523, Abruf: 30.04.2006.

Young, Dale: Public web sites as a component of corporate supplier communication, in: Information Strategy: The Executive's Journal, Vol. 17, Issue 3, Spring 2001, S. 18-28.

Young, David: How to build a reputation that lasts, in: Public Relations Tactics, Vol. 3, Issue 4, April 1996, S. 7-8.

Zeithaml, Valarie A./Parasuraman, A./Berry, Leonard L.: Qualitätsservice. Was Ihre Kunden erwarten – was Sie leisten müssen, Frankfurt am Main, 1992.

Zerfaß, Ansgar: Unternehmensführung und Öffentlichkeitsarbeit. Grundlegung einer Theorie der Unternehmenskommunikation und Public Relations, 2., erg. Aufl., Wiesbaden, 2004.

Zetsche, Dirk: NaStraG – ein erster Schritt in Richtung Virtuelle Hauptversammlung für Namens- und Inhaberaktien, in: Zeitschrift für Wirtschaftsrecht, Nr. 16, 2001, S. 682-691.

Zwilling-Pinna, Claudia: Die Lieferanten des Unternehmens, in: Rechtsformularbuch für den Mittelstand, Schachner, Georg (Hrsg.), 4. überarb. Aufl., München, 2002, S. 309-333.

Zwyssig, Martin: Die Berücksichtigung öffentlicher Interessen in der externen Berichterstattung. Bezugsrahmen für einen ganzheitlichen Geschäftsbericht, Bamberg, 1996.

**Strategisches Marketingmanagement**

Herausgegeben von Roland Mattmüller

Band 1 Sven Franzen: Die Bedeutung von Spielauffassungen in vertikalen marktstrategischen Kooperationen. Eine verhaltensorientiert spieltheoretische Untersuchung der Kooperationshemmnisse zwischen Hersteller und Handel. 2005.

Band 2 Maximilian Seidel: Political Marketing. Explananda, konstitutive Merkmale und Implikationen für die Gestaltung der Politiker-Wähler-Beziehung. 2005.

Band 3 Tim Bendig: Image-Malus des Handels. Eine empirische Analyse. 2005.

Band 4 Kai-Michael Schaper: Der Integrierte Handel. Eine konzeptionelle Beziehungsgestaltung zwischen Hersteller, Handel und Letztnachfrager. 2006.

Band 5 Marc K. Mikulcik: Absatztreiber bei Filialisierung und Franchising im ordinalen Vergleich. Konzeptionelle Analyse auf Basis der Neuen Institutionen-Ökonomie und empirische Überprüfung am Beispiel des Mobilfunkmarkts. 2007.

Band 6 Thomas P. J. Feinen: Factory Outlet Stores. Status Quo, Perspektiven und Implikationen für die Hersteller-Handel-Beziehung. 2007.

Band 7 Benjamin Trespe: Geomarketing. Eine Analyse der Erfolgspotenziale aus Sicht der deutschen Automobilhersteller. 2007.

Band 8 Tobias Irion: Vertrauen in Transaktionsbeziehungen. Marketingwissenschaftliche Grundlegungen und praktische Ansatzpunkte für ein strategisches Vertrauensmanagement. 2007.

Band 9 Nadja Maisenbacher: Die Verantwortung des Marketing für Bezugsgruppen. Zum Stand der Integrationsorientierung in Unternehmen. 2008.

Band 10 Jochen Basting: Vertrauensgestaltung im Political Marketing. Eine marketingwissenschaftliche Analyse anbieterseitiger Ansatzpunkte der vertrauensorientierten Beziehungsgestaltung zwischen Politiker und Wähler. 2008.

www.peterlang.de

Seon-Su Kim

# Die Bedeutung des Internen Marketing im Rahmen der Internationalisierung von Unternehmungen

Frankfurt am Main, Berlin, Bern, Bruxelles, New York, Oxford, Wien, 2007.
XIV, 250 S., 38 Graf.
Europäische Hochschulschriften: Reihe 5, Volks- und Betriebswirtschaft.
Bd. 3274
ISBN 978-3-631-56736-4 · br. € 45.50*

Zentrale Herausforderung für internationale Unternehmungen ist die dauerhafte Sicherstellung der internationalen Wettbewerbsfähigkeit. Im Fokus der Arbeit steht die Frage, was ein erfolgreiches internationales Management ausmacht und mit Hilfe welcher Instrumente der Erfolg internationaler Unternehmungen sichergestellt werden kann. In der Literatur werden vor allem unternehmungsinterne Faktoren als besonders erfolgskritisch herausgestellt. Daher richtet sich der Blick insbesondere auf die internen Ressourcen und Kompetenzen der Unternehmung, weshalb die noch relativ junge „competence-based theory of the firm" als theoretischer Bezugsrahmen ausgewählt wird. Im Konzept des so genannten Internen Marketing wird eine Möglichkeit gesehen, den theoretischen Rahmen des kompetenzorientierten Ansatzes „mit Leben zu füllen". Vor diesem Hintergrund wird die Frage untersucht und beantwortet, wie das Interne Marketing gestaltet und eingesetzt bzw. innerhalb der betrachteten theoretischen Ansätze integriert werden kann und muss, um die internationale Wettbewerbsfähigkeit erreichen zu können.

*Aus dem Inhalt*: Internationalisierung · Internationale Wettbewerbsfähigkeit · Competence-based theory of the firm · Open System-Ansatz · Internes Marketing

Frankfurt am Main · Berlin · Bern · Bruxelles · New York · Oxford · Wien
Auslieferung: Verlag Peter Lang AG
Moosstr. 1, CH-2542 Pieterlen
Telefax 00 41 (0) 32 / 376 17 27

*inklusive der in Deutschland gültigen Mehrwertsteuer
Preisänderungen vorbehalten
**Homepage http://www.peterlang.de**